EUROPA-FACHBUCHREIHE
Programmierung für die
IT-Ausbildung

Java für IT-Berufe

```java
package java_it_berufe;

public class Java_IT_Berufe {

    public static void main(String[] args) {

        System.out.println("Informationsteil:");
        System.out.println("      - Einführung Java");
        System.out.println("      - GUI-Programmierung");
        System.out.println("      - DB-Anbindung");


        System.out.println("Aufgabenpool");

        System.out.println("Lernsituationen");
    }
}
```

3. Auflage

VERLAG EUROPA-LEHRMITTEL · Nourney, Vollmer GmbH & Co. KG
Düsselberger Str. 23 · 42781 Haan-Gruiten

Europa-Nr.: 85535

Verfasser:
Dirk Hardy, 46049 Oberhausen

3. Auflage 2019

Druck 5 4 3 2 1

Alle Drucke derselben Auflage sind parallel einsetzbar, da sie bis auf die Behebung von Druckfehlern untereinander unverändert sind.

ISBN 978-3-8085-8597-9

Alle Rechte vorbehalten. Das Werk ist urheberrechtlich geschützt. Jede Verwertung außerhalb der gesetzlich geregelten Fälle muss vom Verlag schriftlich genehmigt werden.

© 2019 by Verlag Europa-Lehrmittel, Nourney, Vollmer GmbH & Co. KG, 42781 Haan-Gruiten
http://www.europa-lehrmittel.de
Satz: Reemers Publishing Services GmbH, 47799 Krefeld
Umschlag: braunwerbeagentur, 42477 Radevormwald
Umschlagfotos: Tomy Badurina-fotolia.com, DeVIce-fotolia.com, fp-fotolia.com, bilderbox-fotolia.com
Druck: Medienhaus Plump GmbH, 53619 Rheinbreitbach

Vorbemerkung

Die Java-Technologie wurde Anfang der 90er-Jahre entwickelt, um ein eigenständiges System aus einer modernen Programmiersprache und einer ausführenden Umgebung zu erhalten. Damit sollte eine plattformunabhängige Programmierung möglich sein, denn auf jeder Plattform (auch auf einer Kaffeemaschine) brauchte nur die ausführende Umgebung vorhanden zu sein.

Der Durchbruch gelang der Java-Technologie in Verbindung mit dem Internet in den späten 90er-Jahren. Die Web-Programmierung wurde durch Java und die entsprechenden Techniken (wie Applets) deutlich vorangetrieben. Heute sind Java-Programme in allen Bereichen zu finden: nicht nur in der Web-Programmierung, sondern auch als Desktopanwendungen, im *Mobile Computing* oder auch als eingebettete Systeme (*Embedded Systems*).

Die Beschäftigung mit Java beinhaltet deshalb nicht nur das Erlernen einer objektorientierten Programmiersprache, sondern auch eine verstärkte Auseinandersetzung mit der Bandbreite der Java-Technologie – gerade für **Auszubildende in den IT-Berufen** ist das ein sehr wichtiger Aspekt.

Aufbau des Buches

Das vorliegende Buch möchte die Sprache **Java** möglichst anschaulich, praxis- und unterrichtsnah vermitteln. Damit verfolgt dieses Buch einen **praktischen Ansatz**. Es ist die Ansicht des Autors, dass gerade in der schulischen Ausbildung der Zugang zu den komplexen Themen der Programmierung verstärkt durch anschauliche und praktische Umsetzung vorbereitet werden muss. Anschließend können allgemeine und komplexe Aspekte der Programmierung oder auch der Softwareentwicklung besser verstanden und umgesetzt werden.

Das Buch ist in **drei Teile** gegliedert.

Der **erste Teil** des Buches dient als **Informationsteil** und bietet eine **systematische Einführung in die Sprache Java sowie in die Grundlagen der Java-Technologie**. Ein Einstieg in die GUI-Programmierung mit den klassischen Bibliotheken AWT und Swing, aber auch ein Einstieg in die moderne JavaFX-Technik sowie die Anbindung von Datenbanken runden diesen Informationsteil ab.

Der **zweite Teil** des Buches ist eine **Sammlung von Übungsaufgaben**. Nach der Erarbeitung der entsprechenden Kenntnisse aus dem Informationsteil können die Aufgaben aus diesem Teil zur weiteren Auseinandersetzung mit den Themen dienen und durch verschiedene Schwierigkeitsgrade auch die Differenzierung im Unterricht ermöglichen.

Der **dritte Teil** des Buches beinhaltet **Lernsituationen** basierend auf dem Lernfeld „Entwickeln und Bereitstellen von Anwendungssystemen" aus dem Rahmenlehrplan für die IT-Berufe (speziell Fachinformatiker-Anwendungsentwicklung). Lernsituationen konkretisieren sich aus den Lernfeldern und sollen im Idealfall vollständige Handlungen darstellen (Planen, Durchführen, Kontrollieren). Aus diesem Grund werden die Lernsituationen so angelegt, dass neben einer Planungsphase nicht nur die Durchführung (Implementation des Programms) im Blickpunkt steht, sondern auch geeignete Testverfahren zur Kontrolle des Programms bzw. des Entwicklungsprozesses in die Betrachtung einbezogen werden. Die Lernsituationen können aber auch als **Projektideen** verstanden werden.

Das Buch ist für alle berufsbezogenen Ausbildungsgänge im IT-Bereich konzipiert. Durch die differenzierten Aufgabenstellungen kann es in allen IT-Berufen (speziell Fachinformatiker), aber auch von den informationstechnischen Assistenten genutzt werden. Ebenso vorstellbar ist der Einsatz des Buches in der gymnasialen Oberstufe sowie zu den Übungen der Basisvorlesungen der Fachhochschulen mit informationstechnischen Studiengängen.

Als Entwicklungswerkzeug wird in diesem Buch **Apache NetBeans 10.0** genutzt. Diese Entwicklungsumgebung ist kostenfrei als Download im Internet verfügbar.

Für Anregungen und Kritik zu diesem Buch sind wir Ihnen dankbar (gerne auch per E-Mail).

Dirk Hardy Im Sommer 2019
E-Mail: Hardy@DirkHardy.de

Verlag Europa-Lehrmittel
E-Mail: Info@Europa-Lehrmittel.de

Inhaltsverzeichnis

Vorbemerkung **3**

Aufbau des Buches **3**

Teil 1 Einführung in Java **11**

1 Einführung in die Java-Technologie **13**
    1.1   **Die Java-Technologie** 13
          1.1.1   Entstehung der Java-Technologie 13
          1.1.2   Eigenschaften der Java-Technologie 14
          1.1.3   Die Komponenten der Java-Technologie 14
          1.1.4   Kompilierung von Java-Programmen 14
    1.2   **Die Sprache Java** 15
          1.2.1   Entwicklung der Sprache Java 15
          1.2.2   Eigenschaften der Sprache Java 15
          1.2.3   Schlüsselworte in Java 16
          1.2.4   Prozedurale, strukturierte und objektorientierte Programmierung unter Java 16
          1.2.5   Bestandteile eines Java-Programms 17

2 Das erste Java-Programm **19**
    2.1   **Ein Java-Projekt anlegen** 19
    2.2   **Das erste Java-Programm** 22
          2.2.1   Das Java-Grundgerüst 22
          2.2.2   Pakete 22
          2.2.3   Die Klasse HalloWelt und die Hauptmethode main 23
          2.2.4   Die Ausgabe auf dem Bildschirm 24
          2.2.5   Wichtige Regeln eines Java-Programms 25
    2.3   **Grundlegende Konventionen in Java** 25
          2.3.1   Bezeichner (Namen) in Java 25
          2.3.2   Trennzeichen 26
          2.3.3   Kommentare in Java 27
    2.4   **Datentypen und Variablen** 29
          2.4.1   Variablen in Java 29
          2.4.2   Elementare Datentypen 30
          2.4.3   Deklaration einer Variablen 30
          2.4.4   Operationen auf den elementaren Datentypen 31
          2.4.5   Konstante Variablen 33

3 Aus- und Eingabe in Java **34**
    3.1   **Ausgabe in Java** 34
          3.1.1   Ausgabe von Variablen 34
    3.2   **Eingabe über die Konsole** 36
          3.2.1   Zeichenketten einlesen 36
          3.2.2   Konvertierung der Eingabe 36

4 Operatoren in Java **39**
    4.1   **Arithmetische Operatoren** 39
          4.1.1   Elementare Datentypen und ihre arithmetischen Operatoren 39
          4.1.2   Der Modulo-Operator 40
          4.1.3   Inkrement- und Dekrementoperatoren 40
    4.2   **Relationale und logische Operatoren** 41
          4.2.1   Relationale Operatoren 41
          4.2.2   Logische Operatoren 42
    4.3   **Bit-Operatoren und weitere Operatoren** 43
          4.3.1   Logische Bit-Operatoren 43
          4.3.2   Bit-Schiebeoperatoren 44
          4.3.3   Typumwandlung mit cast-Operatoren 44
          4.3.4   Zuweisung und gekoppelte Zuweisung 45
    4.4   **Rang von Operatoren** 46

5 Selektion und Iteration 48
5.1 Die Selektion 48
5.1.1 Darstellung der Selektion mit einem Programmablaufplan 48
5.1.2 Die einseitige Selektion mit der if-Anweisung 49
5.1.3 Die zweiseitige Selektion mit der if-else-Anweisung 49
5.1.4 Verschachtelte Selektionen mit if und if-else 51
5.1.5 Mehrfachselektion mit switch 52
5.2 Fuß-, kopf- und zählergesteuerte Iterationen 55
5.2.1 Die do-while-Schleife 55
5.2.2 Die while-Schleife 57
5.2.3 Die for-Schleife 58
5.2.4 Abbruch und Sprung in einer Schleife 60

6 Das Klassenkonzept in Java 61
6.1 Die erste Klasse in Java 63
6.1.1 Aufbau einer Klasse in Java 63
6.1.2 Werttypen und Verweistypen 65
6.2 Methoden in Java 65
6.2.1 Aufbau einer Methode 65
6.2.2 Rückgabewert einer Methode 67
6.2.3 Lokale Variablen 68
6.2.4 Übergabeparameter einer Methode 69
6.2.5 Überladen von Methoden 73
6.2.6 Zusammenfassende Hinweise zu Methoden 74
6.3 Weitere Elemente von Klassen 75
6.3.1 Konstruktoren und der Destruktor 75
6.3.2 Der this-Verweis 79
6.3.3 Statische Klassenelemente 80
6.3.4 Konstante Klassenelemente 81
6.4 Aufzählungstypen 81
6.4.1 Einfache Aufzählungen 81
6.4.2 Klassen von Aufzählungen 82

7 Vererbung in Java 84
7.1 Die Vererbung in Java 84
7.1.1 Die einfache Vererbung 84
7.1.2 Umsetzung der Vererbung in Java 85
7.1.3 Zugriff auf Attribute 87
7.1.4 Finale Klassen 88
7.2 Polymorphimus 88
7.2.1 Die Klasse Object 88
7.2.2 Zuweisungen innerhalb von Vererbungshierarchien 90
7.2.3 Überschreiben von Methoden 91
7.3 Abstrakte Basisklassen 94
7.3.1 Eine abstrakte Basisklasse 94
7.4 Interfaces in Java 95
7.4.1 Aufbau eines Interfaces 95

8 Arrays in Java 98
8.1 Ein- und mehrdimensionale Arrays 98
8.1.1 Eindimensionale Arrays 98
8.1.2 Die for each-Schleife 100
8.1.3 Mehrdimensionale Arrays 102
8.1.4 Arrays kopieren 105
8.1.5 Arrays von Objekten 107
8.1.6 Übergabe von Arrays an Methoden 108
8.2 Sortieren von Arrays 110
8.2.1 Das Sortieren durch Auswahl 110
8.2.2 Statische Sortiermethode sort 112
8.2.3 Das Interface Comparable 113

	8.3	Besondere Array-Klassen 114
		8.3.1 Die Klasse ArrayList 114
		8.3.2 Die Klasse HashMap 115

9 Dateioperationen in Java 118
9.1 Lesen und Schreiben von Dateien 119
  9.1.1 Sequenzielles Lesen und Schreiben 119
  9.1.2 Direkter Zugriff in Dateien 121
9.2 Textdateien lesen und schreiben 123
  9.2.1 Textdateien mit dem PrintWriter schreiben 123
  9.2.2 Textdateien mit dem Scanner lesen 124
9.3 Serialisierung von Objekten 125
9.4 Methoden der Klasse File 128
  9.4.1 Methoden der Klasse File 128
  9.4.2 Verzeichnisse auflisten 129

10 Fortgeschrittene Themen in Java 131
10.1 Ausnahmen – Exceptions 131
  10.1.1 Versuchen und Auffangen (try and catch) 131
  10.1.2 System-Exceptions 133
  10.1.3 Der finally-Block 135
  10.1.4 Ausnahmen werfen 136
  10.1.5 Eigene Exception-Klassen erstellen 137
10.2 Generische Programmierung 138
  10.2.1 Generische Methoden 138
  10.2.2 Generische Klassen 139
  10.2.3 Generische Listenklassen benutzen 140
10.3 Lambda-Ausdrücke 141
10.4 Java und UML 143
  10.4.1 Das Klassendiagramm 143
  10.4.2 Darstellung der Attribute im Klassendiagramm 144
  10.4.3 Darstellung der Methoden im Klassendiagramm 145
  10.4.4 Umsetzung eines Klassendiagramms 147
  10.4.5 Beziehungen zwischen Klassen 150
  10.4.6 Die Assoziation 151
  10.4.7 Die Aggregation 154
  10.4.8 Die Komposition 157

11 GUI-Programmierung mit dem Abstract Window Toolkit AWT 159
11.1 GUI-Programmierung 159
  11.1.1 Historische Entwicklung der GUI-Programmierung 159
  11.1.2 Aufbau des AWT 160
  11.1.3 Grundbegriffe der GUI-Programmierung 160
11.2 Das erste GUI-Programm 161
  11.2.1 Die Klasse Frame nutzen 161
  11.2.2 Eine eigene Frame-Klasse schreiben 162
11.3 Text- und Grafikausgabe 163
  11.3.1 Das Paint-Ereignis und die erste Textausgabe 163
  11.3.2 Einen Clientbereich hinzufügen 165
  11.3.3 Einfache Grafikausgabe 165
  11.3.4 Mehrzeilige Textausgabe 168
11.4 Ereignisgesteuerte Programmierung 170
  11.4.1 Grundlage der ereignisgesteuerten Programmierung 170
  11.4.2 Ereignisarten und Ereignisempfänger 171

12 Steuerelemente mit dem AWT und mit Swing-Klassen ... 175
12.1 Steuerelemente mit dem AWT ... 175
- 12.1.1 Einfache Steuerelemente ... 175
- 12.1.2 Steuerelemente benutzen ... 175
- 12.1.3 Auf Ereignisse reagieren ... 176
- 12.1.4 Beispielanwendung mit einfachen Steuerelementen ... 177
- 12.1.5 Mit dem Layoutmanager Steuerelemente anordnen ... 180

12.2 Steuerelemente mit Swing-Klassen ... 182
- 12.2.1 Grundlagen der Swing-Klassen ... 182
- 12.2.2 Swing-Steuerelemente ... 183
- 12.2.3 Einfache Swing-Steuerelemente einsetzen ... 184
- 12.2.4 Look and Feel ... 187
- 12.3.1 Die Baumansicht JTree ... 187
- 12.3.2 Anlegen von Knoten in einem JTree ... 188
- 12.3.3 Wichtige JTree-Methoden im Überblick ... 190
- 12.3.4 Auf JTree-Ereignisse reagieren ... 190
- 12.3.5 Tabellen mit JTable ... 192
- 12.3.6 Wichtige JTable-Methoden im Überblick ... 193
- 12.3.7 Auf JTable-Ereignisse reagieren ... 194
- 12.3.8 Steuerelemente mit Bildlaufleisten versehen ... 195

13 Menüs und Dialoge ... 198
13.1 Menüs mit dem AWT erstellen ... 198
- 13.1.1 Ein Menü erstellen ... 198
- 13.1.2 Auf Menü-Ereignisse reagieren ... 199
- 13.1.3 Ein Kontextmenü erstellen ... 200
- 13.1.4 Menüs mit den Swing-Klassen ... 201

13.2 Dialoge ... 203
- 13.2.1 Standarddialoge nutzen ... 203
- 13.2.2 Eigene Dialoge erstellen ... 206

14 JavaFX-Anwendungen entwickeln ... 210
14.1 Grundkonzept von JavaFX ... 210
14.2 Aufbau einer JavaFX-Anwendung ... 211
14.3 Container und Steuerelemente ... 213
14.4 Ereignisbehandlung ... 218
- 14.4.1 Ereignisbehandlung mit einer allgemeinen Methode ... 218
- 14.4.2 Ereignisbehandlung mit einer inneren Klasse ... 219

14.5 JavaFXML-Anwendungen ... 221
- 14.5.1 Die erste JavaFXML-Anwendung ... 221
- 14.5.2 Den Scene Builder einsetzen ... 223
- 15.5.3 Steuerelemente mit dem Controller verbinden ... 223

15 Datenbankanbindung ... 226
15.1 Datenbankzugriff mit Java ... 226
- 15.1.1 Datenbankanbindung mit JDBC ... 226
- 15.1.2 JDBC-Treiber laden und eine Verbindung aufbauen ... 226
- 15.1.3 Zugriff auf eine SQLite-Datenbank ... 227
- 15.1.4 Nicht-Select-Befehle absetzen ... 230
- 15.1.5 Metadaten ermitteln ... 232

15.2 Weitere Datenbanken ansprechen ... 233
- 15.2.1 Einen Treiber hinzufügen ... 233
- 15.2.2 Weitere Datenbanktreiber ... 234

Teil 2 Aufgabenpool **235**

Aufgabenpool **236**
1 Aufgaben zur Einführung in die Java-Technologie 236
2 Aufgaben zum ersten Java-Programm 236
3 Aufgaben zur Ein- und Ausgabe in Java 237
4 Aufgaben zu Operatoren in Java 238
5 Aufgaben zur Selektion und Iteration 240
6 Aufgaben zum Klassenkonzept in Java 244
7 Aufgaben zur Vererbung in Java 247
8 Aufgaben zu Arrays in Java 250
9 Aufgaben zu Dateioperationen in Java 255
10 Aufgaben zu fortgeschrittenen Themen in Java 261
11 Aufgaben zur GUI-Programmierung mit dem AWT 266
12 Aufgaben zu Steuerelementen mit dem AWT oder den Swing-Klassen 268
13 Aufgaben zu Menüs und Dialogen 270
14 Aufgaben zu JavaFX-Anwendungen 271
15 Aufgaben zur Datenbankanbindung 273

Teil 3 Lernsituationen **275**
Lernsituation 1: Erstellen einer Präsentation mit Hintergrundinformationen zu der Sprache Java (in Deutsch oder Englisch) 276
Lernsituation 2: Anfertigen einer Kundendokumentation für den Einsatz einer Entwicklungsumgebung in Java (in Deutsch oder Englisch) 277
Lernsituation 3: Entwicklung eines Verschlüsselungsverfahrens für ein internes Memo-System der Support-Abteilung einer Netzwerk-Firma 279
Lernsituation 4: Planung, Implementierung und Auswertung eines elektronischen Fragebogens 280
Lernsituation 5: Entwicklung einer Software zur Darstellung von Wetterdaten mit dem Model-View-Controller-Konzept 283
Lernsituation 6: Entwicklung einer JavaFXML-Anwendung, um Sudokus zu lösen 286

Index **289**

Teil 1
Einführung in Java

1.1	Die Java-Technologie	13
1.2	Die Sprache Java	15
2.1	Ein Java-Projekt anlegen	19
2.2	Das erste Java-Programm	22
2.3	Grundlegende Konventionen in Java	25
2.4	Datentypen und Variablen	29
3.1	Ausgabe in Java	34
3.2	Eingabe über die Konsole	36
4.1	Arithmetische Operatoren	39
4.2	Relationale und logische Operatoren	41
4.3	Bit-Operatoren und weitere Operatoren	43
4.4	Rang von Operatoren	46
5.1	Die Selektion	48
5.2	Fuß-, kopf- und zählergesteuerte Iterationen	55
6.1	Die erste Klasse in Java	63
6.2	Methoden in Java	65
6.3	Weitere Elemente von Klassen	75
6.4	Aufzählungstypen	81
7.1	Die Vererbung in Java	84
7.2	Polymorphimus	88
7.3	Abstrakte Basisklassen	94
7.4	Interfaces in Java	95
8.1	Ein- und mehrdimensionale Arrays	98
8.2	Sortieren von Arrays	110
8.3	Besondere Array-Klassen	114
9.1	Lesen und Schreiben von Dateien	119
9.2	Textdateien lesen und schreiben	123
9.3	Serialisierung von Objekten	125
9.4	Methoden der Klasse File	128
10.1	Ausnahmen – Exceptions	131
10.2	Generische Programmierung	138
10.3	Lambda-Ausdrücke	141
10.4	Java und UML	143
11.1	GUI-Programmierung	159
11.2	Das erste GUI-Programm	161
11.3	Text- und Grafikausgabe	163
11.4	Ereignisgesteuerte Programmierung	170
12.1	Steuerelemente mit dem AWT	175
12.2	Steuerelemente mit Swing-Klassen	182

13.1	Menüs mit dem AWT erstellen	198
13.2	Dialoge	203
14.1	Grundkonzept von JavaFX	210
14.2	Aufbau einer JavaFX-Anwendung	211
14.3	Container und Steuerelemente	213
14.4	Ereignisbehandlung	218
14.5	JavaFXML-Anwendungen	221
15.1	Datenbankzugriff mit Java	226
15.2	Weitere Datenbanken ansprechen	233

1 Einführung in die Java-Technologie

1.1 Die Java-Technologie

1.1.1 Entstehung der Java-Technologie

Anfang der 90er-Jahre wurde bei der Firma *Sun Microsystems* eine Programmiersprache entwickelt, die nicht nur auf PCs, sondern auf verschiedenen elektronischen Geräten (beispielsweise tragbaren Minicomputern oder auch in intelligenten Kaffeemaschinen) einsetzbar sein sollte. Diese Programmiersprache sollte *OAK* heißen. Allerdings war dieser Name geschützt, sodass sich die Entwickler einen neuen Namen einfallen lassen mussten: *JAVA*[1].

Die erste Version von Java wurde 1995 von *Sun Microsystems* vorgestellt. Die Sprache war internetfähig – sie konnte in einem bestimmten Browser (*HotJava*) ausgeführt werden. Die Firma *Netscape* schloss dann 1996 einen Vertrag mit *Sun Microsystems* und damit breitete sich Java über den berühmten Browser von *Netscape* (den *Netscape Navigator*) rasend schnell aus.

Inzwischen ist Java ein mächtiges Werkzeug zur Entwicklung von Internet-, aber auch Desktop-Anwendungen. Ebenso hat es einen großen Anteil an der Entwicklung im Bereich des *Mobile Computing*.

Die folgende Grafik zeigt den zeitlichen Verlauf der Java-Technologie-Entwicklung:

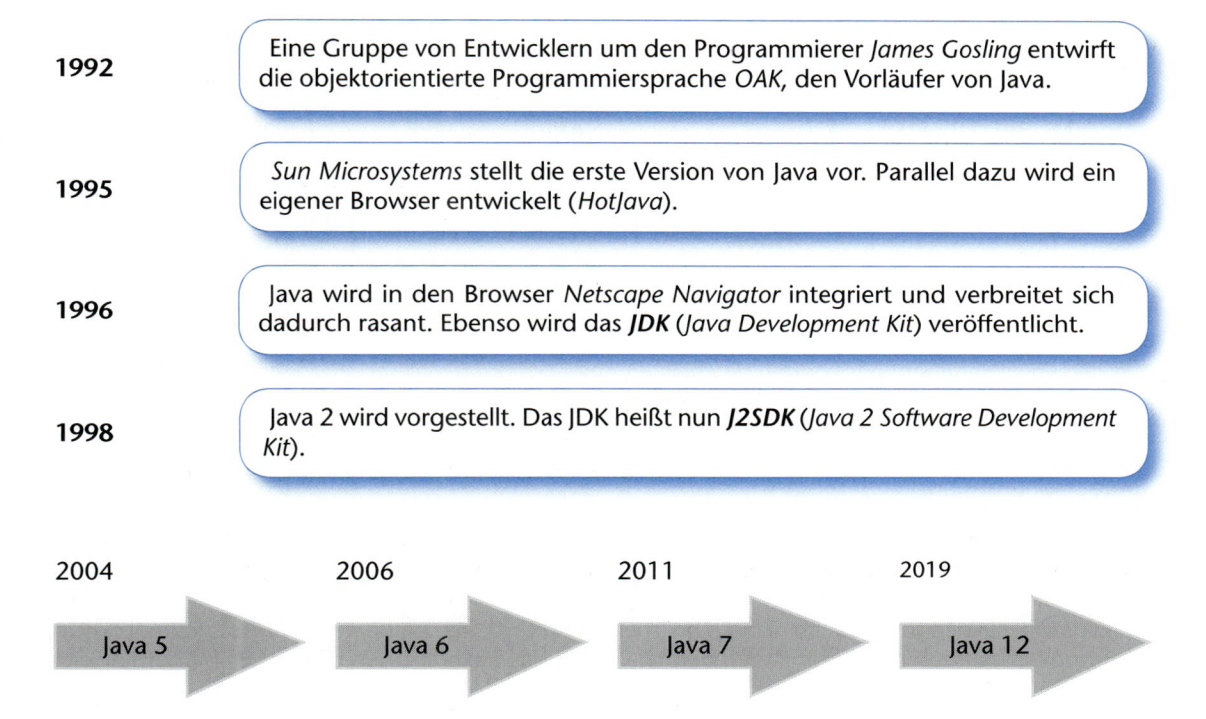

1992 — Eine Gruppe von Entwicklern um den Programmierer *James Gosling* entwirft die objektorientierte Programmiersprache *OAK*, den Vorläufer von Java.

1995 — *Sun Microsystems* stellt die erste Version von Java vor. Parallel dazu wird ein eigener Browser entwickelt (*HotJava*).

1996 — Java wird in den Browser *Netscape Navigator* integriert und verbreitet sich dadurch rasant. Ebenso wird das **JDK** (*Java Development Kit*) veröffentlicht.

1998 — Java 2 wird vorgestellt. Das JDK heißt nun **J2SDK** (*Java 2 Software Development Kit*).

2004 → Java 5 **2006** → Java 6 **2011** → Java 7 **2019** → Java 12

---

[1] Der Name Java soll auf den enormen Kaffeedurst der Entwickler zurückzuführen sein, denn Java ist in vielen Ländern (auch den Vereinigten Staaten) ein Synonym für Kaffee.

1 Einführung in die Java-Technologie

1.1.2 Eigenschaften der Java-Technologie

Der große Vorteil von Java ist die Plattformunabhängigkeit. Der Java-Quellcode wird nicht in nativen Code (*Maschinencode*) übersetzt, sondern in eine Art Zwischencode (*Bytecode*). Dieser Bytecode kann dann auf allen Plattformen ausgeführt werden, die über eine entsprechende Java-Laufzeitumgebung verfügen. Die wichtigsten Eigenschaften der Java-Technologie sind:

- **Objektorientierung**: Java ist eine vollständig objektorientierte Sprache.
- **Plattformunabhängigkeit**: Für die meisten Plattformen wurde eine Java-Laufzeitumgebung entwickelt, sodass von einer relativ großen Plattformunabhängigkeit gesprochen werden kann. Es gibt beispielsweise Laufzeitumgebungen für die Betriebssysteme Solaris (ein Unix-System), Linux, Windows und auch für Mac OS X – damit sind die wichtigsten Betriebssysteme bereits abgedeckt.
- **Sicherheit**: Java-Programme laufen kontrolliert in der Java-Laufzeitumgebung ab. Der sogenannte *garbage collector* sorgt beispielsweise für eine sichere Handhabung der Speicherfreigabe.
- **Moderne Anwendungsentwicklung**: Mit Java können moderne verteilte Systeme programmiert werden. Ebenso wird der Zugriff auf Datenbanken durch mächtige Bibliotheken unterstützt.

1.1.3 Die Komponenten der Java-Technologie

Die Java-Technologie besteht aus verschiedenen Komponenten, die dafür sorgen, dass die oben beschriebenen Eigenschaften umgesetzt werden können. Neben der eigentlichen Sprache Java und der Laufzeitumgebung gehören auch verschiedene APIs (*Application Programming Interfaces*) dazu. Das alles wird unter dem *Java Software Development Kit* (kurz **JDK**) zusammengefasst.

Die nächste Abbildung zeigt die Komponenten noch einmal im Überblick.

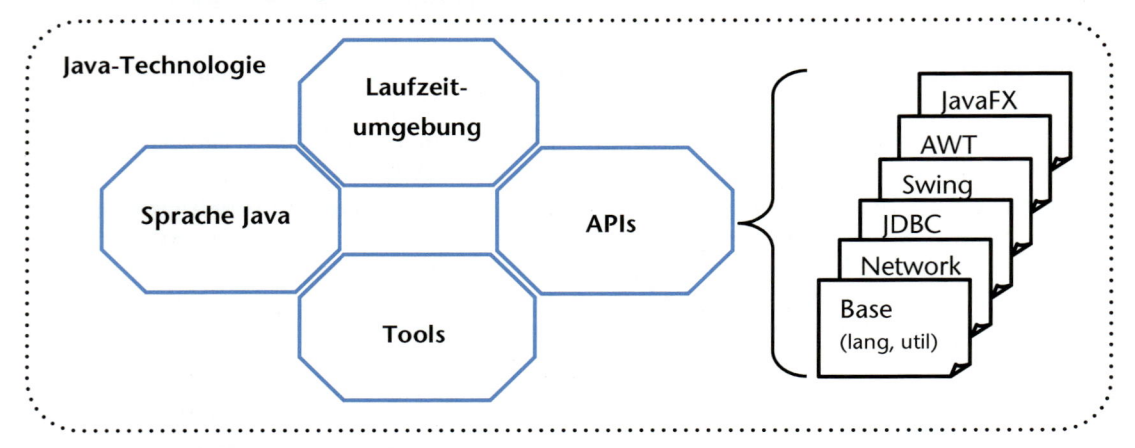

Mit den verschiedenen APIs können die meisten Anwendungen realisiert werden. Die einzelnen APIs sind dabei für die folgenden Bereiche verantwortlich:

- ▶ **Base (lang und util)**: Eine Sammlung von Klassen für elementare Funktionalitäten wie Stringbehandlung, mathematische Operationen, formatierte Ausgaben oder Arraybehandlung.
- ▶ **Network**: Mithilfe dieser Klassen kann die Netzwerkprogrammierung umgesetzt werden, beispielsweise über TCP-Verbindungen und den Einsatz von Sockets.
- ▶ **JDBC (Java Database Connectivity)**: Mit diesen Klassen werden Datenbanken angesprochen. Sie sind auch die Grundlage für verteilte Anwendungen.
- ▶ **Swing und AWT (Abstract Window Toolkit)**: Diese Klassen stellen Komponenten zur Entwicklung von grafischen Benutzeroberflächen zu Verfügung. JavaFX: Mit diesem Framework ist eine moderne GUI-Entwicklung möglich.

1.1.4 Kompilierung von Java-Programmen

Der Java-Quellcode wird nicht mehr direkt in eine ausführbare Datei, sondern in eine Art Zwischencode (Bytecode) übersetzt. Dieser Zwischencode wird dann von der Java-Laufzeitumgebung ausgeführt. Dabei übersetzt eine sogenannte *virtuelle Maschine* **JVM** (**J**ava **V**irtual **M**achine) den Zwischencode in nativen Code, der dann auf der jeweiligen Plattform ausführbar ist. Die aktuellen virtuellen Maschinen basieren auf intelligenten *Just-in-time-Compilern* (**JIT**) wie dem *HotSpot*, die durch Optimierungen die Java-Programme sehr schnell ausführen können.

Die folgende Abbildung zeigt den schematischen Ablauf einer Kompilierung:

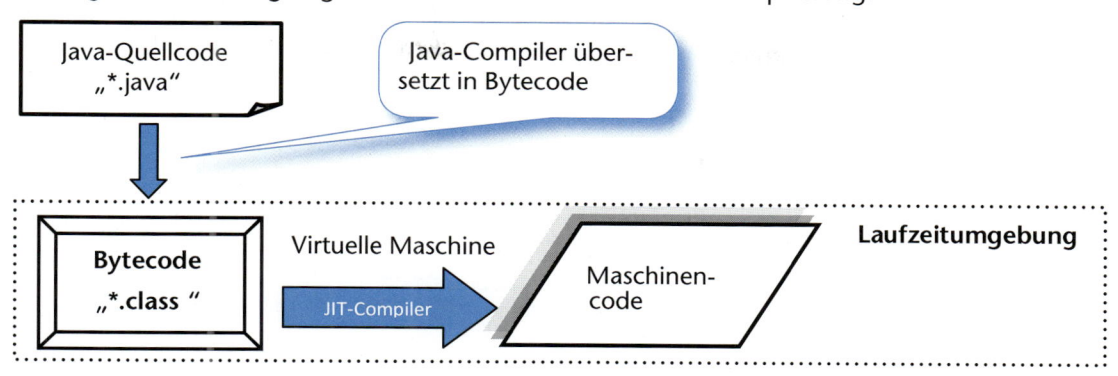

1.2 Die Sprache Java

1.2.1 Entwicklung der Sprache Java

Die Grundlage für Java wurde Anfang der 90er-Jahre durch ein Entwicklerteam um *James Gosling*[2] gelegt. Das Team arbeitete an einer neuen Technologie, die für beliebige Elektrogeräte eine Programmiersprache mit der entsprechenden Laufzeitumgebung zur Verfügung stellen sollte. Die erste Fassung dieser modernen und objektorientierten Sprache nannte Gosling *OAK*. Aus rechtlichen Gründen musste *OAK* später umbenannt werden. Es wurde der Name *Java* ausgewählt (Java ist nicht nur eine Insel, sondern steht auch für eine aromatische Kaffeesorte und wird in vielen Ländern als Synonym für Kaffee benutzt). Java ist syntaktisch stark an C++ angelehnt, hat aber einige Konzepte von C++ (wie die Mehrfachvererbung) nicht übernommen. Im Vergleich ist Java deshalb etwas einfacher zu erlernen als C++. Die Problematik der Speicherreservierung in C++ wurde in Java durch die Entwicklung eines **garbage collector** gelöst. Die Freigabe von reserviertem Speicher erfolgt dadurch automatisch und entlastet den Entwickler enorm.

Die Web-Programmierung wurde durch Java deutlich vorangebracht (Server-Pages, JavaFX oder Frameworks wie Spring etc.). Durch *Java Enterprise Edition-Anwendungen* (**Java EE-Anwendungen**) sind moderne **Three-Tier-Anwendungen**[3] umsetzbar und mit *Java ME* (Java Platform Micro Edition) ist die moderne App-Entwicklung auf mobilen Endgeräten möglich.

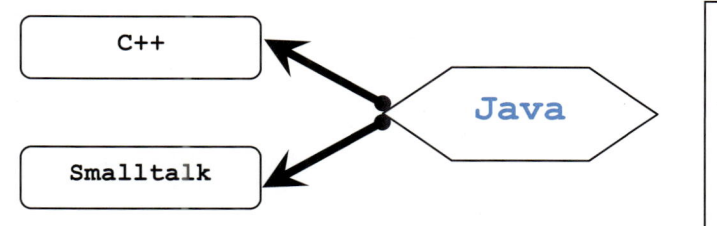

Java „erbt" einige Konzepte der rein objektorientierten Sprache *Smalltalk* und lehnt sich syntaktisch stark an die Hybridsprache C++ an.

Die Sprache *Smalltalk* war eine der ersten objektorientierten Programmiersprachen (neben *Simula-67*) und verfügte schon über solche Konzepte wie **MVC** (*Model View Controller*), das auch in Java sehr erfolgreich eingesetzt wird. Auch das Konzept des *garbage collector* wurde bereits in Smalltalk angewendet.

1.2.2 Eigenschaften der Sprache Java

Die folgenden Eigenschaften zeichnen die Sprache Java aus:

▶ Moderne, objektorientierte Sprache
▶ „*Etwas*" einfacher zu erlernen als C++ (Zeiger müssen nicht verwendet werden)
▶ Plattformunabhängiges Konzept
▶ Schnelle und effektive Softwareentwicklung (Desktop-Anwendungen, Web-Anwendungen) mit Unterstützung durch mächtige APIs bzw. Klassenbibliotheken
▶ Komfortable Anbindung von beliebigen Datenbanken

---
2 James Gosling war von 1984 bis 2010 bei der Firma Sun Microsystems beschäftigt. Die letzten Jahre war er technischer Leiter der Forschungs- und Entwicklungsabteilung.
3 Eine *Three-Tier*-Anwendung verfügt über drei Schichten, die in der Regel auf drei verschiedenen Rechnersystemen installiert sind. Die Schichten bestehen aus einer Clientanwendung, einer Server-Anwendung und einer Datenbank.

1.2.3 Schlüsselworte in Java

Die Sprache Java hat einen Wortschatz von ungefähr 50 reservierten Worten – den sogenannten **Schlüsselworten**. Die Schlüsselworte bilden die Grundlage der Programme in Java. Die folgende Tabelle zeigt die Schlüsselworte von Java:

abstract	continue	for	new	switch
assert	default	goto	package	synchronized
boolean	do	if	private	this
break	double	implements	protected	throw
byte	else	import	public	throws
case	enum	instanceof	return	transient
catch	extends	int	short	try
char	final	interface	static	void
class	finally	long	strictfp	volatile
const	float	native	super	while

Die Schlüsselworte `const` und `goto` können in Java (noch?) nicht benutzt werden. Sie sind reserviert und stehen deshalb nicht als Namen für Variablen oder Objekte zur Verfügung.

Die Bedeutungen der einzelnen Schlüsselworte werden Schritt für Schritt im Laufe dieses Informationsteils erklärt.

1.2.4 Prozedurale, strukturierte und objektorientierte Programmierung unter Java

In der Programmierung können verschiedene Paradigmen[4] unterschieden werden. Es gibt Sprachen wie C, mit denen beispielsweise nur strukturiert (und auch prozedural) programmiert werden kann. Andere Sprachen wie C++ können sowohl strukturiert (und prozedural) als auch objektorientiert programmiert werden. Die Sprache Java ist hingegen eine rein objektorientierte Sprache. Trotzdem spielt die strukturierte Programmierung auch bei Java eine Rolle, denn innerhalb des objektorientierten Rahmens muss auch strukturiert programmiert werden.

Zum besseren Verständnis werden diese Begriffe kurz erläutert:

Strukturierte Programmierung

Die strukturierte Programmierung zeichnet sich durch Kontrollstrukturen wie die **Auswahl** (`IF-ELSE`) oder die **Wiederholungen** (`FOR, WHILE` usw.) aus. Damit erhält ein Programm eine nachvollziehbare Struktur. In den Anfängen der Programmierung war es üblich, Sprunganweisungen (`GOTO`) in einem Programm zu benutzen. Dadurch wird ein Programm sehr unübersichtlich und fehleranfällig. Strukturierte Programme sind hingegen übersichtlicher und besser wartbar.

Beispiel:

```
FÜR Var := 1 BIS 5 MIT SCHRITTWEITE 1
    SCHREIBE AUF BILDSCHIRM Var
```

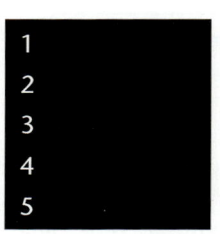

```
1
2
3
4
5
```

Das Beispiel zeigt eine Wiederholung in sogenanntem Pseudocode[5]. Dieser Code beschreibt den Ablauf des Programmes, ohne allerdings auf eine spezielle Programmiersprache einzugehen. In dem Beispiel wird eine Variable `Var` so lange um 1 erhöht, bis der Wert 5 erreicht ist. Jeder Wert der Variablen wird dann auf dem Bildschirm ausgegeben.

Prozedurale Programmierung

Die prozedurale Programmierung teilt Programme in kleine Einheiten (Prozeduren oder Funktionen), die für bestimmte Aufgaben verantwortlich sind. Sind diese Prozeduren einmal geschrieben und getestet, können sie immer wieder benutzt werden – das spart Entwicklungszeit und führt auch zu einer besseren Lesbarkeit des Programms.

---
4 Paradigma kommt aus dem Griechischen und heißt so viel wie Muster oder Vorbild.
5 Pseudocode ist eine Art Sprache, mit der der Ablauf eines Programmes beschrieben wird. Pseudocode zeichnet sich dadurch aus, dass er näher an der natürlichen Sprache als eine Programmiersprache ist. Ein Programm, das in Pseudocode geschrieben ist, kann problemlos in jede Programmiersprache übersetzt werden.

Beispiel:

```
PROZEDUR Ausgabe
   SCHREIBE AUF BILDSCHIRM "Hallo"
ENDE

FÜR Var := 1 BIS 5 MIT SCHRITTWEITE 1
   AUFRUF Ausgabe
```

```
Hallo
Hallo
Hallo
Hallo
Hallo
```

Das Beispiel in Pseudocode zeigt eine Prozedur mit dem Namen Ausgabe. Diese Prozedur hat eine Anweisung, die das Wort „Hallo" auf den Bildschirm schreibt. Die bereits bekannte Wiederholung aus dem Beispiel vorher läuft dann 5-mal und ruft jedes Mal die Prozedur Ausgabe auf. Damit steht 5-mal das Wort „Hallo" auf dem Bildschirm.

Objektorientierte Programmierung

Die objektorientierte Programmierung möchte Objekte der realen Welt in einem Programm abbilden. Damit sollen Problemstellungen aus beliebigen Bereichen (Geschäftprozesse, wissenschaftliche Untersuchungen usw.) geeigneter als mit den anderen Programmierparadigmen in Programme umgesetzt werden können.

Im Mittelpunkt der objektorientierten Programmierung steht die **Klasse**, aus der dann konkrete Objekte gebildet werden. Diese Objekte haben bestimmte Eigenschaften (Attribute) und sogenannte Methoden, mit denen diese Eigenschaften beispielsweise verändert werden können.

Beispiel:

```
KLASSE Kunde
   Name
   Telefon
ENDE

BILDE OBJEKT K1 VON Kunde
K1.Name    := "Maier"
K1.Telefon := "123456"

SCHREIBE AUF BILDSCHIRM K1.Name und K1.Telefon
```

```
Maier
123456
```

In dem Beispiel wird ein Klasse Kunde definiert. Von dieser Klasse können dann konkrete Objekte wie K1 (für Kunde 1) gebildet werden. Die Eigenschaften des Objektes (Name, Telefon) können mit Werten belegt werden. In diesem Beispiel erhält das Objekt K1 den Namen „Maier" und die Telefonnummer „123456". Anschließend werden Name und Telefon des Objektes auf den Bildschirm geschrieben.

1.2.5 Bestandteile eines Java-Programms

Ein Java-Programm besteht aus einer Folge von endlich vielen und eindeutigen Anweisungen[6], die mithilfe der Schlüsselworte und selbst gewählter Namen für bestimmte Elemente wie Klassen oder Objekte gebildet werden. Zusätzlich kann ein Java-Programm auch Anweisungen enthalten, die nicht zum eigentlichen Programm gehören, aber die Erstellung des Programms steuern. Das folgende Beispiel zeigt ein erstes einfaches Java-Programm:

```
package java_it_berufe;
```
Damit wird ein eigenes Paket mit dem Namen „java_it_berufe" definiert.

```
import java.io.*;
```
Der import-Befehl sorgt für die Einbindung von Bibliotheken, in diesem Fall der Input-Output-Bibliotheken.

---

[6] Eine endliche Folge von eindeutigen Anweisungen an den Computer nennt man **Algorithmus.**

> Eine eigene Klasse wird definiert.

```java
public class Java_IT_Berufe {

    public static void main(String[] args) {

        System.out.println("Hallo Java!");

    }
}
```

> Die `main`-Methode – entspricht klassischerweise dem „Hauptprogramm".

> Ein Java-Befehl zur Ausgabe einer Zeichenkette auf dem Bildschirm

In dem obigen Beispiel wird deutlich, dass auch ein einfaches Java-Programm schon einen relativ komplizierten Aufbau hat. Das liegt daran, dass Java eine vollständig objektorientierte Sprache ist und deshalb immer auch eine Klasse definiert werden muss. Dieser Aufbau wird nun in den folgenden Kapiteln Schritt für Schritt erläutert.

2 Das erste Java-Programm

2.1 Ein Java-Projekt anlegen

Die integrierte Entwicklungsumgebung *Apache NetBeans IDE 10.0* ist eine komfortable Umgebung, um Java-Programme zu entwickeln. Besonders erfreulich ist der Umstand, dass die Umgebung kostenfrei im Internet bereit steht. Ein Java-Programm besteht aus einer oder mehreren Quellcodedateien. Diese Dateien werden in einem Projekt organisiert. *NetBeans* bietet eine Vielzahl von Projekten an. Im Folgenden sind die wichtigsten aufgeführt:

- Java-Anwendung (erstellt verschiedene Basis-Anwendungen)
- JavaFX-Anwendung (erstellt Vorlagen für JavaFX-GUI-Anwendungen)
- HMTL5/Javascript (erstellt Vorlagen für Web-Anwendungen auf HTML5-Basis)
- Maven (ein Build-Tool: dient zur Verwaltung / Standardisierung von Java-Anwendung)

In diesem Buch sind hauptsächlich zwei Projektformen von Bedeutung: die **Java-Anwendung** und die **JavaFX-Anwendung**.

Die Java-Anwendung ist ausreichend, um eine einfache Ein- und Ausgabemöglichkeit für die ersten Java-Programme zu haben. In den späteren Kapiteln wird dann die JavaFX-Anwendung verwendet. Die einfache Java-Anwendung ist natürlich nicht so ansprechend wie ein Programm mit graphischer Benutzeroberfläche, aber, um die Grundlagen der Sprache zu erlernen, völlig ausreichend.

Anlegen eines neuen Projektes:
- Starten Sie *Apache NetBeans IDE 10.0*.
- Wählen Sie den Menüpunkt Datei → Neues Projekt (oder *File* → *New Project*[1]).

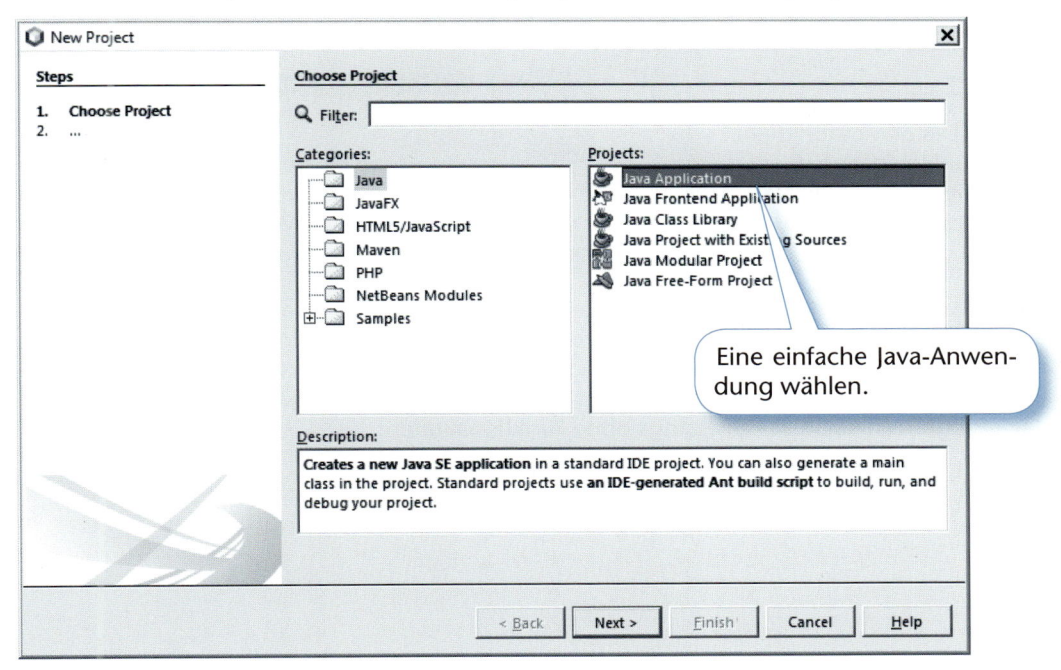

[1] Hier wird die englische Version von *Apache Netbeans* genutzt, deshalb werden sowohl deutsche als auch englische Befehle angegeben.

2 Das erste Java-Programm

Nach dem Bestätigen mit „Weiter" oder „Next" werden die Eingabe eines Namens und die Wahl eines Projektpfades erwartet.

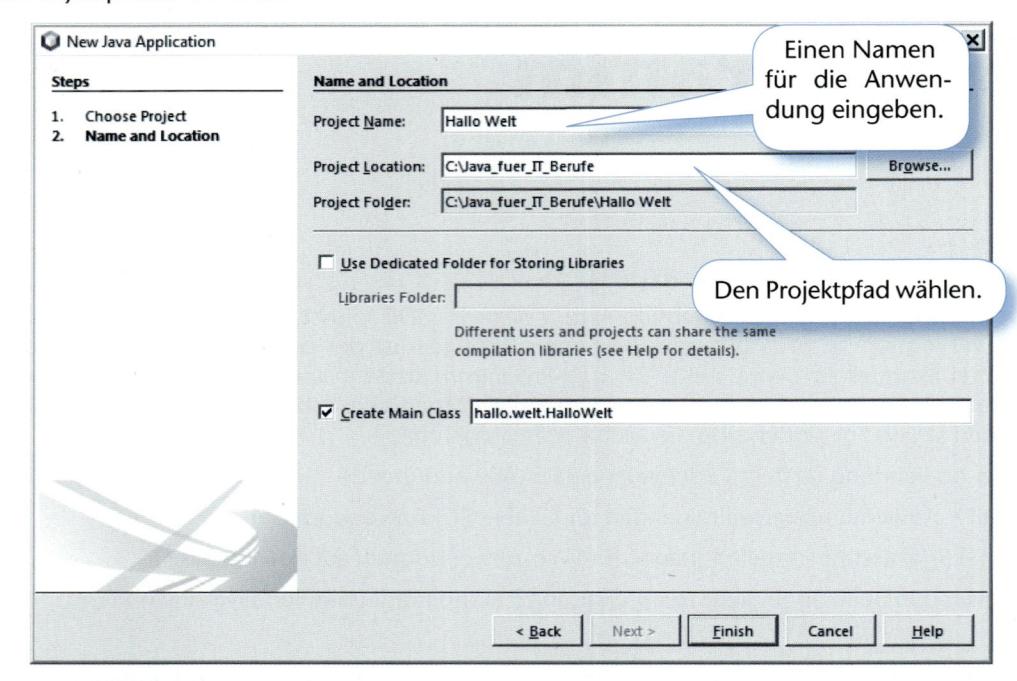

Einen Namen für die Anwendung eingeben.

Den Projektpfad wählen.

Anschließend kann das durch einen Klick auf „Fertigstellen" oder „Finish" das Projekt erstellt werden.

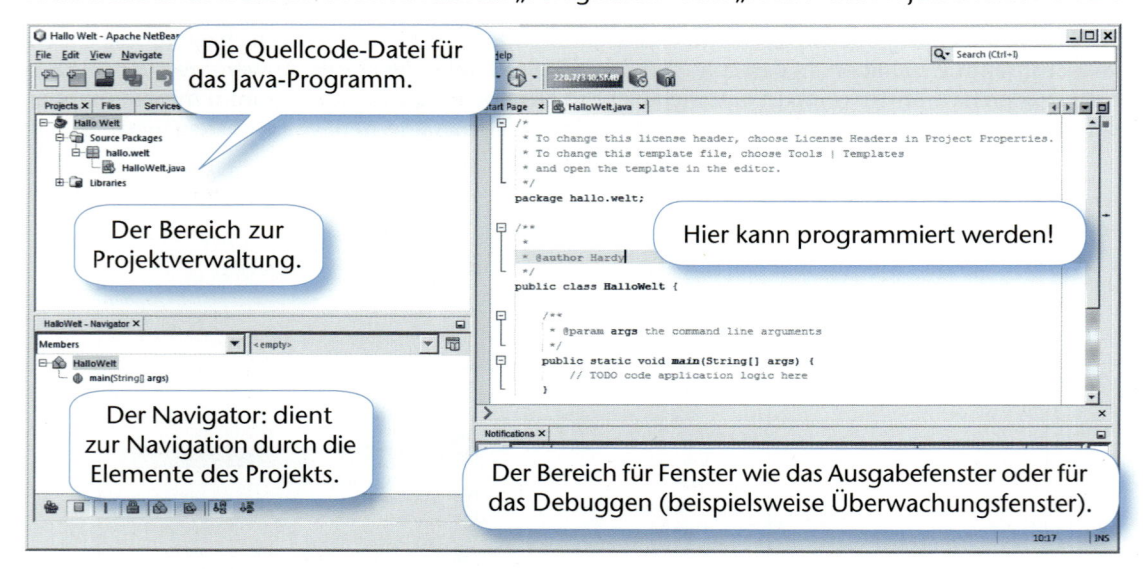

Die Quellcode-Datei für das Java-Programm.

Der Bereich zur Projektverwaltung.

Hier kann programmiert werden!

Der Navigator: dient zur Navigation durch die Elemente des Projekts.

Der Bereich für Fenster wie das Ausgabefenster oder für das Debuggen (beispielsweise Überwachungsfenster).

Die Entwicklungsumgebung hat ein Projekt mit dem gewählten Namen (hier „*Hallo Welt*") angelegt. Es können beliebig viele weitere Projekte angelegt werden. Innerhalb des Projektes ist eine Quellcode-Datei „HalloWelt.java" angelegt. Zusätzlich wird die verwendete Bibliothek angezeigt. In der angelegten Quellcode-Datei ist bereits ein Grundgerüst vorhanden, welches ein lauffähiges Java-Programm darstellt – allerdings ohne Funktionalitäten.

2 Das erste Java-Programm

Ausführen eines Java-Programms

Um das Programm zu compilieren und anschließend auszuführen gibt es verschiedene Möglichkeiten unter *Apache Netbeans*:

- Menüpunkt: Ausführen *oder Run* → Projekt (Hallo Welt) ausführen oder *Run Project (Hallo Welt)*
- Menüpunkt: Debuggen → Projekt (Hallo Welt) debuggen oder *Debug Project (Hallo Welt)*
- Tastenkombinationen: F6 (Ausführen oder *Run*) oder STRG + F5 (Debuggen oder *Debug*)

Fortgeschrittene werden später hauptsächlich das Debugging verwenden, wenn kompliziertere Programme analysiert werden müssen. Für den Anfang ist jedoch die oben beschriebene Vorgehensweise völlig ausreichend.

Nach dem Starten (Ausführen) des obigen ersten Programms erscheint dann folgendes Fenster:

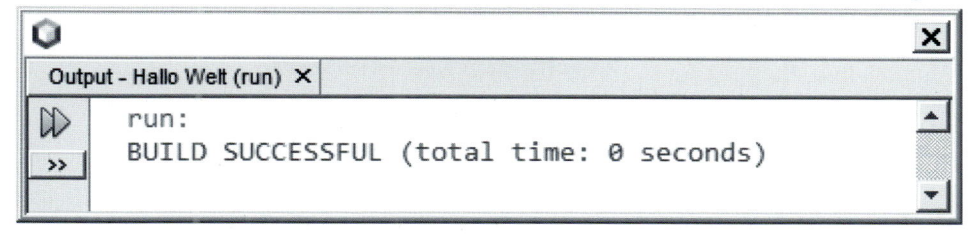

```
run:
BUILD SUCCESSFUL (total time: 0 seconds)
```

Hinweis

Das Ausgabefenster ist standardmäßig in der Entwicklungsumgebung *angedockt*. Mit einem Klick auf die rechte Maustaste kann das Fenster auch *abgedockt* werden (so wie das oben angezeigte Ausgabefenster).

Alternative: Ausführen einzelner Java-Dateien

Eine Alternative zu der eben beschriebenen Vorgehensweise, bei der immer ein ganzes Projekt ausgeführt wird, ist das Ausführen einzelner Java-Dateien. Das spart Zeit, wenn in einer Testphase mehrere Java-Dateien geprüft werden müssen, aber das komplette Projekt noch nicht ausführbar ist. Die folgende Abbildung zeigt die Ausführung einzelner Dateien:

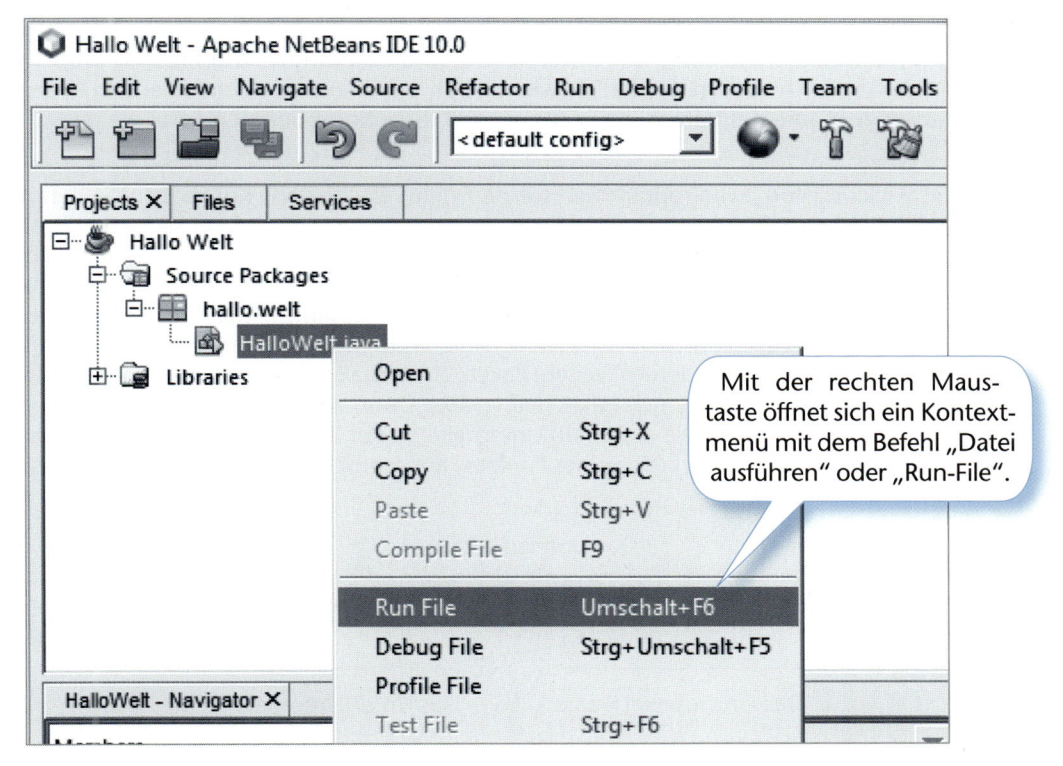

Mit der rechten Maustaste öffnet sich ein Kontextmenü mit dem Befehl „Datei ausführen" oder „Run-File".

2.2 Das erste Java-Programm

2.2.1 Das Java-Grundgerüst

Das erste einfache Beispiel eines Java-Programms wurde bereits im ersten Kapitel dargestellt. Dieses Grundgerüst soll nun genauer betrachtet werden, da es die Ausgangsbasis für alle weiteren Java-Programme ist.

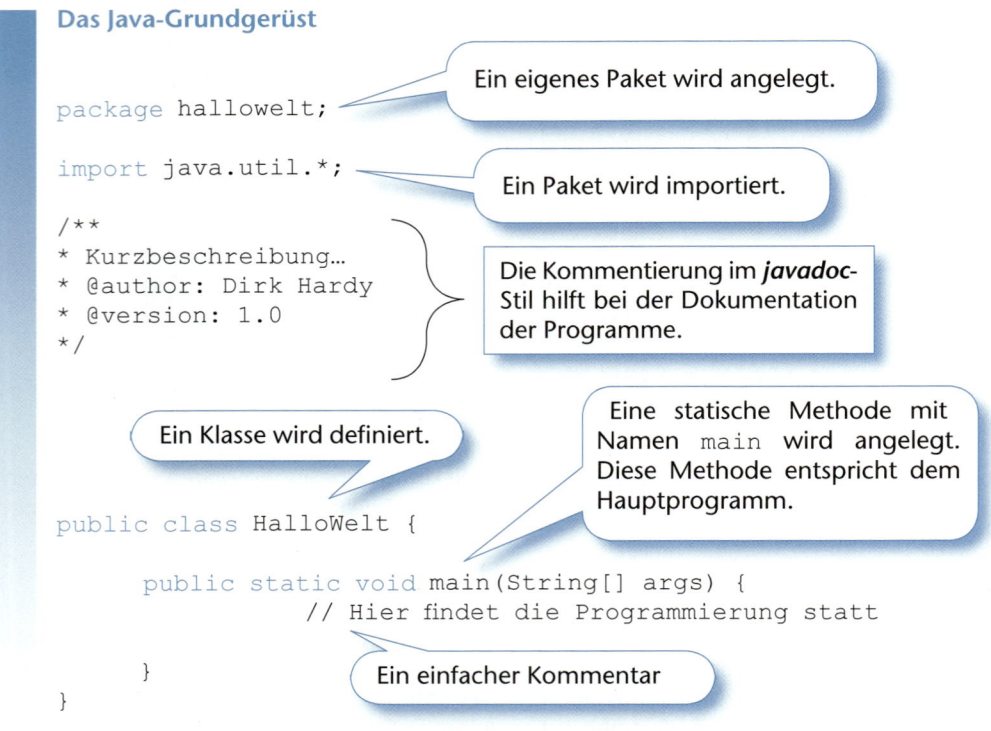

Das Java-Grundgerüst

```java
package hallowelt;       // Ein eigenes Paket wird angelegt.

import java.util.*;      // Ein Paket wird importiert.

/**
 * Kurzbeschreibung…
 * @author: Dirk Hardy
 * @version: 1.0
 */
// Die Kommentierung im javadoc-Stil hilft bei der Dokumentation der Programme.

// Ein Klasse wird definiert.
public class HalloWelt {
    // Eine statische Methode mit Namen main wird angelegt. Diese Methode entspricht dem Hauptprogramm.
    public static void main(String[] args) {
        // Hier findet die Programmierung statt
    }   // Ein einfacher Kommentar
}
```

Im Prinzip würde es ausreichen, sich zu Beginn auf die Hauptmethode main (bzw. deren Inhalt zu beschränken). Denn bis zu den Kapiteln über Methoden und das Klassenkonzept in Java ist nur diese Hauptmethode interessant, weil bis dahin alle Java-Programme komplett in dieser Methode geschrieben werden. Trotzdem werden die wichtigen Komponenten in den folgenden Unterkapiteln kurz erläutert. Im Laufe des Informationsteils werden diese Komponenten dann weiter beleuchtet.

2.2.2 Pakete

Bei der Entwicklung von Java-Programmen werden viele verschiedene Komponenten benötigt, um beispielsweise auf den Bildschirm zu schreiben, von der Tastatur einzulesen oder eine Datenbank anzusprechen. Diese Komponenten stehen in Form einer Klassenbibliothek zur Verfügung. Damit diese Bibliothek eine Struktur erhält, werden beispielsweise alle Klassen, die zur Bildschirmausgabe und zur Tastatureingabe nötig sind, in einem eigenen Paket zusammengefasst. Andere Klassen, die beispielsweise für das Lesen und Schreiben nötig sind, werden ebenfalls in einem eigenen Paket zusammengefasst. Da Pakete wiederum weitere Pakete (Unterpakete) enthalten können, entsteht eine sinnvolle Struktur. Das grundlegende Paket heißt *java*. Darin befinden sich die wichtigsten Klassen und natürlich weitere Pakete. Die einzelnen Unterpakete oder Klassen eines Pakets werden mithilfe des sogenannten Punktoperators (also eines Punktes) angesprochen, wie das folgende Beispiel zeigt:

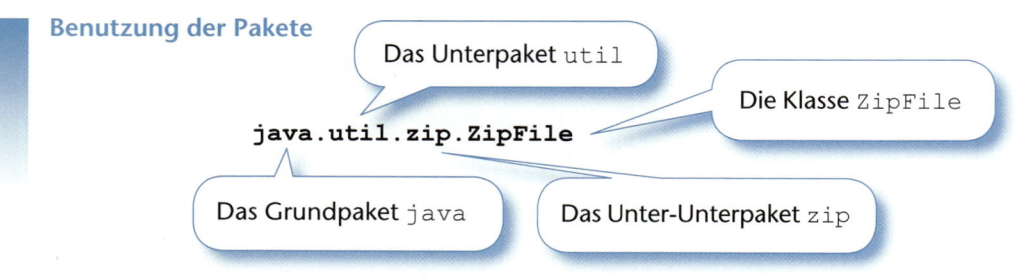

Benutzung der Pakete

```
java.util.zip.ZipFile
```

- Das Grundpaket `java`
- Das Unterpaket `util`
- Das Unter-Unterpaket `zip`
- Die Klasse `ZipFile`

Hinweis

Die Entwicklungsumgebung *NetBeans* verfügt über eine benutzerfreundliche Hilfe, die die Eingabe von Java-Befehlen und die Suche nach Paketen und Klassen unterstützt. Sobald ein Paketname oder ein Objektname eingetippt wird, versucht die Hilfe einen Vorschlag für eine angemessene Ergänzung zu machen. In der Regel hilft dieses Werkzeug sehr bei der Entwicklung.

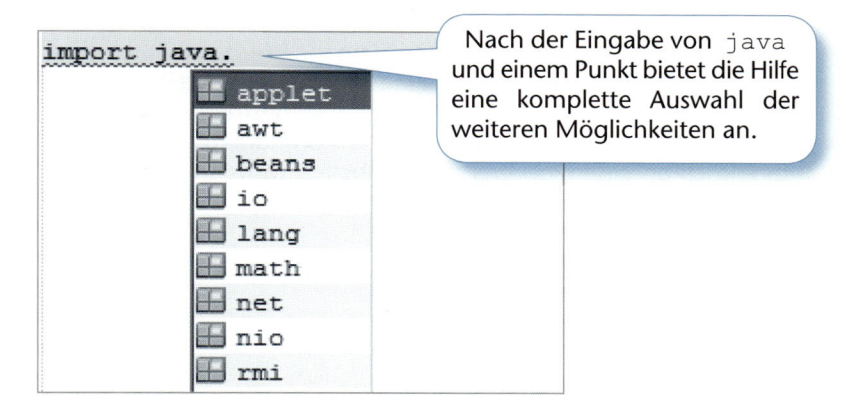

Nach der Eingabe von `java` und einem Punkt bietet die Hilfe eine komplette Auswahl der weiteren Möglichkeiten an.

Der import-Befehl

Dieser Befehl vereinfacht die Nutzung der Pakete. Wird ein Paket mit dem `import`-Befehl angegeben, so können alle Komponenten des Paketes direkt angesprochen werden.

Beispiel: ohne `import`-Befehl

Auswahl der Klasse `ZipFile` aus dem Paket `java.util.zip`:

`java.util.zip.ZipFile einFile;`

Beispiel: mit `import`-Befehl

Auswahl der Klasse `ZipFile` aus dem Paket `java.util.zip`:

```
import java.util.zip.*;
ZipFile einFile;
```

Das „*" bedeutet, dass alle Komponenten des Pakets eingebunden werden sollen.

Die Klasse kann nun direkt angesprochen werden, ohne den kompletten Paketnamen anzugeben.

2.2.3 Die Klasse HalloWelt und die Hauptmethode main

Die Sprache Java ist eine vollständig objektorientierte Sprache. Deshalb besteht jedes Java-Programm aus mindestens einer Klasse. Bei einer neuen Java-Anwendung legt die Entwicklungsumgebung automatisch eine Klasse an, die so wie das Projekt heißt – in diesem Fall „HalloWelt". Innerhalb der Klasse gibt es eine sogenannte statische Methode `main`. Diese Methode wird beim Starten des Programms ausgeführt, sie ist also das Hauptprogramm. Deshalb darf diese Methode auch nicht umbenannt werden, denn sonst würde der Compiler das „Hauptprogramm" nicht finden. Bis zu den Kapiteln über Methoden und Klassen werden alle Java-Anweisungen innerhalb dieser statischen `main`-Methode geschrieben.

> **Hinweis**
>
> Zu diesem Zeitpunkt ist es nicht wichtig, wenn die Begriffe Klasse und statische Methode nicht gänzlich verstanden wurden. Das kann erst im Laufe der nächsten Kapitel erfolgen. Es reicht völlig aus, wenn eine grobe Orientierung über die Komponenten des Java-Programms vorhanden ist. Durch die Konzentration auf den Inhalt der `main`-Methode sind die Grundlagen der Java-Programmierung in den nächsten Kapiteln recht einfach zu erlernen.

2.2.4 Die Ausgabe auf dem Bildschirm

Nun soll das erste Programm um eine Möglichkeit erweitert werden, um auf den Bildschirm zu schreiben. Damit wäre eine erste Kommunikationsmöglichkeit zwischen Benutzer und Programm geschaffen. Die Ausgangsbasis ist wieder das Grundgerüst, welches von der Entwicklungsumgebung automatisch bei einem neuen Projekt angelegt wird:

```java
package hallowelt;

public class HalloWelt {

    public static void main(String[] args) {

        System.out.println("Java für IT-Berufe");

    }
}
```

Die Methode `println` des statischen Objekts `out` schreibt eine **Zeichenkette** auf den Bildschirm und erzeugt danach automatisch einen Zeilenumbruch.

> **Hinweis**
>
> Die Klasse **System** gehört zu dem Paket **java.lang**. Dieses Paket muss nicht mit dem `import`-Befehl eingebunden werden. Es ist *automatisch*[2] in jedem Projekt eingebunden.

Nach dem Starten erscheint dann folgende Bildschirmausgabe:

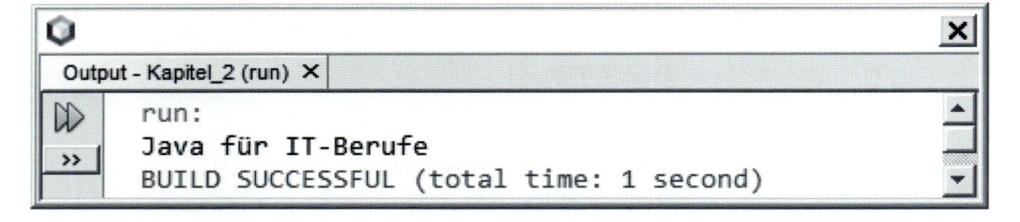

```
Output - Kapitel_2 (run)
run:
Java für IT-Berufe
BUILD SUCCESSFUL (total time: 1 second)
```

Was ist eine Zeichenkette?

Eine Zeichenkette ist eine Reihe von endlich vielen Zeichen, also Buchstaben, Ziffern und Sonderzeichen, die in doppelten Anführungsstrichen eingerahmt sind.

---

[2] Das Paket `java.lang` wurde von den Java-Entwicklern als so elementar angesehen, dass es immer eingebunden ist.

2.2.5 Wichtige Regeln eines Java-Programms

Nach den ersten Beispielen von einfachen Java-Programmen können folgende wichtige Grundregeln festgehalten werden:

▶ Jedes Java-Programm hat mindestens eine Klasse und eine Hauptmethode `main`.
▶ Die Anweisungen in der Hauptmethode werden in geschweifte Klammern { } eingeschlossen – ebenso die Definition der Klasse.
▶ Jede Anweisung in Java (wie beispielsweise `System.out.println("...");`) wird mit einem Semikolon beendet.
▶ Mit dem `import`-Befehl können Komponenten von Paketen einfacher angesprochen werden.
▶ **Java unterscheidet zwischen Groß- und Kleinschreibung!**

2.3 Grundlegende Konventionen in Java

Nachdem die ersten Java-Programme kennengelernt wurden, müssen nun noch weitere Aspekte erarbeitet werden, die bei der Erstellung der Programme wichtig sind.

Dazu stellen sich folgende Fragen:
- Wie werden Namen in Java gebildet (für Variablen usw.)?
- Wie werden Leerzeilen, Zeilenumbrüche oder Leerzeichen im Quellcode interpretiert?
- Wie können Kommentare im Quellcode geschrieben werden?

2.3.1 Bezeichner (Namen) in Java

Wie in allen Programmiersprachen gibt es in Java Namen für Variablen, Konstanten, Methoden und Klassen. Diese selbst gewählten bzw. definierten Namen unterliegen einer gewissen Konvention, die unbedingt eingehalten werden muss:

- Das erste Zeichen muss ein Buchstabe sein (Unterstrich ist auch erlaubt „_").
- Der Rest kann aus Ziffern und Buchstaben gestaltet werden.
- Der Bezeichner darf nicht mit einem Schlüsselwort von Java übereinstimmen.

Beispiele:

`zahl`	gültiger Bezeichner
`_zahl`	gültiger Bezeichner
`2mal7`	kein gültiger Bezeichner (erstes Zeichen ist Ziffer)
`break`	kein gültiger Bezeichner (Schlüsselwort in Java)
`zahl 1`	kein gültiger Bezeichner (Leerzeichen nach `zahl`)

Java-Namenskonvention

Die Benennung von Bezeichnern ist dem Programmierer freigestellt. Allerdings hat es sich als sinnvoll erwiesen, dass in einem Programm von Anfang an eine bestimmte Konvention eingehalten wird. Hilfreich ist hier die sogenannte *Kamel-Notation:* Sie sieht vor, dass der Bezeichner immer mit einem Kleinbuchstaben anfängt. Sollte der Name aus mehreren Komponenten bestehen, so fängt die nächste Komponente dann mit einem Großbuchstaben an. Klassennamen fangen hingegen auch mit einem Großbuchstaben an. Die folgenden Beispiele verdeutlichen diese Konventionen:

Variablennamen

▶ `eineVariable`
▶ `vieleAutos`
▶ `neuesObjekt`

Methodennamen

▶ `setzeWert()`
▶ `oeffneDatei()`
▶ `schliesseFenster()`

Klassennamen

▶ `ErsteKlasse`

▶ `Mitarbeiter`

▶ `FensterDialog`

Hinweis:

Paketnamen sollten immer nur in Kleinbuchstaben geschrieben werden, konstante Werte hingegen immer in Großbuchstaben (dazu später mehr).

2.3.2 Trennzeichen

Zwischen den verschiedenen Anweisungen und Ausdrücken eines Java-Programms muss als Trennzeichen ein Semikolon stehen. Mehrere zusammengehörende Anweisungen werden (wie bei der `main`-Methode) innerhalb geschweifter Klammern zusammengefasst.

Zwischen Schlüsselworten in Java und eigenen Bezeichnern muss zur Unterscheidung entweder ein Leerzeichen oder ein Operator (z. B. das Additionssymbol „+") stehen.

Dabei werden das Zeilenende, der Tabulator und mehrere Leerzeichen als ein Leerzeichen bzw. als ein Trennzeichen interpretiert.

Beispiel:

Alle drei Programme sind identisch in ihrer Funktionalität. Sie unterscheiden sich nur in der Anordnung des Quelltextes:

Programm 1:

```java
package hallowelt;

public class HalloWelt {

    public static void main(String[] args) {
        System.out.println("Leerzeichen und Co.");
    }
}
```

> Zwischen Schlüsselwort (hier `void`) und Bezeichner (hier `main`) muss ein Trennzeichen stehen (hier ein Leerzeichen).

> Die Anweisung, um auf den Bildschirm zu schreiben, wird in einer Zeile geschrieben und mit einem Semikolon beendet.

Programm 2:

```java
package hallowelt;

public class HalloWelt {

    public static void main(String[] args) {
        System.out.println(
            "Leerzeichen und Co.")
            ;
    }
}
```

> Die Anweisung, um auf den Bildschirm zu schreiben, wird insgesamt auf drei Zeilen verteilt.

Programm 3:

```java
package hallowelt;public class HalloWelt{public static void main(String[]args){System.out.println("Leerzeichen und Co.");}}
```

> Das ganze Programm wird einfach hintereinandergeschrieben.

Es ist ersichtlich, dass die erste Variante deutlich leserlicher ist als die zweite. Die dritte Variante dient natürlich nur zur Anschauung – so sollte kein Java-Programm aussehen. In allen drei Fällen erscheint nach dem Starten allerdings dieselbe Bildschirmausgabe:

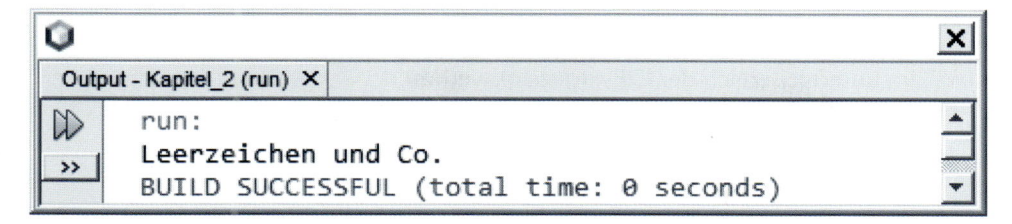

```
Output - Kapitel_2 (run)  X
  run:
  Leerzeichen und Co.
  BUILD SUCCESSFUL (total time: 0 seconds)
```

2.3.3 Kommentare in Java

Jeder Programmierer weiß, wie wichtig Kommentare in einem Programm sind, vor allem, wenn Monate später der Quellcode modifiziert werden soll und sich niemand mehr erinnert, welche Bedeutungen die Variablen oder Methoden hatten. Kommentare werden bei der Übersetzung des Compilers ignoriert, sie dienen also nur dem Verständnis des Quellcodes.

Ein Kommentar muss in die Zeichenfolge „/*" und „*/" eingerahmt werden. In der Entwicklungsumgebung *NetBeans* werden Kommentare in grauer Farbe angezeigt. Kommentare können auch über mehrere Zeilen gehen, dürfen aber nicht verschachtelt werden. Kommentare, die nur eine Zeile betreffen, werden mit „//" eingeleitet. Die speziellen *javadoc*-Kommentare werden mit einem „/**" eingeleitet und haben in jeder Zeile ein vorangestelltes Sternchen. Sie enden ebenfalls mit einem „*/".

Beispiel:

Ein Java-Programm wird mit Kommentaren versehen:

```java
//Ein Paket wird angelegt
package hallowelt;
//Das Paket java.util wird importiert
import java.util.*;

public class HalloWelt {

        /**
         * Kurzbeschreibung der Methode…
         * @param args
         * Die Argumente der main-Methode werden erläutert
         */

        public static void main(String[] args) {
            /* Hier findet die
               Programmierung statt */

        }
}
```

- Ein Standardkommentar wird mit „//" eingeleitet.
- Ein javadoc-Kommentar
- Ein Kommentar über mehrere Zeilen

Hinweis:

Das Kommentieren von Quellcode ist wichtig, gerade für die Wiederverwendbarkeit und den übersichtlichen Aufbau des Quellcodes. Es sollte aber nicht übertrieben werden. Selbstverständliche Sachverhalte sollten nicht zusätzlich kommentiert werden. Kurz und präzise ist wichtiger, als ausladende Erklärungen abzugeben. Es kann sinnvoll sein, zu Beginn des Quellcodes einen Kommentarkopf anzulegen, der über den Quellcode bzw. das Programm informiert.

Beispiel:

```
/**
 * Erstellt am 10.08.2019
 * letzte Änderung am 12.08.2019
 * @author Dirk Hardy
 */
```

2 Das erste Java-Programm

Kommentare mit Javadoc:
Die Kommentare im Javadoc-Stil können über den Menüpunkt „Window → IDE Tools → Javadoc Documentations" im unteren Bereich der IDE angezeigt werden.

Beispiel:

```java
package kapitel_2;
/**
* Erstellt am 10.08.2019
* letzte Änderung am 12.08.2019
* @author Dirk Hardy
*/

public class Javadoc {
    /**
     * @param x int
     */
    public static void Test(int x){
    }
}
```

Mit dem Tag `@author` kann der Autor beschrieben werden.

Mit dem Tag `@param` können die Parameter einer Methode beschrieben werden.

```
Javadoc X
← → ▪ ▭
kapitel_2.JavaDoc
public static void Test(int x)


Parameters:
    x - int
```

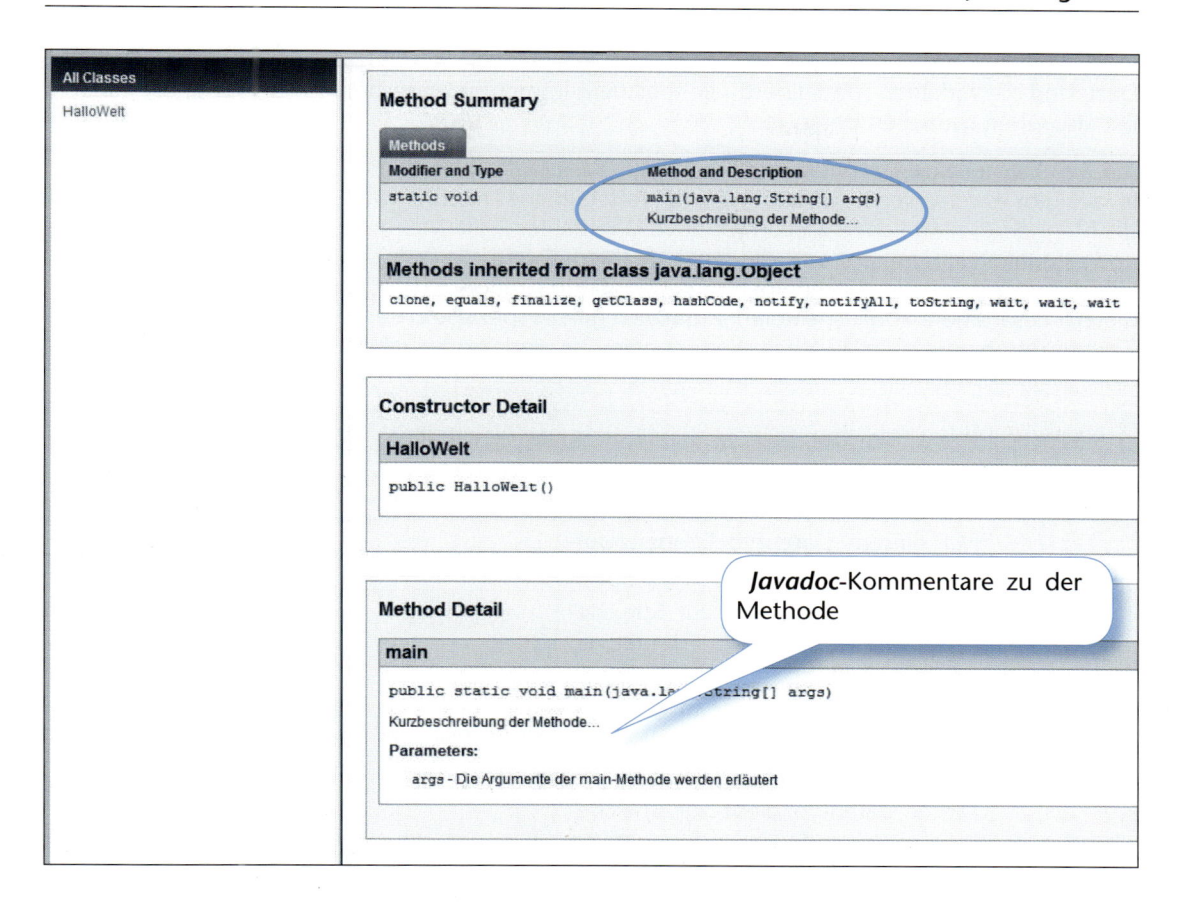

2.4 Datentypen und Variablen

Eine elementare Aufgabe von Programmen ist die Speicherung und Verarbeitung von Daten. Die wenigsten Programme beschränken sich auf reine Bildschirmausgaben. Das eigentliche Programmieren beginnt mit der Möglichkeit, Werte über die Tastatur einzulesen und geeignet zu verarbeiten. Die folgenden Kapitel vermitteln die Grundlagen für diese Prozesse.

2.4.1 Variablen in Java

In Java-Programmen dienen Variablen dazu, Werte zu speichern. Sie sind also ein Platzhalter für einen beliebigen Wert. Beispielsweise kann man für die Berechnung von Zinsen gut eine Variable gebrauchen, um das Ergebnis der Rechnung zu speichern. Variablen haben einen Namen, der ein gültiger Bezeichner sein muss.

In manchen Programmiersprachen (z. B. BASIC) gibt es Variablen, die beliebige Werte speichern können (ganzzahlige Werte, Gleitkommazahlen, Zeichenketten usw.).

In Java muss vorher festgelegt werden, welche Art von Wert eine Variable speichern soll. Man spricht dabei vom **Datentyp** der Variable. Der Datentyp bestimmt ganz genau den Wertebereich und die Art des Wertes. Weiterhin gibt es **Gültigkeitsbereiche** von Variablen. Manche Variablen sind nur lokal (also örtlich begrenzt) gültig – beispielsweise nur in einer Methode. Manche Variablen können aber auch für mehrere Methoden gültig sein. Diese Variablen sind dann in der zugehörigen Klasse angelegt. Die vollständige Erfassung der Gültigkeit kann aber erst nach der Erarbeitung des Klassenkonzeptes verstanden werden. Bis dahin werden Variablen hauptsächlich in der `main`-Methode betrachtet.

Beispiele für Variablen:

Name der Variable	Funktion der Variable
`zaehler`	eine Variable, die einen Durchlauf mitzählt
`endKapital`	speichert einen Kapitalwert für eine kaufmännische Berechnung
`zufallsWert`	speichert einen zufälligen Wert

Je nach Aufgabe speichern Variablen Werte. Nicht jede Variable kann allerdings jeden Wert speichern. Dazu sind die Variablen spezialisiert – sie speichern immer nur ganz bestimmte Werte. Die Variable hat also einen speziellen Datentyp.

2.4.2 Elementare Datentypen

In Java gibt es verschiedene Datentypen für verschiedene Datenformate. In der Mathematik gibt es die Menge der natürlichen Zahlen (positive Ganzzahlen), die Menge der ganzen Zahlen (positive und negative Ganzzahlen) und die reellen Zahlen (Dezimalbrüche). Für diese Zahlentypen stellt Java die entsprechenden Datentypen zu Verfügung (die rationalen und komplexen Zahlen spielen in diesem Zusammenhang keine Rolle). Zusätzlich gibt es spezielle Datentypen, um einzelne Zeichen, Zeichenketten oder auch Wahrheitswerte (boolesche Werte) zu speichern. Die folgende Tabelle zeigt die einzelnen Datentypen und deren Gültigkeitsbereiche:

Datentyp	Beschreibung	Größe in Byte	Wertebereich
byte	Dieser Datentyp dient zur Speicherung von ganzzahligen Werten.	1	Von –128 bis 127
char	Mit diesem Datentyp können Unicode-Zeichen gespeichert werden.	2	Unicode-Zeichensatz
short	Dieser Datentyp dient zur Speicherung von positiven und negativen ganzzahligen Werten.	2	–32768 bis 32767
int	Dieser Datentyp dient zur Speicherung von positiven und negativen ganzzahligen Werten.	4	–2147483648 bis 2147483647
long	Dieser Datentyp dient zur Speicherung von positiven und negativen ganzzahligen Werten.	8	–9223372036854775808 bis 9223372036854775807
float	Dieser Datentyp dient zur Speicherung von Gleitpunktzahlen.	4	–3,402823E+38 bis 3,402823E+38
double	Dieser Datentyp dient zur Speicherung von Gleitpunktzahlen.	8	–1,797693134862E+308 bis 1,797693134862E+308
boolean	Mit diesem Datentyp können boolesche Werte gespeichert werden.	1	true oder false
String	Dieser „Datentyp" dient der Speicherung von Zeichenketten. **ACHTUNG:** Eigentlich ist der String-Datentyp eine Klasse, die sich nur ähnlich einem elementaren Datentyp verhält.	Je nach Bedarf	Alle Zeichen aus dem Unicode-Zeichensatz

Werttypen und Verweistypen

Alle elementaren Datentypen gehören zu den sogenannten **Werttypen** in Java. Nur der String-Datentyp ist ein sogenannter Verweistyp. Auf den Unterschied zwischen Wert- und Verweistypen wird in Kapitel über Klassen detailliert eingegangen.

2.4.3 Deklaration einer Variablen

Mithilfe der elementaren Datentypen und einem geeigneten Bezeichner (Namen) kann eine Variable in Java angelegt werden. Dazu muss zuerst der Datentyp und anschließend (durch ein Leerzeichen getrennt) der Bezeichner der Variable angelegt werden. Die folgenden Beispiele zeigen die Deklaration einiger Variablen:

Beispiel:

```java
//Eine Variable vom Typ int anlegen:
int i;

//Eine Variable vom Typ double anlegen:
double d;

//Eine Variable vom Typ char anlegen:
char c;

//Eine Variable vom Typ String anlegen:
String s;
```

Initialisierung einer Variablen:
Bei der Deklaration einer Variablen kann sofort eine Initialisierung erfolgen. Damit wird der Variablen ein Wert zugewiesen. Das geschieht mit dem sogenannten Zuweisungsoperator „=".

ACHTUNG:

Vor der ersten Verwendung einer Variablen nach der Deklaration muss die Variable initialisiert sein.

Beispiele für Deklarationen mit Initialisierung:

```java
//Eine Variable vom Typ int anlegen und initialisieren:
int i = 10;
```
Initialisierung mit einem Literal

```java
//Eine Variable vom Typ double anlegen und initialisieren:
double d = 1.25;
```
Initialisierung mit einem Literal

```java
//Eine Variable vom Typ char anlegen und initialisieren:
char c = 'x';
```
Einzelne Zeichen in einfache Anführungsstriche!

```java
//Eine Variable vom Typ String anlegen und initialisieren:
String s = "Eine Zeichenkette";
```
Zeichenketten in doppelte Anführungsstriche!

Literale
Feste Werte im Quelltext werden als **Literale** bezeichnet. Die obigen Initialisierungswerte sind Literale. Literale können numerische Werte wie 10 oder 1.25 sein (der Punkt ist das Dezimaltrennzeichen) oder auch Zeichenketten, die in doppelte Anführungsstriche gesetzt sind. Einzelne Zeichen werden hingegen mit einfachen Anführungsstrichen eingerahmt.

Experteninfo:

Für mathematische oder kaufmännische Berechnungen ist es wichtig zu wissen, auf wie viele Stellen genau der Datentyp arbeitet. Der float-Datentyp kann auf 6 Stellen und der double-Datentyp auf 15 Stellen genau arbeiten. Würde man folgende Zahl mit einer Variablen vom Typ float speichern, so wäre sie nicht unterscheidbar, da die Genauigkeit nach 6 Stellen endet.

$$123.456\mathbf{789} \leftrightarrow 123.456\mathbf{999}$$

2.4.4 Operationen auf den elementaren Datentypen
Die arithmetischen Operatoren (+, -, /, *) sind aus dem Mathematikunterricht bekannt. Mit ihnen kann addiert, subtrahiert, dividiert und multipliziert werden. Diese Operationen können natürlich auch mit Variablen in Java durchgeführt werden. Mithilfe des Zuweisungsoperators „=" werden dann Werte bzw. Ergebnisse einer Berechnung der Variablen zugewiesen. Die folgenden Beispiele zeigen die Verwendung dieser Operatoren:

Beispiel 1:

```java
public class ElementareDatentypen {
    public static void main(String[] args) {

        int wert1 = 10;
        int wert2 = 20;
        int summe = 0;
        int produkt = 0;
        summe = wert1 + wert2;
        produkt = wert1 * wert2;
    }
}
```

> Vier Integer-Variablen werden mit entsprechenden Initialisierungen am Anfang der Methode angelegt.

> Die Summe und das Produkt der ersten beiden Variablen werden berechnet und zugewiesen.

Deklaration und sprechende Namen

Wie in dem Beispiel sichtbar, werden die Variablen zu Beginn der Methode angelegt. Das ist zwar nicht zwingend, erhöht aber die Lesbarkeit eines Quelltextes und sollte deshalb auch so angewendet werden. Bei der Wahl der Bezeichner sollten sprechende Namen (wie `summe` und `produkt`) verwendet werden. Damit wird der Quelltext ebenfalls besser lesbar und verständlicher.

Beispiel 2:

```java
public class ElementareDatentypen {
    public static void main(String[] args) {

        double x = 1.5;
        double y = 2.5;
        double quotient = 0;

        quotient = x / y;
    }
}
```

> Die Gleitpunktzahl `x` wird durch die Gleitpunktzahl `y` dividiert und das Ergebnis der Variablen `quotient` zugewiesen.

Beispiel 3:

```java
public class ElementareDatentypen {
        public static void main(String[] args) {

                String s1 = "Guten";
                String s2 = "Tag";
                String verkettung = "";

                verkettung = s1 + " " + s2;



                System.out.println(verkettung);
        }
}
```

> In der Variable `verkettung` steht nun die Zeichenkette: „Guten Tag".

> Zeichenketten können mit dem Plus-Operator verkettet, also miteinander verbunden werden.

Nach dem Starten des obigen Programms könnte die Bildschirmausgabe so aussehen:

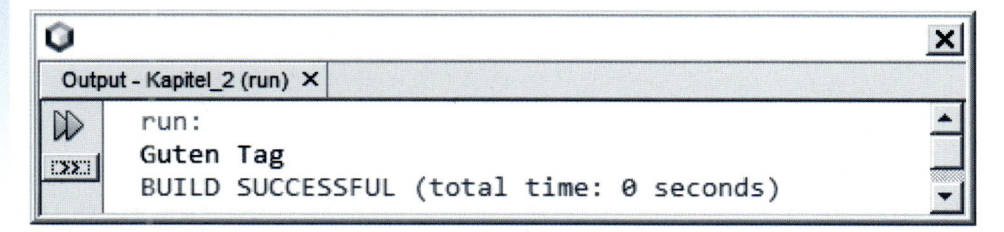

```
Output - Kapitel_2 (run)
run:
Guten Tag
BUILD SUCCESSFUL (total time: 0 seconds)
```

Hinweis:

Außer dem Plus-Operator sind keine weiteren arithmetischen Operatoren für die Zeichenketten definiert.

2.4.5 Konstante Variablen

Mithilfe des Schlüsselwortes `final` können sogenannte konstante Variablen angelegt werden. Konstante Variablen werden nur einmal deklariert und sofort initialisiert. Danach kann der Wert einer konstanten Variablen nicht mehr geändert werden. Sinnvollerweise werden solche Konstanten für feststehende Werte eingesetzt, die einen sprechenden Namen brauchen. Beispielsweise können physikalische oder mathematische Konstanten damit dargestellt werden.

Beispiel:

```java
final double PI = 3.14;
final double FALLBESCHLEUNIGUNG = 9.81;

FALLBESCHLEUNIGUNG = 10.81;
```

> Konstante Variablennamen sollten mit Großbuchstaben gebildet werden.

> **FEHLER**: keine Zuweisung möglich!

3 Aus- und Eingabe in Java

3.1 Ausgabe in Java

Im vorigen Kapitel wurde schon die einfache Ausgabe auf dem Bildschirm vorgestellt. Programme leben von der Interaktion mit dem Benutzer. Es stellt sich also die Frage, wie die Bildschirmausgaben besser gestaltet werden können und vor allem, wie ein Benutzer einen Wert für das Programm eingeben kann (Tastatureingabe). Hierzu gibt es statische Methoden der Klasse System und eine Methode der Klasse BufferedReader.

3.1.1 Ausgabe von Variablen

Die bereits bekannte Methode println() kann neben der Ausgabe von Zeichenketten auch die Inhalte von Variablen ausgeben. Zusätzlich gibt es eine Methode printf(), die vor allem C-Programmierer erfreuen wird. Die folgenden Beispiele zeigen die Verwendung der Methoden:

Beispiel 1: Ausgabe mit `println()` **und dem Plus-Operator**

```java
public class Ausgabe {

    public static void main(String[] args) {
        int i = 10;
        double d = 1.25;
        String s = "Hallo";
        char c = 'x';

        System.out.println(i);
        System.out.println("Integer: " + i + " double: " + d);
        System.out.println("Zeichenkette:" + s + " Zeichen:" + c);
        System.out.println();
    }
}
```

> Der Inhalt der Variablen i wird ausgegeben.

> Der Plus-Operator verknüpft die Zeichenkette mit dem Inhalt der Variablen.

Durch den Plus-Operator werden die Inhalte der Variablen automatisch in Zeichenketten umgewandelt und können dann mit anderen Zeichenketten verknüpft und auf den Bildschirm geschrieben werden.

Nach dem Starten sieht die Ausgabe dann so aus:

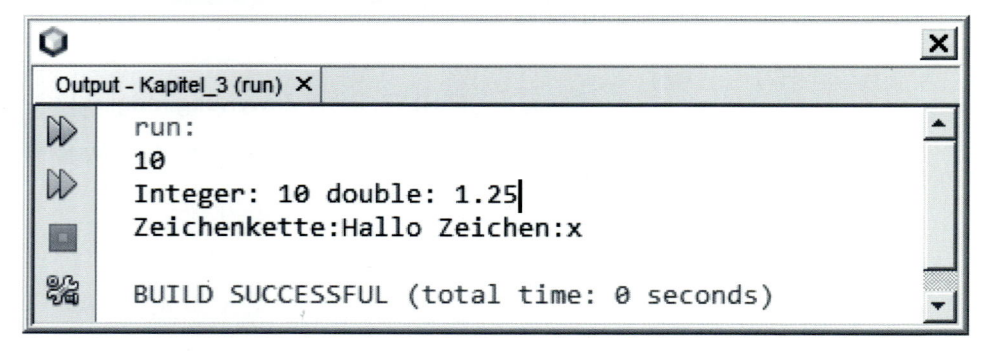

```
run:
10
Integer: 10 double: 1.25
Zeichenkette:Hallo Zeichen:x

BUILD SUCCESSFUL (total time: 0 seconds)
```

Experteninfo:

Die Methode `println()` ist deshalb in der Lage den Inhalt von beliebigen Variablen auszugeben, weil es für jeden Datentyp eine eigene Implementierung der Methode gibt, die auf die Besonderheiten des Datentyps reagiert. Diese Technik nennt man das Überladen von Methoden und wird beim Thema Methoden in Java näher beleuchtet.

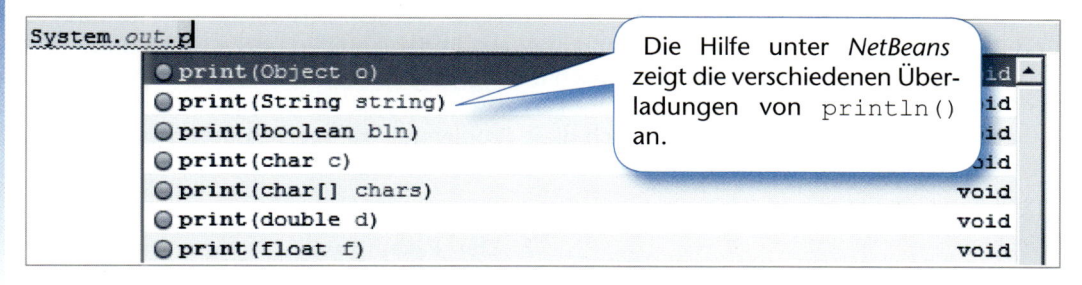

```
System.out.p
   print(Object o)
   print(String string)
   print(boolean bln)
   print(char c)
   print(char[] chars)           void
   print(double d)               void
   print(float f)                void
```

Die Hilfe unter *NetBeans* zeigt die verschiedenen Überladungen von `println()` an.

Beispiel 2: Ausgabe mit `printf()` und Platzhaltern

```java
public class Ausgabe {
    public static void main(String[] args) {

        int i = 10;
        double d = 1.25;
        String s = "Hallo";
        char c = 'x';

        System.out.printf("Integer: %1$d / double: %2$f  %n", i, d);

        System.out.printf("Zeichenkette: %1$s / Zeichen: %2$c", s, c);
    }
}
```

Hinter dem Prozentzeichen „%" wird ein Platzhalter für den Inhalt einer Variablen angegeben. Jeder Platzhalter hat eine Nummer (Index). Die erste Nummer startet mit Eins. Mit „%n" erzeugt man einen Zeilenumbruch.

Die Variablen werden in der Reihenfolge der Platzhalter mit Kommata getrennt angegeben.

Hinter dem Dollarzeichen „$" wird das Format der Variablen angegeben. Folgende Formate sind möglich:
- d   Dezimalzahl (ganzzahliger Wert)
- f   Gleitpunktzahl (Dezimalbruch)
- c   Zeichen (Charakter)
- s   Zeichenkette (String)

Nach dem Starten sieht die Ausgabe dann so wie in der ersten Variante aus:

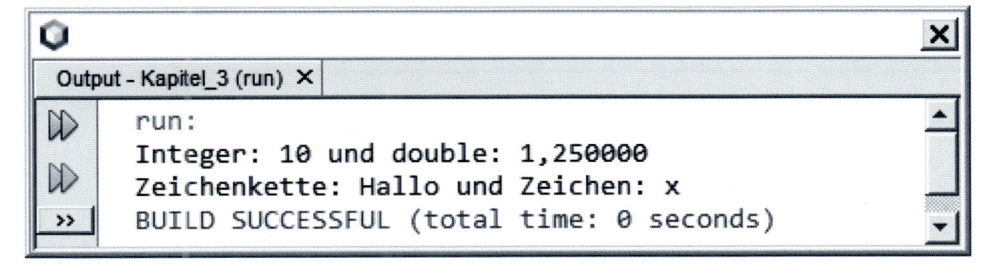

```
Output - Kapitel_3 (run)
run:
Integer: 10 und double: 1,250000
Zeichenkette: Hallo und Zeichen: x
BUILD SUCCESSFUL (total time: 0 seconds)
```

3.2 Eingabe über die Konsole

3.2.1 Zeichenketten einlesen

Das Einlesen von Zeichen über die Tastatur kann mit der Methode `readLine()` realisiert werden. Diese Methode liest den Eingabestrom über die Tastatur und speichert ihn in einer Zeichenkette. Diese Zeichenkette kann dann einer `String`-Variablen zugewiesen werden. Allerdings muss dazu ein Eingabeobjekt vom Typ `BufferedReader` benutzt werden. Das Verständnis für das Erstellen und Benutzen dieses Eingabeobjektes kann aber erst in den Kapiteln über Klassen und Methoden konkreter werden – bis dahin wird es einfach benutzt. Ebenso muss die „Hauptmethode" auf das Abfangen von Fehlern vorbereitet werden. Das geschieht durch die Angabe einer Ausnahmebehandlung (`throws IOException`). Auch diese Problematik kann erst später genauer beleuchtet werden. Das folgende Beispiel zeigt die Verwendung von `readLine()`:

Beispiel: Einlesen über die Tastatur

```java
import java.io.*;   // Das Paket java.io muss eingebunden werden.

public class Eingabe {
                    // Durch die Angabe einer IOException-Behandlung
                    // ist die Methode auf Eingabefehler vorbereitet.

    public static void main(String[] args) throws IOException {

        String s;
                    // Ein Objekt für die Eingabe über die Konsole wird erstellt.

        BufferedReader einlesen = new BufferedReader(new
                                  InputStreamReader(System.in));

        System.out.println("Bitte eine Eingabe machen: ");

                    // Die Methode readLine() des Eingabeobjektes wird
                    // zum Einlesen einer Zeichenkette genutzt. Diese Zeichen-
                    // kette wird dann einer String-Variablen zugewiesen.

        s = einlesen.readLine();

        System.out.println("Die Eingabe: " + s);
    }
}
```

Nach dem Starten erwartet das Programm eine Eingabe über die Tastatur. Die Eingabe wird mit **RETURN** bestätigt und anschließend wieder auf den Bildschirm geschrieben.

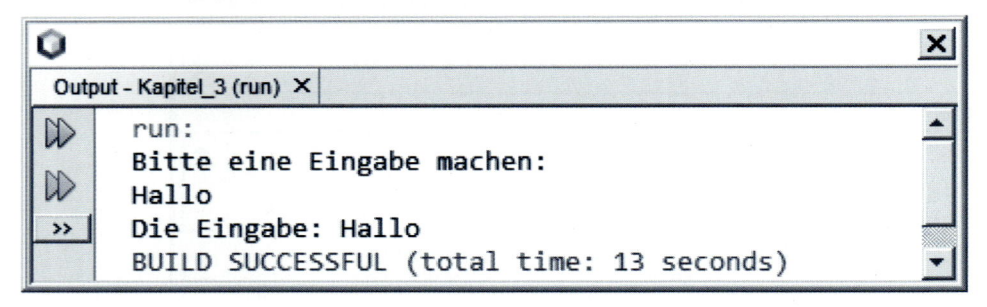

```
Output - Kapitel_3 (run)
run:
Bitte eine Eingabe machen:
Hallo
Die Eingabe: Hallo
BUILD SUCCESSFUL (total time: 13 seconds)
```

3.2.2 Konvertierung der Eingabe

Die Methode `readLine()` speichert die Eingabe immer in einer Zeichenkette. Deshalb muss eine Umwandlung (Konvertierung) vorgenommen werden, wenn beispielsweise eine Integerzahl oder eine Gleitpunktzahl über die Tastatur eingelesen werden soll. Für diese Umwandlung stehen spezielle Klassen zur Verfügung – die sogenannten *Wrapper*-Klassen. Diese Klassen sind im Prinzip die objektorientierte Form eines elementaren Datentyps. Die Klassen verfügen beispielsweise über eine statische Methode, die eine Zeichenkette in den entsprechenden numerischen Wert umwandeln kann. Das folgende Beispiel zeigt die Umwandlung einer Zeichenkette in eine Integer- und eine Gleitpunktzahl:

Beispiel:

```java
import java.io.*;

public class Eingabe {
    public static void main(String[] args)   throws IOException  {

        String s;
        int i;
        float f;
        BufferedReader einlesen = new BufferedReader(new
                              InputStreamReader(System.in));

        System.out.println("Bitte eine Eingabe machen: ");
        s = einlesen.readLine();
```

> Die Wrapper-Klasse Integer

```java
        i = Integer.parseInt(s);
        f = Float.parseFloat(s);
```

> Die statische Methode parseFloat() wandelt die Zeichenkette in einen Float-Wert um.

```java
        System.out.println("Integerzahl: " + i);
        System.out.println("Float-Zahl: " + f);

    }
}
```

Nach dem Starten könnte die Bildschirmausgabe so aussehen:

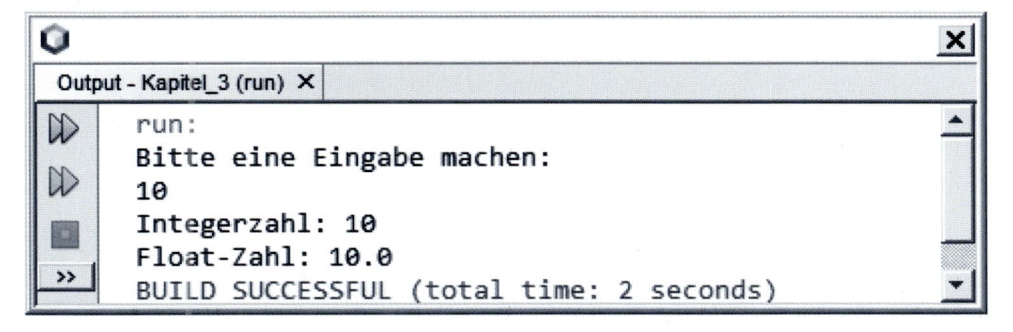

```
run:
Bitte eine Eingabe machen:
10
Integerzahl: 10
Float-Zahl: 10.0
BUILD SUCCESSFUL (total time: 2 seconds)
```

Weitere `Wrapper`-Klassen und deren Konvertierungsmethoden:
- `Boolean.parseBoolean(...);`
- `Byte.parseByte(...);`
- `Short.parseShort(...);`
- `Long.parseLong(...);`
- `Double.parseDouble(...);`

Die Klassen bieten für alle elementaren Datentypen eine geeignete Methode an. Natürlich ist es nicht nur möglich, eine Zeichenkette in eine Zahl, sondern auch eine Zahl in eine Zeichenkette oder Zahlen verschiedener Datentypen untereinander umzuwandeln, wie das folgende Beispiel zeigt:

3 Aus- und Eingabe in Java

Beispiel:

```
String zeichenkette;
float f = 10.5f;
int i = 5;

zeichenkette = Float.toString(f);


zeichenkette = Integer.toString(i);
```

> **ACHTUNG:** Gleitpunkt-Literale sind immer vom Typ `double`. Deshalb müssen Literale vom Typ `float` ein „**f**" angehängt haben.

> Umwandeln einer Gleitpunktzahl in eine Zeichenkette

> Umwandeln einer Integer-Zahl in eine Zeichenkette

Hinweis:

Das Konvertieren (Umwandeln) von Datentypen wird in dem Kapitel über Operatoren weiter beleuchtet. Neben den oben angegebenen Beispielen zur expliziten (ausdrücklichen) Umwandlung existieren weitere Möglichkeiten zur impliziten (automatisch erfolgten) Umwandlung von Datentypen.

4 Operatoren in Java

Die Operatoren sind ein sehr wichtiger Bestandteil einer Programmiersprache. Ohne Operatoren kann eigentlich kein Programm geschrieben werden. Auf Ein- oder Ausgabe könnte man unter Umständen verzichten, auf den Einsatz von Operatoren aber nicht.

4.1 Arithmetische Operatoren

4.1.1 Elementare Datentypen und ihre arithmetischen Operatoren

Die arithmetischen Operatoren (die sogenannten Grundrechenarten) für die verschiedenen Datentypen wurden bereits angesprochen. Die Verwendung der Operatoren ist so, wie man es aus dem Mathematikunterricht gewohnt ist. Allerdings muss man die verschiedenen Datentypen unterscheiden, denn je nach Datentyp verhalten sich die Operatoren unterschiedlich.

Datentypen vom Typ Gleitpunktzahl (float und double):
Die Grundrechenarten sind wie gewohnt anzuwenden. Zahlen dieses Datentyps sind addierbar, subtrahierbar, multiplizierbar und dividierbar. Die Ergebnisse der Operationen sind ebenfalls Zahlen vom Typ Gleitpunkt.

Beispiel:
```java
float a = 1.2f;
float b = 10.45f;
float c;
c = a + b;    // Variable c hat den Wert 11.65
c = a / b;    // Variable c hat den Wert 0.1148…
```

Hinweis:

Literale vom Typ Gleitpunktzahl sind immer vom Datentyp `double`. Damit einer `float`-Variablen eine Gleitpunktzahl zugewiesen werden kann, muss das Suffix „f" für `float` angehängt werden.

Datentypen vom Typ Ganzzahl (byte, short, int, long):
Die Grundrechenarten sind ebenfalls wie gewohnt anzuwenden. Zahlen dieses Datentyps sind addierbar, subtrahierbar, multiplizierbar und dividierbar. Die Ergebnisse der Operationen sind ebenfalls Zahlen vom Typ Ganzzahl.

Beispiel:
```java
int x = 1;
int y = 2;
int z;
z = x + y;  // Variable c hat den Wert 3
z = x / y;  // Variable c hat den Wert 0
```

> Eine Integer-Division hat einen Rest, aber keine Nachkommastellen. Die Nachkommastellen werden „abgeschnitten". Den Rest der Division könnte man mit einem anderen Operator bestimmen – dem Modulo-Operator (siehe nächstes Unterkapitel).

4.1.2 Der Modulo-Operator

Dieser Operator liefert den Rest einer Integer-Divison. Beispielsweise ist die Zahl 25 nur mit einem Rest durch 7 teilbar. Der Rest ist 4. Genau diesen Rest liefert der Modulo-Operator „%".

Beispiel:

```
int a = 25;
int b = 12;
int c;
c = a % b;        // c hat den Wert 1
c = b % a;        // c hat den Wert 12
```

> Diese Operation scheint zuerst etwas merkwürdig, da b kleiner als a ist. Aber die Logik des Modulo-Operators ist eindeutig.
>
> 12 ist nullmal durch 25 teilbar und es bleibt ein Rest von 12.

Hinweis: Gebrauch des Modulo-Operators

Der Modulo-Operator wird immer dann benötigt, wenn mathematische Algorithmen umzusetzen sind. Beispielsweise werden Kontonummern und Bankleitzahlen mit sogenannten Prüfziffern versehen. Diese Prüfziffern berechnen sich unter anderem mithilfe des Modulo-Operators.

4.1.3 Inkrement- und Dekrementoperatoren

In der Programmierung kommt es des Öfteren vor, dass eine Variable ihren Wert um 1 erhöhen bzw. erniedrigen muss – beispielsweise solche Variablen, die bestimmte Vorgänge oder Operationen mitzählen sollen. Aus diesem Grund gibt es spezielle Operatoren, die eine Variable um 1 erhöhen bzw. erniedrigen. Diese Operatoren sind der Inkrementoperator „++" und der Dekrementoperator „--".

ACHTUNG:

Die Position der Operatoren ist wichtig. Es gibt die Postfix- und die Präfix-Notation. Dies bedeutet, dass der Operator einmal nach der Variablen und einmal vor die Variable geschrieben wird. Das hat Auswirkungen, wie die folgenden Beispiele zeigen:

Postfix-Notation

```
int x = 10;
System.out.println(x++);
System.out.println(x);
```

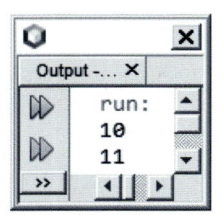

```
run:
10
11
```

Der Wert von x wird erhöht, allerdings ist das erst zur nächsten Anweisung wirksam. Bei der Ausgabe hat x noch den Wert 10, erst danach den Wert 11.

Präfix-Notation

```
int x = 10;
System.out.println(--x);
System.out.println(x);
```

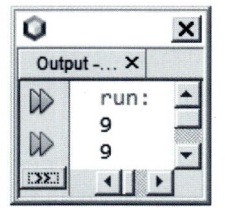

```
run:
9
9
```

Der Wert von x wird erniedrigt, und zwar direkt in derselben Anweisung. Bei der Ausgabe hat x dann schon den Wert 9, danach natürlich weiterhin den Wert 9.

4.2 Relationale und logische Operatoren

4.2.1 Relationale Operatoren

Relationale Operatoren sind vergleichende Operatoren. Sie dienen dazu, zwei Werte miteinander zu vergleichen. Das Ergebnis dieses Vergleichs ist ein **boolescher** Wert (true oder false).

Folgende Operatoren stehen zur Verfügung:

Operator	Bedeutung
<	kleiner
<=	kleiner – gleich
>	größer
>=	größer – gleich
==	gleich
!=	ungleich

> **Beispiele:**
>
> ```
> int x = 10;
>   ( x < 20 )      ergibt den logischen Wert    true
>   ( 5 >= x )      ergibt den logischen Wert    false
>   ( x == 10 )     ergibt den logischen Wert    true
>   ( x != 11 )     ergibt den logischen Wert    true
> ```

> **Hinweis: Vergleichen von Zeichenketten *immer* mit der Methode `equals`**
>
> Zeichenketten (Typ `String`) können in Java auch mit dem Gleichheits-Operator „==" geprüft werden. Allerdings prüft der Operator nur, ob die String-Variablen auf denselben Speicherbereich verweisen. Das ist in der Regel so, wenn zwei oder mehr String-Variablen das gleiche `String`-Literal zugewiesen wird. Wird allerdings neuer Speicher für eine String-Variable reserviert, dann funktioniert der Gleichheits-Operator nicht mehr. Das folgende Beispiel zeigt die Problematik:
>
> ```
> String s1 = "ABC";
> if (s1 == "ABC") System.out.println("String hat Inhalt 'ABC'");
> ```
> *Der Vergleich mit einem Literal funktioniert wie erwartet.*
>
> ```
> String s2 = new String("ABC");
> ```
> *Ein weiterer `String` wird angelegt und erhält einen neuen Speicherbereich, aber den gleichen Inhalt. Diese neue Form des Anlegens mit `new` wird im Kapitel **Klassenkonzept** ausführlich behandelt.*
>
> *Die if-Anweisung wird im nächsten Kapitel erläutert.*
>
> ```
> if (s1 == s2) System.out.println("Mit == funktioniert es!");
> ```
> *Dieser Vergleich funktioniert jetzt nicht mehr!*
>
> ```
> if (s1.equals(s2)) System.out.println("Mit equals funktioniert es!");
> ```
> *Die Methode equals vergleicht die Inhalte der beiden Strings und liefert true oder false zurück.*

4 Operatoren in Java

Nach dem Starten erscheint dann die folgende Bildschirmausgabe:

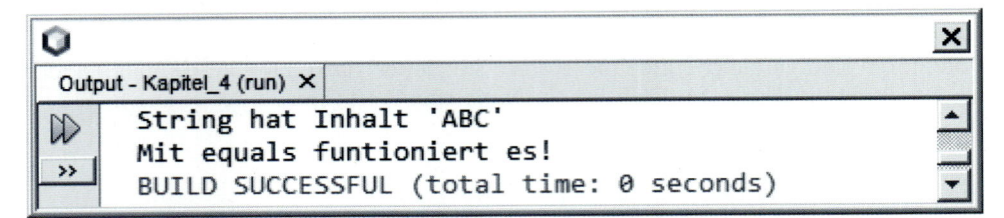

```
Output - Kapitel_4 (run)
    String hat Inhalt 'ABC'
    Mit equals funtioniert es!
    BUILD SUCCESSFUL (total time: 0 seconds)
```

4.2.2 Logische Operatoren

Logische Operatoren verknüpfen logische Zustände (`true` oder `false`) miteinander, das Ergebnis ist ebenfalls ein logischer Wert (`true` oder `false`).

Beispiel:

Ein Wert soll innerhalb bestimmter Grenzen liegen. Dazu werden zwei Vergleiche mit einem logischen Operator verknüpft.

```java
int x = 10;

System.out.println( (x > 0) && (x < 100) );
```

- `(x > 0)` → `true` oder `false` (Operand 1)
- `(x < 100)` → `true` oder `false` (Operand 2)
- Der logische UND-Operator `&&` verknüpft die beiden Zustände. Nur wenn beide `true` sind, ist das Ergebnis ebenfalls `true`.

Folgende Operatoren stehen zur Verfügung:

Operator	Bedeutung
&&	UND
||	ODER
!	NEGATION

Bei einer UND-Verknüpfung ist das Ergebnis nur dann `true`, wenn beide Operanden `true` sind, ansonsten `false`. Bei einer ODER-Verknüpfung ist das Ergebnis `true`, wenn bereits einer der beiden Operanden (oder beide) `true` sind. Operanden sind die Ausdrücke, die links und rechts von den Operatoren stehen.

Beispiele:

```
int x = 10;
int y = 20;
( x < 20 ) && ( y > x )    ergibt den logischen Wert   true
!( x > 20 )                ergibt den logischen Wert   true
( x > 20 ) || ( x > y )    ergibt den logischen Wert   false
```

Operand 1, Operand 2

Zur Übersicht sind die Verknüpfungstabellen (Wahrheitstabellen) für die einzelnen Operatoren aufgeführt:

UND	true	false
true	**true**	false
false	false	false

ODER	true	false
true	true	true
false	true	**false**

NEGATION	Ergebnis
true	false
false	true

4.3 Bit-Operatoren und weitere Operatoren

4.3.1 Logische Bit-Operatoren

Alle Werte von Variablen in Java werden letztendlich in Form von Nullen und Einsen gespeichert. Der ganzzahlige Datentyp `byte` ist beispielsweise 1 Byte groß und damit stehen 8 Bits zur Verfügung, um entweder eine Null oder eine Eins zu speichern. Die Darstellung einer solchen Zahl findet deshalb im sogenannten Dualsystem (Binärsystem) statt. Das Dualsystem hat genau zwei Ziffern, die Null und die Eins. Damit können die Zahlen dann gebildet werden.

Beispiel:

`byte x = 25;`

Bit-Darstellung von 25:

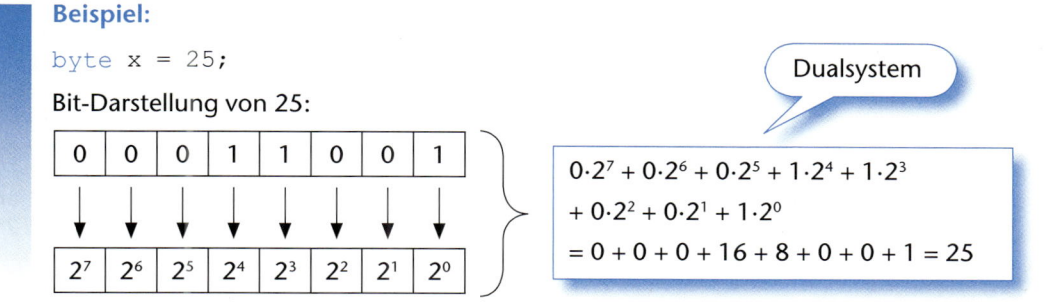

0	0	0	1	1	0	0	1
2^7	2^6	2^5	2^4	2^3	2^2	2^1	2^0

Dualsystem

$0 \cdot 2^7 + 0 \cdot 2^6 + 0 \cdot 2^5 + 1 \cdot 2^4 + 1 \cdot 2^3$
$+ 0 \cdot 2^2 + 0 \cdot 2^1 + 1 \cdot 2^0$
$= 0 + 0 + 0 + 16 + 8 + 0 + 0 + 1 = 25$

Bit-Operatoren arbeiten nun auf dieser Bit-Ebene. Sie manipulieren bitweise, also Bit für Bit. **Bit-Operatoren arbeiten allerdings nur mit ganzzahligen Werten!**

Folgende Operatoren stehen zur Verfügung:

Operator	Bedeutung
&	bitweises UND
|	bitweises ODER
^	bitweises EXCLUSIV – ODER
~	bitweise NEGATION

Beispiele:

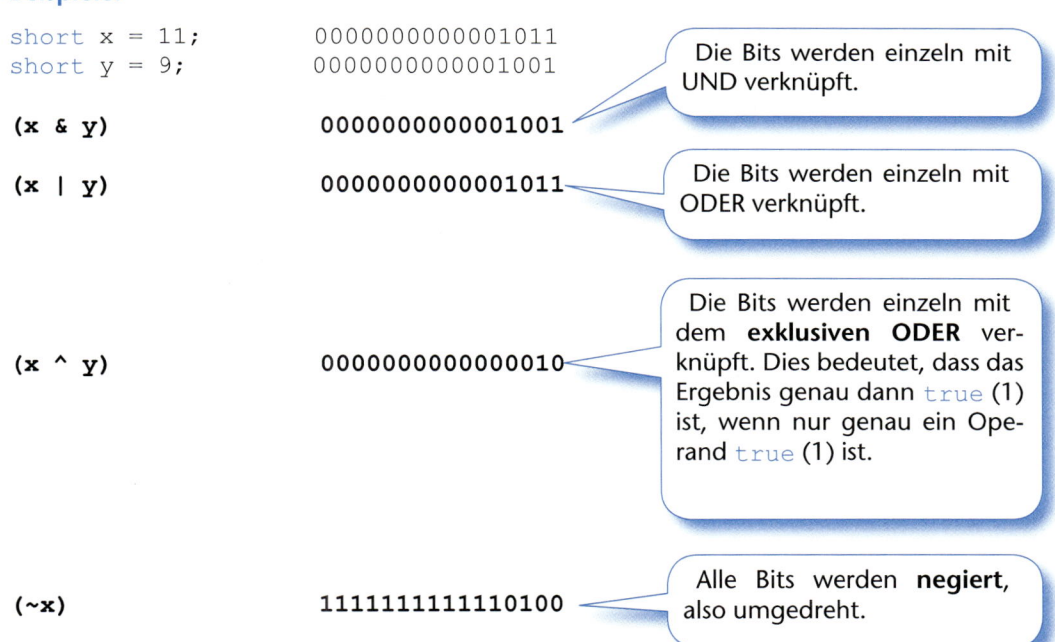

```
short x = 11;         0000000000001011
short y = 9;          0000000000001001

(x & y)               0000000000001001
```
Die Bits werden einzeln mit UND verknüpft.

```
(x | y)               0000000000001011
```
Die Bits werden einzeln mit ODER verknüpft.

```
(x ^ y)               0000000000000010
```
Die Bits werden einzeln mit dem **exklusiven ODER** verknüpft. Dies bedeutet, dass das Ergebnis genau dann `true` (1) ist, wenn nur genau ein Operand `true` (1) ist.

```
(~x)                  1111111111110100
```
Alle Bits werden **negiert**, also umgedreht.

Hinweis: Nutzen der Bit-Operatoren

Beispielsweise werden in der Netzwerktechnik IP-Adressen in einem Adressenraum durch das sogenannte Subnetting zusammengefasst. Die zugehörigen IP-Adressen werden durch die bitweise UND-Verknüpfung mit einer Subnet Mask identifiziert.

4.3.2 Bit-Schiebeoperatoren

Die Schiebeoperatoren << und >> (und >>>) arbeiten ebenfalls auf der Bit-Ebene und schieben die Bit-Muster von ganzzahligen Werten um beliebig viele Stellen nach rechts oder links. Folgende Beispiele verdeutlichen dieses *Schieben von Bits*.

Beispiele:

```
short x = 11;        0000000000001011
x = x << 2;          0000000000101100
```
Die Bits werden um zwei Stellen nach links geschoben. Es rücken Nullen von rechts nach.

```
short x = 11;        0000000000001011
x = x >> 2;          0000000000000010
```
Die Bits werden um zwei Stellen nach rechts geschoben. Es rücken Nullen von links nach.

Hinweis:

Mathematisch gesehen bedeutet das Bit-Schieben nach links um x Stellen eine Multiplikation der Zahl mit 2^x. Das Schieben nach rechts ist dementsprechend eine Integer-Division durch 2^x.

Experteninfo:

Negative Zahlen werden in dem sogenannten **Zweierkomplement** dargestellt. Dies bedeutet, dass alle Bits der entsprechenden positiven Zahl umgedreht werden und anschließend noch 1 dazuaddiert wird. Das hat mit der internen Darstellbarkeit der Zahlen zu tun. Deshalb verhält sich das Bitschieben mit negativen Zahlen anders. Beim Schieben nach rechts werden beispielsweise von links keine Nullen, sondern Einsen nachrücken.

```
short x = -5;        1111111111111011    Zweierkomplement
x = x >> 2;          1111111111111110    -2 im Zweierkomplement
Alternativ: den Operator >>> einsetzen (zieht Nullen von links)
x = x >>> 2;         0011111111111110    positive Zahl: 1073741822
```

4.3.3 Typumwandlung mit cast-Operatoren

Einer Variablen vom Datentyp `long` kann ohne Probleme der Wert einer anderen ganzzahligen Variablen zugewiesen werden. Diese Zuweisung beinhaltet eine sogenannte implizite (automatische) Datentypkonvertierung. Die folgenden Zuweisungsketten zeigen die möglichen impliziten Konvertierungen:

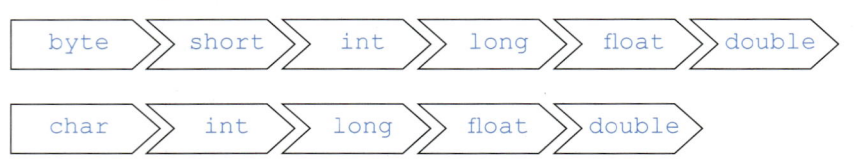

`byte » short » int » long » float » double`

`char » int » long » float » double`

Beispiele:

```
byte b = 10;
char c = 'a';
long l;
double d;

l = b;
l = c;
d = l;
d = c;

d = 1.5;
l = d;
```

Bei der Umwandlung eines Zeichens in einen ganzzahligen Wert wird der Unicode des Zeichens verwendet – in diesem Fall erhält l den Wert „97".

Bei der Umwandlung eines Zeichens in eine Gleitpunktzahl wird ebenfalls der Unicode des Zeichens verwendet – in diesem Fall erhält d den Wert „97.0".

ACHTUNG: Diese Konvertierung kann nicht implizit erfolgen, da ein Datenverlust möglich ist.

An den obigen Beispielen ist erkennbar, dass implizite Konvertierungen immer dann möglich sind, wenn dadurch kein Datenverlust entsteht. Soll eine Konvertierung trotz möglichem Datenverlust vorgenommen werden, dann besteht die Möglichkeit der expliziten Umwandlung – mit den sogenannten **cast-Operatoren**. Das explizite Umwandeln geschieht durch die Angabe des gewünschten Datentyps (in Klammern) vor dem umzuwandelnden Wert bzw. der umzuwandelnden Variable.

Gewünschter Datentyp *Umzuwandelnder Wert*

```
(Typ) Wert;
```

Beispiele:

```
byte b;
char c;
long l = 97;
double d = 98.25;

b = (byte)l;
System.out.println("Ergebnis: " + b);
c = (char)l;
```
Der `long`-Wert wird in einen `byte`-Wert umgewandelt.

Der `long`-Wert wird in einen `char`-Wert umgewandelt.

```
System.out.println("Ergebnis: " + c);

l = (long)d;
```
Der `double`-Wert wird (unter Datenverlust) in einen `long`-Wert umgewandelt.

```
System.out.println("Ergebnis: " + l);

c = (char)d;
```
Der `double`-Wert wird (unter Datenverlust) in einen `char`-Wert umgewandelt.

```
System.out.println("Ergebnis: " + c);
```

Nach dem Starten erscheinen die Umwandlungen so auf dem Bildschirm:

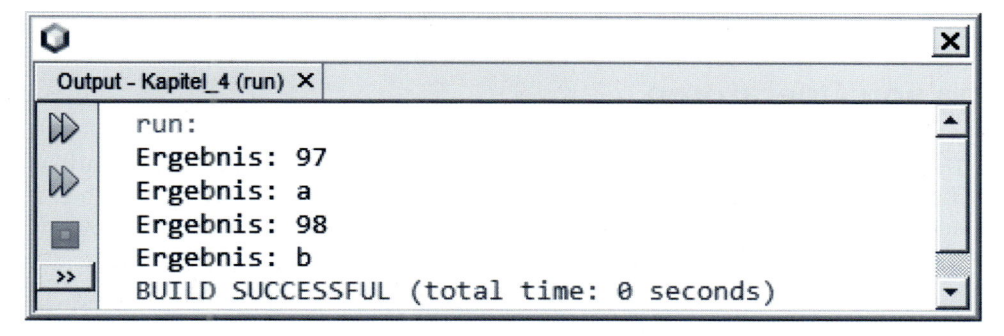

```
Output - Kapitel_4 (run)
run:
Ergebnis: 97
Ergebnis: a
Ergebnis: 98
Ergebnis: b
BUILD SUCCESSFUL (total time: 0 seconds)
```

ACHTUNG:

Die obigen Beispiele zeigen, dass die Umwandlungen von ganzzahligen Werten und Gleitpunktwerten (unter Datenverlust) möglich sind. Allerdings ist es **nicht** möglich, **boolesche** Werte einfach in **ganzzahlige** Werte umzuwandeln, so wie es beispielsweise C/C++-Programmierer gewohnt sind.

4.3.4 Zuweisung und gekoppelte Zuweisung

Der Zuweisungsoperator „=" ist schon aus den vorhergehenden Kapiteln bekannt. Er funktioniert so, wie man es erwartet. Trotzdem ist es sinnvoll, diesen Operator noch einmal genau zu betrachten. Links von einem Zuweisungsoperator muss immer ein sogenannter **Linkswert** stehen. Damit ist eine Variable gemeint.

Beispiel:

```
int x;
x = 5;        //korrekte Zuweisung
5 = x;        //keine korrekte Zuweisung. 5 ist kein Linkswert.
```

Auf der rechten Seite der Zuweisung steht dann der sogenannte **Rechtswert**. Dieser Wert kann eine Variable oder ein Ausdruck sein.

Beispiel:

```
int x;

int y = 10;
```

Linkswert: x erhält einen neuen Wert.

x = (5 + 10 * y;

Rechtswert: y gibt nur seinen Wert, verändert sich aber nicht.

Hinweis:

Eine Variable, die in einem Rechtswert steht, verändert ihren Wert nicht. Sie gibt nur ihren Wert für die Zuweisung.

Gekoppelte Zuweisungen

Neben der einfachen Zuweisung kann die Zuweisung an einen anderen Operator gekoppelt werden. Damit kann ein Ausdruck verkürzt werden. Ob das immer empfehlenswert ist, sei dahingestellt. Die Leserlichkeit des Quellcodes wird dadurch **nicht** erhöht.

Beispiele:

Normaler Ausdruck	Gekoppelte Zuweisung
x = x + 10;	**x += 10;**
y = y / 5;	**y /= 5;**

Die folgenden Operatoren können gekoppelt werden:

+ , - , * , / , % , & , | , ^ , << , >> , >>>

4.4 Rang von Operatoren

Aus dem Mathematikunterricht ist bekannt, dass Punkt- vor Strichrechnung gilt. Dieses Prinzip gilt auch in Java. Der Multiplikationsoperator hat beispielsweise eine höhere Priorität als der Additionsoperator. Ebenso haben alle anderen Operatoren auch eine Priorität. Dadurch ergibt sich eine Reihenfolge bei der Abarbeitung eines Ausdruckes. Alle bislang besprochenen Operatoren sind in der folgenden Tabelle mit ihrem Rang (ihrer Priorität) aufgelistet.

Rang	Beschreibung	Operator
14	Punktoperator	.
14	Indexklammer	[ ]
14	Methodenaufruf	( )
13	Inkrement/Dekrement	++ und --
13	Konvertierung (cast-Operator)	(TYP)
13	logische Negation	!
13	bitweise Negation	~
13	Vorzeichen	+ und -
12	Multiplikation	*
12	Division	/
12	Modulo-Operator	%

Rang	Beschreibung	Operator
11	Addition	+
11	Subtraktion	-
10	Bit-Schiebeoperatoren	<<, >>, >>>
9	Kleiner (Kleiner-Gleich)	< (<=)
9	Größer (Größer-Gleich)	> (>=)
9	Laufzeittyp	istanceof
8	Gleich	==
8	Ungleich	!=
7	bitweise UND	&
6	bitweise EXCLUSIV – ODER	^
5	bitweise ODER	|
4	logisches UND	&&
3	logisches ODER	||
2	Konditionaloperator	? :
1	Zuweisung	=
1	gekoppelte Zuweisungen	+= -= *= /= %= &= |= ^= >>= <<=

Das folgende Beispiel zeigt schematisch, wie der Compiler einen Ausdruck übersetzen würde. Dabei werden die Prioritäten der Operatoren berücksichtigt.

Beispiel:

```
int x = 0;
boolean b = false;
System.out.println(!b  &&  x++ > 1  ||  x << 1 > 1);
```

                    (true &&   1 > 1 || x << 1 > 1)   Priorität 13: ! und ++
                    (true &&   1 > 1 || 2 > 1)   Priorität 9: <<
                    (true &&   false || true)   Priorität 4: &&
                          (false || true)   Priorität 3: ||
                                  (true)

Nach dem Starten bestätigt die Bildschirmausgabe die obige „Rechnung":

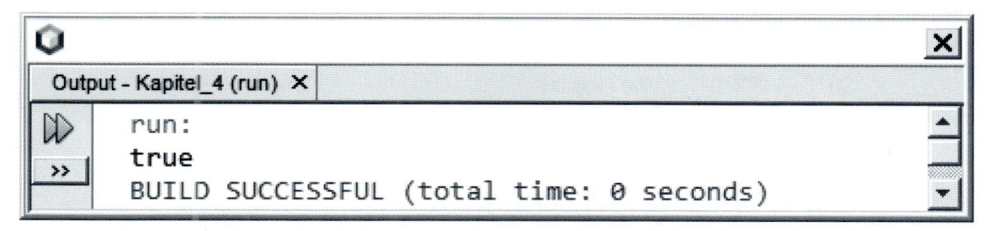

```
Output - Kapitel_4 (run)
run:
true
BUILD SUCCESSFUL (total time: 0 seconds)
```

Hinweis:

Die Problematik der Prioritäten ist vermeidbar, wenn durch Klammersetzung eine Reihenfolge der Abarbeitung vorgegeben wird.

5 Selektion und Iteration

Die Selektion (Auswahl) und die Iteration (Wiederholung) sind zwei sehr wichtige Konstrukte in einer Programmiersprache. In den vorherigen Kapiteln sind schon einige Probleme ohne diese Konstrukte gelöst worden, aber große und immer komplexer werdende Programme können ohne Selektionen und Iterationen nicht auskommen.

5.1 Die Selektion

5.1.1 Darstellung der Selektion mit einem Programmablaufplan

Problemstellung:
Es soll eine Berechnung des Prozentsatzes bei gegebenem Kapital und Zinsen durchgeführt werden.

Formel: $$\text{Prozentsatz} = \frac{\text{Zinsen} * 100}{\text{Kapital}}$$

Das Programm kann einen Fehler verursachen, wenn für das Kapital der Wert Null eingegeben wird (die Division durch Null ist verboten). Ebenso wäre es unsinnig, dass für Kapital oder Zinsen negative Werte eingegeben werden.

Lösungsmöglichkeit:
Das Programm erkennt, ob eine Null oder negative Werte eingegeben wurden, und führt dann keine Berechnung durch. Das Problem wird durch eine Dokumentationstechnik, den Programmablaufplan PAP[1], zuerst schematisch erfasst. Anschließend wird dann auf die Umsetzung in Java eingegangen.

Programm Prozentsatzberechnung

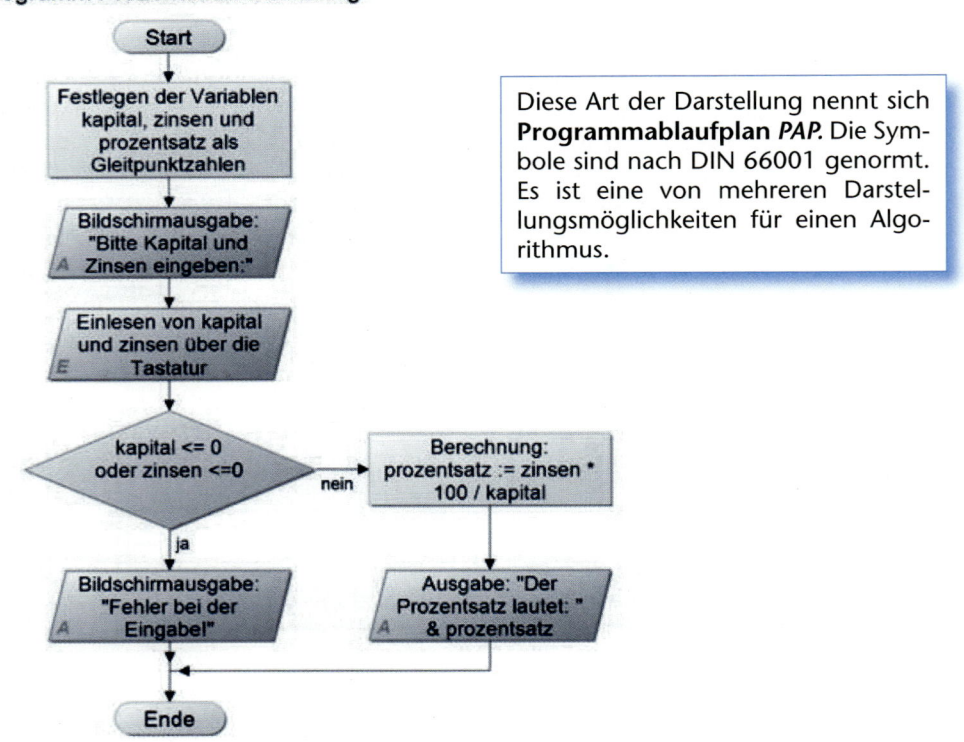

> Diese Art der Darstellung nennt sich **Programmablaufplan** *PAP*. Die Symbole sind nach DIN 66001 genormt. Es ist eine von mehreren Darstellungsmöglichkeiten für einen Algorithmus.

---

[1] Der Programmablaufplan wurde mit dem Programm *PapDesigner* erstellt. Diese Software wurde speziell für die Ausbildung im IT-Bereich entwickelt und steht kostenfrei im Internet zum Download bereit.

5.1.2 Die einseitige Selektion mit der if-Anweisung

Die Umsetzung einer Auswahlmöglichkeit im Programm (Selektion) geschieht in Java mit dem Schlüsselwort `if`. Die `if`-Anweisung ist eine einseitige Selektion, da nur eine oder mehrere Anweisungen ausgeführt werden, wenn die Bedingung erfüllt ist. Wenn die Bedingung nicht erfüllt ist, so geschieht nichts.

Syntax in Java:

```
if ( Bedingung ) Anweisung;
```

> Wenn die Bedingung erfüllt ist (logisch `true`), dann wird die Anweisung ausgeführt.

oder

```
if ( Bedingung ) {

    Anweisung_1;
         :
    Anweisung_N;
}
```

> Ist die Bedingung erfüllt, dann werden beliebig viele Anweisungen ausgeführt.

Hinweise:

▶ Die Bedingung steht in einfachen Klammern. Mehrere zusammengehörende Anweisungen werden in geschweiften Klammern zusammengefasst.
▶ Was ist eine Bedingung? Eine Bedingung ist ein Ausdruck, der einen logischen Zustand hat (entweder `true` oder `false`). Eine Bedingung kann beispielsweise ein Vergleich sein.
▶ **Nach einer Bedingung steht kein Semikolon!**

Beispiele für die einseitige Selektion mit `if`:

```
int a = 10;
int b = 15;

if ( a < 15 ) System.out.println("a ist kleiner als 15.");

if ( a != b ) {

    System.out.println("a ist ungleich b.");
    System.out.println();
}

if ( a > b ) System.out.println("a ist groesser als b.");
```

> Bedingung ist erfüllt: Anweisung wird ausgeführt.

> Bedingung ist erfüllt: Anweisungen werden ausgeführt.

> Bedingung ist nicht erfüllt: Anweisung wird nicht ausgeführt.

Nach dem Starten sieht die Bildschirmausgabe so aus:

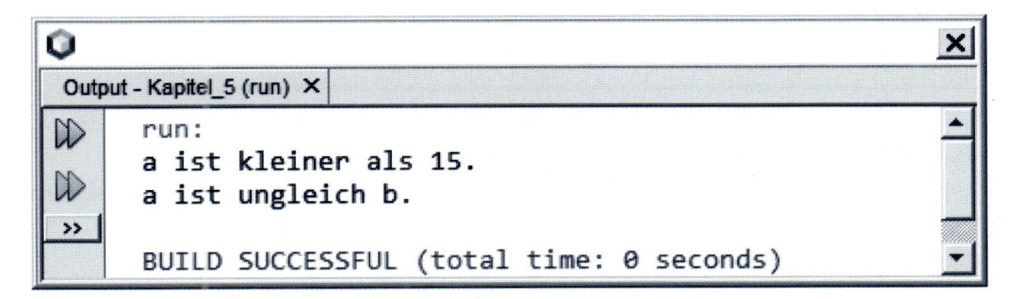

```
Output - Kapitel_5 (run)

run:
a ist kleiner als 15.
a ist ungleich b.

BUILD SUCCESSFUL (total time: 0 seconds)
```

5.1.3 Die zweiseitige Selektion mit der if-else-Anweisung

In manchen Fällen ist es sinnvoll, eine Alternative zu haben, wenn eine Bedingung nicht zutrifft. In diesen Fällen kann die sogenannte zweiseitige Selektion mit der `if-else`-Anweisung verwendet werden.

5 Selektion und Iteration

Syntax in Java:

```
if ( Bedingung ) Anweisung; else Anweisung;
```

oder

```
if ( Bedingung ) {
    Anweisung_1;
        :
    Anweisung_N;
}
else {
    Anweisung_1;
        :
    Anweisung_N;
}
```

> Wenn die Bedingung nicht erfüllt ist, dann werden eine oder mehrere Anweisungen nach dem `else` ausgeführt.

Beispiele für die zweiseitige Selektion mit `if-else`:

```
int a = 20;
int b = 20;
```

> Bedingung ist nicht erfüllt: Die `else`-Anweisung wird ausgeführt.

```
if (a < 15) System.out.println("a ist kleiner als 15.");

else System.out.println("a ist groesser gleich 15.");
```

> Bedingung ist nicht erfüllt: Die `else`-Anweisungen werden ausgeführt.

```
if (a != b) {
    System.out.println("a ist ungleich b.");
    System.out.println();
}
else {
    System.out.println("a ist gleich b.");
    System.out.println();
}
```

Nach dem Starten sieht die Bildschirmausgabe so aus:

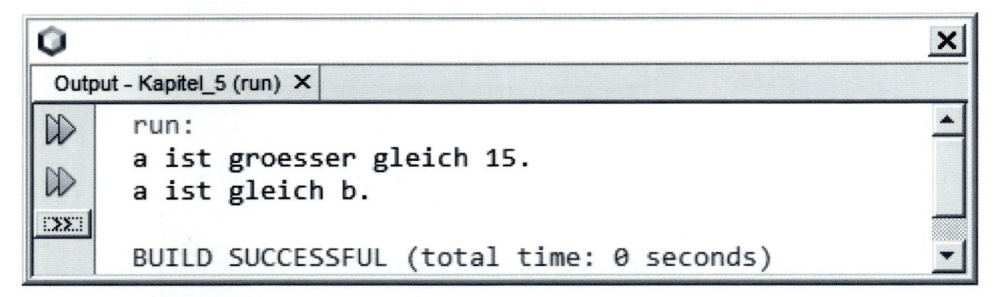

```
Output - Kapitel_5 (run)

run:
a ist groesser gleich 15.
a ist gleich b.

BUILD SUCCESSFUL (total time: 0 seconds)
```

Umsetzung des Programmablaufplans aus der Ausgangssituation
Mithilfe der zweiseitigen Selektion kann nun auch die Problemstellung aus der Ausgangssituation umgesetzt werden:

```java
package kapitel_5;
import java.io.*;

public class Selektion {
    public static void main(String[] args) throws IOException {
        BufferedReader einlesen = new BufferedReader(new
                            InputStreamReader(System.in));
        double kapital;
```

```
    double prozentsatz;
    double zinsen;
    System.out.println("Bitte Kapital und Zinsen eingeben:");

    kapital = Double.parseDouble(einlesen.readLine());
    zinsen = Double.parseDouble(einlesen.readLine());

                                        ┌─ Umsetzung der Selektion ─┐

    if (kapital <= 0 || zinsen <= 0) {
        System.out.println("Fehler bei der Eingabe!");
    }
    else {
        prozentsatz = zinsen * 100 / kapital;
        System.out.println("Der Prozentsatz lautet: " +
            prozentsatz);
    }
  }
}
```

Nach dem Starten könnte die Bildschirmausgabe so aussehen:

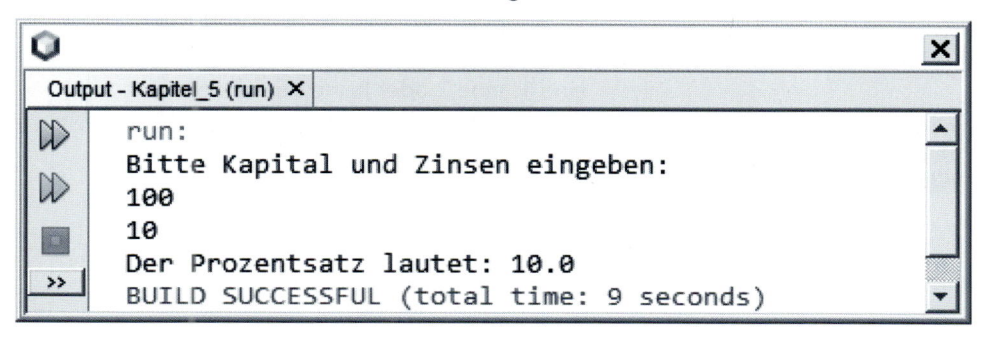

```
Output - Kapitel_5 (run)
run:
Bitte Kapital und Zinsen eingeben:
100
10
Der Prozentsatz lautet: 10.0
BUILD SUCCESSFUL (total time: 9 seconds)
```

oder auch so:

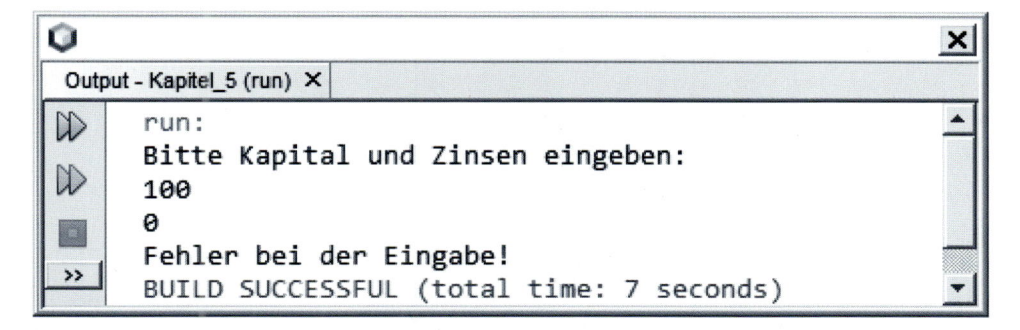

```
Output - Kapitel_5 (run)
run:
Bitte Kapital und Zinsen eingeben:
100
0
Fehler bei der Eingabe!
BUILD SUCCESSFUL (total time: 7 seconds)
```

5.1.4 Verschachtelte Selektionen mit if und if-else

Als Anweisung nach einer Selektion kann natürlich wieder eine Selektion stehen, denn eine Selektion ist selbst nichts anderes als eine gültige Anweisung. Die Verschachtelung von Selektionen kann beliebig tief sein. Irgendwann kann höchstens ein Speicherplatzproblem die Verschachtelungstiefe begrenzen.

Beispiel:

```
int a = 10;
int b = 20;
int c = 1;
if ( a < 15 )
   if ( b > 10 )
       if ( c != 0) System.out.println("alle Bed. erfuellt");
       else System.out.println("Bedingung 3 nicht erfuellt");
   else System.out.println("Bedingung 2 nicht erfuellt");
else System.out.println("Bedingung 1 nicht erfuellt");
```

5 Selektion und Iteration

Nach dem Starten sieht die Bildschirmausgabe so aus:

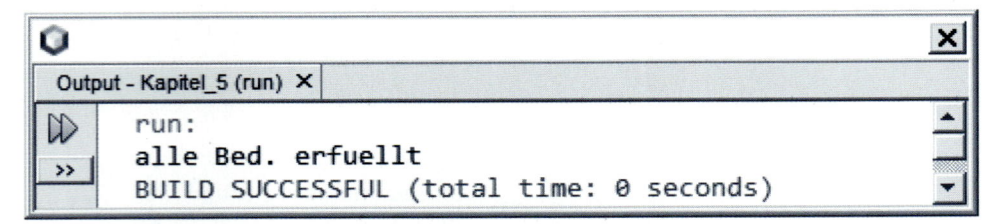

```
Output - Kapitel_5 (run)
run:
alle Bed. erfuellt
BUILD SUCCESSFUL (total time: 0 seconds)
```

5.1.5 Mehrfachselektion mit switch

In manchen Fällen ist es nötig, eine Variable auf verschiedene Werte abzufragen. Das könnte beispielsweise mit verschachtelten `if`-Anweisungen geschehen. Angenehmer ist in diesem Fall jedoch die Verwendung der Mehrfachauswahl mit `switch`. Die `switch`-Anweisung prüft eine ganzzahlige Variable (auch `char`) auf bestimmte Werte. Es werden dann gezielt Anweisungen ausgeführt. In einem Programmablaufplan wird eine Mehrfachselektion so dargestellt:

Mehrfachselektion

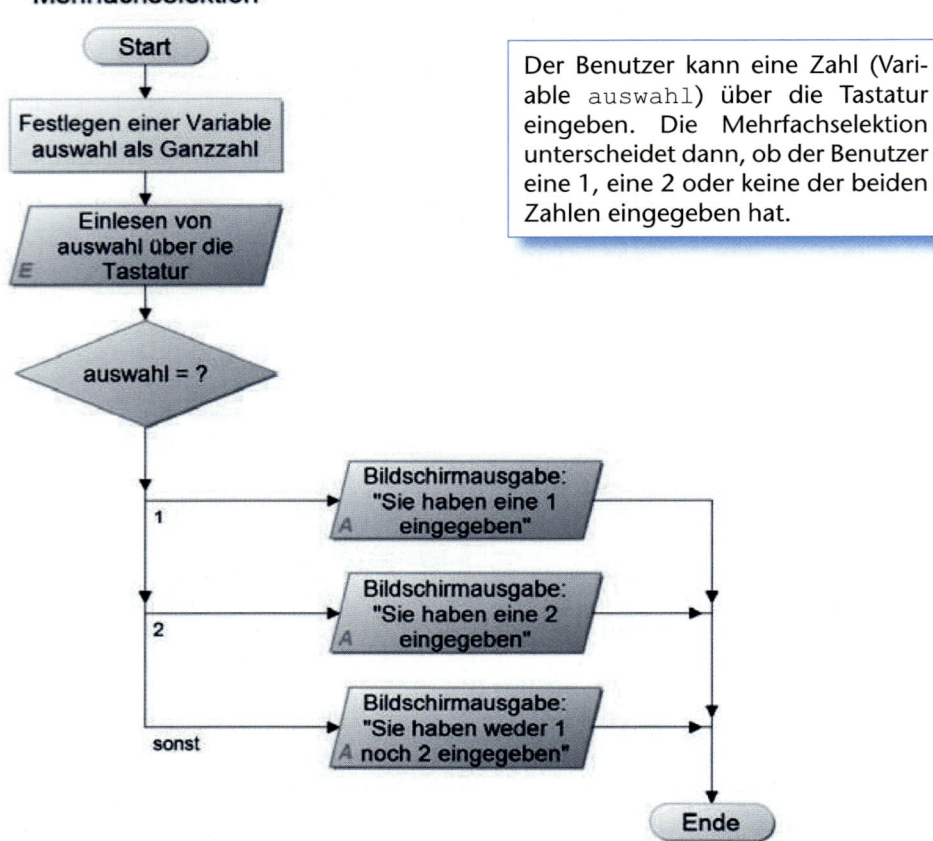

Der Benutzer kann eine Zahl (Variable `auswahl`) über die Tastatur eingeben. Die Mehrfachselektion unterscheidet dann, ob der Benutzer eine 1, eine 2 oder keine der beiden Zahlen eingegeben hat.

Syntax in Java:

Die Variable **var** muss vom Typ Ganzzahl sein (oder alternativ ein Ausdruck, der ein ganzzahliges Ergebnis hat).

```java
switch ( var ) {
    case Wert_1:
        Anweisung_1;
            :
        Anweisung_N;
    break;

    case Wert_2:
        Anweisung1;
            :
        Anweisung_N;
```

Falls **var** *Wert_1* entspricht, werden die Anweisungen bis zum `break` ausgeführt.

Falls **var** *Wert_2* entspricht, werden die Anweisungen bis zum `break` ausgeführt.

```
            break;
                :
                :
        case Wert_N:
            Anweisung_1;
                :
            Anweisung_N;
        break;
        default:
            Anweisung_1;
                :
            Anweisung_N;
        break;
    }
```

> Falls **var** Wert_N entspricht, werden die Anweisungen bis zum break ausgeführt.

> Falls **var** keinem der obigen Werte entspricht, werden die default-Anweisungen bis zum break ausgeführt. Die default-Anweisung sollte immer am Ende stehen.

> Das break kann auch ausgelassen werden, wenn es der letzte Fall ist.

Mit der switch-Anweisung kann das Beispiel aus dem Programmablaufplan umgesetzt werden:

```java
public class Selektion {
    public static void main(String[] args) throws IOException {

        int auswahl;
        BufferedReader einlesen = new BufferedReader(new
                                        InputStreamReader(System.in));

        System.out.println("Bitte eine Zahl (auswahl) eingeben:");
        auswahl = Integer.parseInt(einlesen.readLine());

        switch (auswahl) {
            case 1:
                System.out.println("Sie haben eine 1 eingegeben!");
            break;
            case 2:
                System.out.println("Sie haben eine 2 eingegeben!");
            break;

            default:
                System.out.println("Weder 1 noch 2 eingegeben!");
            break;
        }
    }
}
```

Nach dem Starten könnte die Bildschirmausgabe so aussehen:

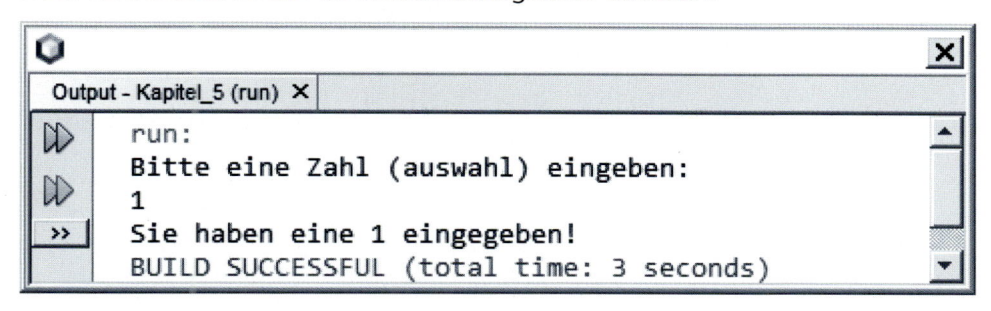

```
Output - Kapitel_5 (run)
    run:
    Bitte eine Zahl (auswahl) eingeben:
    1
    Sie haben eine 1 eingegeben!
    BUILD SUCCESSFUL (total time: 3 seconds)
```

5 Selektion und Iteration

Hinweis:

Das Weglassen einer `break`-Anweisung führt dazu, dass alle weiteren Fälle hintereinander abgearbeitet werden. Dies liegt daran, dass die `switch`-Anweisung nur einmal prüft, ob ein Einsprungpunkt gegeben ist, und dann alle weiteren Anweisungen ausführt, bis die nächste `break`-Anweisung kommt.

Beispiel:

```
switch (auswahl) {
    case 1:
        System.out.println("Abarbeitung Fall 1!");

    case 2:
        System.out.println("Abarbeitung Fall 2!");
        break;

    default:
        System.out.println("Abarbeitung default-Fall!");
        break;
}
```

Hier steht nun keine `break`-Anweisung.

Nach dem Starten könnte die Bildschirmausgabe so aussehen:

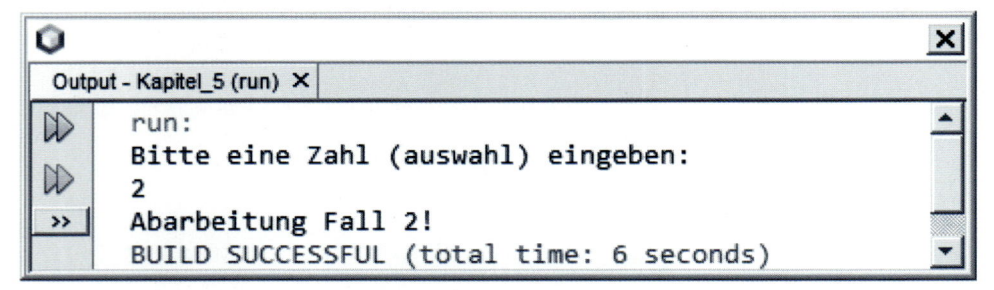

```
Output - Kapitel_5 (run)
run:
Bitte eine Zahl (auswahl) eingeben:
2
Abarbeitung Fall 2!
BUILD SUCCESSFUL (total time: 6 seconds)
```

Oder auch so:

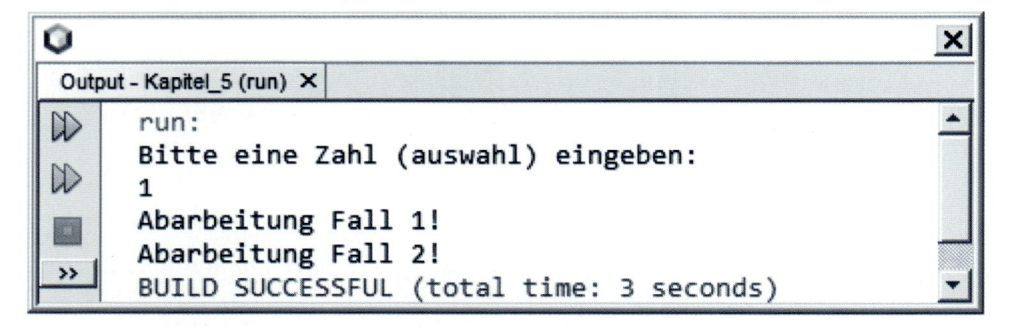

```
Output - Kapitel_5 (run)
run:
Bitte eine Zahl (auswahl) eingeben:
1
Abarbeitung Fall 1!
Abarbeitung Fall 2!
BUILD SUCCESSFUL (total time: 3 seconds)
```

5.2 Fuß-, kopf- und zählergesteuerte Iterationen

Problemstellung:

Das Programm zur Prozentberechnung aus Kapitel 5.1.1 soll die Berechnung nicht durchführen, wenn das eingegebene Kapital null beträgt. Sinnvoll wäre an dieser Stelle, dass das Programm eine fehlerhafte Eingabe wiederholen lässt.

In einem PAP kann das so dargestellt werden:

Fußgesteuerte Iteration

```
                    Start
                      ↓
         Festlegen der Variablen
         kapital, zinsen und
         prozentsatz als
         Gleitpunktzahlen
                      ↓
    ┌─→ Bildschirmausgabe:
    │   "Bitte Kapital und
    │ A Zinsen eingeben:"
    │                 ↓
    │   Einlesen von kapital
    │   und zinsen über die
    │ E Tastatur
    │                 ↓
    │        kapital <= 0
    │        oder zinsen <= 0?  ──nein──→  ...
    │                 ↓ ja                   ↓
    │   Bildschirmausgabe:                 Ende
    │   "Fehler bei der
    │ A Eingabe!"
    └─────────────┘
```

> Solange der Benutzer fehlerhafte Werte eingibt, wird die Eingabe wiederholt.

In einem Java-Programm gibt es drei Möglichkeiten, eine solche Wiederholung zu erreichen, und zwar mit den sogenannten Schleifen (Iterationen). Es gibt die `do-while`-Schleife, die `while`-Schleife und die `for`-Schleife. Eine weitere Schleifenart (die `for-each`-Schleife) wird erst im Kapitel zu Arrays behandelt.

5.2.1 Die do-while-Schleife

Die `do-while`-Schleife ist eine Wiederholung von einer oder mehreren Anweisungen, **solange** eine Bedingung erfüllt ist. Die Bedingung ist dabei genauso aufgebaut wie bei der `if`-Anweisung. Die `do-while`-Schleife heißt **fußgesteuert**, da die Überprüfung der Bedingung am Ende der Schleife stattfindet. Dadurch wird der Schleifenrumpf (die Anweisungen innerhalb der Schleife) mindestens einmal durchlaufen.

Syntax in Java:

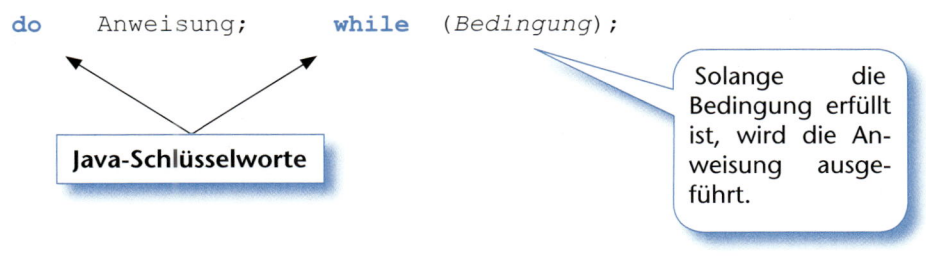

do Anweisung; **while** (*Bedingung*);

↑ Java-Schlüsselworte

> Solange die Bedingung erfüllt ist, wird die Anweisung ausgeführt.

Ebenso gilt natürlich:

```
do {
    Anweisung_1;
    Anweisung_2;
       :
    Anweisung_N;
}
while (Bedingung);
```

Ausführen mehrerer Anweisungen

Beispiele für die do-while-Schleife:

Es sollen die Zahlen von 1 bis 4 auf dem Bildschirm ausgegeben werden:

```
int x = 1;
do {

    System.out.println(x);
    x = x + 1;
}
while (x < 5);
```

Eine Eingabe wird wiederholt, solange das Wort „Hallo" eingegeben wird.

```
String s;
BufferedReader einlesen  = new BufferedReader(new
                            InputStreamReader(System.in));
do {

    s = einlesen.readLine();

} while (s.equals("Hallo"));
```

Zeichenketten werden mit der Methode `equals` auf Gleichheit geprüft.

Mit der do-while-Schleife kann nun auch der Programmablaufplan aus der Problemstellung umgesetzt werden. Eine fehlerhafte oder unsinnige Eingabe wird dann wiederholt.

```
public class Iteration {
  public static void main(String[] args) throws IOException  {

    BufferedReader einlesen  = new BufferedReader(new
                                InputStreamReader(System.in));
    double kapital;
    double prozentsatz;
    double zinsen;

    do {
        System.out.println("Bitte Kapital und Zinsen eingeben:");
        kapital = Double.parseDouble(einlesen.readLine());
        zinsen = Double.parseDouble(einlesen.readLine());

        if (kapital <= 0 || zinsen <= 0){
            System.out.println("Fehler bei der Eingabe!");
        }
        else {
            prozentsatz = zinsen * 100 / kapital;
            System.out.println("Der Prozentsatz lautet: " +
                                prozentsatz);
        }
```

```
        } while (kapital <= 0 || zinsen <= 0);

    }
}
```
Nach dem Starten könnte die Bildschirmausgabe so aussehen:

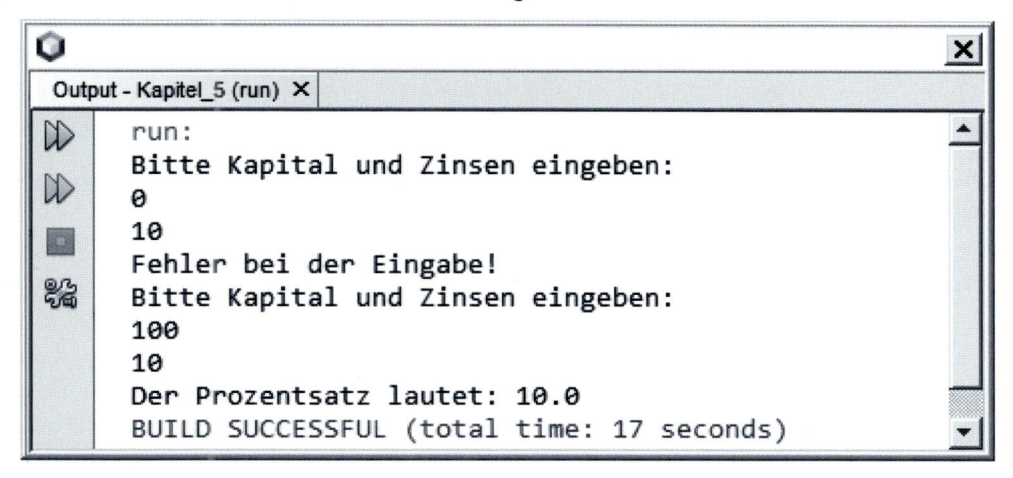

```
Output - Kapitel_5 (run)
run:
Bitte Kapital und Zinsen eingeben:
0
10
Fehler bei der Eingabe!
Bitte Kapital und Zinsen eingeben:
100
10
Der Prozentsatz lautet: 10.0
BUILD SUCCESSFUL (total time: 17 seconds)
```

5.2.2 Die while-Schleife

Die `while`-Schleife ist ebenfalls eine Wiederholung von einer oder mehreren Anweisungen, **solange** eine Bedingung erfüllt ist. Die `while`-Schleife heißt aber **kopfgesteuert**, da die Überprüfung der Bedingung sofort am Anfang der Schleife stattfindet. Dadurch wird der Schleifenrumpf möglicherweise nicht durchlaufen (wenn die Bedingung falsch ist). Der folgende Programmablaufplan zeigt eine kopfgesteuerte Schleife:

Kopfgesteuerte Schleife

Die Variable i wird darauf prüft, ob sie größer als null ist. Solange das der Fall ist, wird i auf dem Bildschirm ausgegeben und anschließend dekrementiert.

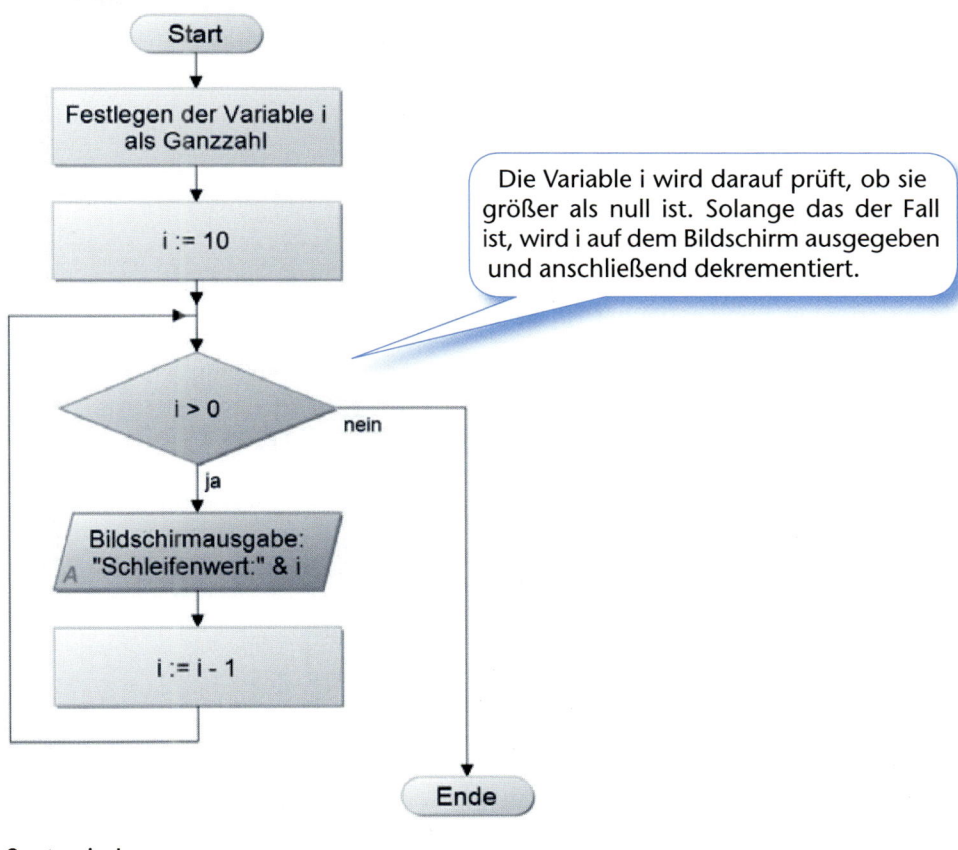

Syntax in Java:

while (*Bedingung*)   Anweisung;

Solange die Bedingung erfüllt ist, wird die Anweisung ausgeführt.

Ebenso gilt natürlich:

```
while (Bedingung) {

    Anweisung_1;
    Anweisung_2;
    :
    Anweisung_N;
}
```

Ausführen mehrerer Anweisungen

> **Beispiel für die while-Schleife:**
>
> Der vorhergehende Programmablaufplan der kopfgesteuerten Schleife wird mit einer `while`-Schleife umgesetzt.
>
> ```
> int i;
> i = 10;
>
> while (i > 0) {
>
>     System.out.println("Schleifenwert: " + i);
>     i = i - 1;
> }
> ```

5.2.3 Die for-Schleife

Die `for`-Schleife heißt **zählergesteuerte** Schleife. In der Regel läuft ein Zähler von einem definierten Anfang bis zu einem definierten Ende mit einer bestimmten Schrittweite.

Syntax in Java:

```
for (Initialisierung ; Bedingung ; Schrittweite ) Anweisung;
```

Ebenso gilt natürlich:

```
for (Initialisierung; Bedingung ; Schrittweite ) {

    Anweisung_1;
    Anweisung_2;
    :
    Anweisung_N;
}
```

> **Beispiel einer `for`-Schleife:**
>
> Die Schleife startet mit 1 und endet mit 10. Die Schrittweite des Zählers ist 1.
>
> - Schlüsselwort `for`
> - Initialisierung
> - Bedingungsprüfung
> - Schrittanweisung
>
> ```
> for ( int i = 1 ; i <= 10 ; i = i + 1 )
>         System.out.println("Schleifenwert: " + i);
> ```
>
> Nach dem Starten der `for`-Schleife sieht die Bildschirmausgabe so aus:
>
> ```
> Output - Kapitel_5 (run)
> run:
> Schleifenwert: 1
> Schleifenwert: 2
> Schleifenwert: 3
> Schleifenwert: 4
> Schleifenwert: 5
> Schleifenwert: 6
> Schleifenwert: 7
> Schleifenwert: 8
> Schleifenwert: 9
> Schleifenwert: 10
> BUILD SUCCESSFUL (total time: 0 seconds)
> ```

Sehr wichtig ist es auch, den zeitlichen Ablauf der `for`-Schleife zu verstehen, denn davon hängt das korrekte Funktionieren der Schleife ab.

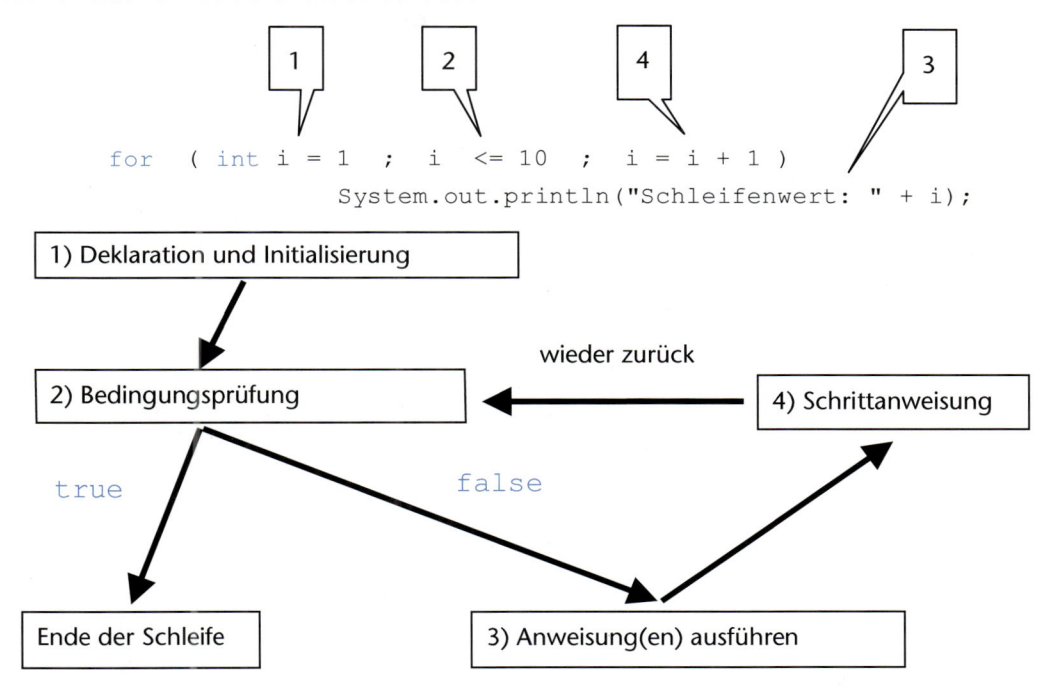

```
         1            2              4           3
for  ( int i = 1 ;  i <= 10 ;  i = i + 1 )
         System.out.println("Schleifenwert: " + i);
```

1) Deklaration und Initialisierung
↓
2) Bedingungsprüfung ← wieder zurück ← 4) Schrittanweisung
true ↓   false ↓
Ende der Schleife   3) Anweisung(en) ausführen

Die `for`-Schleife kann aber noch viel mehr als „einfach" nur zählen: Es können je nach Bedarf Teile der Schleife weggelassen oder in einem Teil mehrere Anweisungen oder Bedingungen eingefügt werden.

Die einfachste Schleife sieht dann so aus:

for (; ;);   — Endlosschleife

Das ist eine gültige Anweisung, die man aber nicht unbedingt benutzen sollte – es ist eine sogenannte Endlosschleife, das Programm „stürzt" ab. Intelligente Compiler erkennen allerdings dieses Problem.

Das folgende Beispiel zeigt die Universalität der `for`-Schleife:

```
for (int i = 10; i>0 ; System.out.println(i--)) ;
```

Diese Schleife zählt die Variable i von 10 bis 1 und gibt den Wert jeweils aus. Der Schrittanweisungsteil enthält dabei keine Schrittanweisung, sondern eine Bildschirmausgabe von i mit gleichzeitiger Dekrementierung. Es gibt keine Anweisungen im Rumpf der Schleife.

Hinweis:

Die Schleifenvariable einer `for`-Schleife wird in der Regel im Initialisierungsteil deklariert und initialisiert. Damit ist diese Variable nur innerhalb der `for`-Schleife gültig (lokal gültig). Nach der `for`-Schleife ist die Variable nicht mehr benutzbar.

```
for (int i = 1; i <= 10; i = i + 1)
        System.out.println("Schleifenwert: " + i);

i = 10;
```

Fehlermeldung des Compilers:
```
Cannot find symbol
Symbol: variable i
```

5.2.4 Abbruch und Sprung in einer Schleife

Alle Schleifen können unabhängig von der Bedingungsprüfung abgebrochen werden. Das geschieht mit dem Schlüsselwort `break`. Mit dem Schlüsselwort `continue` kann hingegen ein Schleifendurchlauf übersprungen werden.

Beispiel für die Anwendung von `break`:

```java
for (int i = 1; i <= 10 ; i++) {

    if ( i == 5 ) break;

    System.out.println(i);
}
```

Die Schleife mit `break` ergibt folgende Ausgabe:

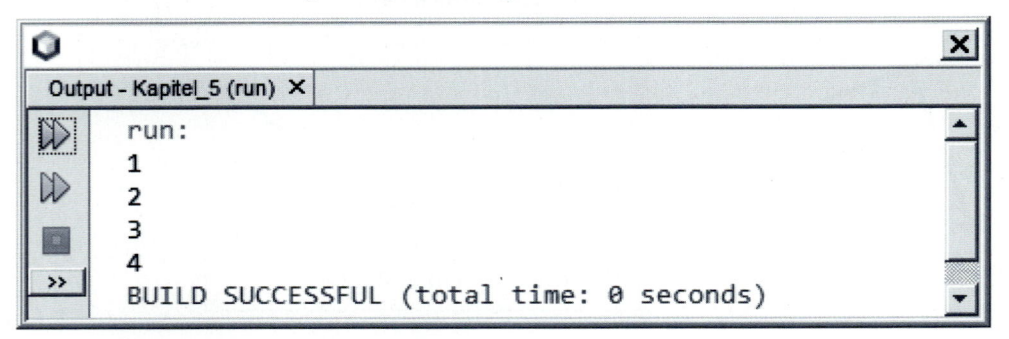

```
run:
1
2
3
4
BUILD SUCCESSFUL (total time: 0 seconds)
```

Beispiel für die Anwendung von `continue`:

```java
for (int i = 1; i <= 10 ; i++) {

    if ( i == 5 ) continue;

    System.out.println(i);
}
```

Die Schleife mit `continue` ergibt dann:

```
run:
1
2
3
4
6
7
8
9
10
BUILD SUCCESSFUL (total time: 0 seconds)
```

6 Das Klassenkonzept in Java

Die Sprache Java ist eine vollständig objektorientierte Sprache. In den bisherigen Kapiteln wurden allerdings keine objektorientierten Themen behandelt, sondern die Grundlagen der strukturierten Programmierung besprochen. Das war notwendig, um eine Basis für die weiteren Themen zu schaffen. Trotzdem waren einige Aspekte bereits objektorientiert, wurden aber nur so weit beschrieben, dass es für die Ausführung eines Programms ausreichte. Mit diesem Kapitel beginnt nun die objektorientierte Programmierung in Java. Darunter kann eine spezielle Art der Programmierung verstanden werden, die versucht, gewisse Gegebenheiten möglichst realitätsnah umzusetzen. Im Mittelpunkt der objektorientierten Programmierung steht das **Objekt** bzw. die **Klasse**. Eine Klasse kann als eine Art Bauplan betrachtet werden, mit dem Objekte gebildet werden können. Die Begriffe Objekt und Klasse werden nun näher betrachtet.

Was ist ein Objekt?
Ein Objekt ist eine softwaretechnische Repräsentation eines realen oder gedachten, klar abgegrenzten Gegenstandes oder Begriffs. Das Objekt erfasst alle Aspekte des Gegenstandes durch Attribute (Eigenschaften) und Methoden.

Was sind Attribute und Methoden?
Attribute sind die Eigenschaften des Objektes. Sie beschreiben den Gegenstand vollständig. Attribute sind geschützt gegen Manipulation von außen (das nennt man Kapselung). Methoden beschreiben die Operationen, die mit dem Objekt (bzw. seinen Attributen) durchgeführt werden können. Von außen erfolgt der Zugriff auf Attribute durch die Methoden.

Was ist eine Klasse?
Unter einer Klasse versteht man die softwaretechnische Beschreibung eines Bauplanes für ein Objekt. Aus einer Klasse können dann Objekte abgeleitet (gebildet, instanziiert) werden.

Diese etwas abstrakten, aber wichtigen Begriffsdefinitionen sollen nun anhand von Beispielen veranschaulicht werden.

> **Beispiel:**
> Diese Rennwagen sind konkrete Objekte. Sie haben Attribute wie Farbe, Leistung in kW und den Hubraum.

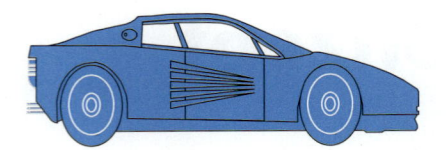

6 Das Klassenkonzept in Java

Name: Lotus	Name: Spider XL
Farbe: blau	Farbe: schwarz
kW: 250	kW: 300
Hubraum: 4 Liter	Hubraum: 5 Liter

Beide Rennwagen haben dieselben Attribute. Sie unterscheiden sich nur in den Attributwerten. Der Spider XL hat beispielsweise eine höhere Leistung als der Lotus. Man könnte sagen, dass beide Rennwagen mithilfe desselben Bauplanes hergestellt worden sind. Der zugrunde liegende Bauplan könnte als **Klasse** Rennwagen bezeichnet werden. Die folgende Darstellung der Klassen und Objekte entspricht der allgemeinen Form, um Klassen und Objekte darzustellen.

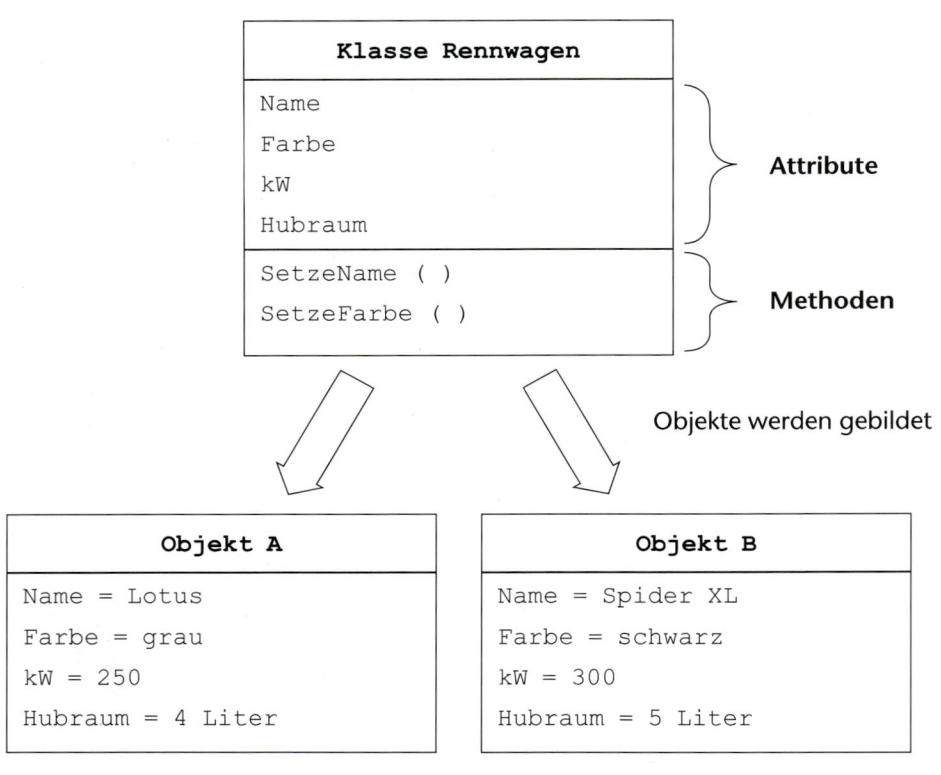

Klasse Rennwagen

Name
Farbe
kW
Hubraum — Attribute

SetzeName ( )
SetzeFarbe ( ) — Methoden

Objekte werden gebildet

Objekt A
Name = Lotus
Farbe = grau
kW = 250
Hubraum = 4 Liter

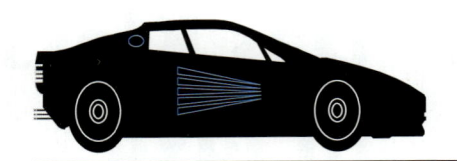

Objekt B
Name = Spider XL
Farbe = schwarz
kW = 300
Hubraum = 5 Liter

> **Hinweise**
>
> Die Objektorientierung und die neuen Begriffe erscheinen gerade am Anfang recht abstrakt und es scheint kaum vorstellbar, wie eine neue Software objektorientiert programmiert werden soll. Dagegen hilft nur eins: Schritt für Schritt die Aspekte der objektorientierten Programmierung (**OOP**) kennenlernen und an konkreten Beispielen umsetzen. Gute objektorientierte Programmentwicklung hat auch viel mit Erfahrung zu tun.
>
> Neben der veränderten Sichtweise der Programmierung hat die OOP auch ganz praktische Vorteile gegenüber der strukturierten oder prozeduralen Programmierung. Diese Vorteile sind beispielsweise die Kapselung von Daten in den Objekten oder die Vererbung. Kapselung von Daten bedeutet, dass der Zugriff auf die Attribute eines Objektes kontrolliert abläuft. Dieser kontrollierte Zugriff geschieht über die Methoden eines Objektes. Dadurch wird beispielsweise verhindert, dass ein wichtiges Attribut eines Objektes aus Versehen mit einem falschen Wert

beschrieben wird. Die Vererbung erspart dem Programmierer ungemein viel Arbeit, weil er einmal geschriebene Klassen an andere Klassen vererben kann. Das komplette Konzept der OOP wird allerdings dann erst richtig deutlich, wenn die Kapitel Klassenkonzept, Vererbung und Polymorphismus bearbeitet wurden.

6.1 Die erste Klasse in Java

In diesem Kapitel geht es hauptsächlich um die konkrete Umsetzung einer Klasse in Java. Zuerst wird der allgemeine Aufbau einer Klasse beschrieben. Dabei stehen vor allem die Attribute und deren Sichtbarkeit im Vordergrund. Das steht im unmittelbaren Zusammenhang mit einem wichtigen Aspekt der OOP, der Kapselung. Anschließend werden Funktionsweise und Aufbau von Methoden beleuchtet.

6.1.1 Aufbau einer Klasse in Java

Eine Klasse in Java wird mit dem Schlüsselwort `class` eingeleitet. Innerhalb einer Klasse (eingerahmt durch geschweifte Klammern) gibt es Attribute und Methoden, die mit einem Sichtbarkeitsmodifizierer (`private`, `public` oder `protected`) versehen werden. Diese einzelnen Modifizierer haben unterschiedliche Auswirkungen.

Der private-Modifizierer:
Alle Attribute (und auch Methoden), die damit gekennzeichnet werden, sind von außen nicht zugreifbar. Der Zugriff kann nur über geeignete (öffentliche) Methoden erfolgen.

Der public-Modifizierer:
Alle Methoden (und auch Attribute), die damit gekennzeichnet werden, sind von außen zugreifbar. Diese Elemente bezeichnet man auch als Schnittstelle der Klasse nach außen. Die Kommunikation mit der Klasse (bzw. mit einem Objekt dieser Klasse) findet über diese Schnittstelle (`public`-Elemente) statt.

Der protected-Modifizierer:
Dieser Modifizierer verhält sich nach außen wie der `private`-Modifizierer, hat aber eine weitere Funktionalität, die jedoch erst beim Thema Vererbung relevant wird. Bis dahin werden nur die beiden anderen Modifizierer betrachtet.

Syntax in Java:

> Optional kann die Klasse mit dem `public`-Modifizierer versehen werden. Damit steht sie auch anderen Paketen zur Verfügung. Wird die Klasse ohne `public`-Modifizierer angegeben, dann ist sie nur in dem eigenen Paket verfügbar.

```
[public] class  Name {

    [ Attribute ]
    [ Methoden  ]
}
```

> Beliebig viele Attribute können angelegt werden.

> Beliebig viele Methoden können angelegt werden. Zusätzlich gibt es noch spezielle Methoden (die Konstruktoren und den Destruktor, dazu später mehr).

Erstes Beispiel einer Klasse

```
package kapitel_6;
```

> In einer Datei kann es immer nur **eine „Hauptklasse" geben, die so wie die Datei heißt**. Weitere Klassen (so wie die Klasse `ErsteKlasse`) dürfen deshalb nicht `public` sein.

```
class ErsteKlasse {

    public int x = 10;
    private String s = "Hallo";
    int ohneModifizierer = 10;

}
```

> Die Klasse `ErsteKlasse` wird definiert. In der Klasse sind drei Attribute vorhanden. Ein Attribut ist „`public`", ein Attribut ist „`private`" und das dritte Attribut hat keinen Modifizierer.

```java
public class Hauptklasse {
    public static void main(String[] args) {

        ErsteKlasse objektVerweis;
        objektVerweis= new ErsteKlasse();

        objektVerweis.x = 20;



        objektVerweis.s = "Neu";

        objektVerweis.ohneModifizierer = 10;


    }
}
```

- *Ein Objekt der Klasse wird angelegt.*
- *Der Zugriff auf das* `public`*-Attribut funktioniert.*
- *Dieser Zugriff ist verboten, weil* `s` *ein privates Attribut ist!*
- *Der Zugriff auf das Attribut ohne Modifizierer funktioniert auch!*

In diesem ersten Beispiel sind einige neue Aspekte zu klären:

▶ Eine neue Klasse wird definiert, aber nicht innerhalb der „Hauptklasse" (das kann auch sinnvoll sein, später dazu mehr). Der Name der neuen Klasse ist frei wählbar (siehe Konventionen für Variablennamen).

▶ Das Erstellen eines Objektes der neuen Klasse geschieht ähnlich wie das Anlegen einer Variablen von einem elementaren Datentyp. Statt des Datentyps wird aber der Klassenname verwendet. Die Klasse ist im Prinzip ein neu geschaffener (benutzerdefinierter) Datentyp. In einem ersten Schritt wird ein sogenannter Verweis auf die Klasse angelegt:

```
ErsteKlasse objektVerweis;
```
Verweis anlegen

▶ Anschließend kann diesem Verweis dann ein konkretes Objekt im Speicher zugeordnet werden. Mit dem `new`-Operator wird ein solches Objekt im Speicher angelegt und dem Verweis zugewiesen:

```
objektVerweis = new ErsteKlasse();
```
Objekt im Speicher mit `new` *anlegen und dem Verweis zuordnen.*

▶ Der Zugriff auf ein Attribut des Objektes geschieht durch den Punktoperator.

```
objektVerweis.x = 20;
```
Punktoperator

`Public`-Attribute können direkt angesprochen werden. Allerdings widersprechen `public`-Attribute einem Grundprinzip der OOP – siehe auch nächste Erläuterung.

▶ `Private`-Attribute können nicht von außen angesprochen werden. Nach dem Starten des Programms erscheint der folgende Compilerfehler:

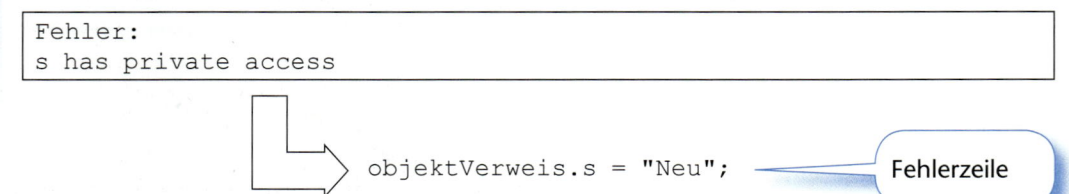

```
Fehler:
s has private access
```

```
objektVerweis.s = "Neu";
```
Fehlerzeile

Dieser Fehler macht darauf aufmerksam, dass versucht wurde, auf ein privates Attribut zuzugreifen. Das wird vom Compiler verhindert, denn private Atrribute sollen nicht von außen zugänglich sein. Das entspricht einem Grundprinzip der objektorientierten Programmierung – der **Kapselung**. Nun kann es natürlich nicht die Lösung sein, alle Attribute mit dem `public`-Modifizierer zu versehen, denn damit würde gegen dieses Grundprinzip verstoßen. Vielmehr müssen andere geeignete Mechanismen entwickelt werden, um kontrolliert auf die Attribute zugreifen zu können. Mithilfe der Methoden im nachfolgenden Unterkapitel kann dieses Problem gelöst werden.

> **Hinweis**
>
> Attribute, die ohne Modifizierer angegeben werden (wie das Attribut `ohneModifizierer` in dem obigen Beispiel), haben im Prinzip das Verhalten eines privaten Attributes. Für Klassen innerhalb eines Paketes stellt sich der Zugriff allerdings so dar, als wäre das Attribut öffentlich (`public`) deklariert.

6.1.2 Werttypen und Verweistypen

Bislang wurden Variablen von elementaren Datentypen (Werttypen) einfach angelegt und konnten benutzt werden. Dies lag daran, dass diese Variablen in einem bestimmten Speicherbereich abgelegt wurden – dem **STACK**-Speicher[1]. Mit der Einführung der Klassen in Java kommt ein neuer Typ ins Spiel, und zwar der Verweistyp. Alle Objekte, die von Klassen gebildet werden, werden in einem anderen Speicherbereich abgelegt – dem **HEAP**-Speicher. Damit auf das Objekt zugegriffen werden kann, muss nun ein Verweis auf das Objekt angelegt werden. Das kann in zwei Schritten (siehe obiges Beispiel) oder auch in einem Schritt geschehen, wie das folgende Beispiel zeigt:

```
ErsteKlasse objektVerweis = new ErsteKlasse();
```

Verweis der Klasse `ErsteKlasse`

Mit dem `new`-Operator ein Objekt dynamisch im HEAP-Speicher anlegen und dem Verweis zuordnen

Der garbage collector

Alle Werttyp-Variablen werden auf dem STACK gespeichert und auch wieder automatisch gelöscht, wenn sie ihre Gültigkeit verlieren. Im Gegensatz dazu wird ein Objekt auf dem HEAP gespeichert und erst dann gelöscht, wenn kein Verweis mehr für dieses Objekt existiert, denn es können durchaus mehrere Verweise auf dasselbe Objekt existieren. Dieses Löschen wird durch den sogenannten **garbage collector** durchgeführt. Dieser Mechanismus erkennt „verweislose" Objekte und entfernt sie aus dem Speicher. In anderen Programmiersprachen wie beispielsweise C++ musste dieses Löschen vom Programmierer selbst durchgeführt werden, wodurch eine erhebliche Fehlerquelle entstand.

6.2 Methoden in Java

Aus den ersten Beispielen einer Klasse wurde deutlich, dass der Zugriff auf die Attribute über einen Mechanismus erfolgen muss, der auch zusätzlich Kontrollmöglichkeiten bietet. Beispielsweise wäre es nicht sinnvoll, dem Attribut *PS* eines Rennwagens einen negativen Wert zuzuweisen. An dieser Stelle müsste eine Methode diese unsinnige Zuweisung verhindern.

6.2.1 Aufbau einer Methode

Eine Methode ist technisch gesehen nichts anderes als eine Funktion. Sie wird aufgerufen und erfüllt eine bestimmte Aufgabe. Anschaulich kann man sich eine Methode wie einen Apparat vorstellen, der Eingaben (Werte) erhält und ein Ergebnis produziert.

---

[1] Der STACK-Speicher ist ein bestimmter Speicherbereich, der für lokale (begrenzt gültige) Variablen genutzt wird. Er arbeitet nach dem LIFO-Prinzip (*Last in first out*). Der HEAP-Speicher ist hingegen ein Bereich, in dem Platz für Objekte bereitgestellt wird.

6 Das Klassenkonzept in Java

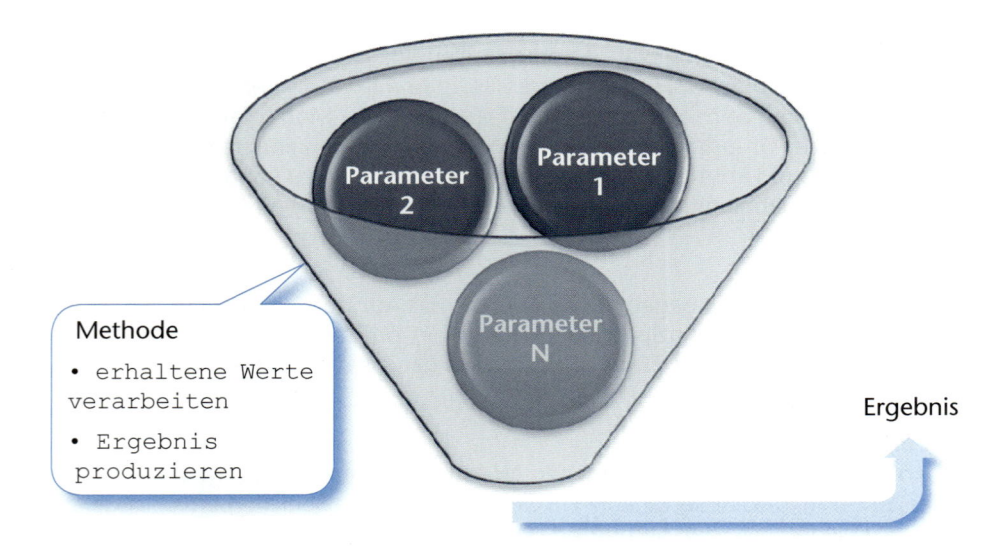

Methode
- `erhaltene Werte verarbeiten`
- `Ergebnis produzieren`

Parameter 2, Parameter 1, Parameter N → Ergebnis

In allen bisherigen Beispielen wurden bereits Methoden (intuitiv) verwendet. Die wichtigste dabei war die statische `main`-Methode. Diese Methode wird beim Starten des Programms aufgerufen und ausgeführt. Daran sieht man, dass innerhalb einer Methode genauso programmiert wird, wie es in den vorherigen Kapiteln der Fall war.

Die wichtigsten Eigenschaften von Methoden im Überblick:

- ▶ Methoden haben einen Bezeichner (Namen), der wie bei den Variablen gebildet wird. Nach dem Bezeichner steht immer ein rundes Klammerpaar (entweder leer oder mit Parametern versehen).
- ▶ Methoden haben einen sogenannten Rumpf, in dem die Methode programmiert wird. Der Rumpf wird in geschweiften Klammern eingefasst.
- ▶ Methoden können beliebig viele Werte (Parameter) übernehmen.
- ▶ Methoden können einen Wert zurückgeben.

Das erste einfache Beispiel einer Methode

```java
class Person {

    private String name;

    public void initName() {

        name = "Kaiser";
    }

}


public class Hauptklasse {
    public static void main(String[] args) {

        Person einePerson = new Person();

        einePerson.initName();
    }
}
```

Die Klasse `Person` soll für eine beliebige Person stehen. Der Einfachheit halber wird zuerst nur ein Attribut (`name`) angelegt.

Die Methode `initName()` initialisiert das private Attribut `name` der Klasse `Person`.

Ein Objekt der Klasse wird angelegt.

Die Methode `initName()` wird mithilfe des Punktoperators aufgerufen.

An dem Beispiel ist ersichtlich, dass die Methode `initName()` von einem Objekt der Klasse `Person` aufgerufen werden kann. Dies liegt daran, dass die Methode „`public`" ist. Die Methode selbst ist vom Typ `void`. Das bedeutet, dass die Methode keinen Wert an die aufrufende Stelle zurückgibt – der Datentyp `void` steht also für **keine Rückgabe** (dazu später mehr). Die Methode hat weiterhin ein leeres rundes Klammerpaar. Dadurch übernimmt die Methode keine Werte (auch dazu später mehr). In dem obigen Beispiel handelt es sich also um die einfachste Form einer Methode.

Im nächsten Beispiel wird eine weitere Methode ergänzt, die den Namen der Person auf den Bildschirm schreibt:

```
class Person {
    :
    :
    public void schreibeName() {

        System.out.println(name);
        System.out.println();
    }
}
```

> Die Methode `schreibeName()` schreibt den Namen der Person auf den Bildschirm.

```
public class Hauptklasse {
    public static void main(String[] args) {

        Person einePerson = new Person();
        einePerson.initName();
        einePerson.schreibeName();
    }
}
```

> Aufruf der Methoden durch Angabe des Namens und der leeren Klammern

Nach dem Starten sieht die Bildschirmausgabe so aus:

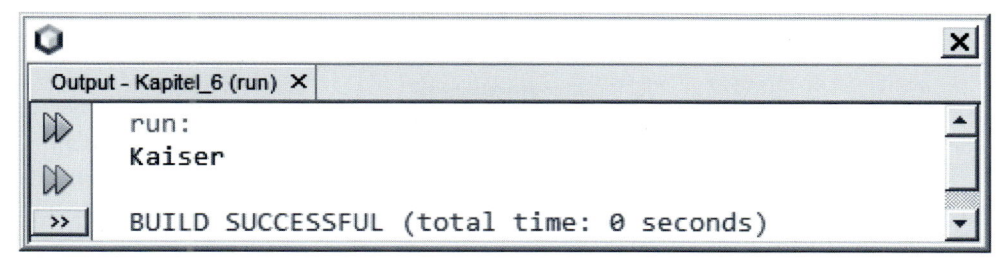

```
run:
Kaiser
BUILD SUCCESSFUL (total time: 0 seconds)
```

6.2.2 Rückgabewert einer Methode

Die Methode `schreibeName()` aus dem obigen Beispiel schreibt den Namen einer Person auf den Bildschirm. Nun soll aber der Name der Person einer anderen `String`-Variablen zugewiesen werden. Dazu müsste eine Methode den Namen zurückgeben können. Das kann durch folgende Anpassung geschehen:

> Rückgabedatentyp der Methode

```
public String gibName() {

    return name;
}
```

> Rückgabe eines Wertes mit `return`

Mithilfe dieser Methode kann der Name einer `String`-Variablen zugewiesen werden:

```
public class Hauptklasse {
  public static void main(String[] args) {

        Person einePerson = new Person();

        String einName;

        einePerson.initName();
        einName = einePerson.gibName();
        System.out.println(einName);
    }
}
```

> Die Methode gibt den Namen zurück.

Die obige Zuweisung funktioniert deshalb, weil die Methode nach ihrem Aufruf einen Wert zurückgibt und dieser Wert dann anstelle des Methodenaufrufes steht:

```
einName = einePerson.gibName();
```

```
einName =        "Kaiser";
```
⟵ Nach dem Aufruf

Allgemein kann der Aufbau einer Methode mit Rückgabewert so geschrieben werden:

```
Modifizierer Rückgabedatentyp Bezeichner ()
{
    Anweisung_1;
    Anweisung_2;
    :
    Anweisung_N;

    return wert;
}
```

> Der Rückgabedatentyp und der Datentyp des Rückgabewertes müssen übereinstimmen.

Das folgende Beispiel zeigt eine Methode, die einen Rückgabedatentyp `double` hat, aber einen `String` zurückgibt. Das passt natürlich nicht zusammen.

```java
public double schlechtesBeispiel() {
    String zurueck = "Hallo";
    return zurueck;
}
```

> Compilerfehler:
> ```
> incompatible types
> required: double
> found: java.lang.String
> ```

Hinweise:
- Bei der Rückgabe von Werttypen mit `return` wird eine Kopie des Rückgabewertes erstellt und an die aufrufende Stelle zurückgegeben.
- Bei der Rückgabe von Verweistypen mit `return` wird der Verweis zurückgegeben.

6.2.3 Lokale Variablen

Variablen, die in einer Methode angelegt werden, sind nur innerhalb dieser Methode gültig. Wird eine Methode aufgerufen, so werden diese Variablen verarbeitet und nach Beendigung „gelöscht" (sie haben also eine lokale Gültigkeit). Objekte können ebenfalls in einer Methode angelegt werden. Sie werden vom **garbage collector** gelöscht, sobald kein Verweis mehr auf sie existiert. Möchte man das „Überleben" eines Objektes sichern, so müsste der Verweis auf das Objekt zurückgegeben werden. Das folgende Beispiel demonstriert diese Problematik:

```java
package kapitel_6;

class Person { ... }

class Test {

    public Person gibeinePerson() {

        Person einePerson = new Person();
        return einePerson;
    }


    public void lokaleVariablen() {

        int x = 10;
        double d = 1.25;
    }
}
```

> Diese Methode erzeugt ein Objekt auf dem HEAP-Speicher mit einem lokalen Verweis. Der Verweis wird aber von der Methode zurückgegeben.

> Diese Methode legt zwei lokale Variablen auf dem STACK-Speicher an. Nach dem Aufruf der Methode werden diese Variablen wieder gelöscht.

```java
public class Hauptklasse {
    public static void main(String[] args) {




        Test einTest = new Test();
        Person neuePerson = einTest.gibeinePerson();

        neuePerson.initName();
        neuePerson.schreibeName();


        einTest.lokaleVariablen();
    }
}
```

> Mithilfe der Methode `gibeinePerson()` wird eine Person erzeugt und dem Verweis `neuePerson` zugewiesen. Auch nach dem Aufruf der Methode ist das Personen-Objekt gültig, da ein Verweis darauf existiert.

> Das Personenobjekt kann weiter benutzt werden.

> Diese Methode wird aufgerufen und die zwei lokalen Variablen werden erzeugt. Nach dem Aufruf sind die lokalen Variablen gelöscht.

Hinweis

Alle Variablen, die bislang in der `main`-Methode angelegt wurden, sind selbstverständlich auch nur lokal gültig. Da die `main`-Methode aber im Prinzip das „Hauptprogramm" ist, behalten die Variablen während der gesamten Laufzeit ihre Gültigkeit.

6.2.4 Übergabeparameter einer Methode

Eine Methode kann nicht nur einen Wert zurückgeben, sondern auch Werte übernehmen. Das geschieht durch sogenannte Parameter, die in den runden (bislang leeren) Klammern einer Methode angegeben werden können. Mehrere Parameter werden durch Kommata getrennt.

Allgemein kann der Aufbau einer Methode mit Rückgabewert und Parametern so geschrieben werden:

Modifizierer Rückgabedatentyp Bezeichner (Typ param_1, Typ param_2, …) {

    Anweisung_1;

    Anweisung_2;
    :
    Anweisung_N;

    return wert;
}

> In den Parametern (auch Übergabevariablen genannt) sind die Werte gespeichert, die der Methode übergeben werden. Jeder Parameter hat einen Datentyp und einen Namen. Die Parameter sind durch Kommata getrennt.

Das folgende Programm zeigt die Verwendung von Parametern:

```java
class Person {

    private String name;
    private double gewicht;



    public void setzeName(String nameParam) {

        name = nameParam;
    }
```

> Die Methode `setzeName()` der Klasse `Person` kann einen `String` übernehmen und dem Attribut `name` zuweisen.

> Die Methode `setzeAlleWerte()` der Klasse `Person` kann einen `String` und einen `double`-Wert übernehmen und den entsprechenden Attributen zuweisen.

```java
    public void setzeAlleWerte(String nameParam,double gewichtParam){
        setzeName(nameParam);
        gewicht = gewichtParam;
    }

    public String gibName() {
        return name;
    }
    public double gibGewicht() {
        return gewicht;
    }
}
public class Hauptklasse {
    public static void main(String[] args) {
        Person einePerson = new Person();
        einePerson.setzeName("Kaiser");
        einePerson.setzeAlleWerte("Maier",85.5);
        System.out.println("Name: " + einePerson.gibName());
        System.out.println("Gewicht: " + einePerson.gibGewicht());
    }
}
```

> Die vorhandene Methode `setzeName()` wird einfach genutzt. Methoden derselben Klasse dürfen natürlich in Methoden aufgerufen werden.

> Die Methoden werden aufgerufen und Werte werden übergeben.

Nach dem Starten sieht die Bildschirmausgabe so aus:

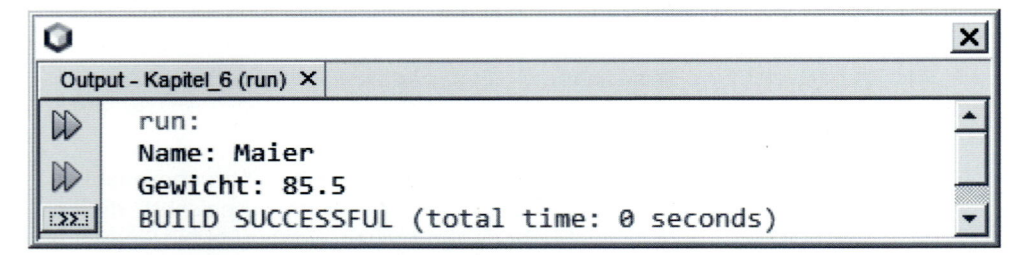

```
run:
Name: Maier
Gewicht: 85.5
BUILD SUCCESSFUL (total time: 0 seconds)
```

Hinweis

Eine Methode kann beliebig viele Parameter haben. Die Parameter sind nichts anderes als lokale Variablen, in denen Werte gespeichert sind, die der Methode beim Aufruf übergeben werden. Mit den Parametern kann wie mit allen anderen lokalen Variablen einer Methode gearbeitet werden.

Das Verständnis für Übergabeparameter und Rückgabewerte einer Methode ist sehr wichtig, deshalb wird der Zusammenhang noch einmal grafisch verdeutlicht:

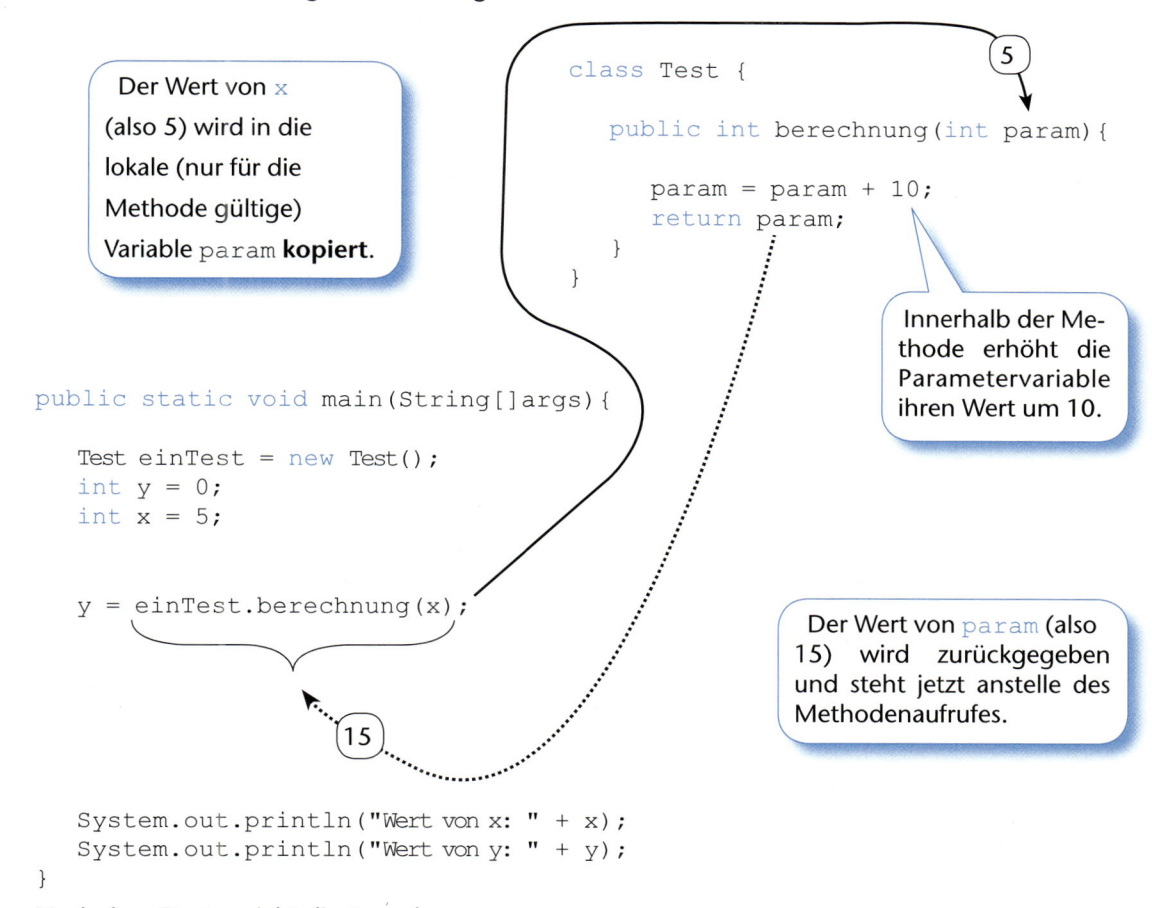

> Der Wert von `x` (also 5) wird in die lokale (nur für die Methode gültige) Variable `param` **kopiert**.

```java
class Test {

    public int berechnung(int param){

        param = param + 10;
        return param;
    }
}
```

> Innerhalb der Methode erhöht die Parametervariable ihren Wert um 10.

```java
public static void main(String[]args){

    Test einTest = new Test();
    int y = 0;
    int x = 5;

    y = einTest.berechnung(x);
```

> Der Wert von `param` (also 15) wird zurückgegeben und steht jetzt anstelle des Methodenaufrufes.

```java
    System.out.println("Wert von x: " + x);
    System.out.println("Wert von y: " + y);
}
```

Nach dem Starten sieht die Ausgabe so aus:

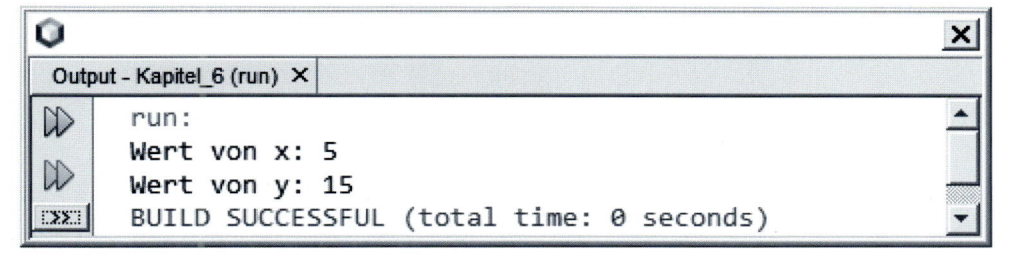

```
run:
Wert von x: 5
Wert von y: 15
BUILD SUCCESSFUL (total time: 0 seconds)
```

Die Variable y hat ihren Wert verändert. Sie hat den Rückgabewert der Methode erhalten. **Die Variable x hat ihren Wert nicht verändert.** Sie hat ihren Wert nur für eine Kopie zur Verfügung gestellt. Diese Art der Übergabe nennt man **call by value**. Im Gegensatz zu anderen Sprachen gibt es in Java nur diese Art der Übergabe – in C++ oder C# kann ein Parameter auch als sogenannte Referenz übergeben werden.

Übergabe von Verweistypparametern
Bei Verweistypen verhält sich die Parameterübergabe auf den ersten Blick etwas anders als bei den Werttypen. Wenn ein Verweistyp übergeben wird, dann wird der Verweis kopiert und damit verweisen sowohl der Parameter als auch der übergebene Verweis auf dasselbe Objekt im Speicher. Das folgende Beispiel zeigt den Unterschied zur Werttyp-Übergabe:

```java
class Verweis {

    private int x;

    public int gibwert() {
        return x;
    }
```

> Die Klasse `Verweis` dient als einfaches Beispiel für die Übergabe eines Verweises. Es kann ein Integerwert gespeichert werden.

6 Das Klassenkonzept in Java

```java
    public void setzeWert(int param) {
        x = param;
    }
}

class VerweisParameter {
```

> Die Klasse `VerweisParameter` implementiert eine Methode, die einen Verweisparameter hat.

```java
    public void uebergabe_1(Verweis param) {

        param.setzeWert(10);

    }
```

> Von dem übergebenen Verweis wird die Methode `setzeWert()` aufgerufen.

```java
    public void uebergabe_2(Verweis param) {


        param = new Verweis();
        param.setzeWert(30);
    }
}
```

> Dem Verweisparameter wird dynamisch ein neues Objekt zugewiesen und anschließend die Methode `setzeWert()` aufgerufen.

```java
public class Hauptklasse {
    public static void main(String[] args) {

        VerweisParameter einTest = new VerweisParameter();
        Verweis einVerweis = new Verweis();
```

> Objekte der Klassen `VerweisParameter` und `Verweis` werden instanziiert.

```java
        einVerweis.setzeWert(0);
```

> Übergabe an die Methode `uebergabe_1()`

> Das Objekt `einVerweis` erhält einen Wert (Null).

```java
        einTest.uebergabe_1(einVerweis);
        System.out.println(einVerweis.gibwert());


        einTest.uebergabe_2(einVerweis);
        System.out.println(einVerweis.gibwert());
    }
}
```

> Übergabe an die Methode `uebergabe_2()`

Nach dem Starten sieht die Bildschirmausgabe so aus:

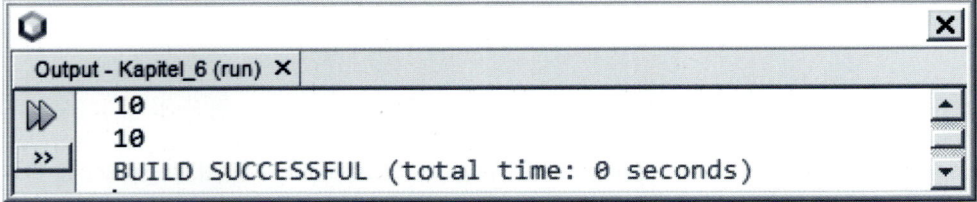

```
Output - Kapitel_6 (run)
    10
    10
    BUILD SUCCESSFUL (total time: 0 seconds)
```

An den Aufrufen ist erkennbar, dass die Übergabe eines Verweises zwar Veränderungen an dem Objekt zulässt, aber keine neuen Objekte instanziiert werden können, die dann auch dem übergebenen Verweis zugeordnet werden können.

> **Hinweis**
>
> Die Übergabe von Verweistypen geschieht zwar auch nach dem *call by value* – Prinzip, ermöglicht aber eine Veränderung des Objektes, dessen Verweis übergeben wurde. Damit ähnelt diese Übergabe dem sogenannten *call by reference*, obwohl es kein echter Referenzaufruf ist.

6.2.5 Überladen von Methoden

Beim Überladen von Methoden geht es darum, dass Methoden denselben Namen haben und ähnliche Aufgaben erfüllen, allerdings für verschiedene Übergabeparameter. Die Überladung ist eine wichtige Eigenschaft, die vor allem bei den Konstruktoren (siehe nächstes Kapitel) eingesetzt wird.

> **Beispiel:**
>
> Es sollen Methoden geschrieben werden, die den Inhalt eines Übergabeparameters auf dem Bildschirm ausgeben. Für verschiedenen Datentypen wird eine eigene Methode implementiert.

```java
class Person {

        private String name = "Maier";

        public String gibName() {
              return name;
        }

}

class Ueberladen {

  public void ausgabe(Person personParam) {

        System.out.println(personParam.gibName());

  }

  public void ausgabe(int intParam) {

        System.out.println(intParam);
  }

  public void ausgabe(String stringParam) {

        System.out.println(stringParam);
  }
}


public class Hauptklasse {
  public static void main(String[] args) {

        Ueberladen einTest = new Ueberladen();
        Person einePerson = new Person();

        einTest.ausgabe(einePerson);
        einTest.ausgabe(10);
        einTest.ausgabe("Hallo");
     }
  }
```

Drei Methoden mit gleichem Bezeichner, aber unterschiedlichen Parametertypen

Je nach Übergabeparameter erkennt der Compiler die korrekte Methode.

Nach dem Starten sieht die Bildschirmausgabe so aus:

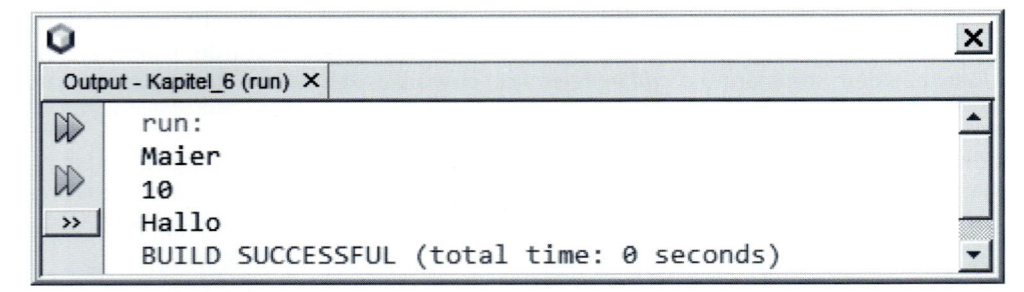

```
Output - Kapitel_6 (run)
run:
Maier
10
Hallo
BUILD SUCCESSFUL (total time: 0 seconds)
```

Vorteil:

Der Programmierer kann ähnliche Aufgaben mit demselben (Methoden-)Namen benennen – dadurch wird das Programmieren einfacher und übersichtlicher.

> **Hinweis:**
>
> Dem Überladen von Methoden sind keine Grenzen gesetzt – allerdings muss der Compiler immer eindeutig unterscheiden können, welche der Methoden aufgerufen werden soll. Die folgenden Methoden sind keine korrekt überladenen Methoden:
>
> ```java
> public int methode() { return 10; }
> public double methode() { return 10.5; }
> ```
>
> *Eine Unterscheidung durch den Rückgabedatentyp* **reicht nicht aus.**

6.2.6 Zusammenfassende Hinweise zu Methoden

Die bisherigen Ausführungen zu Methoden haben eher die technische Seite (Aufbau, Rückgabewert und Parameter) beleuchtet. Die nachfolgenden Anmerkungen sollen diese Ausführungen ergänzen und den Eindruck über die Möglichkeiten der Methoden vervollständigen.

Überprüfung der Attributzuweisungen

Eine wichtige Funktion der Methoden ist das Setzen und Zurückgeben von Attributwerten. Wenn Attribute nur über Methoden einen Wert erhalten, so kann sichergestellt werden, dass keine unsinnigen Attributwerte entstehen. Das kann enorm wichtig sein, denn unsinnige Attributwerte können ein ganzes Programm abstürzen lassen.

> **Beispiel:**
>
> Das Attribut `ps` eines Rennwagenobjektes wird auf Sinnhaftigkeit geprüft. Nur wenn der Übergabeparameter in bestimmten Grenzen liegt, wird das Attribut neu gesetzt.
>
> ```java
> public void setzePs(int psParam) {
>
>     if (psParam < 1 || psParam > 3500) ps = 1;
>     else ps = psParam;
> }
> ```

Wiederkehrende Aufgaben in Methoden auslagern

Neben der Funktionalität als sogenannte Get- und Set-Methoden wie im obigen Beispiel erfüllen Methoden natürlich auch viele andere Aufgaben. So ist es beispielsweise sinnvoll, immer wiederkehrende Programmteile in eine Methode auszulagern und damit ständig verfügbar zu machen. Wenn diese Programmteile nicht öffentlich, sondern nur innerhalb der Klasse verfügbar sein sollen, dann würde sich eine private Methode anbieten.

> **Beispiel:**
>
> Bei vielen Methoden einer Klasse soll so lange ein Wert über die Tastatur eingelesen werden, bis die Eingabe in bestimmten Grenzen und damit korrekt ist. Diese Eingaberoutine kann nun in eine private Methode ausgelagert und von anderen Methoden genutzt werden.

```java
private int einlesen()   throws IOException {

   int eingabe;
   BufferedReader einlesen  = new BufferedReader
                           (new InputStreamReader(System.in));

      do {

         System.out.println("Bitte einen Wert eingeben (>=0)");
         eingabe = Integer.parseInt(einlesen.readLine());

      }
      while (eingabe < 0);

      return eingabe;
}
public void andereMethode() throws IOException {
   int x = einlesen();
   int y = einlesen();
   int z = einlesen();
}
```

> Eine immer wiederkehrende Aufgabe wird in eine private Methode ausgelagert.

> Eine andere Methode nutzt die vorhandene `einlesen`-Methode.

Hinweis:

Jede Methode einer Klasse kann von jeder (*nicht statischen*) Methode derselben Klasse aufgerufen werden. Innerhalb der Klasse spielt es auch keine Rolle, ob die Methode `private`, `protected` oder `public` ist. Außerhalb der Klasse spielt es natürlich eine Rolle.

6.3 Weitere Elemente von Klassen

6.3.1 Konstruktoren und der Destruktor

Konstruktoren

Die Konstruktoren sind ganz spezielle Methoden einer Klasse, die von außen nicht aufrufbar sind, sondern implizit bei der Instanziierung von Objekten aufgerufen werden. Konstruktoren sind also bei der „Konstruktion" eines Objektes wichtig. Sie übernehmen in der Regel initialisierende Aufgaben. Das können Zuweisungen an Attribute oder auch das Herstellen einer Datenbankverbindung oder das Öffnen einer Datei sein (dazu später mehr). Konstruktoren haben folgende Eigenschaften:

▶ Konstruktoren heißen so wie der Klassenname.
▶ Konstruktoren können nicht explzit aufgerufen werden.
▶ Konstruktoren haben keinen Rückgabedatentyp und damit auch keinen Rückgabewert.
▶ Sie können beliebig oft überladen werden.
▶ Ein Konstruktor ohne Parameter heißt **Standardkonstruktor**.
▶ Ein Konstruktor mit Parametern heißt **Parameterkonstruktor**.

Das folgende Programm zeigt verschiedene Konstruktoren und deren Aufruf bei der Instanziierung von Objekten.

```java
class Kontakt {

   private String name;
   private String telefon;



   public Kontakt() {
       name = "LEER";
       telefon = "LEER";
   }
```

> Die Klasse `Kontakt` soll einen einfachen Kontakt mit Name und Telefon repräsentieren.

> Der Standardkonstruktor initialisiert die Attribute mit der Zeichenkette „LEER".

```java
    public Kontakt(String nameParam) {
        name = nameParam;
        telefon = "LEER";
    }

    public Kontakt(String nameParam, String telefonParam) {
        name = nameParam;
        telefon = telefonParam;
    }

    public void ausgabe()
    {
        System.out.println("Name der Person: " + name);
        System.out.println("Telefon der Person: " + telefon);
        System.out.println();
    }
}

public class WeitereElemente {
    public static void main(String[] args) {

        Kontakt ersterKontakt = new Kontakt();
        ersterKontakt.ausgabe();


        Kontakt zweiterKontakt = new Kontakt("Maier");
        zweiterKontakt.ausgabe();


        Kontakt dritterKontakt = new Kontakt("Maier","123456");
        dritterKontakt.ausgabe();
    }
}
```

- Der erste Parameterkonstruktor übernimmt einen Parameter für den Namen des Kontaktes.
- Der zweite Parameterkonstruktor übernimmt zwei Parameter für den Namen und die Telefonnummer des Kontaktes.
- Impliziter Aufruf des Standardkonstruktors durch Angabe von leeren Klammern
- Impliziter Aufruf des ersten Parameterkonstruktors durch die Angabe eines Parameters
- Impliziter Aufruf des zweiten Parameterkonstruktors durch die Angabe von zwei Parametern

Nach dem Starten sieht die Bildschirmausgabe dann so aus:

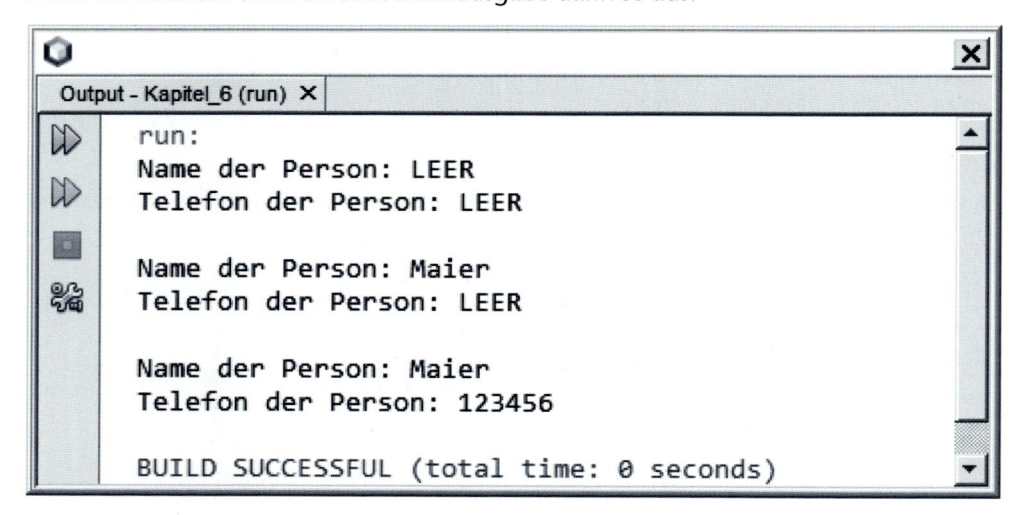

```
run:
Name der Person: LEER
Telefon der Person: LEER

Name der Person: Maier
Telefon der Person: LEER

Name der Person: Maier
Telefon der Person: 123456

BUILD SUCCESSFUL (total time: 0 seconds)
```

Hinweis:

Konstruktoren haben in der Regel den `public`-Modifizierer, um bei der Instanziierung aufgerufen werden zu können. Wird hingegen ein privater Konstruktor geschrieben, so wird dadurch eine Instanziierung verhindert, wie das folgende Beispiel zeigt:

```java
class Kontakt {

    private String name;
    private String telefon;

    private Kontakt() {
        name = "LEER";
        telefon = "LEER";
    }
    :
    :
}

public class WeitereElemente {
    public static void main(String[] args) {

        Kontakt ersterKontakt = new Kontakt();
    }
}
```

Der Standardkonstruktor ist nun privat.

Eine Instanziierung ist nicht möglich!

Der Compiler reagiert mit dieser Fehlermeldung:

```
Fehler: no suitable constructor found for Kontakt()
```

Private Konstruktoren finden ihre Anwendung beispielsweise bei der Umsetzung des *Singleton-Entwurfsmusters*. Dabei sorgt ein privater Konstruktor dafür, dass keine Objekte der Klasse instanziiert werden können. Die einzige Möglichkeit, ein Objekt zu instanziieren, ist dann der Aufruf einer speziellen Methode, die zusätzlich dafür sorgt, dass es immer nur genau ein Objekt der Klasse gibt.

Der Destruktor

Der Destruktor ist eine Methode, die dann aufgerufen wird, wenn ein Objekt seine Gültigkeit verliert – also genau dann, wenn der *garbage collector* seinen Dienst verrichtet und das Objekt löscht. Der Destruktor hat ebenso wie die Konstruktoren keinen Rückgabedatentyp. Weiterhin kann der Destruktor keine Parameter übernehmen. Der Destruktor hat den festen Namen `finalize()`. Der Destruktor kann auch explizit aufgerufen werden (in Gegensatz zu anderen Programmiersprachen). In einer Programmiersprache wie C++ war der Destruktor enorm wichtig, um beispielsweise reservierten Speicher freizugeben. In Java übernimmt der *garbage collector* diese Aufgaben, aber trotzdem ist der Destruktor nicht unwichtig, um beispielsweise Aufräumarbeiten wie das Trennen einer Datenbankverbindung durchzuführen, bevor das Objekt gelöscht wird.

Beispiel eines Destruktors in der Kontakt-Klasse:

```java
class Kontakt {



    private String name;
    private String telefon;

    protected void finalize() {
        System.out.println("Hallo, hier ist der Destruktor
                            von " + name);
    }
    :
    :
}
public class WeitereElemente {
    public static void main(String[] args) {
```

Der Destruktor – die `finalize`-Methode

Die Methode ist `protected` – dazu mehr beim Thema Vererbung

```
            Kontakt einKontakt = new Kontakt();
            einKontakt.ausgabe();
            einKontakt.finalize();
        }
}
```

Expliziter Aufruf des Destruktors

Nach dem Starten sieht die Bildschirmausgabe dann so aus:

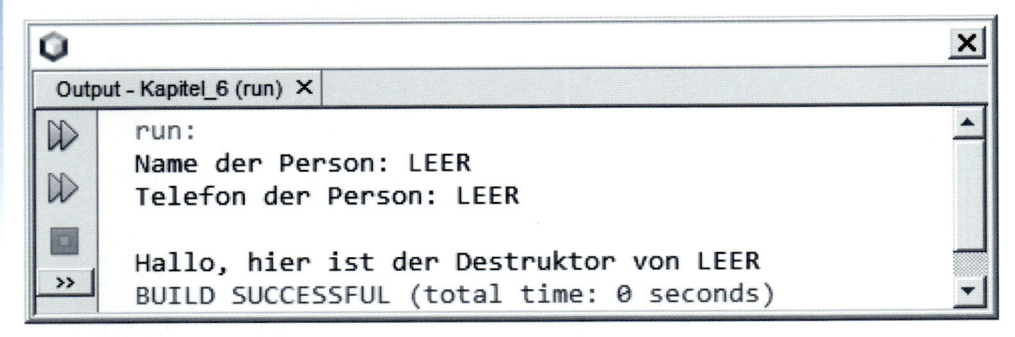

```
run:
Name der Person: LEER
Telefon der Person: LEER

Hallo, hier ist der Destruktor von LEER
BUILD SUCCESSFUL (total time: 0 seconds)
```

Hinweis:

Wenn ein Objekt seine Gültigkeit verliert, wird es vom *garbage collector* automatisch gelöscht. Der *garbage collector* ruft dann den Destruktor des Objektes auf. Wenn allerdings das Programm beendet wird, kann es auch sein, dass der Destruktor nicht mehr aufgerufen wird, wie das folgende Beispiel zeigt:

```
public class WeitereElemente {
    public static void main(String[] args) {

        Kontakt einKontakt = new Kontakt();
        einKontakt.ausgabe();
        einKontakt = null;

    }
}
```

Der Kontaktverweis wird auf null gesetzt – damit hat das Objekt keinen Verweis mehr und der garbage collector sollte das Objekt aus dem Speicher löschen.

Nach dem Starten sieht die Bildschirmausgabe dann so aus:

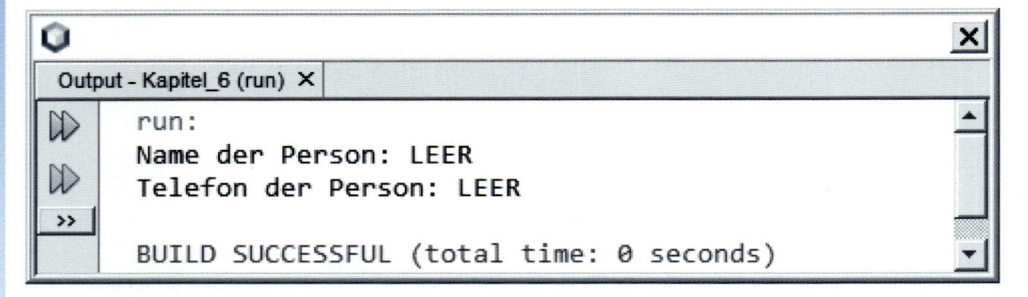

```
run:
Name der Person: LEER
Telefon der Person: LEER

BUILD SUCCESSFUL (total time: 0 seconds)
```

Das Beispiel zeigt, dass der Destruktor nicht aufgerufen wurde. Allerdings ist es möglich, den *garbage collector* vorher explizit aufzurufen – und zwar mit der statischen Methode **System.gc()**:

```
public class WeitereElemente {
    public static void main(String[] args) {

        Kontakt einKontakt = new Kontakt();
        einKontakt.ausgabe();


        einKontakt = null;
        System.gc();

    }
}
```

Expliziter Aufruf des garbage collector!

Nach dem Starten sieht die Bildschirmausgabe so aus:

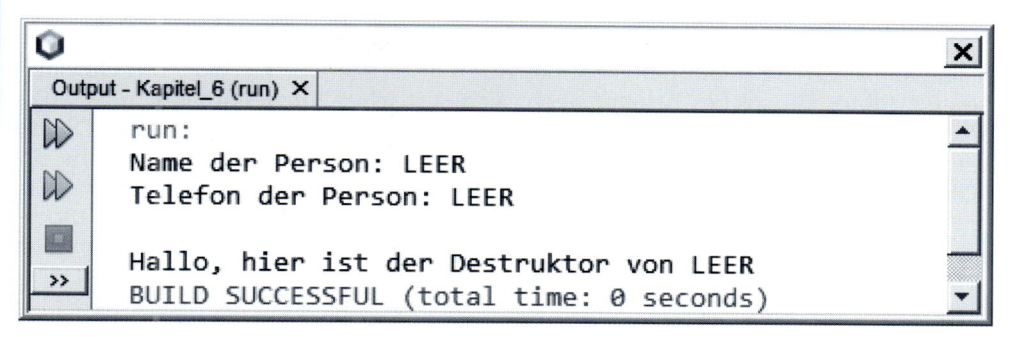

```
run:
Name der Person: LEER
Telefon der Person: LEER

Hallo, hier ist der Destruktor von LEER
BUILD SUCCESSFUL (total time: 0 seconds)
```

Achtung:

Es gibt keine Gewähr, dass der *garbage collector* sofort nach dem Aufruf arbeitet. Es kann auch sein, dass der Aufruf öfter erfolgen muss. Deshalb ist es in der Regel nicht sinnvoll, sich auf den *garbage collector* und den Destruktor zu verlassen, sondern eine eigene Methode zu implementieren, die Aufräumarbeiten o. Ä. übernimmt. Eine solche Methode heißt in der Regel `dispose()`. Auf `dispose`-Methoden wird später noch einmal eingegangen.

6.3.2 Der this-Verweis

Innerhalb einer Methode steht ein Verweis zur Verfügung, mit dem auf die Instanz referiert wird, von der die Methode aufgerufen wurde. Damit können Attribute und Methoden der Instanz gezielt angesprochen werden und Namensgleichheiten stellen kein Problem dar.

Beispiel: Namensgleichheit von Parameter und Attribut auflösen

```java
class Kontakt {

    private String name;
    private String telefon;

    public void setzeName(String name) {
        this.name = name;
    }
}
```

> Durch die Voranstellung des `this`-Verweises wird die Mehrdeutigkeit von `name` aufgelöst – `this.name` ist das Attribut und `name` der Parameter.

Hinweis:

Solange keine Parameter oder lokalen Methoden-Variablen einen Attributnamen überdecken, braucht der `this`-Verweis nicht benutzt werden. Allerdings ist es sehr komfortabel, den `this`-Verweis zu nutzen, denn nach der Eingabe von „`this.`" zeigt die Hilfe alle verfügbaren Elemente der Klasse an.

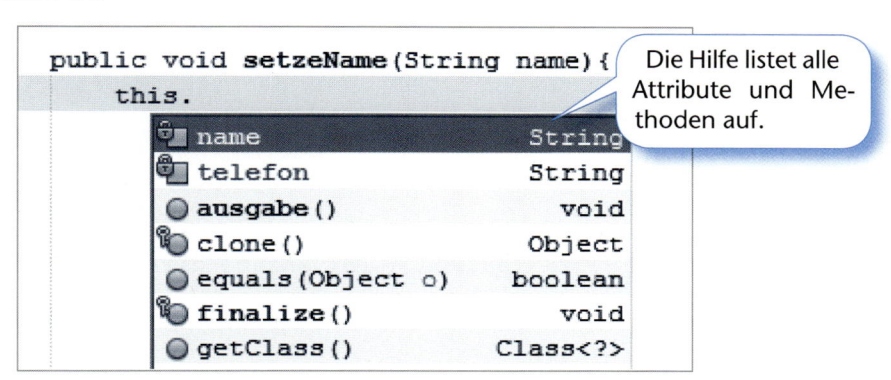

```
public void setzeName(String name) {
    this.
        name             String
        telefon          String
        ausgabe()        void
        clone()          Object
        equals(Object o) boolean
        finalize()       void
        getClass()       Class<?>
```

> Die Hilfe listet alle Attribute und Methoden auf.

6.3.3 Statische Klassenelemente

Bei der Instanziierung eines Objektes erhält jedes Objekt separaten Speicherplatz für seine Attribute. Dadurch können beliebig viele Objekte parallel zueinander existieren. Manchmal kann es jedoch sinnvoll sein, dass es ein gemeinsames Attribut für alle Objekte gibt. Die Objekte teilen sich dieses Attribut. Ein solches Attribut nennt sich **statisches Klassenattribut** oder auch kurz **Klassenattribut**. Ein solches Attribut kann beispielsweise die Anzahl der Instanzen (Objekte) einer Klasse zählen. Eine Methode kann ebenfalls statisch sein. Dadurch ist sie auch ohne ein konkretes Objekt aufrufbar, nur unter Angabe der Klasse. Einige dieser praktischen Methoden wurden schon zu Beginn eingeführt: die `main`-Methode oder auch die Konvertierungsmethoden wie `parseInt()`. Das folgende Beispiel zeigt einen Instanzenzähler mithilfe statischer Elemente:

Beispiel:

```java
class Kontakt {

    private String name;
    private String telefon;
    private static int instanzenZaehler = 0;

    public Kontakt() {
        name = "LEER";
        telefon = "LEER";
        instanzenZaehler++;
    }

    public Kontakt(String nameParam) {
        name = nameParam;
        telefon = "LEER";
        instanzenZaehler++;
    }

    public Kontakt(String nameParam, String telefonParam) {
        name = nameParam;
        telefon = telefonParam;
        instanzenZaehler++;
    }

    public static int gibInstanzAnzahl() {
        return instanzenZaehler;
    }
}

public class WeitereElemente {
    public static void main(String[] args) {

        Kontakt erster = new Kontakt();

        Kontakt zweiter = new Kontakt("Maier");

        Kontakt dritter = new Kontakt("Maier","123456");

        int anzahl = Kontakt.gibInstanzAnzahl();
        System.out.println("Anzahl der Objekte: " + anzahl);

    }
}
```

- Ein Klassenattribut mit dem Schlüsselwort `static` anlegen
- Ein neues Objekt zählen
- Ein neues Objekt zählen
- Ein neues Objekt zählen
- Eine statische Methode mit dem Schlüsselwort `static` anlegen
- Die statische Methode aufrufen

Nach dem Starten sieht die Bildschirmausgabe dann so aus:

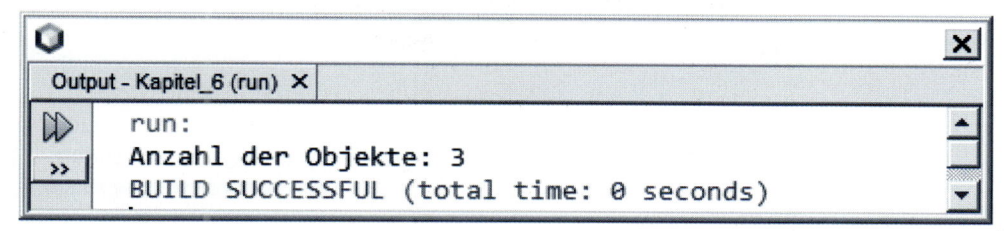

```
Output - Kapitel_6 (run)
run:
Anzahl der Objekte: 3
BUILD SUCCESSFUL (total time: 0 seconds)
```

Hinweise:

- Entsprechend der Kapselung ist es sinnvoll, das statische Attribut als `private`-Attribut zu definieren. Das Auslesen des statischen Attributes erfolgt dann natürlich mit einer statischen Methode.

- C- bzw. C++-Programmierer werden festgestellt haben, dass es in Java keine globalen Methoden bzw. Funktionen gibt. Mithilfe der statischen Methoden können solche globalen Elemente teilweise ersetzt werden.

- Klassen können ebenfalls statisch sein, allerdings müssen sie dazu als innere Klassen angelegt werden (dazu später mehr beim Thema GUI-Programmierung).

6.3.4 Konstante Klassenelemente

In dem Kapitel über elementare Datentypen wurde bereits das Schlüsselwort `final` eingeführt, welches eine Variable als konstant deklariert. Die Attribute einer Klasse können ebenfalls als konstant deklariert werden. In einigen Fällen ist es sogar sinnvoll, ein Attribut nicht nur als konstant, sondern auch als statisch zu deklarieren. Das folgende Beispiel zeigt die Verwendung solcher Attribute.

Beispiel:

> Ein konstantes privates Attribut `MAXWERT`, das beispielsweise eine Obergrenze für interne Berechnungen angibt

```java
class Konstanten {
    private final int MAXWERT = 100;

    public static final double PI = 3.14;
}
```

> Ein statisches, konstantes und öffentliches Attribut `PI`, welches für mathematische Berechnungen nützlich ist und jederzeit (auch ohne Objekt der Klasse `Konstanten`) zur Verfügung steht

Hinweis:

Nicht nur Attribute, sondern auch Klassen und Methoden können als konstant deklariert werden (dazu später mehr beim Thema Vererbung).

6.4 Aufzählungstypen

6.4.1 Einfache Aufzählungen

Unter einfachen Aufzählungen versteht man die Zusammenfassung von mehreren konstanten Werten zu einer Einheit. Die Variablen solcher Aufzählungen sind dann nur in der Lage, diese vordefinierten konstanten Werte zu speichern. Das ist immer dann sinnvoll, wenn es um eine begrenzte Anzahl von konstanten Werten geht. Das folgende Beispiel zeigt eine einfache Aufzählung für die Farben Schwarz, Gelb und Rot:

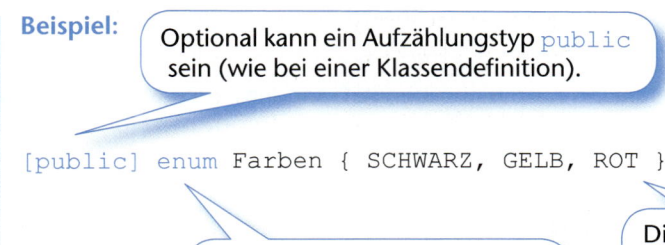

Beispiel:

> Optional kann ein Aufzählungstyp `public` sein (wie bei einer Klassendefinition).

```java
[public] enum Farben { SCHWARZ, GELB, ROT }
```

> Mit dem Schlüsselwort `enum` wird die Aufzählung eingeleitet.

> Die Konstanten für die Farben werden mit Kommata getrennt aufgeführt.

```java
public class WeitereElemente {
    public static void main(String[] args) {
        Farben eineFarbe = Farben.SCHWARZ;
```
> Eine Variable der Aufzählung anlegen

```java
        eineFarbe = Farben.ROT;
```
> Der Variablen einen neuen Aufzählungswert zuweisen

```java
        if (eineFarbe == Farben.ROT)
            System.out.println("Die Farbe rot!");
        else
            System.out.println("Eine andere Farbe!");
    }
}
```

Nach dem Starten sieht die Bildschirmausgabe dann so aus:

```
run:
Die Farbe rot!
BUILD SUCCESSFUL (total time: 0 seconds)
```

In der `if`-Anweisung wurde die Variable `eineFarbe` darauf geprüft, ob sie dem Wert `ROT` entspricht. Durch die Zuweisung vorher ist das der Fall und die Bildschirmausgabe zeigt die entsprechende Meldung.

Hinweis:
Variablen einer Aufzählung können untereinander verglichen werden. Dabei wird die Reihenfolge der Konstantendeklaration beachtet, wie das folgende Beispiel zeigt:

```java
Farben ersteFarbe = Farben.ROT;
Farben zweiteFarbe = Farben.GELB;
```
> Die Methode `compareTo()` vergleicht die Farbwerte und gibt entweder –1, 0 oder 1 zurück, falls die Position von `ersteFarbe` kleiner, gleich oder größer der Position von `zweiteFarbe` ist.

```java
if (ersteFarbe.compareTo(zweiteFarbe) < 0)
    System.out.println("ROT kommt vor GELB!");
else
    System.out.println("GELB kommt vor ROT!");
```

Nach dem Starten sieht die Bildschirmausgabe dann so aus:

```
run:
GELB kommt vor ROT!
BUILD SUCCESSFUL (total time: 0 seconds)
```

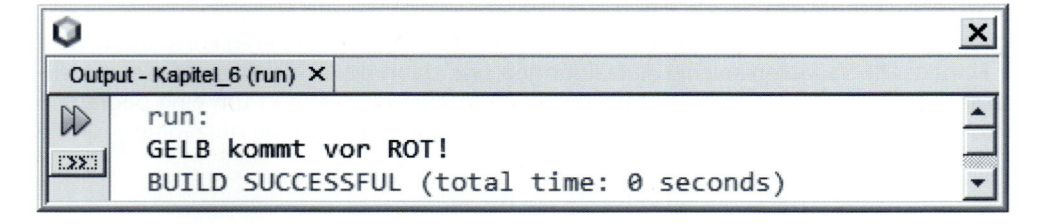

6.4.2 Klassen von Aufzählungen
Der `enum`-Typ kann nicht nur als einfache Aufzählung benutzt, sondern auch als eine Art Klasse implementiert werden. Dabei hat eine „enum-Klasse" zwingend einen privaten Konstruktor und die konstanten Werte können mit zusätzlichen Informationen versehen werden. Mithilfe geeigneter Methoden können diese Informationen dann ausgelesen werden, wie das folgende Beispiel zeigt.

Beispiel:

> Die konstanten Werte erhalten eine zusätzliche Information (in diesem Beispiel eine Zeichenkette).

> Die konstanten Werte werden ebenfalls mit Kommata getrennt, aber der letzte Wert wird mit einem Semikolon abgeschlossen.

> Der private Konstruktor speichert die zusätzliche Information zu dem konstanten Wert in einem privaten Attribut.

> Durch die öffentliche Methode `gibBeschreibung()` ist die Zusatzinformation zu dem Wert abrufbar.

> Der private Konstruktor sorgt für die Zuweisung der Zusatzinformation für den Wert LONDON.

```java
enum Hauptstaedte {

    BERLIN ("Die Hauptstadt Deutschlands!"),
    LONDON ("Die Hauptstadt Englands!"),
    PARIS ("Die Hauptstadt Frankreichs!");

    private String beschreibung;


    private Hauptstaedte(String beschreibung) {
        this.beschreibung = beschreibung;
    }

    public String gibBeschreibung() {
        return beschreibung;
    }
}

public class WeitereElemente {
    public static void main(String[] args) {

        Hauptstaedte stadt;

        stadt = Hauptstaedte.LONDON;

        System.out.println(stadt.gibBeschreibung());
    }
}
```

Nach dem Starten sieht die Bildschirmausgabe dann so aus:

```
run:
Die Hauptstadt Englands!
BUILD SUCCESSFUL (total time: 0 seconds)
```

7 Vererbung in Java

Das Konzept der Vererbung ist ein zentrales Thema in der OOP. Durch Vererbung können einerseits Situationen aus der „realen" Welt besser in die Programmiersprache umgesetzt werden, andererseits kann bereits existierender Programmcode (in Form von Klassen) wiederverwendet werden. Dadurch ergeben sich mehr Effizienz und Sicherheit in der Softwareentwicklung durch bereits vorhandenen und geprüften Programmcode. Bei der Vererbung spricht man von einer sogenannten **Ist-Beziehung**.

Beispiel:

Die Basisklasse `Person` vererbt an die Klassen `Kunde` und `Mitarbeiter`. Der Kunde bzw. der Mitarbeiter sind eine Person (Ist-Beziehung). Der Kundenklasse bzw. Mitarbeiterklasse stehen nun alle Elemente der Basisklasse zur Verfügung (mit gewissen Einschränkungen, siehe dazu später). Wenn beispielsweise die Personenklasse ein Attribut `name` hat, so erbt sowohl die Kunden- als auch die Mitarbeiterklasse dieses Attribut.

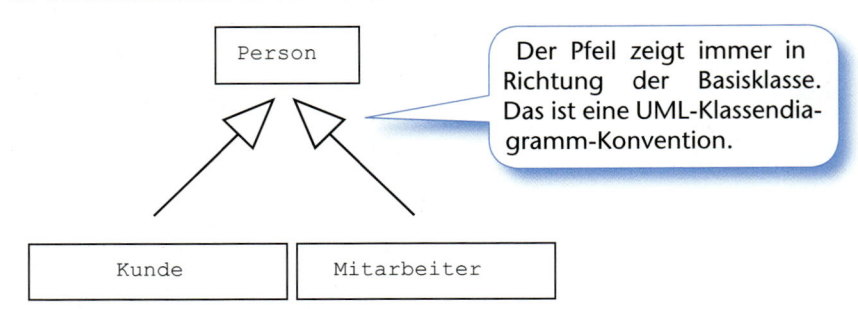

Der Pfeil zeigt immer in Richtung der Basisklasse. Das ist eine UML-Klassendiagramm-Konvention.

Die Klassen `Kunde` bzw. `Mitarbeiter` sind eine spezielle Klasse `Person`. Die Klasse `Person` ist eine Verallgemeinerung der Klasse `Kunde` bzw. `Mitarbeiter`. Aus diesem Grund spricht man auch von Generalisierung und Spezialisierung.

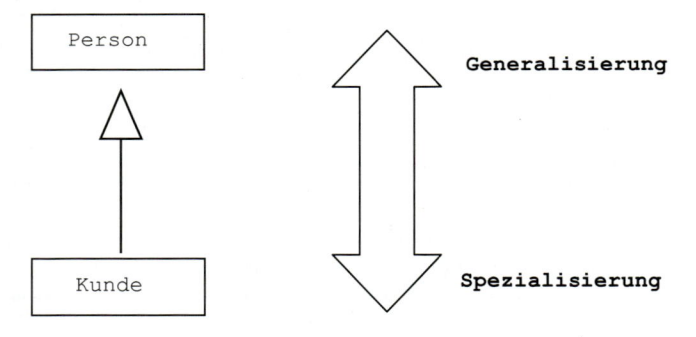

Generalisierung

Spezialisierung

Hinweis:

Die Klasse, die vererbt (`Person`), wird in der Regel Basisklasse, Oberklasse oder auch Superklasse genannt. Die Klasse, die erbt (`Kunde`), wird abgeleitete Klasse, Unterklasse oder auch Subklasse genannt.

7.1 Die Vererbung in Java

7.1.1 Die einfache Vererbung

Solange eine Klasse immer nur von einer anderen Klasse erbt, spricht man von **einfacher Vererbung**. Die einfache Vererbung bedeutet aber nicht, dass nicht mehrere Klassen hintereinander erben können. Die folgenden Beispiele sind einfache Vererbungen.

Beispiel: einfache Vererbungen

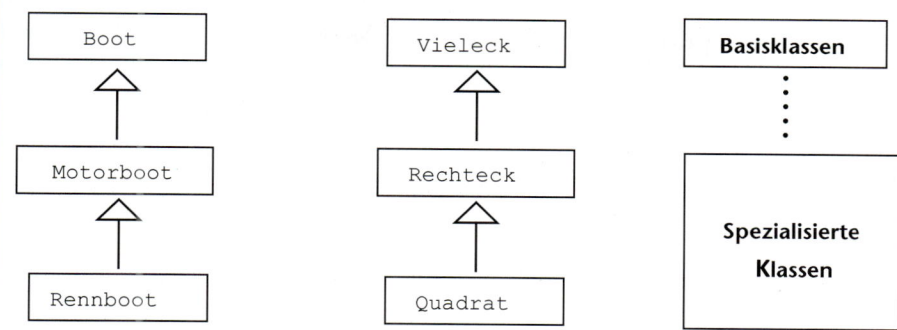

```
    Boot              Vieleck          Basisklassen
     ↑                   ↑                 ⋮
  Motorboot           Rechteck         Spezialisierte
     ↑                   ↑                Klassen
  Rennboot            Quadrat
```

Hinweis:

Die Mehrfachvererbung[1] (wie beispielsweise in der Sprache C++) ist in Java nicht möglich. Dennoch besteht eine Möglichkeit, eine Art Mehrfachvererbung zu simulieren, indem die sogenannten Interfaces implementiert werden (dazu später mehr in diesem Kapitel).

7.1.2 Umsetzung der Vererbung in Java

Die Umsetzung der Vererbung erfolgt relativ einfach durch die Angabe der Basisklasse nach dem Schlüsselwort `extends`.

Syntax in Java:

```java
class Basis {

    public Basis() {

        System.out.println("Standardkonstruktor Basisklasse");

    }
}
```

> Nach dem Schlüsselwort `extends` wird die Basisklasse angegeben.

```java
class Erbe extends Basis {

    public Erbe(){

        System.out.println("Standardkonstruktor vererbter Klasse");
    }
}
```

Nach dem Starten sieht die Ausgabe dann so aus:

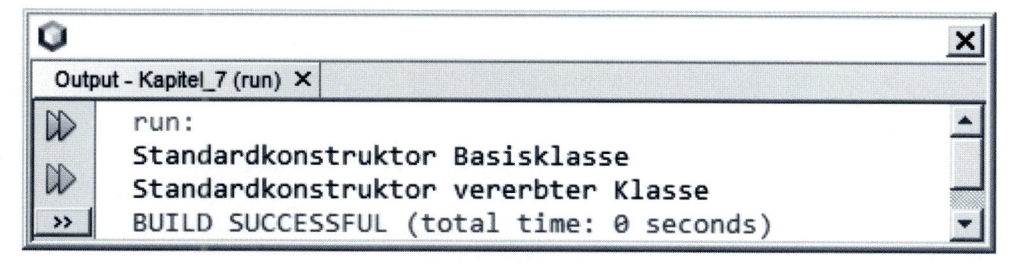

```
run:
Standardkonstruktor Basisklasse
Standardkonstruktor vererbter Klasse
BUILD SUCCESSFUL (total time: 0 seconds)
```

An der Ausgabe ist erkennbar, dass bei der Instanziierung eines Objektes der Klasse `Erbe` nicht nur der Standardkonstruktor der Klasse `Erbe`, sondern auch der Standardkonstruktor der Basisklasse aufgerufen wird – und zwar zuerst der Basisklassenkonstruktor.

---

1 Unter Mehrfachvererbung ist zu verstehen, dass eine Klasse von beliebig vielen anderen Klassen parallel erbt.

Expliziter Aufruf der Basisklassenkonstruktoren

An dem obigen Beispiel wurde deutlich, dass der Standardkonstruktor der Basisklasse implizit aufgerufen wird. In manchen Fällen, vor allem wenn mehrere Konstruktoren vorhanden sind, ist es sinnvoll, den Konstruktor der Basisklasse explizit aufrufen zu können. Das geschieht mit dem Schlüsselwort `super`, wie das folgende Beispiel zeigt:

Beispiel:

```java
class Person {

    private String name;

    public Person() {
         name = "LEER";
    }

    public Person(String nameParam) {
         name = nameParam;
    }

    public String gibName() {
         return name;
    }
}

class Kunde extends Person {

    private int kundenID;

    public Kunde() {
         super();
         kundenID = 0;
    }
```

> Expliziter Aufruf des Basisklassenkonstruktors mit `super()` – allerdings wird der Standardkonstruktor auch immer implizit aufgerufen.

```java
    public Kunde(String nameParam, int kundenIDParam) {

         super(nameParam);
         kundenID = kundenIDParam;
    }
    public void ausgabe() {
        System.out.println("Name: " + gibName());
        System.out.println("Kunden-ID: " + kundenID);
    }
}

public class Vererbung {
    public static void main(String[] args) {
         Kunde einKunde = new Kunde();
         Kunde zweiterKunde = new Kunde("Maier", 123);
         zweiterKunde.ausgabe();
    }
}
```

> Aufruf des Parameterkonstruktors mit `super(nameParam)` und Übergabe des Namens an den Konstruktor der Basisklasse

Nach dem Starten sieht die Ausgabe dann so aus:

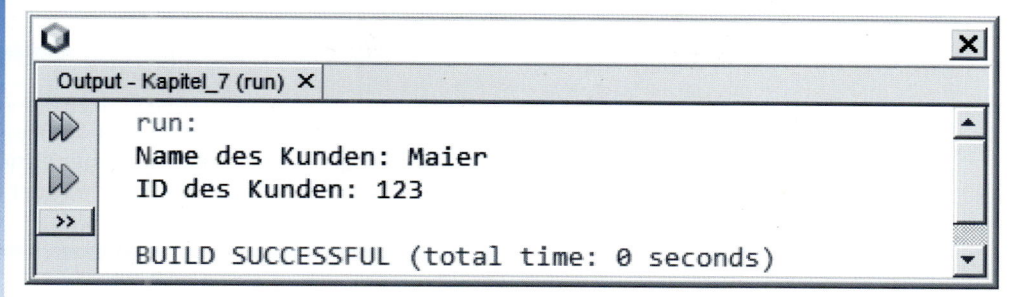

```
run:
Name des Kunden: Maier
ID des Kunden: 123

BUILD SUCCESSFUL (total time: 0 seconds)
```

In der Hauptmethode werden zwei Kunden instanziiert. Der erste Kunde wird mit dem Standardkonstruktor instanziiert. Dadurch wird auch implizit der Basisklassenkonstruktor aufgerufen und die Attribute werden mit „LEER" bzw. „0" besetzt. Der zweite Kunde wird mit dem Parameterkonstruktor aufgerufen und der übergebene Name einfach an den Basisklassen-Parameterkonstruktor weitergereicht. Damit sind die Attribute des zweiten Kunden mit „Maier" und „123" besetzt.

7.1.3 Zugriff auf Attribute

In der abgeleiteten Klasse `Kunde` können alle öffentlichen Elemente der Basisklasse so genutzt werden, als wären sie in der Klasse selbst angelegt. Der direkte Zugriff auf private Elemente ist hingegen gesperrt und nur über Methoden möglich, wie das folgende Beispiel zeigt:

Beispiel:

Die Methode `ausgabe()` in dem obigen Beispiel soll sowohl Kunden-ID als auch Namen eines Kundenobjektes ausgeben. Die folgende Variante funktioniert hingegen nicht:

> Der direkte Zugriff auf das geerbte Attribut `name` ist **nicht** möglich!

```java
public void ausgabe() {
    System.out.println("Name: " + name);
    System.out.println("Kunden-ID: " + kundenID);
}
```

Die Implementierung der Get-Methode `gibName()` in der Personenklasse löst dieses Problem, allerdings gibt es noch eine andere (komfortablere) Möglichkeit – durch den `protected`-Modifizierer. Das Attribut `name` in der Personenklasse muss einfach als `protected`-Attribut gekennzeichnet werden.

> Das Attribut als `protected` kennzeichnen

```java
class Person {

    protected String name;
    :
    :
}
```

> Der direkte Zugriff auf das geerbte Attribut `name` ist **jetzt** möglich!

```java
public void ausgabe() {
    System.out.println("Name: " + name);
    System.out.println("Kunden-ID: " + kundenID);
}
```

Hinweis:

Alle Attribute, die als `protected` deklariert werden, können in den abgeleiteten Klassen direkt angesprochen werden, sind aber nach außen wie private Elemente geschützt. Alternativ könnte das Attribut auch ohne Modifizierer angelegt werden. Damit wäre der Zugriff in der erbenden Klasse ebenfalls möglich, aber auch in allen anderen Klassen desselben Paketes, wie das folgende Beispiel zeigt:

```java
class A {
    String ohneModifizierer;
}
```

> Das Attribut wird ohne `public`, `private` oder `protected` angelegt.

```java
class B extends A {
    public B() {
        ohneModifizierer = "LEER";
    }
}

class C {

    A einVerweis = new A();

    public C() {
        einVerweis.ohneModifizierer = "LEER";

    }
}
```

> Die Klasse **B** erbt von **A** und kann deshalb direkt auf das Attribut zugreifen.

> Die Klasse **C** instanziiert ein Objekt der Klasse **A**. Im Gegensatz zur Vererbung nennt sich diese Beziehung eine *Hat*-Beziehung (oder in der UML-Fachsprache eine *Komposition*).

> Der Zugriff über das Objekt ist direkt möglich.

7.1.4 Finale Klassen

Möchte man verhindern, dass von einer Klasse geerbt wird, so kann eine Basisklasse bei der Definition als `final` gekennzeichnet werden. Das Vererben an andere Klassen ist dann nicht mehr möglich.

Beispiel:

```java
final class KeineVererbung { … }
class MoechteErben extends KeineVererbung { … }
```

> Compilerfehler:
> `cannot inherit from KeineVererbung`

7.2 Polymorphimus

Nur eine Programmiersprache, die den Polymorphismus umsetzt, darf sich objektorientierte Programmiersprache nennen. Ansonsten wäre sie nur eine *objektbasierte* Programmiersprache. Ganz allgemein betrachtet bedeutet Polymorphismus, dass ein Verweis während der Laufzeit des Programmes auf verschiedene Objekte zeigen kann und trotzdem die korrekten Methoden der Objekte über den Verweis aufrufbar sind. Diese etwas komplex scheinende Erklärung soll nun anhand von konkreten Beispielen erläutert werden. Dazu werden in einem ersten Schritt die Klasse `java.lang.Object` (als Basis aller Klassen) und die Zuweisungen von Verweisen auf Verweise innerhalb einer Vererbungshierarchie besprochen. Anschließend kann das Wesen des Polymorphismus genauer beleuchtet werden.

7.2.1 Die Klasse Object

In Java gibt es eine wichtige Klasse – die Klasse `Object`. Diese Klasse kann man als Basisklasse aller Klassen ansehen werden. **Jede Klasse (auch die eigenen) ist implizit von der Klasse Object abgeleitet, ohne dass dies angegeben werden muss.** Deshalb kann auch jeder Verweistyp in ein Objekt (bzw. Verweis) der Klasse `Object` konvertiert werden.

Beispiel:

```java
Object objVerweis;
Kunde einKunde = new Kunde();

objVerweis = einKunde;
```

> Einen Verweis vom Typ `Object` anlegen

> Ein Objekt (bzw. ein Verweis) der Klasse `Kunde` wird dem Objekt bzw. dem Verweis zugewiesen.

Boxing

Variablen von Werttypen (oder auch Literale) können ebenfalls in einen Verweistyp umgewandelt werden. Dabei findet ein sogenanntes *Autoboxing* statt. Der Werttyp, der auf dem STACK gespeichert wurde, wird zu einem Objekt, das auf dem HEAP gespeichert wird. Es wird also Platz auf dem HEAP reserviert und dort der Inhalt des Werttyps gespeichert. Das folgende Beispiel zeigt das *Autoboxing*.

7 Vererbung in Java

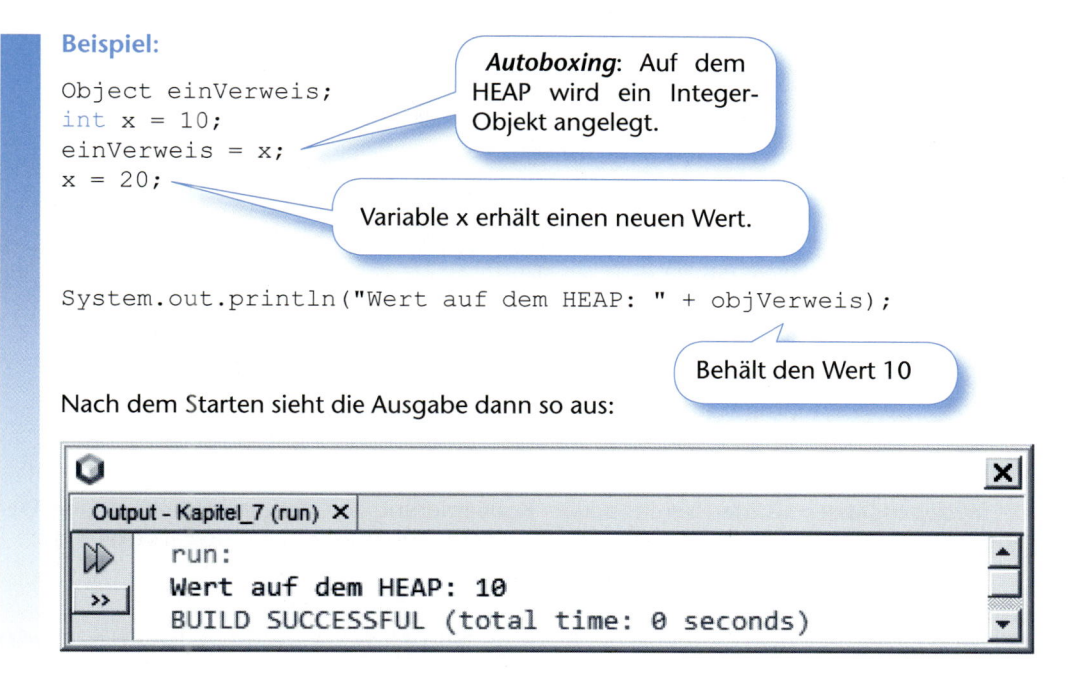

Beispiel:

```
Object einVerweis;
int x = 10;
einVerweis = x;
x = 20;
```

Autoboxing: Auf dem HEAP wird ein Integer-Objekt angelegt.

Variable x erhält einen neuen Wert.

```
System.out.println("Wert auf dem HEAP: " + objVerweis);
```

Behält den Wert 10

Nach dem Starten sieht die Ausgabe dann so aus:

```
Output - Kapitel_7 (run)
run:
Wert auf dem HEAP: 10
BUILD SUCCESSFUL (total time: 0 seconds)
```

Hinweis:

Auf den ersten Blick sollte es erstaunen, dass der Verweis `objVerweis` einfach auf dem Bildschirm ausgegeben werden kann und auch den korrekten Wert (also 10) anzeigt. Dies liegt daran, dass die Klasse `Object` eine Methode `toString()` implementiert hat, die von erbenden Klassen ebenfalls implementiert werden sollte. Diese Methode gibt den Inhalt eines Objektes als Zeichenkette zurück. Wird nun bei der Ausgabe auf dem Bildschirm nur der Verweis angegeben, dann wird implizit diese `toString()`-Methode aufgerufen. Der Integerwert wurde durch das *Autoboxing* implizit in ein Objekt der Klasse `Integer` eingepackt und diese Klasse bietet natürlich die Methode `toString()` an. Die Klasse `Integer` ist eine sogenannte *Wrapper*-Klasse (dazu im Folgenden mehr).

Wrapper-Klassen

Zu jedem elementaren Datentyp bietet Java eine sogenannte *Wrapper*-Klasse an. Die Objekte dieser Klassen sollen objektorientierte Gegenstücke zu den elementaren Datentypen bieten. Damit können Werte von elementaren Typen auch auf dem HEAP gespeichert und mit einem entsprechenden Verweis verwaltet werden. Das Prinzip des oben beschriebenen *Autoboxings* nutzt solche *Wrapper*-Klassen, um Werte von elementaren Datentypen einzupacken und auf dem HEAP zu speichern.

Die *Wrapper*-Klassen im Überblick:

Datentyp	Wrapper-Klasse
byte	**Byte**
char	**Character**
short	**Short**
int	**Integer**

Datentyp	Wrapper-Klasse
long	**Long**
float	**Float**
double	**Double**
boolean	**Boolean**

Das *Autoboxing*-Beispiel soll nun noch einmal genauer beleuchtet werden:

Beispiel:

```
Object einVerweis;
int x = 10;

einVerweis = x;
```

Autoboxing

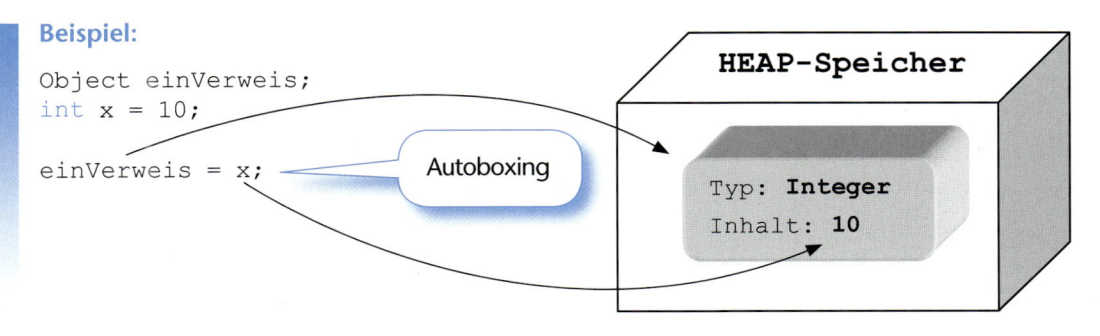

HEAP-Speicher

Typ: **Integer**
Inhalt: **10**

Ebenso wäre es möglich, einen Verweis vom Typ `Integer` zu benutzen:

Beispiel:

```
Integer intVerweis;
int x = 10;

intVerweis = x;          // Autoboxing
```

Auch das explizite Anlegen von Objekten ist möglich:

Beispiel:

```
int x = 10;
Integer intVerweis = new Integer(x);   // Explizites Boxing
```

Hinweis:

Die *Wrapper*-Klassen wurden bereits bei der Konvertierung von Zeichenketten in andere Datentypen verwendet – beispielsweise mit der statischen Methode `Integer.parseInt()`.

Unboxing

Mit **Unboxing** bezeichnet man Gegenteil des **Boxings**. Nun wird ein Verweistyp (bzw. das Objekt) in einen Werttyp konvertiert. Dazu kann eine Methode der *Wrapper*-Klasse oder das *Autounboxing* genutzt werden.

Beispiel:

```
int x = 10;
Integer intVerweis = new Integer(x);

int y = intVerweis.intValue();    // Unboxing mit der Methode intValue()
// Alternativ: int y = intVerweis;    // Autounboxing

intVerweis = 20;                  // Neues Boxing

System.out.println("Wert von y: " + y);
```

Nach dem Starten sieht die Ausgabe dann so aus:

```
run:
Wert von y: 10
BUILD SUCCESSFUL (total time: 0 seconds)
```

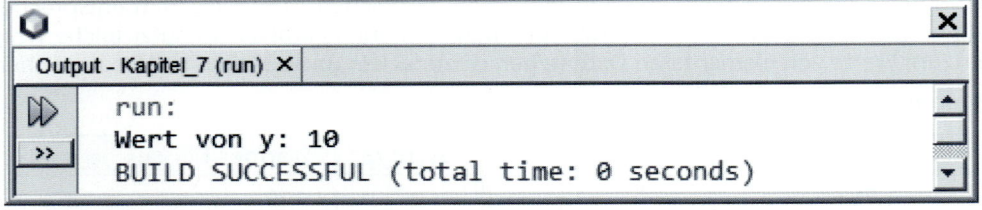

Durch das **Unboxing** hat y den Wert 10. Auch wenn das Integer-Objekt einen neuen Wert erhält, so hat `y` weiterhin den Wert 10. Das **Unboxing** kopiert also den Wert aus dem Objekt und weist ihn `y` zu – Verweis (bzw. Objekt) und Variable sind voneinander unabhängig.

7.2.2 Zuweisungen innerhalb von Vererbungshierarchien

Innerhalb einer Vererbungshierarchie können Objekte (bzw. Verweise) der abgeleiteten Klassen Objekten der Basisklasse (oder der allgemeineren Klassen) zugewiesen werden. Das ist sinnvoll, denn die Objekte der abgeleiteten Klassen haben alle Informationen (Werte), die ein Basisklassenobjekt haben muss. Umgekehrt ist es natürlich nicht sinnvoll.

Beispiel:

Ausgangsbasis ist die Vererbungshierarchie `Person`, `Kunde` und `Mitarbeiter`.

```
class Person {
        :
        :
}
```

```java
class Kunde extends Person {
    private int kundenID;
    :
}

class Mitarbeiter extends Person {
    private String abteilung;
    :

    public String gibAbteilung() {
        return abteilung;
    }
}

public class Polymorphismus {
    public static void main(String[] args) {

        Person einePerson = new Person();
        Kunde einKunde = new Kunde();
        Mitarbeiter einMitarbeiter = new Mitarbeiter();


        einePerson = einKunde;
        einePerson = einMitarbeiter;


        einKunde = einMitarbeiter;
        einMitarbeiter = einKunde;
        einKunde = einePerson;
        einMitarbeiter = einePerson;
    }
}
```

> Der `Kunde` erbt von `Person`.

> Der `Mitarbeiter` erbt auch von `Person`.

> Zuweisungen sind in Ordnung.

> Zuweisungen sind **nicht** in Ordnung – es fehlen Daten.

> Compilerfehler: **incompatible types**

Hinweis:

Die Zuweisung eines Kunden oder Mitarbeiters an eine Person funktioniert einwandfrei. Allerdings können die speziellen Attribute und Methoden von Kunde oder Mitarbeiter nicht mehr aufgerufen werden, da es nur ein Personenverweis ist. Beispielsweise ist der folgende Zugriff **nicht** möglich:

> Kein Zugriff!

```java
System.out.println("Abteilung: " + einePerson.gibAbteilung());
```

Die Methode `gibAbteilung()` ist in der Mitarbeiter-Klasse definiert und kann über den Personenverweis nicht erreicht werden. Mit dieser Problematik beschäftigt sich auch das nächste Unterkapitel.

7.2.3 Überschreiben von Methoden

Überschriebene[2] Methoden werden in einer Basisklasse angelegt und in der Regel in einer abgeleiteten Klasse neu implementiert (überschrieben). Wird nun ein Objekt einer abgeleiteten Klasse einem Basisklassenobjekt zugewiesen, kann mithilfe einer überschriebenen Methode während der Laufzeit die richtige Methode aufgerufen werden. Das folgende Beispiel verdeutlicht den kompliziert klingenden Sachverhalt.

---

2 Man nennt diese Methoden auch *virtuell*. In anderen Programmiersprachen müssen virtuelle Methoden auch gesondert gekennzeichnet werden – in Java ist das nicht nötig.

Beispiel:

Sowohl in der Klasse `Person` als auch in der abgeleiteten Klasse `Kunde` gibt es eine Methode `ausgabe()`, die alle Daten des Objektes auf den Bildschirm bringen soll.

```java
class Person {
    :
    public void ausgabe() {
        System.out.println("Name der Person: " + name);
        System.out.println();
    }
}
class Kunde extends Person {
    :
    public void ausgabe() {
        System.out.println("Name des Kunden: " + name);
        System.out.println("ID des Kunden: " + kundenID);
    }
}
public class Polymorphismus {
    public static void main(String[] args) {

        Person einePerson = new Person("Maier");
        Kunde einKunde = new Kunde("Kaiser",123);
        einePerson.ausgabe();
        einKunde.ausgabe();
    }
}
```

Nach dem Starten sieht die Ausgabe so aus:

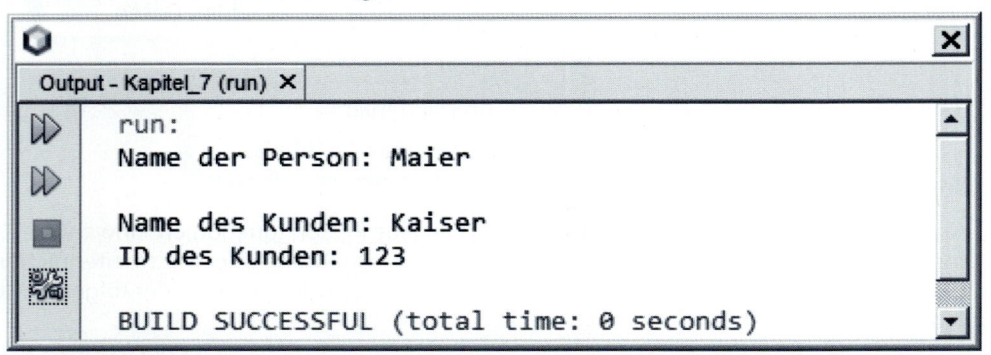

```
run:
Name der Person: Maier

Name des Kunden: Kaiser
ID des Kunden: 123

BUILD SUCCESSFUL (total time: 0 seconds)
```

Die Ausgabemethoden arbeiten einwandfrei – die Daten der Person und des Kunden werden auf den Bildschirm geschrieben. In einem weiteren Beispiel wird nun dem Personenverweis der Kunde zugewiesen.

Erweiterung des Beispiels:

Dem Personenverweis wird nun der Kunde zugeordnet und die Methode `ausgabe()` erneut aufgerufen.

```java
public class Polymorphismus {
    public static void main(String[] args) {

        Person einePerson = new Person("Maier");
        Kunde einKunde = new Kunde("Kaiser",123);

        einePerson = einKunde;
        einePerson.ausgabe();
    }
}
```

Nach dem Starten sieht die Ausgabe dann so aus:

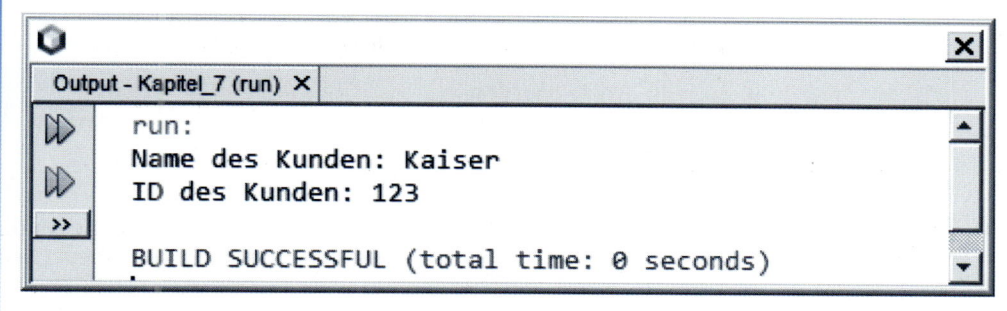

```
run:
Name des Kunden: Kaiser
ID des Kunden: 123

BUILD SUCCESSFUL (total time: 0 seconds)
```

Es ist erkennbar, dass die korrekte Methode `ausgabe()` aus der Kundenklasse aufgerufen wird, obwohl es ein Personenverweis ist. Durch das Überschreiben der Methode in der abgeleiteten Klasse ist der **Polymorphismus** in der Sprache Java umgesetzt worden.

Nach der Einführung der Überschreibung kann nun auch die Funktionsweise der Methode `toString()` genauer erläutert werden. In der Basisklasse `Object` ist diese Methode definiert. Da jede Klasse implizit die Klasse `Object` erbt, kann und sollte die Methode `toString()` in jeder Klasse überschrieben werden, um den Polymorphismus anzuwenden. Würde man beispielsweise in der Personenklasse die Ausgabe der Daten mithilfe der Methode `toString()` vornehmen, so wäre die Ausgabe einer Person noch einfacher:

```java
class Person {
    :
    public String toString() {
        return "Name der Person: " + name;
    }
}
System.out.println(einePerson.toString());
// Alternativ: System.out.println(einePerson);
```

> Die Methode `toString()` gibt eine Zeichenkette zurück.

> Die Methode `toString()` aufrufen!

> Impliziter Aufruf von `toString()`!

Nach dem Starten sieht die Ausgabe dann so aus:

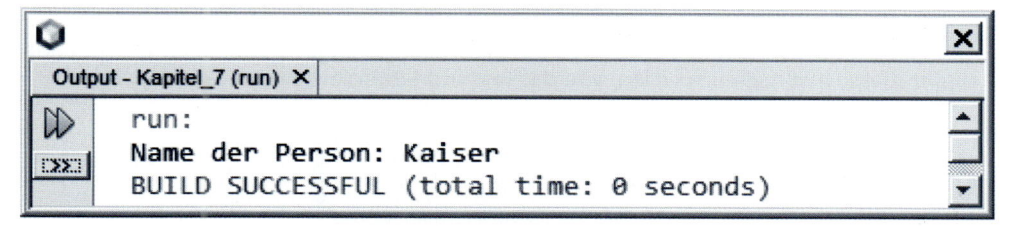

```
run:
Name der Person: Kaiser
BUILD SUCCESSFUL (total time: 0 seconds)
```

Hinweise:

- Seit der Version Java 5 gibt es die sogenannten *Annotationen*, die der Programmierer neben den Java-Befehlen und Kommentaren im Quelltext einfügen kann. Diese Annotationen sollen dem Compiler bestimmte Absichten mitteilen. Wenn beispielsweise eine Methode überschrieben werden soll, dann kann das durch die Annotation „`@Override`" kenntlich gemacht werden. Der Compiler prüft daraufhin, ob die Überschreibung syntaktisch korrekt ist. Die Entwicklungsumgebung *NetBeans* schlägt beispielsweise automatisch eine Annotation vor, wenn eine Überschreibung vorliegt.

    Beispiel:

    ```java
    class Person {
        :
        public void ausgabe() {
            System.out.println("Name der Person: " + name);
            System.out.println();
        }
    }
    ```

```java
class Kunde extends Person {
    :
    @Override
    public void ausgabe() {
        System.out.println("Name des Kunden: " + name);
        System.out.println("ID des Kunden: " + kundenID);
    }
}
```

Die Annotation @Override

- Wenn der Polymorphismus in einer Klasse verhindert werden soll, so muss eine Methode nur mit dem Schlüsselwort `final` gekennzeichnet werden. Damit ist das Überschreiben verboten:

```java
final void keinPolymorphismus() { … }
```

7.3 Abstrakte Basisklassen

Eine abstrakte Basisklasse soll die Basis für weitere Klassen sein, ohne dass von dieser Klasse ein Objekt instanziiert werden kann. Abstrakte Basisklassen sind dann sinnvoll, wenn eine Vererbungshierarchie eine Grundlage braucht, aber von der grundlegenden Klasse keine sinnvollen Objekte instanziiert werden können und sollen.

Beispiel:

Ein Anwendungsbeispiel für abstrakte Basisklassen ist beispielsweise eine Klassenhierarchie zur Speicherung von grafischen Objekten (Kreise, Dreiecke, Rechtecke usw.). Jedes Objekt soll auf dem Bildschirm gezeichnet werden können. Deshalb ist es sinnvoll, eine abstrakte Basisklasse `Grafik` mit einigen grundlegenden Atributen und Methoden zu entwerfen.

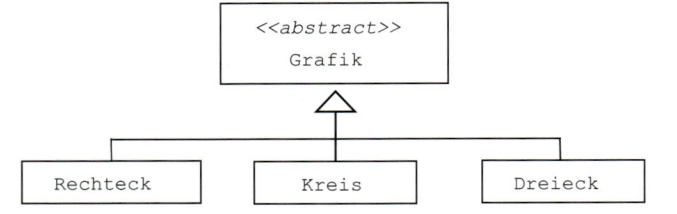

```
          <<abstract>>
             Grafik
                △
      ┌─────────┼─────────┐
  Rechteck    Kreis     Dreieck
```

7.3.1 Eine abstrakte Basisklasse

Eine Klasse wird durch das Schlüsselwort `abstract` zu einer abstrakten Basisklasse. Damit kann **kein** Objekt dieser Klasse instanziiert werden, wie das folgende Beispiel zeigt.

Beispiel:

```java
abstract class Grafik {

    public void zeichnen(){
        //TODO: überschreiben
    }
}
class Rechteck extends Grafik {
    @Override
    public void zeichnen(){
        System.out.println("Hallo, ich bin ein Rechteck!");
    }
}
class Kreis extends Grafik {
    @Override
    public void zeichnen(){
        System.out.println("Hallo, ich bin ein Kreis!");
    }
}
```

Ein Klasse wird abstrakt.

Die Zeichnen-Methode wird überschrieben und auf die Klasse angepasst.

> Eine Instanziierung ist nicht möglich – Compilerfehler:
> `Grafik is abstract; cannot be instantiated`

```java
public class AbstrakteKlasse {
    public static void main(String[] args) {
        //Grafik grafikVerweis = new Grafik();
```

> Ein Verweis ist aber möglich.

> Die Zuweisung eines Objektes aus der Vererbungshierarchie an den Basisklassenverweis ist in Ordnung.

```java
        Grafik grafikVerweis = new Kreis();
        grafikVerweis.zeichnen();
    }
}
```

Nach dem Starten sieht die Ausgabe dann so aus:

```
run:
Hallo, ich bin ein Kreis!
BUILD SUCCESSFUL (total time: 0 seconds)
```

Hinweis:

Die Methoden in einer abstrakten Klassen müssen nicht implementiert sein, denn in der Regel implementieren die erbenden Klassen die Methoden. Deshalb müssen solche Methoden mit dem Schlüsselwort `abstract` gekennzeichnet werden. Enthält eine Klasse wenigstens eine abstrakte Methode, dann muss die Klasse auch abstrakt sein.

Beispiel:

```java
abstract class Grafik {

    public abstract void zeichnen();
}
```

> Die Methode wird nicht implementiert und muss deshalb *abstrakt* sein.

7.4 Interfaces in Java

Das Prinzip der Interfaces (Schnittstellen) hat viel Ähnlichkeit mit dem Konzept der abstrakten Basisklassen. Ein Interface sieht aus wie eine Klasse, aber ohne jegliche Implementierungen. Das Interface legt nur fest, welche Methoden genutzt werden sollen. Eine Klasse, die ein Interface implementiert, muss die Methoden dann auch definieren. Eine Klasse kann beliebig viele Interfaces implementieren.

7.4.1 Aufbau eines Interfaces

Durch das Schlüsselwort `interface` wird die Deklaration eines Interfaces eingeleitet. Alle Methoden werden nur deklariert, nicht implementiert. Die Methoden eines Interfaces sind **implizit abstrakt** und **öffentlich**. Das folgende Beispiel zeigt Definitionen von Interfaces und die Implementierungen in einer Klasse.

7 Vererbung in Java

Beispiel:

> Optional kann ein Interface `public` sein (wie eine Klasse).

```java
interface Ausgebbar {
```
> Ein Interface wird angelegt.

```java
    public abstract void ausgeben(Object obj);
}
interface Eingebbar {
```
> Ein weiteres Interface wird angelegt.

```java
    public abstract Object eingeben() throws IOException ;
}
```
> Ein Interface deklariert beliebig viele abstrakte Methoden. Die Modifizierer `public` und `abstract` können auch weggelassen werden.

> Mit dem Schlüsselwort `implements` werden beliebig viele Schnittstellen implementiert.

```java
class Konsolenprogramm implements Ausgebbar, Eingebbar {
```
> Die Methode `ausgeben()` der Schnittstelle `Ausgebbar` muss nun implementiert werden.

```java
    @Override
    public void ausgeben(Object obj){
        System.out.println("Inhalt: " + obj.toString());
    }
```
> Ebenso muss die Methode `eingeben()` der Schnittstelle `Eingebbar` implementiert werden.

```java
    @Override
    public Object eingeben() throws IOException {

        BufferedReader einlesen =
        new BufferedReader(new InputStreamReader(System.in));

        System.out.println("Bitte eingeben: ");
        return (Object)(einlesen.readLine());
    }
}
public class Schnittstellen {
    public static void main(String[] args) throws IOException {
```
> Ein Objekt der Klasse `Konsolenprogramm` wird instanziiert.

```java
        Konsolenprogramm con = new Konsolenprogramm();

        //Alternativ:  Eingebbar con = new Konsolenprogramm();
        //Alternativ:  Ausgebbar con = new Konsolenprogramm();

        con.ausgeben(con.eingeben());
    }
}
```
> Das Objekt nutzt die implementierten Methoden.

> Von Schnittstellen können keine Objekte instanziiert werden, aber sie können als Verweise auf Objekte von Klassen dienen, die das Interface implementiert haben.

7 Vererbung in Java

Nach dem Starten sieht die Ausgabe dann so aus:

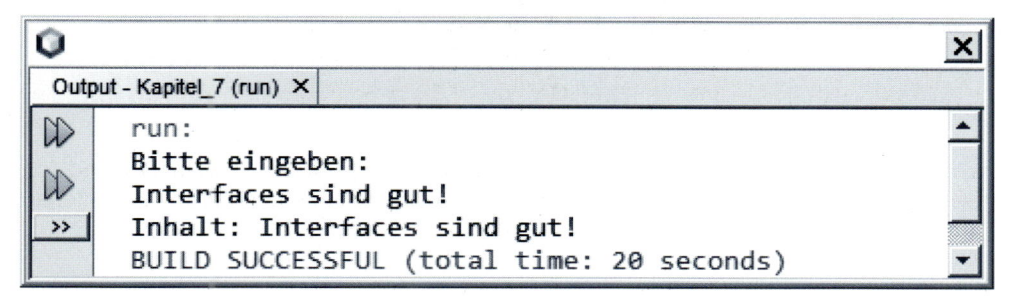

```
run:
Bitte eingeben:
Interfaces sind gut!
Inhalt: Interfaces sind gut!
BUILD SUCCESSFUL (total time: 20 seconds)
```

> **Hinweise:**
> Die Namen für Interfaces werden in der Regel so gewählt, dass sie ausdrücken, für welchen Zweck das Interface implementiert werden kann. In dem obigen Beispiel wurden die Interfaces `Eingebbar` und `Ausgebbar` genannt. Damit sollen Objekte von Klassen, die die genannten Interfaces implementieren, über diese Eigenschaften verfügen – also etwas einlesen und ausgeben können. Die Java-Bibliotheken bieten eine Vielzahl von Interfaces an, die für die entsprechenden Zwecke implementiert werden können. Beim Thema Arrays und Sortieren wird beispielsweise das Interface `Comparable` noch einmal näher beleuchtet.

Darstellung von Interfaces in der UML

Die Darstellung der Vererbung von Klassen in der UML wurde zu Beginn des Kapitels vorgestellt. Die Implementierung von Interfaces erfolgt in der Regel mit anderer Symbolik. Das folgende Beispiel zeigt die UML-Darstellung für das obige Beispiel:

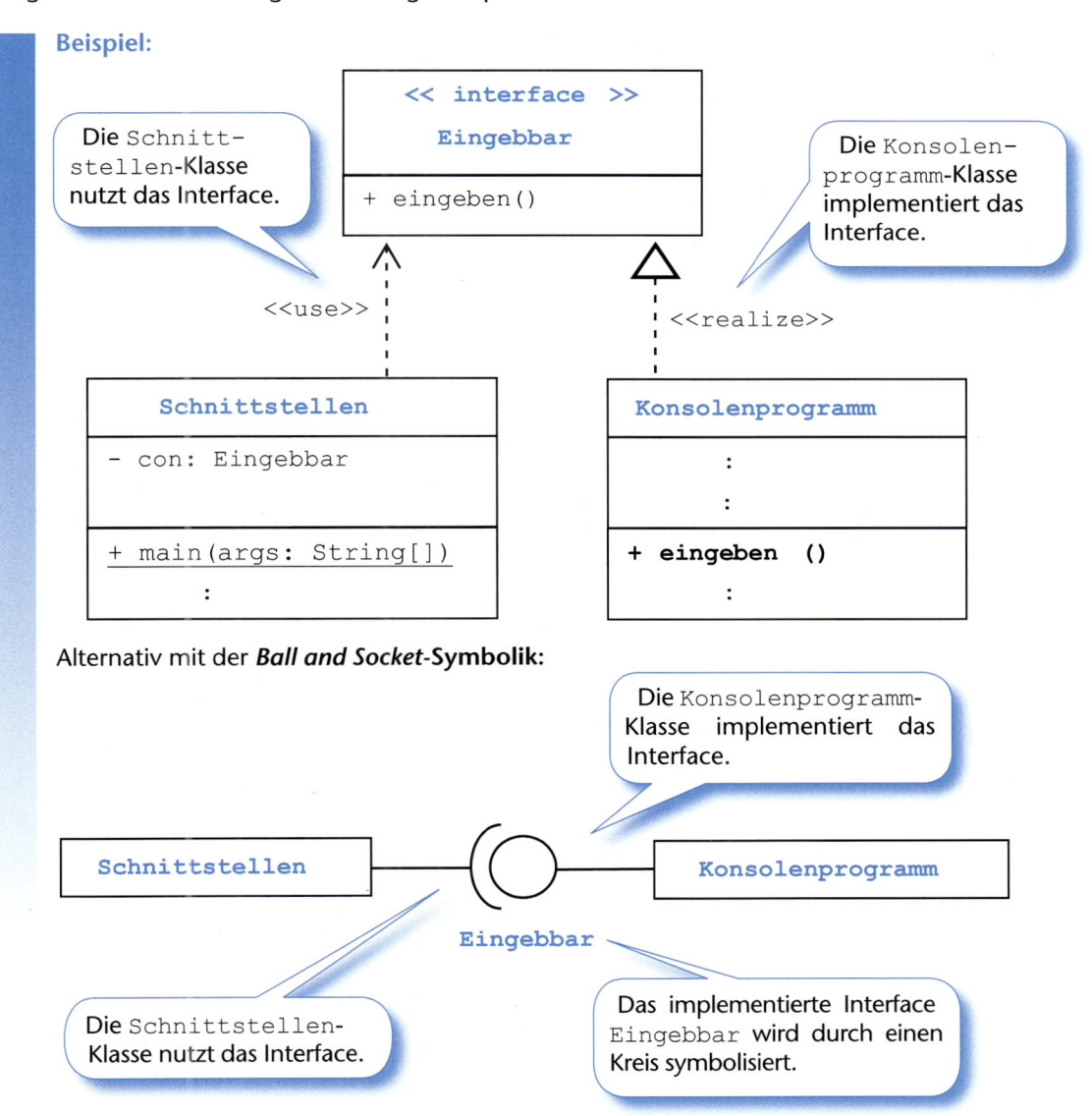

> **Beispiel:**
>
> ```
>           << interface >>
>              Eingebbar
>            + eingeben()
> ```
>
> Die `Schnittstellen`-Klasse nutzt das Interface.
>
> Die `Konsolenprogramm`-Klasse implementiert das Interface.
>
> `<<use>>`   `<<realize>>`
>
> ```
>      Schnittstellen                Konsolenprogramm
>    - con: Eingebbar                       :
>                                           :
>    + main(args: String[])         + eingeben ()
>           :                               :
> ```
>
> Alternativ mit der **Ball and Socket**-Symbolik:
>
> Die `Konsolenprogramm`-Klasse implementiert das Interface.
>
> ```
>   Schnittstellen ———( O )——— Konsolenprogramm
>                    Eingebbar
> ```
>
> Die `Schnittstellen`-Klasse nutzt das Interface.
>
> Das implementierte Interface `Eingebbar` wird durch einen Kreis symbolisiert.

8 Arrays in Java

Angenommen, man möchte in einem Programm zehn Werte vom Typ `int` speichern und mit diesen Werten dann weiterarbeiten. Dazu könnte man sich zehn Variablen vom Typ `int` anlegen und dann hintereinander einlesen.

Beispiel:

```java
package kapitel_8;
import java.io.*;

public class Arrays {
    public static void main(String[] args) throws IOException {
        BufferedReader einlesen =
                new BufferedReader(new InputStreamReader(System.in));

        int wert1, wert2 ,wert3 , wert4, wert5;
        int wert6, wert7, wert8, wert9 , wert10;

        System.out.println("Ersten Wert eingeben:");
        wert1 = Integer.parseInt(einlesen.readLine());
        :
        System.out.println("Letzten Wert eingeben:");
        wert10 = Integer.parseInt(einlesen.readLine());
    }
}
```

Das ist nicht besonders effektiv: Nicht nur, dass es viel Schreibarbeit bedeutet, sondern auch zahlreiche andere Problemstellungen wären schwer zu realisieren. Beispielsweise wäre die Suche nach dem Minimum der eingegebenen Zahlen mit Aufwand verbunden.

Beispiel:

```java
:
int minimum;
minimum = wert1;
if (minimum < wert2) minimum = wert2;
if (minimum < wert3) minimum = wert3;
if (minimum < wert4) minimum = wert4;
:
if (minimum < wert8) minimum = wert8;
if (minimum < wert9) minimum = wert9;
if (minimum < wert10) minimum = wert10;
```

Es lässt sich erahnen, mit welchem Aufwand es verbunden wäre, wenn nicht nur zehn, sondern 1 000 oder 10 000 Werte verarbeitet werden müssten. Um solche Vorgänge zu vereinfachen, gibt es in Java (und auch in allen anderen Sprachen) die sogenannten Arrays, auch Felder genannt.

8.1 Ein- und mehrdimensionale Arrays

8.1.1 Eindimensionale Arrays

Möchte man (wie in den einführenden Bemerkungen zu Arrays) mehrere Werte eines Datentyps speichern, so lässt sich das mit einem (eindimensionalen) Array realisieren.

Statt:

```java
int wert1;
int wert2;
:
:
int wert10;
```

```java
int [] werte = new int[10];
```

Damit stehen zehn Speicherplätze für Integerwerte zur Verfügung. Jeden einzelnen Speicherplatz kann man über den Namen des Arrays (hier `werte`) und einen sogenannten Index ansprechen. Soll beispielsweise der Wert 100 im ersten Array-Element gespeichert werden, so kann das so geschehen:

```
werte[0] = 100;
```

Index

Der erste Speicherplatz bzw. das erste Array-Element erhält den Wert 100.

Allgemein kann die Syntax eines Arrays so dargestellt werden:

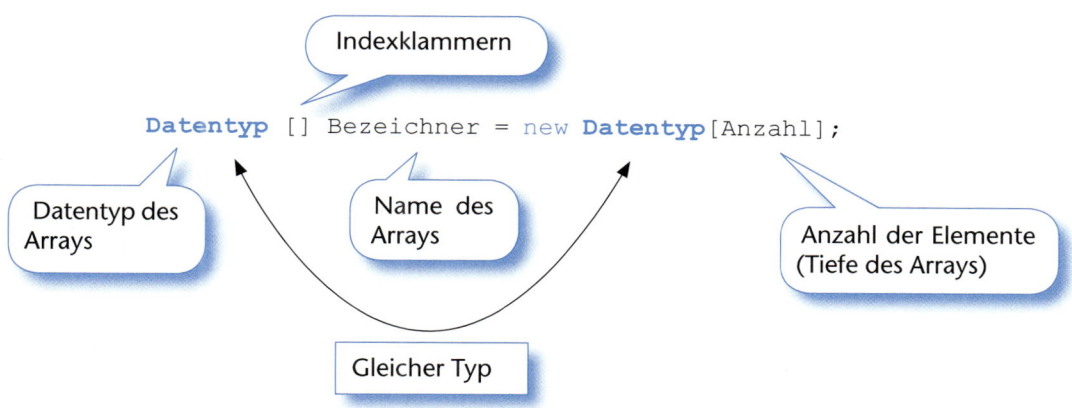

Indexklammern

```
Datentyp [] Bezeichner = new Datentyp[Anzahl];
```

Datentyp des Arrays

Name des Arrays

Anzahl der Elemente (Tiefe des Arrays)

Gleicher Typ

Beispiel:

Das Array `werte` soll mit Zahlen gefüllt werden.

```java
int[] werte = new int[10];
int i;
for (i = 0; i < 10; i++) werte[i] = i * 10;
```

Die Elemente des Arrays werden mit dem sogenannten **Indexoperator [ ]** angesprochen. Wenn man ein spezielles Element ansprechen will, so geschieht das mithilfe des Indexoperators und der Angabe des Index.

Nach der Schleife ist das Array `werte` so gefüllt:

Index i	0	1	2	3	4	5	6	7	8	9
Inhalt: werte[i]	0	10	20	30	40	50	60	70	80	90

ACHTUNG:

In Java wird ein Array zwar mit zehn Elementen erstellt, aber der Index läuft von 0 bis 9. Das hat mit der internen Speicherung der Elemente zu tun.

Selbstverständlich können Arrays mit jedem Datentyp gebildet werden.

Beispiele für weitere Arrays:

```java
class Person {
    private String name;

    public Person(){
        name = "LEER";
    }

    public Person(String n){
        name = n;
    }
}
```

Eine einfache Personen-Klasse für das Beispiel

8 Arrays in Java

```java
char [] zeichenfolge = new char[100];
float [] messwerte = new float[1200];
boolean [] wahrheitswerte = new boolean [8];
```
→ Arrays von elementaren Datentypen

```java
Person [] personen = new Person[5];
```
→ Array von Personen-Verweisen

Hinweis:

Die Tiefe eines Arrays kann natürlich auch mithilfe einer Variablen festgelegt werden. Damit kann dynamisch auf die benötigte Array-Größe reagiert werden, wie das folgende Beispiel zeigt:

```java
int anzahl;
int [] dynamischesArray;

System.out.println("Wie viele Elemente?");
anzahl = Integer.parseInt(einlesen.readLine());
```

→ Die Tiefe des Arrays wird während der Laufzeit bestimmt. Allerdings sollte die Variable `anzahl` auf einen sinnvollen Wert geprüft werden.

```java
if (anzahl > 0)
        dynamischesArray = new int[anzahl];
else
        System.out.println("Fehlerhafte Angabe");
```

Initialisieren von Arrays

Bei der Definition eines Arrays kann sofort eine Initialisierung erfolgen, indem die Werte für das Array in geschweiften Klammern angegeben werden. Die Tiefe des Arrays ergibt sich damit automatisch aus der Anzahl der Werte in den geschweiften Klammern.

```java
int[] zahlen = { 1, 2, 3, 4, 5 };
```
→ Ein Array mit Zahlen initialisieren. Das Array hat die Tiefe 5.

```java
Person[] personen =  { new Person("A"), new Person("B")};
```
→ Das Array mit Personen initialisieren. Die Tiefe des Arrays beträgt 2.

Hinweis:

Bei der Deklaration von Verweis-Arrays werden im ersten Schritt nur die Verweise dynamisch angelegt. Entweder werden die Objekte dann sofort durch Initialisierung instanziiert oder es muss später explizit gemacht werden.

```java
Person[] personen = { new CPerson("A"), new CPerson("B")};
```

oder

→ Ein Array von Personen-Verweisen

```java
Person[] personen = new Person[2];
personen[0] = new Person("A");
personen[1] = new Person("B");
```

8.1.2 Die for each-Schleife

In Java wurde eine Schleifenart implementiert, die es auch in einigen anderen modernen Sprachen gibt – die ***for each***-Schleife. Diese Schleife ist speziell für die Zusammenarbeit mit Arrays konzipiert worden und kann auch nur in Verbindung mit diesen sinnvoll eingesetzt werden. Mithilfe dieser Schleife kann ein Array sehr einfach Element für Element durchlaufen werden, ohne dass bekannt sein muss, wie viele Elemente das Array hat.

Syntax der *for each*-Schleife:

- Datentyp der Arrayelemente
- Doppelpunkt
- Name des Arrays

```
for (Datentyp Bezeichner : Arrayname) {

    //Verwenden der Variable Bezeichner
}
```

Die folgenden Beispiele zeigen die *for each*-Schleife in der Praxis. Ein Array von Personen und ein Array von Integerwerten werden Element für Element durchlaufen und auf dem Bildschirm ausgegeben:

```java
public class Arrays {
    public static void main(String[] args) {
        Person[] personen = {  new Person("Maier"),
                               new Person("Knudsen"),
                               new Person("Kaiser") };

        int[] zahlen = {1, 2, 3, 4, 5 };

        for (Person durchlauf : personen) {

            System.out.println(durchlauf);

        }

        System.out.println();

        for (int durchlauf : zahlen) {

            System.out.println(durchlauf);
        }
    }
}
```

> Das Array wird von Anfang bis Ende durchlaufen. Die Variable `durchlauf` erhält jedes Mal das aktuelle Array-Element.

Nach dem Starten sieht die Bildschirmausgabe so aus:

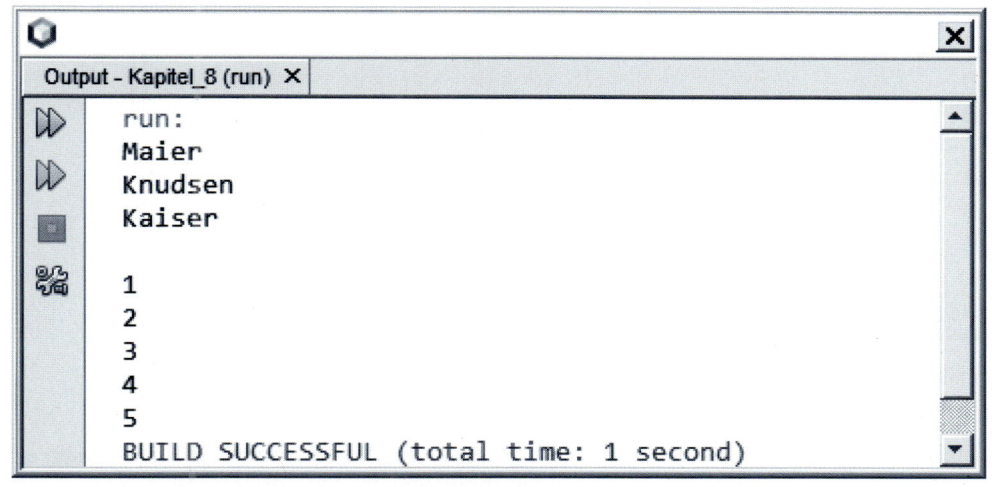

```
run:
Maier
Knudsen
Kaiser

1
2
3
4
5
BUILD SUCCESSFUL (total time: 1 second)
```

Die Arrays wurden Schritt für Schritt durchlaufen und die Inhalte auf dem Bildschirm ausgegeben.

> **Hinweis:**
> Natürlich können Arrays ebenso mit den bereits bekannten Schleifenarten bearbeitet werden. Die *for each*-Schleife ist nur eine angenehme Erweiterung – sehr spezielle Zugriffe (beispielsweise nur jedes zweite oder dritte Element nutzen) können besser mit einer konventionellen Schleife umgesetzt werden. Das folgende Beispiel stellt deshalb drei verschiedene Schleifenarten gegenüber: Alle Schleifen geben den Inhalt der Arrayelemente auf dem Bildschirm aus. Dabei wird das konstante Attribut `length` ausgenutzt, das die Länge (Tiefe) des Arrays gespeichert hat.

```java
int[] werte = { 10, 20, 30 };        // Die do-while-Schleife einsetzen
int i = 0;

do {
  System.out.println(werte[i]);
  i++;
} while (i < werte.length);          // Das konstante Attribut length nutzen

System.out.println("------------");

for (i = 0; i < werte.length; i++) {
  System.out.println(werte[i]);      // Die for-Schleife einsetzen
}

System.out.println("------------");

for(int durchlauf : werte) {         // Die for each-Schleife einsetzen
  System.out.println(durchlauf);
}

System.out.println();
```

Nach dem Starten sieht die Bildschirmausgabe so aus:

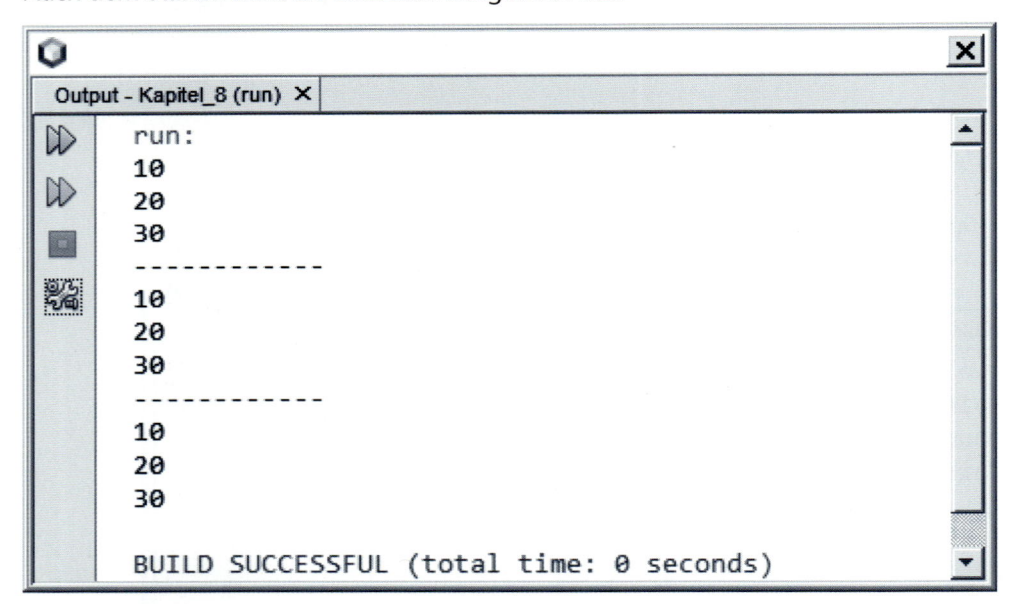

```
run:
10
20
30
------------
10
20
30
------------
10
20
30
BUILD SUCCESSFUL (total time: 0 seconds)
```

Alle drei Schleifen geben die Inhalte korrekt aus.

8.1.3 Mehrdimensionale Arrays

Das Verständnis von mehrdimensionalen Arrays ist gerade am Anfang relativ schwer. Deshalb ist es sinnvoll, zuerst eine Vorstellung von einem zweidimensionalen bzw. dreidimensionalen Array zu bekommen. Die Vorstellung eines zweidimensionalen Arrays entspricht einer Tabelle. Tabellen sind allgemein bekannt – sie bestehen aus Zeilen und Spalten, die den entsprechenden Index des Arrays widerspiegeln.

8 Arrays in Java

Beispiel:

Es wird ein zweidimensionales Array angelegt.

> Die erste Dimension festlegen – entspricht der Anzahl der Zeilen einer Tabelle.

> Die zweite Dimension festlegen – entspricht der Anzahl der Spalten einer Tabelle.

```
int [][] tabelle = new int[ 3 ][ 4 ];
```

> Entsprechend der Dimension werden leere Klammern gesetzt.

Das zweidimensionale Array ist als Tabelle vorstellbar. Der Zugriff auf ein Element des Arrays erfolgt dann mit einem **Doppelindex**. Beispielsweise ist das Element aus Zeile 0 und Spalte 1 so ansprechbar:

tabelle[0][1] = 3

	Spalte 0	Spalte 1	Spalte 2	Spalte 3
Zeile 0		3		
Zeile 1				
Zeile 2				

Wie gewohnt kann ein mehrdimensionales Array auch direkt initialisiert werden. Damit sind die Dimensionen ebenso festgelegt:

```
int [][] tabelle = {   {5,3,7,2} ,
                       {8,6,9,1} ,
                       {2,7,3,4}    };
```

> Drei Zeilen mit jeweils vier Spalten

	Spalte 0	Spalte 1	Spalte 2	Spalte 3
Zeile 0	5	3	7	2
Zeile 1	8	6	9	1
Zeile 2	2	7	3	4

Die Dimensionen können ebenfalls mit dem konstanten Attribut `length` abgefragt werden, wie das folgende Beispiel zeigt:

```
for (int i=0; i < tabelle.length; i++) {
    for (int j=0; j < tabelle[0].length; j++) {
        System.out.print(tabelle[i][j] + "   ");
    }
    System.out.println();
}
```

> Die Methode `print()` erzeugt keinen Zeilenumbruch nach der Ausgabe.

Die Bildschirmausgabe zeigt das zweidimensionale Array:

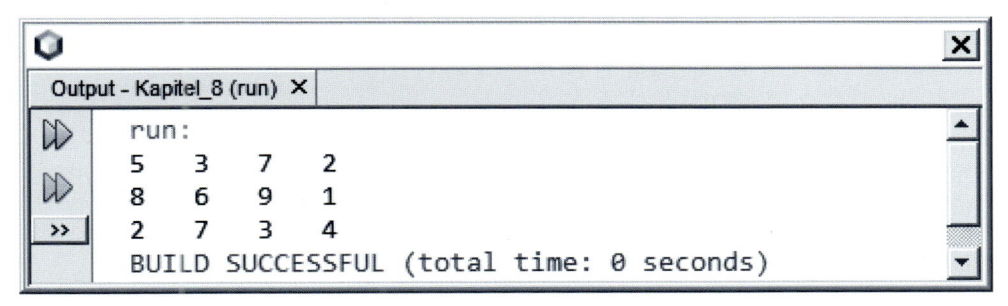

```
Output - Kapitel_8 (run)
run:
    5   3   7   2
    8   6   9   1
    2   7   3   4
BUILD SUCCESSFUL (total time: 0 seconds)
```

Dreidimensionale Arrays kann man sich als eine Sammlung von Tabellenblättern vorstellen, die hintereinander angeordnet sind.

Beispiel:

Es wird ein dreidimensionales Array angelegt.

```
float [][][] tabellen = new float [3][3][4];
```

Das dreidimensionale Array ist dann so vorstellbar:

Blatt 2	Spalte 0	Spalte 1	Spalte 2	Spalte 3
Zeile 0	1.5	7	12.33	25.3

Blatt 1	Spalte 0	Spalte 1	Spalte 2	Spalte 3
Zeile 0	1.5	7	12.33	45

Blatt 0	Spalte 0	Spalte 1	Spalte 2	Spalte 3
Zeile 0	1.5	7	12.33	77.5
Zeile 1	124	99.99	453	67.89
Zeile 2	12	90.2	2727.5	22

```
tabellen [1][1][3] == 45.55f
```

Tabellenblatt — Zeile — Spalte

Nach der dritten Dimension hört die menschliche Vorstellungskraft auf. Die mehrdimensionalen Arrays mit mehr als drei Dimensionen sind dann auch nicht mehr so konkret vorstellbar wie beispielsweise die Tabellen, aber dennoch sind sinnvolle Einsätze dieser Arrays denkbar.

Beispiel eines fünfdimensionalen Arrays:

Für ein psychologisches Experiment werden drei unterschiedliche Gruppen mit jeweils 15 Probanden festgelegt. Jeder Proband erhält 10 Fragebögen mit jeweils 12 Fragen. Jede Frage hat 3 Antworten, die angekreuzt werden können. Ein Array, das diesen Versuch widerspiegelt, könnte so aussehen:

```
boolean [][][][][] experiment = new boolean [3][15][10][12][3];
```

Es soll nun die Antwort des 5. Probanden aus Gruppe 2 für den 7. Fragebogen und die 4. Frage gespeichert werden. Die drei Antworten waren: Ja , Nein , Ja.

Der Einfachheit halber wird ein „Ja" mit dem booleschen Wert true, ein „Nein" mit dem booleschen Wert false gespeichert.

```
experiment [1][4][6][3][0] = true;
experiment [1][4][6][3][1] = false;
experiment [1][4][6][3][2] = true;
```

Arrays von Arrays

Die mehrdimensionalen Arrays sind eigentlich nichts anderes als Arrays von Arrays mit konstanter Größe. In Java ist es aber möglich, die zweite oder höhere Dimension nicht festzulegen, sondern variabel zu gestalten. Damit erhält man ein mehrdimensionales Array, welches verschieden große *Unterarrays* besitzt. Ein einfaches Beispiel soll das Prinzip verdeutlichen.

Beispiel: Es soll ein zweidimensionales Array erzeugt werden, dessen vier Zeilen unterschiedlich viele Spalten haben (Dreiecksform).

	Spalte 0	Spalte 1	Spalte 2	Spalte 3
Zeile 0	1			
Zeile 1	1	2		
Zeile 2	1	2	3	
Zeile 3	1	2	3	4

```java
int [][] tabelle = new int [4][];
```
*Zweidimensionales Array mit **nicht** festgelegter zweiter Dimension*

```java
for (int i=0; i < tabelle.length; i++) {
    tabelle[i] = new int[i+1];
```
Dynamische Festlegung der zweiten Dimension mit der Schleifenvariablen `i`

```java
    for (int j=0; j < tabelle[i].length; j++)
        tabelle[i][j]= j+1;
}
```
Füllen des Arrays mit einer weiteren Schleife

```java
for (int i=0; i < tabelle.length; i++) {
```
Abfragen der entsprechenden Dimension

```java
    for (int j=0; j < tabelle[i].length; j++) {
        System.out.print(tabelle[i][j] + "   ");
    }
    System.out.println();
}
```
Ausgabe des Dreiecks-Arrays

Nach dem Starten sieht die Bildschirmausgabe so aus:

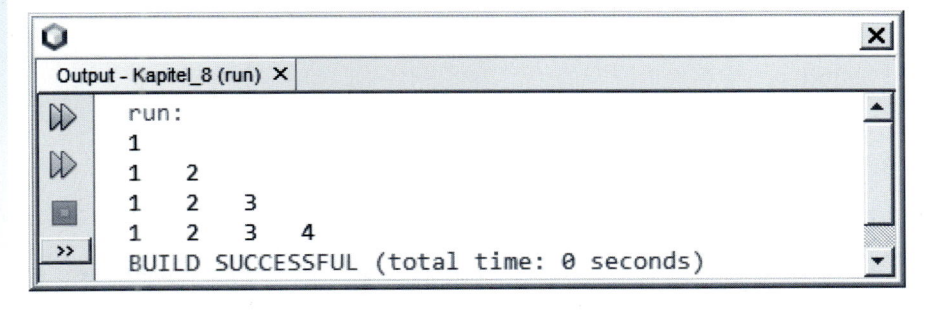

```
run:
1
1   2
1   2   3
1   2   3   4
BUILD SUCCESSFUL (total time: 0 seconds)
```

8.1.4 Arrays kopieren

Arrays in Java sind Verweistypen. Deshalb wäre eine Zuweisung eines Arrays an ein anderes Array nur die Zuweisung eines Verweises. Wenn hingegen eine echte Kopie stattfinden soll, dann müssen entweder die Werte des Arrays in einer Schleife Schritt für Schritt kopiert oder eine statische Methode aus der Klasse `java.util.Arrays` verwendet werden. Das folgende Beispiel zeigt beide Arten des Kopierens:

Beispiel:

Es gelten jeweils die folgenden Arrays:

```java
int[] erstesArray = {1,2,3};
int[] zweitesArray = new int[3];
```

Variante 1: Nur den Verweis kopieren

```
zweitesArray = erstesArray;
```
Zuweisung des Verweises

```
zweitesArray[0] = 100;
```
Änderung eines Elementes aus dem zweiten Array

```
System.out.println(erstesArray[0] + "   " + zweitesArray[0]);
```

Nach dem Starten erscheint folgende Bildschirmausgabe:

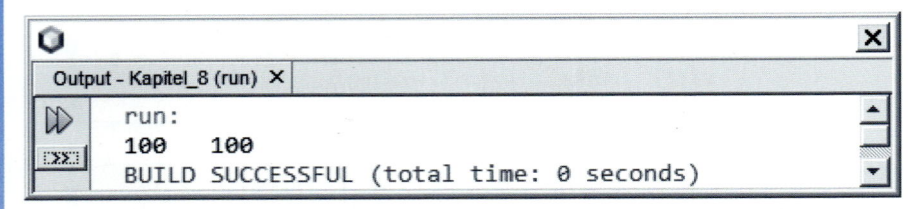

```
run:
100    100
BUILD SUCCESSFUL (total time: 0 seconds)
```

Er ist erkennbar, dass sowohl erstes als auch zweites Array von der Änderung betroffen sind, da es nur ein Array im Speicher gibt, auf das zwei Verweise zeigen.

Variante 2: Das Array schrittweise kopieren

```java
int[] erstesArray = {1,2,3};
int[] zweitesArray = new int[3];

for (int i = 0; i < erstesArray.length; i++) {
   zweitesArray[i] = erstesArray[i];
}
```
Element für Element kopieren

```java
zweitesArray[0] = 100;
System.out.println(erstesArray[0] + "   " + zweitesArray[0]);
```

Nach dem Starten erscheint folgende Bildschirmausgabe:

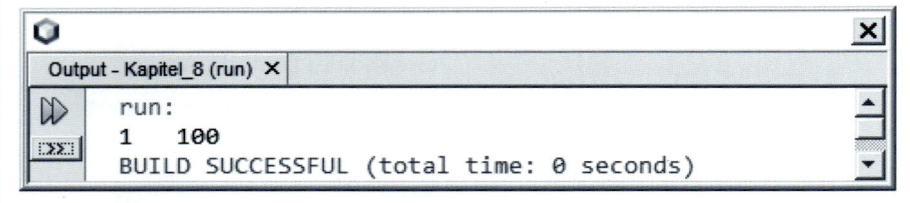

```
run:
1    100
BUILD SUCCESSFUL (total time: 0 seconds)
```

Nun ist erkennbar, dass eine echte Kopie stattgefunden hat. Das erste Array ist von der Änderung nicht betroffen.

Variante 3: Eine statische Methode der Klasse java.util.Arrays nutzen

```java
int[] erstesArray = {1,2,3};
```

Statische Methode der Klasse Arrays — *Das zu kopierende Array angeben*

```java
int[] zweitesArray = java.util.Arrays.copyOf(erstesArray,3);
```

Die Anzahl der zu kopierenden Elemente angeben

```java
zweitesArray[0] = 100;

for (int i = 0; i < erstesArray.length; i++) {
   System.out.println(erstesArray[i] + "   " + zweitesArray[i]);
}
```

Nach dem Starten erscheint folgende Bildschirmausgabe:

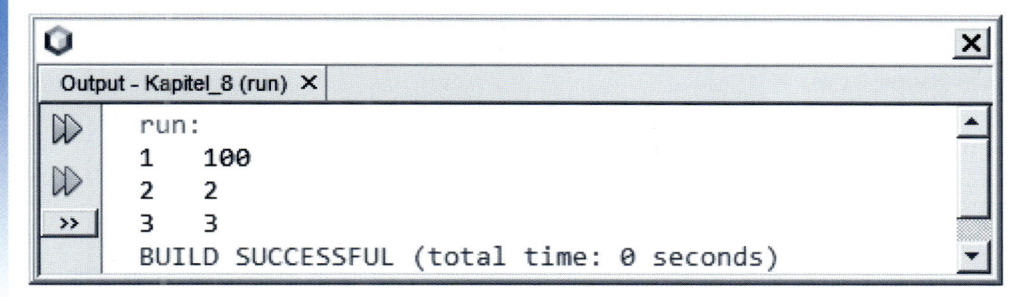

```
Output - Kapitel_8 (run)
run:
1    100
2    2
3    3
BUILD SUCCESSFUL (total time: 0 seconds)
```

Nun ist ebenfalls erkennbar, dass eine echte Kopie stattgefunden hat.

Hinweis:

Die Klasse `java.util.Arrays` bietet weitere nützliche statische Methoden, um Arrays zu bearbeiten:

▶ Die Methode kopiert ein Array von Index `start` (incl.) bis Index `ende` (excl.):

    `copyOfRange(einArray,start,ende)`

▶ Die Methode füllt alle Arrayelemente mit einem Wert:

    `fill(einArray,wert)`

8.1.5 Arrays von Objekten

Die bereits bekannte Klasse `Object` kann als Basisklasse aller Klassen in Java angesehen werden. Alle Klassen, die man selbst erstellt, sind automatisch von dieser Klasse abgeleitet. Aus diesem Grund kann man ein Array erstellen, welches vom Typ `Object` ist. In einem solchen Array können alle Variablen von Werttypen (mithilfe des Boxings) und Instanzen von Klassen (Verweise) gespeichert werden. Damit ist ein solches Array eine Art Container für beliebige Werte und Verweise. In den selbst geschriebenen Klassen sollte deshalb auch die Methode `toString()` überschrieben werden, damit über die `Object`-Elemente immer die korrekte Methode angesprochen wird.

Beispiel:

```java
Object[] objektArray = new Object[3];        // Ein Array von Objekten

int x = 10;
String s = "Hallo";
Person person = new Person("Hansen");

objektArray[0] = x;          // Zuweisung an das erste Arrayelement durch Boxing

objektArray[1] = s;          // Zuweisung einer Zeichenkette

objektArray[2] = person;     // Zuweisung eines Verweises

for (Object o : objektArray)
    System.out.println(o.toString());


x = 20;                      // Änderung der Zuweisungswerte
s = "Aha";
person.setName("Maier");

System.out.println();
for (Object o : objektArray)
    System.out.println(o.toString())
```

Nach dem Starten sieht die Ausgabe so aus:

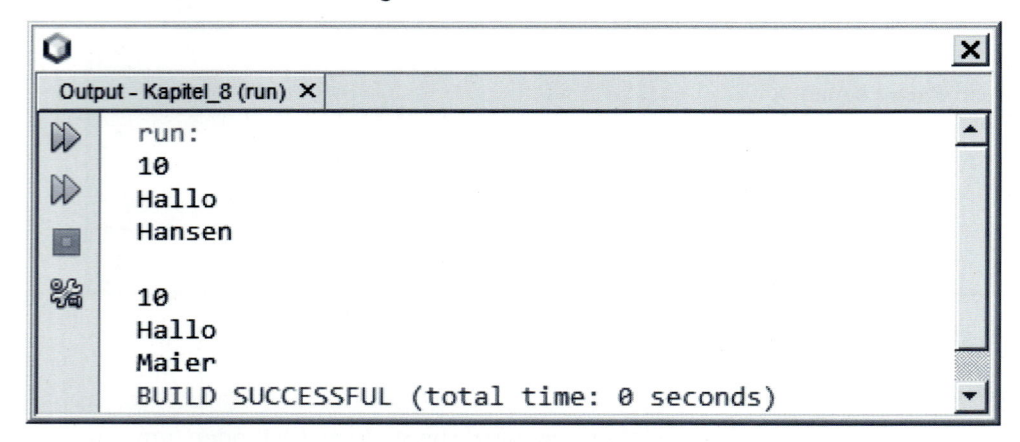

```
Output - Kapitel_8 (run)
run:
10
Hallo
Hansen

10
Hallo
Maier
BUILD SUCCESSFUL (total time: 0 seconds)
```

Die Ausgabe der Arrayelemente funktioniert dank *Polymorphismus* einwandfrei. Die Zuweisung des Integerwertes erfolgte durch Boxing und deshalb hat eine Änderung der Integervariable auch keinen Einfluss auf das Arrayelement. Bei dem Verweis verhält es sich erwartungsgemäß anders – das entsprechende Arrayelement verweist nur auf das Objekt der Klasse Person. Lediglich der String verhält sich nicht wie ein Verweis, obwohl die Klasse String ein Verweistyp ist. Das liegt daran, dass bei der Zuweisung eines Strings immer ein neuer Platz im Speicher reserviert und die Zeichenkette dort gespeichert wird – die alte Zeichenkette wird dann vom *garbage collector* gelöscht, es sein denn, es existiert noch ein anderer Verweis darauf.

8.1.6 Übergabe von Arrays an Methoden

Bei der Übergabe von beliebigen Arrays an Methoden muss beachtet werden, dass alle Arrays in Java Verweistypen sind – auch Arrays von elementaren Datentypen. Veränderungen der Arrayelemente in der Methode haben deshalb immer eine Auswirkung auf das ursprüngliche Array, das der Methode übergeben wurde. Das folgende Beispiel zeigt diese Problematik:

Beispiel:

```java
public class Arrays {
    public static void arrayUebergabe(int [][] einArray) {   // Die Methode übernimmt ein zweidimensionales Array und verändert alle Elemente.
        for (int i=0; i < einArray.length; i++)
            for (int j=0; j < einArray[0].length; j++)
                einArray[i][j] = (i+1)*(j+1);
    }
    public static void main(String[] args) {
        int [][] tabelle = { {0,0,0,0} , {0,0,0,0} , {0,0,0,0} };

        System.out.println("Vor der Übergabe:");
        for (int i=0; i < tabelle.length; i++) {
            for (int j=0; j < tabelle[0].length; j++) {
                System.out.print(tabelle[i][j] + "   ");
            }
            System.out.println();   // Ausgabe des Arrays
        }


        arrayUebergabe(tabelle);   // Übergabe des Arrays
        System.out.println("Nach der Übergabe:");
        for (int i=0; i < tabelle.length; i++) {
            for (int j=0; j < tabelle[0].length; j++) {
                System.out.print(tabelle[i][j] + "   ");
            }
            System.out.println();   // Ausgabe des Arrays
        }
    }
}
```

Nach dem Starten sieht die Ausgabe so aus:

```
run:
Vor der Übergabe:
0   0   0   0
0   0   0   0
0   0   0   0
Nach der Übergabe:
1   2   3   4
2   4   6   8
3   6   9   12
BUILD SUCCESSFUL (total time: 0 seconds)
```

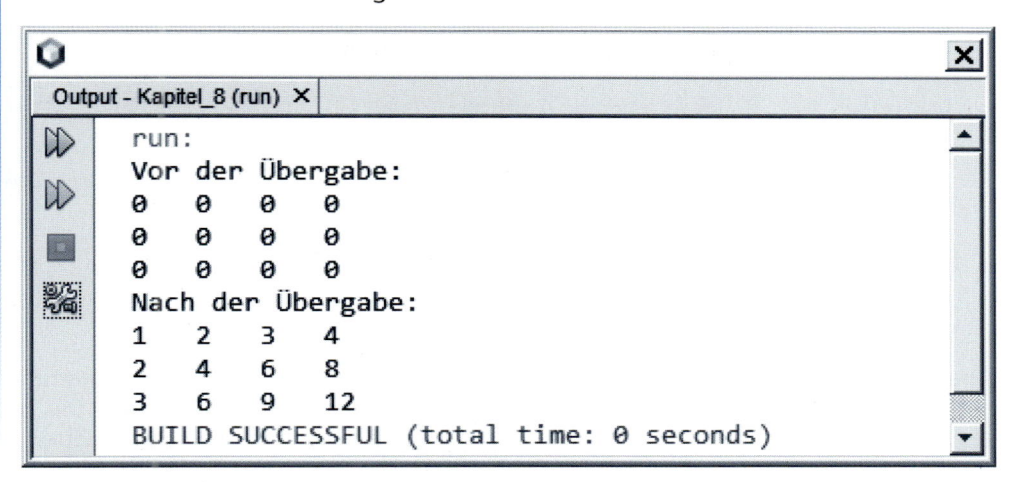

Unbestimme Anzahl von Übergabewerten

Eine Variante der Übergabe eines Arrays ist mithilfe von drei Punkten „..." zu realisieren. Diese Methodik ist vor allem C-Programmierern bekannt und kommt beispielsweise bei C-Funktionen wie `printf` zum Einsatz. Das folgende Beispiel zeigt die Unterschiede und Gemeinsamkeiten zur oben beschriebenen Arrayübergabe:

Beispiel:

```java
public class Arrays {
    public static void beliebigeArgumente(int ... einArray) {     // Drei-Punkte-Variante
        for (int i : einArray) System.out.println(i);
    }
    public static void main(String[] args) {
        int [] einArray = {1,2,3};

        System.out.println("Klassische Array-Übergabe:");

        beliebigeArgumente(einArray);     // Übergabe eines Arrays


        System.out.println("Beliebig viele Werte übergeben:");
        beliebigeArgumente(10,20,30,40,50);     // Beliebige Anzahl von Übergabewerten
    }
}
```

Nach dem Starten sieht die Ausgabe so aus:

```
run:
Klassische Array-Übergabe:
1
2
3
Beliebig viele Werte übergeben:
10
20
30
40
50
BUILD SUCCESSFUL (total time: 0 seconds)
```

> **Hinweise:**
>
> ▶ Auch bei der Übergabe mit den drei Punkten kann wie gewohnt auf das übergebene Array zugegriffen werden:
>
> ```
> for (int i=0; i < einArray.length; i++)
>         Sytem.out.println(einArray[i]);
> ```
>
> ▶ Wenn eine Methode mehrere Parameter übernehmen soll, dann muss der „Drei-Punkte"-Parameter immer am Ende der Liste stehen.
>
> ```
> public static void eineMethode(double x, int ... einArray)
> ```

8.2 Sortieren von Arrays

In der Praxis werden Arrays oft zur Speicherung von Messwerten benutzt. Bei der Auswertung der Messwerte ist es oftmals sinnvoll, die Messwerte in sortierter Reihenfolge zu haben. Die Ermittlung des *Medians* (eines speziellen Mittelwertes) kann beispielsweise nur in einem sortierten Array durchgeführt werden. Es gibt sehr viele Sortieralgorithmen, die unterschiedlich arbeiten und je nach Voraussetzung langsamer oder schneller sind. Beispielsweise sind die Art und die Vorsortierung der Messwerte wichtig, um den besten Algorithmus aussuchen zu können. Solange es nicht auf Geschwindigkeit ankommt (was allerdings eher selten ist), könnte man mit einem Algorithmus auskommen. In den folgenden Abschnitten werden ein elementarer Algorithmus sowie eine statische Methode der Klasse `Arrays` vorgestellt. Mit der Implementierung des Interfaces `Comparable` können dann auch beliebige Objekte sortiert werden.

8.2.1 Das Sortieren durch Auswahl

Das Prinzip dieses Algorithmus kann durch die folgenden Anweisungen beschrieben werden:

1. Suche in dem Array nach dem kleinsten bzw. größten Element.

2. Vertausche das Element mit dem ersten Element des Arrays.

3. Verschiebe den Startindex des Arrays um 1.

4. Wiederhole die Schritte 1 bis 3, bis der Startindex am Ende des Arrays angelangt ist.

> **Beispiel: Ein Array mit 5 Werten**
>
> | Index | 0 | 1 | 2 | 3 | 4 |
> |-------|----|----|----|----|----|
> | Wert | 10 | 55 | 23 | 18 | 5 |

Nach jedem Schritt wird der Index erhöht, ab dem das Array betrachtet wird. Die Anfangselemente des Arrays, die dann nicht mehr betrachtet werden, sind in Grau dargestellt.

1. Schritt: Suchen des Minimums → Tauschen mit dem ersten Element

Index	0	1	2	3	4
Wert	5	55	23	18	10

2. Schritt: Suchen des Minimums ab Index 1 → Tauschen mit dem zweiten Element

Index	0	1	2	3	4
Wert	5	10	23	18	55

3. Schritt: Suchen des Minimums ab Index 2 → Tauschen mit dem dritten Element

Index	0	1	2	3	4
Wert	5	10	18	23	55

4. Schritt: Suchen des Minimums ab Index 3 → kein Tausch nötig

Index	0	1	2	3	4
Wert	5	10	18	23	55

Damit ist das Array aufsteigend sortiert.

Für die Umsetzung des Algorithmus in Java werden zwei statische Methoden in einer Klasse SortierenAuswahl geschrieben. Die Methode minimumIndex liefert dabei den Index des minimalen Wertes eines Arrays innerhalb von festgelegten Arraygrenzen. Die Methode sortiere führt dann die eigentliche Sortierung durch.

```java
class SortierenAuswahl {

    private static int minimumIndex(int[] sortArray,
                                    int anfang,int ende) {

        int min = sortArray[anfang];
        int minIndex=anfang;

        for (int i=anfang+1 ; i < ende ; i++) {
            if (min >sortArray[i]) {
                min = sortArray[i];          // Minimum merken
                minIndex=i;                  // Index dazu merken
            }
        }
        return minIndex;
    }

    public static void sortiere(int [] sortArray, int anzahl) {

        int i;
        int minIndex;
        int dummy;
        for (i=0 ; i<anzahl ; i++) {         // Schritt für Schritt den kleinsten
                                             // Index ermitteln lassen
            minIndex = minimumIndex(sortArray,i,anzahl);

            if ( i!=minIndex) {              // Nur tauschen, wenn verschieden
                dummy = sortArray[i];
                sortArray[i]=sortArray[minIndex];
                sortArray[minIndex]=dummy;
            }
        }
    }
}

public class Sortieren {
    public static void main(String[] args) {
        int [] einArray = {10,55,23,18,5};
        SortierenAuswahl.sortiere(einArray,einArray.length);

        for (int i : einArray) System.out.println(i);
    }
}
```

Nach dem Starten sieht die Bildschirmausgabe so aus:

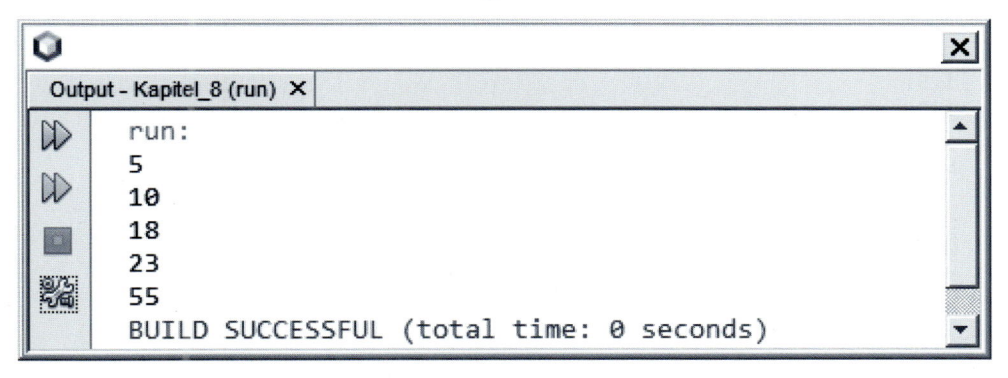

```
run:
5
10
18
23
55
BUILD SUCCESSFUL (total time: 0 seconds)
```

8 Arrays in Java

> **Hinweis:**
> Die statische Methode `sortiere` hat den Modifizierer `public`, damit sie aufgerufen werden kann. Die Methode `minimumIndex` ist ebenfalls statisch, hat aber den Modifizierer `private`, weil sie nur von der Methode `sortiere` aufgerufen wird und nicht von außen.

8.2.2 Statische Sortiermethode sort

Die Klasse `java.util.Arrays` bietet eine statische Methode `sort` an, die beliebige Arrays sortieren kann. Für Arrays von elementaren Datentypen ist das besonders einfach, da die Methode `sort` bereits dafür eingerichtet ist, wie das folgende Beispiel zeigt.

Beispiel:

```java
public class Sortieren {
    public static void main(String[] args) {

        int[] intArray = { 10, 55, 23, 18, 5 };
        double[] doubleArray = { 1.5, 5.5, 2.3, 1.8 };
        String[] stringArray = {"Maier","Kaiser","Hansen"};

        java.util.Arrays.sort(intArray);
        java.util.Arrays.sort(doubleArray);
        java.util.Arrays.sort(stringArray);

        System.out.println("Sortierte Integerwerte:");

        for (int i : intArray) System.out.println(i);

        System.out.println();
        System.out.println("Sortierte Doublewerte:");

        for (double d : doubleArray) System.out.println(d);

        System.out.println();
        System.out.println("Sortierte Zeichenketten:");

        for (String s : stringArray) System.out.println(s);

    }
}
```

Die Arrays einfach der Methode `sort` übergeben

Nach dem Starten sieht die Bildschirmausgabe so aus: Die Arrays sind alle aufsteigend sortiert.

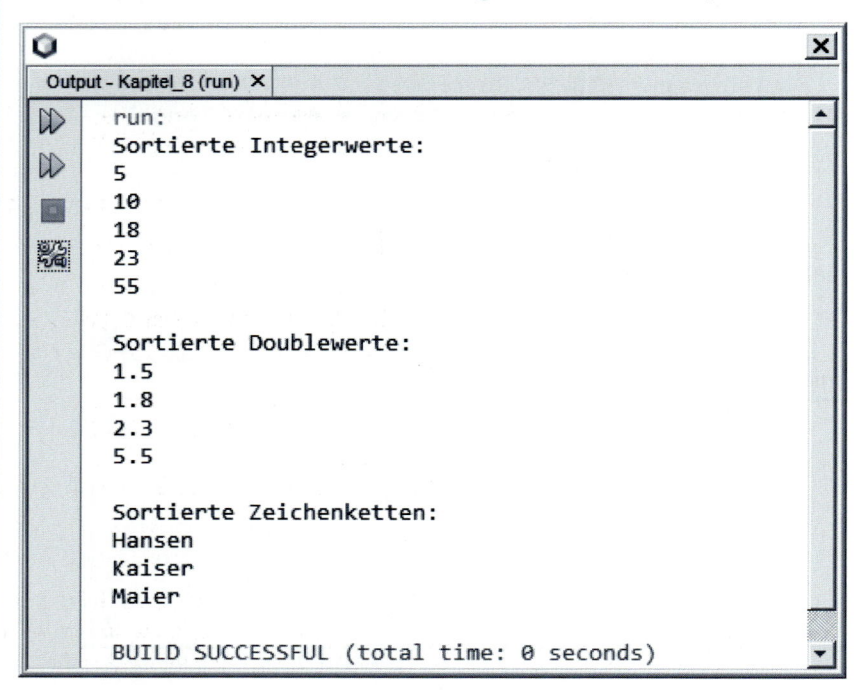

```
run:
Sortierte Integerwerte:
5
10
18
23
55

Sortierte Doublewerte:
1.5
1.8
2.3
5.5

Sortierte Zeichenketten:
Hansen
Kaiser
Maier

BUILD SUCCESSFUL (total time: 0 seconds)
```

Hinweis:

Die Methode `sort` kann auch mit weiteren Parametern aufgerufen werden, so dass nur ein Teil des Arrays sortiert wird:

```java
int[] intArray = { 10, 55, 23, 18, 5 };

        java.util.Arrays.sort(intArray,1,4);

        System.out.println("Teilsortierte Integerwerte:");
        for (int i : intArray)
            System.out.println(i);
```

Nach dem Starten sieht die Bildschirmausgabe so aus: Das Array ist von Element mit Index 1 (inkl.) bis Element mit Index 4 (exkl.) sortiert worden.

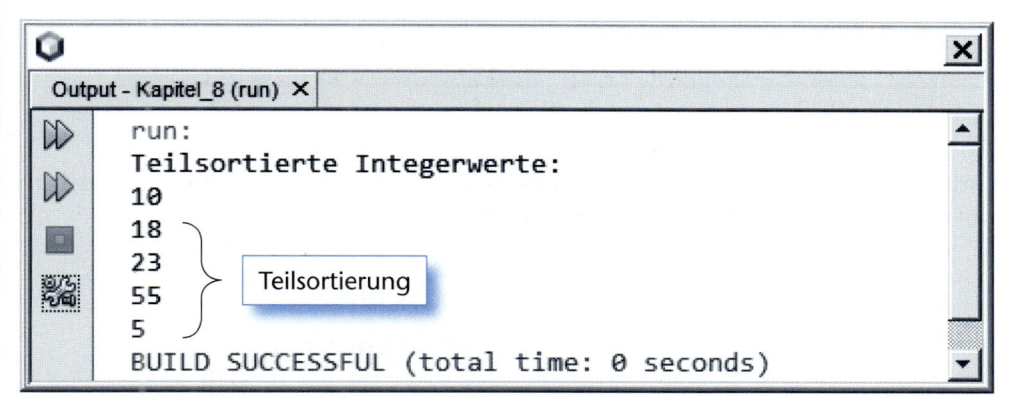

```
run:
Teilsortierte Integerwerte:
10
18
23     } Teilsortierung
55
5
BUILD SUCCESSFUL (total time: 0 seconds)
```

8.2.3 Das Interface Comparable

Die oben besprochene Methode `sort` kann zwar beliebige Arrays von elementaren Datentypen sortieren, aber keine Arrays von beliebigen Objekten, da ihr eine Vergleichsmöglichkeit für diese Objekte fehlt – für die elementaren Datentypen ist diese Vergleichsmöglichkeit implizit vorhanden. Mithilfe einer bestimmten Methode `compareTo` kann eine solche Vergleichsmöglichkeit für Objekte allerdings realisiert werden. Dazu muss das Interface `Comparable` implementiert werden, in dem diese Methode deklariert ist. Das folgende Beispiel zeigt die Implementierung der Methode in einer Personen-Klasse.

Beispiel:

```java
class Person implements Comparable {       // Das Interface Comparable
    :
    :                                      // Die Methode compareTo implementieren

    @Override
    public int compareTo(Object obj) {
        Person dummy = (Person) obj;       // Das Übergabeobjekt in eine Person umwandeln
        return this.name.compareTo(dummy.name);
                                           // Die Methode compareTo des String-Objektes benutzen und den Vergleichswert zurückgeben
    }
}

public class Sortieren {
    public static void main(String[] args) {

        Person[] personenArray = {
                                    new Person("Maier"),
                                    new Person("Kaiser"),
                                    new Person("Hansen") };
        // Das Array von Personen kann nun mithilfe der implementierten Methode compareTo sortiert werden.

        java.util.Arrays.sort(personenArray);
```

```
            System.out.println("Sortierte Personen:");
            for (Person p : personenArray)
                    System.out.println(p);
        }
}
```

Nach dem Starten zeigt die Bildschirmausgabe ein sortiertes Personenarray.

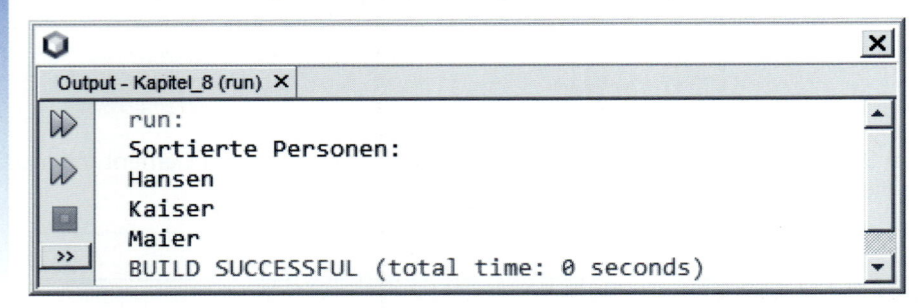

```
run:
Sortierte Personen:
Hansen
Kaiser
Maier
BUILD SUCCESSFUL (total time: 0 seconds)
```

Hinweise:

Die Methode `compareTo` muss einen Integerwert zurückgeben. Dieser Wert zeigt das Ergebnis des Vergleichs der Objekte:

- Aktuelles Objekt „==" Übergabeobjekt   → Rückgabewert: 0
- Aktuelles Objekt „<" Übergabeobjekt   → Rückgabewert: –1
- Aktuelles Objekt „>" Übergabeobjekt   → Rückgabewert: 1

In dem obigen Beispiel wurde einfach die vorhandene `compareTo`-Methode der String-Klasse benutzt, die genau diese Rückgabewerte hat.

8.3 Besondere Array-Klassen

8.3.1 Die Klasse ArrayList

Die bisherigen Arrays konnten zwar während der Laufzeit erstellt werden, also mit dynamischer Speicherreservierung, aber eine Redimensionierung während der Laufzeit war nicht möglich – also eine Erhöhung des Speicherplatzes, um mehr Elemente zu speichern. Solche flexiblen Arrays, die während der Laufzeit beliebig viele Elemente aufnehmen und auch wieder abgeben können, sind in dem Paket **java.util** zu finden. Eine dieser Klassen ist die `ArrayList`. Diese Klasse ist eine einfache dynamische Listenklasse. Sie verfügt über Methoden zum Hinzufügen (`add`) sowie zum Entfernen (`remove`) von beliebigen Elementen. Die Klasse `ArrayList` basiert auf der Basisklasse `Object`. Damit können beliebige Werte und Objekte (bzw. Verweise) gespeichert werden.

Beispiel:

```
class Person { ... }
```
Die Personen-Klasse aus den vorherigen Beispielen mit `toString`-Methode

```
public class ListenKlassen {
    public static void main(String[] args) {

        java.util.ArrayList eineListe = new java.util.ArrayList();
```
Die Klasse `ArrayList`

```
        eineListe.add(10);
        eineListe.add(20.5);
        eineListe.add("Hallo");
```
Die Methode `add` fügt ein Element am Ende der Liste ein.

```
        for (Object obj : eineListe)
                System.out.println(obj);

        System.out.println("Neues Element Person!");
        eineListe.add(2, new Person("Maier"));
```
Die Methode `add` mit zusätzlichem Indexparameter fügt ein Element an der Indexposition ein.

```
        for (Object obj : eineListe)
                System.out.println(obj);

        System.out.println("Löschen von Element 20.5!");
        eineListe.remove(20.5);

        for (Object obj : eineListe)
                System.out.println(obj);
    }
}
```

> Die Methode `remove` entfernt das angegebene Element.

Nach dem Starten sieht die Bildschirmausgabe so aus:

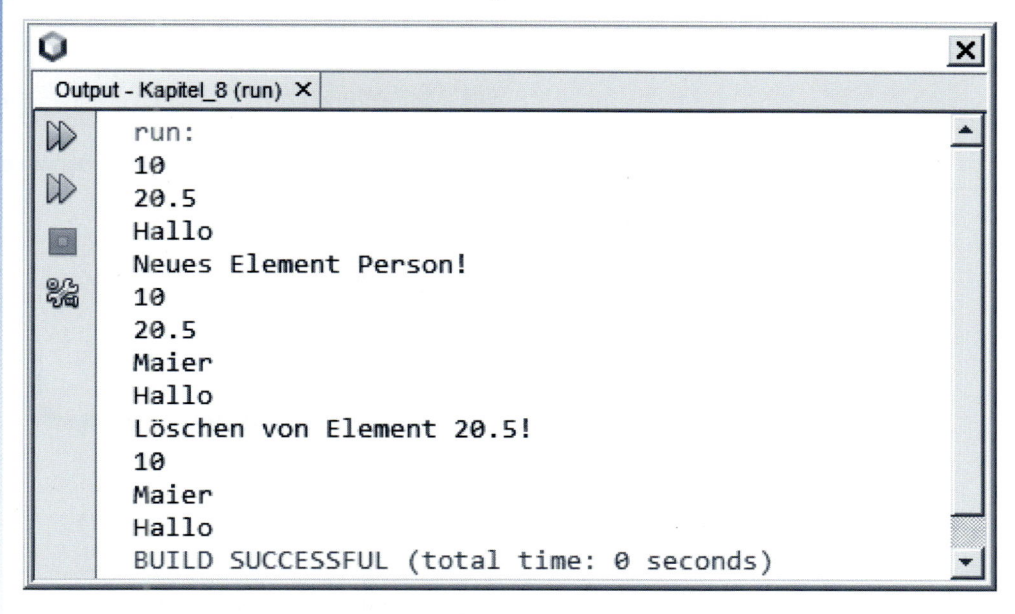

```
run:
10
20.5
Hallo
Neues Element Person!
10
20.5
Maier
Hallo
Löschen von Element 20.5!
10
Maier
Hallo
BUILD SUCCESSFUL (total time: 0 seconds)
```

Die Person „Maier" ist an der dritten Stelle (Index 2) eingefügt worden und anschließend wurde Element „20.5" gelöscht.

ACHTUNG: Beim Löschen wird immer der erste Wert der Liste gelöscht.

8.3.2 Die Klasse HashMap

Die Klasse `java.util.HashMap` realisiert ein sogenanntes assoziatives Array, welches in vielen modernen Programmiersprachen inzwischen Standard ist. Dabei wird ein Schlüssel (Key) benutzt, um Arraywerte zu speichern und zu lesen. **ACHTUNG: Dieser Schlüssel muss eindeutig sein.**

Beispiel eines assoziativen Arrays:

In einem Array sollen Hauptstädte gespeichert werden. Dabei soll das entsprechende Land der Schlüssel sein:

Schlüssel	Wert
Deutschland	Berlin
Frankreich	Paris
Schweden	Stockholm
Österreich	Wien
Niederlande	Amsterdam

Mit der Klasse `HashMap` kann diese Assoziation umgesetzt werden. Dabei muss beachtet werden, dass die Speicherung von Werten in einer `HashMap` nicht in sortierter Reihenfolge und auch nicht in der Reihenfolge des Hinzufügens erfolgt. Wenn beispielsweise die Ausgabe nach sortierten Schlüsseln geschehen soll, so kann dazu die Sortiermethode der Klasse `Arrays` benutzt werden, wie das folgende Beispiel zeigt:

8 Arrays in Java

Beispiel:

```java
public class ListenKlassen {
    public static void main(String[] args) {
        java.util.HashMap assoziativeListe = new java.util.HashMap();
```

> Die Klasse `HashMap`

```java
        assoziativeListe.put("Frankreich","Paris");
        assoziativeListe.put("Deutschland","Berlin");
        assoziativeListe.put("Schweden","Stockholm");
        assoziativeListe.put("Oesterreich","Wien");
        assoziativeListe.put("Niederlande","Amsterdam");
```

> Mit der Methode `put` einfach Schlüssel und Werte zuweisen

```java
        System.out.println("Ohne Sortierung der Schlüssel:");
```

> Die Methode `keySet.toArray` liefert ein `Object`-Array der Schlüssel.

```java
        for (Object obj : assoziativeListe.keySet().toArray())

            System.out.println(obj + "   " + assoziativeListe.get(obj));
```

> Die Methode `get` liefert den Wert zu einem Schlüssel (hier `obj`).

```java
        System.out.println();
        System.out.println("Mit Sortierung der Schlüssel:");

        Object [] schluessel = assoziativeListe.keySet().toArray();
```

> Die Schlüssel in einem `Object`-Array speichern

```java
        java.util.Arrays.sort(schluessel);
```

> Das Schlüssel-Array sortieren

```java
        for (Object obj : schluessel)
            System.out.println(obj + "   " + assoziativeListe.get(obj));
    }
}
```

Nach dem Starten sieht die Bildschirmausgabe so aus:

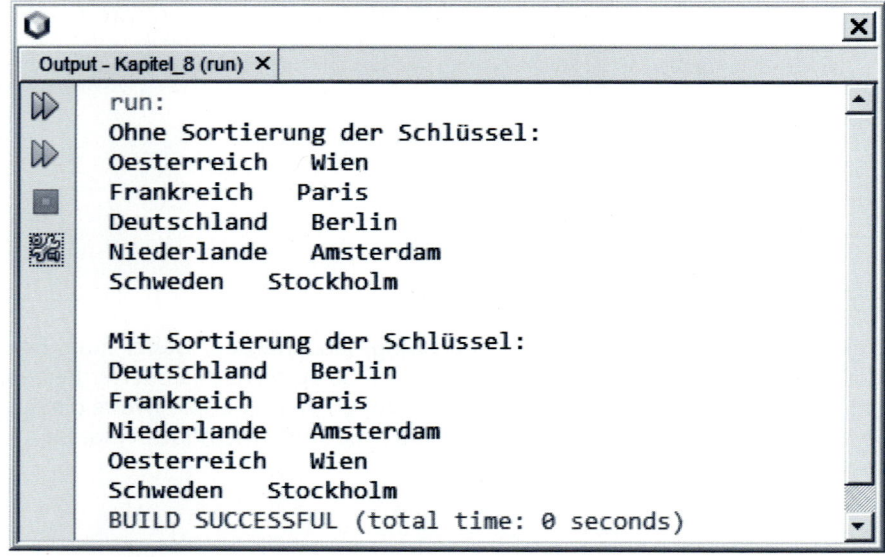

```
run:
Ohne Sortierung der Schlüssel:
Oesterreich    Wien
Frankreich     Paris
Deutschland    Berlin
Niederlande    Amsterdam
Schweden       Stockholm

Mit Sortierung der Schlüssel:
Deutschland    Berlin
Frankreich     Paris
Niederlande    Amsterdam
Oesterreich    Wien
Schweden       Stockholm
BUILD SUCCESSFUL (total time: 0 seconds)
```

Hinweis:

Eine `HashMap` kann natürlich nicht nur Schlüssel und Werte vom Datentyp `String` aufnehmen, sondern beliebige Schlüssel und Werte, da nur `Object`-Verweise gespeichert werden (wie bei der Klasse `ArrayList`):

> Schlüssel und Wert vom Typ `String`

```
assoziativeListe.put("Niederlande","Amsterdam");
```

> Schlüssel und Wert vom Typ `double` und `Person`

```
assoziativeListe.put(1.5 , new Person("Hansen"));
```

> Schlüssel und Wert vom Typ `Person` und `int`

```
assoziativeListe.put(new Person("Maier") , (int)20 );
```

Bei der Sortierung von solchen unterschiedlichen Schlüsseln kann die Methode `sort` der Klasse `Arrays` natürlich nicht weiterhelfen. Dafür muss dann eine eigene Logik implementiert werden.

9 Dateioperationen in Java

In den Anfängen der Computergeschichte erfolgte die Datensicherung auf Lochkarten. Später wurden dann Magnetbänder eingesetzt, um die Daten zu sichern. Auch in den Anfängen der Homecomputer in den 80er-Jahren war das Standard-Datensicherungsgerät eine Art Kassettenrekorder, auf den die Computerdaten in akustischer Form übertragen wurden. Diese Art der Datensicherung war nicht nur unkomfortabel, sondern auch relativ fehleranfällig. Die problemlose Datensicherung heutzutage auf CDs, DVDs, externen Festplatten oder Memory-Sticks hat nicht mehr viel gemeinsam mit diesen überholten Techniken. Trotzdem ist das Grundprinzip der Datensicherung gleich geblieben. Mit einer Programmiersprache wie Java können Daten so wie früher auf einem Magnetband sequenziell in eine Datei geschrieben werden. Das kann man sich so vorstellen, dass mithilfe sogenannter Stream-Objekte die Daten hintereinander in die Datei geschrieben werden und auch so ausgelesen werden können.

> **Hinweis:**
> Eine Datei (engl. *file*) ist eine Sammlung von Daten bzw. Datensätzen. Jeder Datensatz kann aus mehreren Komponenten zusammengesetzt sein. Das Sichern von Daten auf externen Speichern (Festplatte usw.) erfolgt in Form von solchen Dateien. Die Verwaltung der Dateien übernimmt dabei das Betriebssystem.

Grundsätzlich können zwei Organisationen von Dateien unterschieden werden: die **sequenzielle** und die **direkte Organisation.** Bei der sequenziellen Organisation ist die Vorstellung eines Magnetbandes treffend. Die Daten werden hintereinander in die Datei geschrieben und können auch nur in dieser Reihenfolge gelesen werden. Diese Form des Dateizugriffs ist sehr einfach zu programmieren. Der entscheidende Nachteil ist die geringe Schnelligkeit. Bei einer großen Datei müssen beispielsweise erst enorm viele Datensätze eingelesen werden, um den gesuchten Datensatz zu erhalten.

Die folgende Grafik zeigt den sequenziellen Zugriff auf eine Datei. Dabei bewegt sich ein sogenanntes Dateifenster (Dateizeiger) nach jedem Lesezugriff auf den nächsten Datensatz.

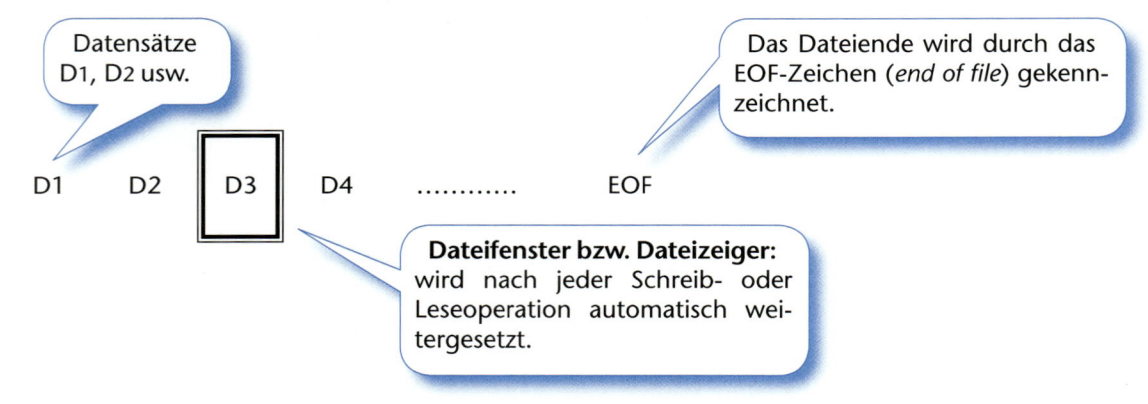

Datensätze D1, D2 usw.

Das Dateiende wird durch das EOF-Zeichen (*end of file*) gekennzeichnet.

D1   D2   D3   D4   ....   EOF

Dateifenster bzw. Dateizeiger: wird nach jeder Schreib- oder Leseoperation automatisch weitergesetzt.

Bei der direkten Organisation wird hingegen das Dateifenster genau positioniert und es können Datensätze an einer bestimmten Stelle aus der Datei gelesen werden. Sowohl der sequenzielle als auch der direkte Zugriff sind mit den Stream-Klassen in Java möglich.

Im Paket `java.io` wird eine Vielzahl von Klassen zu Verfügung gestellt, mit denen die Dateioperationen umgesetzt werden können. Dabei gehen die Funktionalitäten aber weit über das Lesen und Schreiben von Dateien hinaus. Es gibt Klassen, die das Kopieren oder Verschieben von Dateien ermöglichen, oder auch Klassen, die Verzeichnisse auslesen oder erstellen. Auch die Behandlung von komprimierten Dateien und der Datenaustausch über das Netzwerk sind möglich – diese komplexeren Themen können aber nicht Gegenstand des vorliegenden Buches sein.

9.1 Lesen und Schreiben von Dateien

9.1.1 Sequenzielles Lesen und Schreiben

Wie in den einführenden Bemerkungen erwähnt, kann das sequenzielle Lesen und Schreiben mit der Speicherung auf einem Magnetband verglichen werden. Mithilfe der Methode `write` aus der Klasse `FileWriter` können entweder einzelne Zeichen oder Zeichenketten in eine Datei geschrieben werden. Nach jedem Schreiben rückt der Dateizeiger um genau so viele Stellen weiter, wie geschrieben wurden. Ebenso rückt der Dateizeiger beim Lesen aus der Datei um die entsprechenden Stellen weiter. Das folgende Beispiel zeigt, wie in eine Datei geschrieben bzw. aus einer Datei gelesen werden kann. Dazu muss ein Objekt der Klasse `FileWriter` angelegt und im Konstruktor der Dateiname (inkl. Dateipfad) angeben werden. Eine Datei kann zum Schreiben (oder auch zum Anhängen) geöffnet werden.

In eine Datei schreiben:

> Das Paket `java.io.*` einbinden!

```java
import java.io.*;
```

> **ACHTUNG**: Ausnahmebehandlung für IO-Fehler einschalten, dazu später mehr!

```java
public class Dateioperationen {
    public static void main(String[] args) throws IOException {
```

> Ein Objekt der Klasse `FileWriter` instanziieren und dem Konstruktor den Pfad und Dateinamen der zu schreibenden Datei mitgeben

```java
        FileWriter schreiben = new FileWriter("C:/temp/java.txt");
```

> Mit der Methode `write` können einzelne Zeichen geschrieben werden. Dabei werden die Integerwerte als Zeichen (Unicode-Wert) interpretiert.

```java
        for (int i = 65; i < 91; i++) schreiben.write(i);
```

> Es ist sinnvoll, einen Zeilenumbruch mithilfe der Methode `System.getProperty` zu schreiben. Damit wird auf jedem System (beispielsweise Linux oder Windows) das richtige Zeichen (oder die richtigen Zeichen) verwendet.

```java
        schreiben.write(System.getProperty("line.separator"));
```

> Mit der Methode `write` kann auch eine ganze Zeichenkette geschrieben werden.

```java
        schreiben.write("ABCDEFGHIJKLMNOPQRSTUVWXYZ");
        schreiben.write(System.getProperty("line.separator"));
```

> **WICHTIG**: Die Datei schließen, um nicht unnötig Ressourcen zu beanspruchen!

```java
        schreiben.close();
    }
}
```

Nach dem Starten sieht die Datei so aus:

```
java.txt - Editor
Datei  Bearbeiten  Format  Ansicht  ?
ABCDEFGHIJKLMNOPQRSTUVWXYZ
ABCDEFGHIJKLMNOPQRSTUVWXYZ

                                          Zeile 3, Spalte 1
```

Es ist erkennbar, dass die Großbuchstaben von A bis Z zweimal geschrieben wurden. Die ersten 26 Buchstaben wurden mithilfe einer Schleife geschrieben und die zweite Buchstabenreihe mit einem String.

Daten anhängen: Den überladenen Konstruktor nutzen und einen zweiten Parameter auf `true` setzen. Damit wird die Datei zum Anhängen geöffnet.

```
schreiben = new FileWriter("C:/temp/java.txt",true);

schreiben.write("ABCDEFGHIJKLMNOPQRSTUVWXYZ");

schreiben.close();
```

Eine weitere Zeichenkette anhängen!

Danach sieht die Datei so aus:

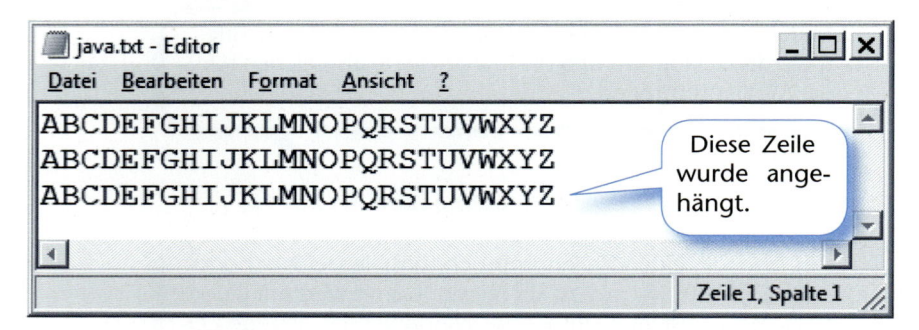

```
java.txt - Editor
Datei  Bearbeiten  Format  Ansicht  ?
ABCDEFGHIJKLMNOPQRSTUVWXYZ
ABCDEFGHIJKLMNOPQRSTUVWXYZ
ABCDEFGHIJKLMNOPQRSTUVWXYZ      Diese Zeile
                                wurde ange-
                                hängt.
                                          Zeile 1, Spalte 1
```

Zeichenweise aus der Datei lesen:

Ein Objekt der Klasse `FileReader` instanziieren und dem Konstruktor den Pfad und Dateinamen der zu lesenden Datei mitgeben

```
FileReader lesen = new FileReader("C:/temp/java.txt");

char [] c = new char[1];
```

Ein Array mit einem Element anlegen, um genau ein Zeichen zu lesen

Mit der Methode `read` so viele Zeichen einlesen, wie in das übergebene Array passen – in diesem Fall genau ein Zeichen. Sobald der Dateizeiger auf EOF steht, liefert `read` den Wert –1.

```
while (lesen.read(c) != -1) System.out.print(c[0]);
lesen.close();
System.out.println();
```

Nach dem Starten wird die Datei Zeichen für Zeichen eingelesen und auf dem Bildschirm angezeigt:

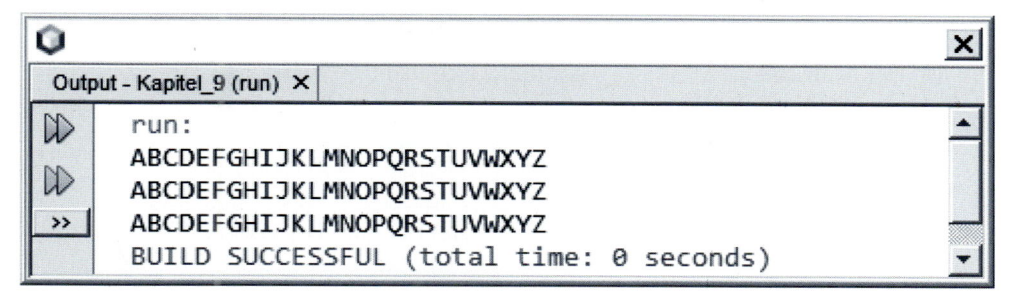

```
run:
ABCDEFGHIJKLMNOPQRSTUVWXYZ
ABCDEFGHIJKLMNOPQRSTUVWXYZ
ABCDEFGHIJKLMNOPQRSTUVWXYZ
BUILD SUCCESSFUL (total time: 0 seconds)
```

Komplett aus der Datei lesen:

```java
FileReader lesen = new FileReader("C:/temp/java.txt");

char [] zeichen = new char[82];
```

Die komplette Datei in das Array einlesen!

*In der Datei befinden sich 3*26 Buchstaben (drei Alphabete) und zwei Zeilenumbrüche, die unter Windows zwei Zeichen groß sind. Deshalb werden insgesamt 82 Elemente benötigt.*

```java
lesen.read(zeichen);
lesen.close();

for (int i = 0; i < zeichen.length; i++)
            System.out.print(zeichen[i]);
System.out.println();
```

Nach dem Starten wird die Datei komplett in das Array eingelesen und auf dem Bildschirm angezeigt:

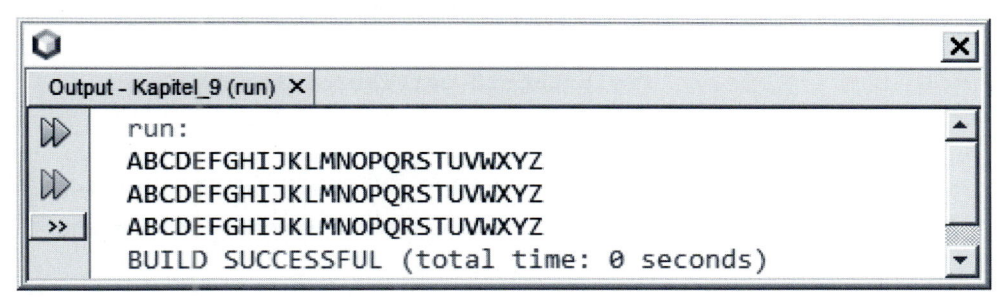

```
run:
ABCDEFGHIJKLMNOPQRSTUVWXYZ
ABCDEFGHIJKLMNOPQRSTUVWXYZ
ABCDEFGHIJKLMNOPQRSTUVWXYZ
BUILD SUCCESSFUL (total time: 0 seconds)
```

9.1.2 Direkter Zugriff in Dateien

Mit der Klasse `RandomAccessFile` kann nicht nur gelesen und geschrieben, sondern auch der Dateizeiger positioniert werden. Damit ist ein Zugriff an beliebiger Stelle innerhalb der Datei möglich, wie der folgende Programmausschnitt zeigt:

```java
import java.io.*;

public class Dateioperationen {
    public static void main(String[] args) throws IOException {
```

Anlegen eines Objektes vom Typ `RandomAccessFile`

```java
RandomAccessFile freierZugriff = new
                RandomAccessFile("C:/temp/java.txt","rw");
```

Pfad und Dateinamen angeben!

Modus angeben:
`"r"` Lesen
`"rw"` Lesen und Schreiben

```java
freierZugriff.writeBytes("ABCDEFGHIJKLMNOPQRSTUVWXYZ");
```

> Mit der Methode `writeBytes` können Zeichenketten in die Datei geschrieben werden.

```java
freierZugriff.close();
```

> Datei nur zum Lesen öffnen!

```java
freierZugriff = new RandomAccessFile("C:/temp/java.txt","r");

System.out.println(freierZugriff.readLine());
```

> Mit der Methode `readLine` wird eine Zeichenkette eingelesen und zurückgegeben. Die Methode liest bis zum nächsten Zeilenumbruch oder dem Ende der Datei.

```java
freierZugriff.close();
```

> Datei zum Lesen und Schreiben öffnen!

```java
freierZugriff = new RandomAccessFile("C:/temp/java.txt","rw");
```

> Mit der Methode `length` die Länge der Datei mit ermitteln

```java
long laenge = freierZugriff.length();
System.out.println("Dateizeiger steht auf Position: " +
                   freierZugriff.getFilePointer());
```

> Mit der Methode `getFilePointer` die aktuelle Position des Dateizeigers ermitteln

```java
System.out.println("Länge der Datei: " + laenge);
```

> Mit der Methode `seek` die Position des Dateizeigers setzen

```java
freierZugriff.seek(laenge / 2);

System.out.println("Dateizeiger steht jetzt auf Position: " +
                   freierZugriff.getFilePointer());

System.out.println("Zeichen an dieser Position: " +
                   (char)freierZugriff.read());
```

> Die Konvertierung in `char` ist nötig, denn `read` liefert einen Integerwert des Zeichens.

> Mit der Methode `read` wird ein einzelnes Zeichen an der aktuellen Position des Dateizeigers gelesen.

```java
System.out.println("Dateizeiger steht jetzt auf Position: " +
                   freierZugriff.getFilePointer());
```

```java
        freierZugriff.write('X');
```

> Mit der Methode `write` wird ein einzelnes Zeichen an der aktuellen Position des Dateizeigers geschrieben.

```java
        System.out.println("Dateizeiger steht jetzt auf Position: " +
                        freierZugriff.getFilePointer());

        freierZugriff.seek(0);
```

> Datei wieder auf Anfang!

```java
        System.out.println("Dateizeiger steht jetzt auf Position: " +
                        freierZugriff.getFilePointer());

        System.out.println(freierZugriff.readLine());

        freierZugriff.close();
    }
}
```

> Komplette Zeile erneut ausgeben!

Nach dem Starten sieht die Bildschirmausgabe so aus:

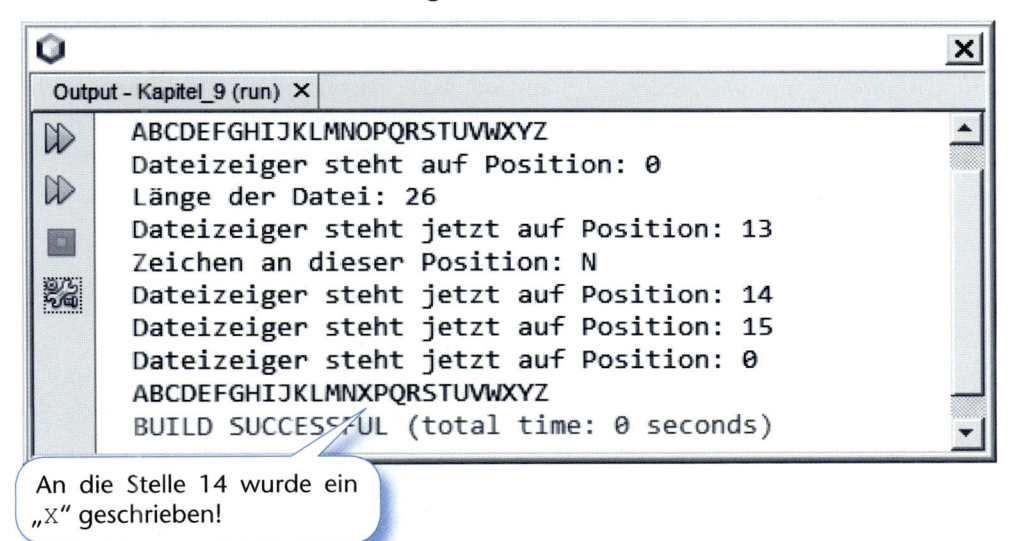

```
ABCDEFGHIJKLMNOPQRSTUVWXYZ
Dateizeiger steht auf Position: 0
Länge der Datei: 26
Dateizeiger steht jetzt auf Position: 13
Zeichen an dieser Position: N
Dateizeiger steht jetzt auf Position: 14
Dateizeiger steht jetzt auf Position: 15
Dateizeiger steht jetzt auf Position: 0
ABCDEFGHIJKLMNXPQRSTUVWXYZ
BUILD SUCCESSFUL (total time: 0 seconds)
```

> An die Stelle 14 wurde ein „X" geschrieben!

9.2 Textdateien lesen und schreiben

Für das komfortable Lesen und Schreiben von reinen Textdateien bietet es sich an, die Klassen `PrintWriter` und `Scanner` zu nutzen. Damit ist das Schreiben und Lesen einer Datei so einfach wie die Ausgabe auf dem Bildschirm oder das Einlesen über die Tastatur.

9.2.1 Textdateien mit dem PrintWriter schreiben

Das folgende Beispiel zeigt die Verwendung von `PrintWriter`, um in eine Textdatei zu schreiben.

```java
import java.io.*;

public class Dateioperationen {
    public static void main(String[] args) throws IOException {
```

> Anlegen eines Objektes vom Typ `PrintWriter`

```java
        PrintWriter schreiben =
                    new PrintWriter("C:/temp/java.txt");
```

```java
        schreiben.println("Hallo");
        schreiben.println(123);
        schreiben.println(true);
        schreiben.println(100.45);
        schreiben.close();
    }
}
```

> Die Methode `println` ist für alle Datentypen überladen!

Nach dem Starten sieht die Textdatei so aus:

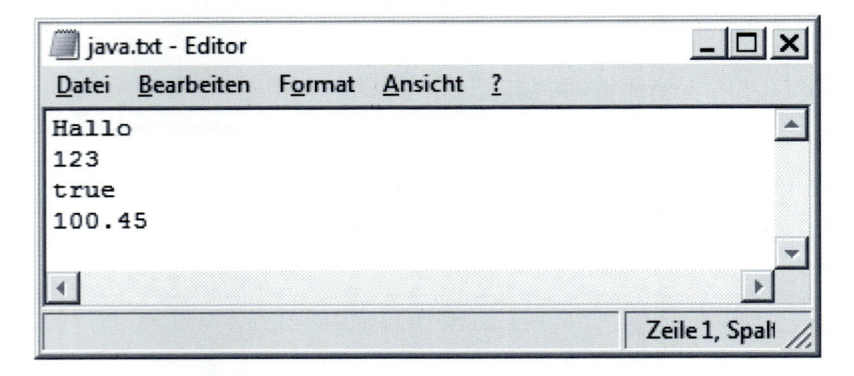

```
Hallo
123
true
100.45
```

9.2.2 Textdateien mit dem Scanner lesen

Das folgende Beispiel zeigt die Verwendung von `Scanner` und `FileReader`, um formatiert aus einer Textdatei zu lesen. Der Einfachheit halber wird die Datei „java.txt" eingelesen, die in dem Beispiel vorher geschrieben wurde.

```java
import java.io.*;
import java.util.Locale;
import java.util.Scanner;

public class Dateioperationen {
    public static void main(String[] args) throws IOException {

        Scanner  lesen = new Scanner(
                new FileReader("C:/temp/java.txt"));
```

> Importieren der Klasse `Scanner` und `Locale`, um auf lokale Einstellungen für die Dezimalschreibweise Rücksicht zu nehmen.

> Ein Objekt der Klasse `Scanner` anlegen und über ein `FileReader`-Objekt die Verbindung zur Datei herstellen!

> Die Methode `nextLine` liest eine Zeichenkette und gibt sie zurück!

```java
        System.out.println(lesen.nextLine());
```

> Die Methode `nextInt` liest einen Integerwert und gibt ihn zurück!

```java
        System.out.println(lesen.nextInt());
```

> Die Methode `nextBoolean` liest einen booleschen Wert und gibt ihn zurück!

```java
        System.out.println(lesen.nextBoolean());
```

> Die Methode `useLocale` ändert das Format auf das angegebene Land. Damit wird der Dezimalpunkt korrekt interpretiert.

```
        lesen.useLocale(Locale.ENGLISH);
```

> Die Methode `nextDouble` liest eine Gleitpunktzahl und gibt sie zurück. **ACHTUNG**: Auf die lokalen Gegebenheiten achten!

```
        System.out.println(lesen.nextDouble());

        lesen.close();
    }
}
```

Nach dem Starten liest das Programm die vorhandene Textdatei ein und schreibt die Zeilen auf den Bildschirm:

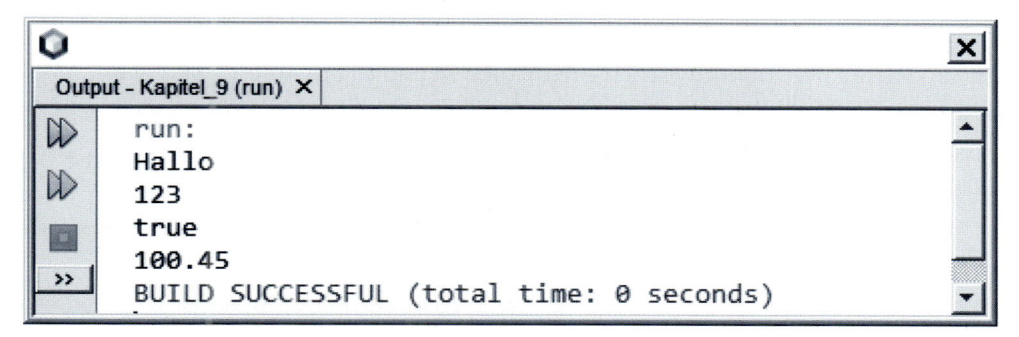

```
run:
Hallo
123
true
100.45
BUILD SUCCESSFUL (total time: 0 seconds)
```

9.3 Serialisierung von Objekten

Das Lesen und Schreiben in Textdateien ist sinnvoll, wenn viele einfache Daten (möglichst vom gleichen Typ) geschrieben und gelesen werden sollen. Sollen hingegen Objekte aus dem Speicher gesichert werden, so ist das prinzipiell auch mit den oben beschriebenen Methoden möglich, kann aber sehr schnell unübersichtlich werden, wenn zusätzlich zu den Objekten auch Beziehungen zwischen den Objekten gespeichert werden sollen. Für diese Fälle bietet Java einen eleganten Mechanismus – die *Serialisierung*. Mithilfe bestimmter Ein- und Ausgabestreams können Objekte komplett gespeichert und auch wieder gelesen werden. Damit ein Objekt serialisierbar ist, muss es nur die Schnittstelle **Serializable** implementieren. Angenehmerweise müssen dabei keine weiteren Methoden implementiert werden. Das folgende Beispiel zeigt, wie zwei Klassen serialisierbar und auch die Beziehungen zwischen den Klassen mitgesichert werden:

```java
class Kunde implements Serializable {

    private String name;

    public Kunde(){
        name = "LEER";
    }

    public Kunde(String n){
        name = n;
    }

    @Override
    public String toString() {
        return "Kundenname: " + name;
    }
}
```

> Die Klasse `Kunde` implementiert die Schnittstelle **Serializable**, muss aber keine weiteren Methoden implementieren. Die Methode `toString` liefert wie gewohnt eine Zeichenkette mit den entsprechenden Daten zurück.

9 Dateioperationen in Java

```java
class Auftrag implements Serializable {
    private Kunde derKunde;
    private String bezeichnung;

    public Auftrag(Kunde k, String b) {
      derKunde = k;
      bezeichnung = b;
    }

    @Override
    public String toString() {
        return    "Bezeichnung: " + bezeichnung + "    "
              + derKunde.toString();
    }
}
```

> Die Klasse `Auftrag` implementiert die Schnittstelle `Serializable` ebenfalls. Zusätzlich verfügt die Klasse über ein sogenanntes Beziehungsattribut **derKunde**. Damit wird ein Verweis auf einen Kunden gespeichert, der bei der Instanziierung eines Objektes dem Konstruktor mitgegeben wird.

> Zugriff auf die Kundendaten!

Hinweis:
Die oben angelegte Beziehung zwischen einem Kunden und einem Auftrag wird in der *UML*-Fachsprache **Assoziation** genannt. Der Auftrag *kennt* damit seinen Kunden.

```java
import java.io.*;

public class Dateioperationen {
    public static void main(String[] args)
               throws IOException, ClassNotFoundException {


        Kunde ersterKunde = new Kunde("Hansen");
        Kunde zweiterKunde = new Kunde("Maier");

        Auftrag ersterAuftrag = new Auftrag(ersterKunde,"Laptop");
        Auftrag zweiterAuftrag = new Auftrag(zweiterKunde,"Desktop-PC");



        System.out.println(ersterAuftrag);
        System.out.println(zweiterAuftrag);
    }
}
```

> Eine weitere Ausnahmebehandlung ist nötig!

> Instanziieren von zwei Kunden

> Instanziieren von zwei Aufträgen und Weitergabe der Kundenverweise. Damit *kennen* die Aufträge ihre Kunden.

> Ausgabe der Aufträge (inkl. Kundendaten)

Nach dem Starten erscheint die folgende Bildschirmausgabe:

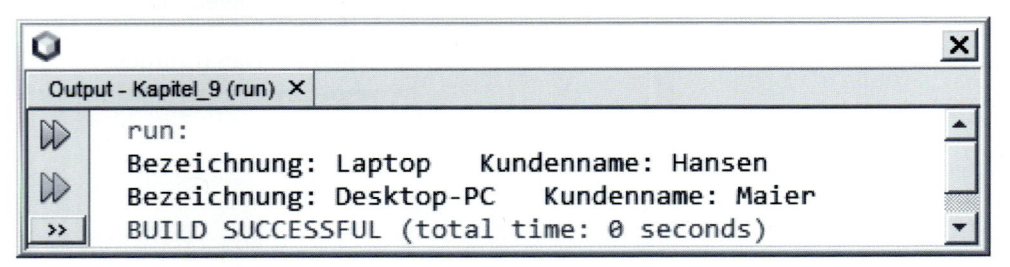

```
Output - Kapitel_9 (run)
run:
    Bezeichnung: Laptop     Kundenname: Hansen
    Bezeichnung: Desktop-PC     Kundenname: Maier
BUILD SUCCESSFUL (total time: 0 seconds)
```

Serialisierung:

> Anlegen eines `ObjectOutputStream` und verbinden mit einer Datei über ein `FileOutputStream`-Objekt

```
ObjectOutputStream serialisieren =
        new ObjectOutputStream(
             new FileOutputStream("C:/temp/Auftrag.xxx"));
```

> Angabe eines beliebigen Dateinamens mit beliebiger Endung (hier „xxx")

```
serialisieren.writeObject(ersterKunde);
serialisieren.writeObject(zweiterKunde);
serialisieren.writeObject(ersterAuftrag);
serialisieren.writeObject(zweiterAuftrag);
serialisieren.close();
```

> Sichern aller Objekte mit der Methode `writeObject`

Nach der Serialisierung sieht die Datei „Auftrag.xxx" so aus:

```
¬í |sr #kapitel_9.Kunde"6Áó*š
[¬   L ͟namet ↕Ljava/lang/String;xpt -Hansensq ~   t |Maiersr ◂ka
pitel_9.Auftrag 6IR1Å^+¬ ¬L
bezeichnungq ~    L ▯derKundet ◂Lkapitel_
9/Kunde;xpt -Laptopq ~ ¬sq ~ -t
Desktop-PCq ~ ͟
```

Die Objekte sind in einem speziellen Format (inkl. der Beziehungen) gesichert und können über die Standard-Dateioperationen nicht sinnvoll ausgelesen werden – dazu dient dann die *Deserialisierung*.

Deserialisierung:

```
Kunde dummyKunde1;
Kunde dummyKunde2;
Auftrag dummyAuftrag1;
Auftrag dummyAuftrag2;
```

> Vier Verweise zur Aufnahme der Objekte aus der Datei!

> Anlegen eines `ObjectIntputStream` und verbinden mit einer Datei über ein `FileInputStream`-Objekt

```
ObjectInputStream einlesen =
       new ObjectInputStream(
           new FileInputStream("C:/temp/Auftrag.xxx"));
```

> Die Konvertierung in den entsprechenden Typ ist zwingend.

> Einlesen eines Objektes mit der Methode `readObject` und Zuweisung an den entsprechenden Verweis

```
dummyKunde1 = (Kunde) einlesen.readObject();
dummyKunde2 = (Kunde) einlesen.readObject();

dummyAuftrag1 = (Auftrag) einlesen.readObject();
dummyAuftrag2 = (Auftrag) einlesen.readObject();

einlesen.close();

System.out.println(dummyAuftrag1);
System.out.println(dummyAuftrag2);
```

> Ausgabe der Aufträge (inkl. Kundendaten)

9 Dateioperationen in Java

Nach dem Starten erscheint die folgende Bildschirmausgabe:

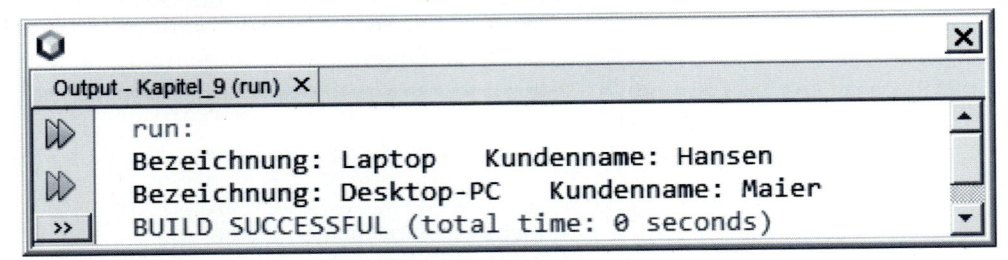

```
run:
Bezeichnung: Laptop      Kundenname: Hansen
Bezeichnung: Desktop-PC  Kundenname: Maier
BUILD SUCCESSFUL (total time: 0 seconds)
```

An der Ausgabe ist erkennbar, dass durch die Serialisierung nicht nur die „Daten" der Objekte, sondern auch die Beziehungen zwischen den Objekten korrekt gesichert wurden.

9.4 Methoden der Klasse File

Neben dem Lesen und Schreiben von Dateien mit den Streamklassen bietet die Klasse `File` eine Vielzahl von Methoden, um mit Dateien und Verzeichnissen zu arbeiten.

9.4.1 Methoden der Klasse File

Ein Objekt der Klasse `File` repräsentiert entweder eine Datei oder einen Pfad. Mit den entsprechenden Methoden können dann alle relevanten Informationen ausgelesen werden. Das folgende Beispiel zeigt die Verwendung einiger wichtiger Methoden, um eine Datei zu behandeln:

Beispiel:

> Ein Objekt vom Typ `File` anlegen und dem Konstruktor sowohl Pfad als auch Dateinamen mitgeben

```java
File eineDatei = new File("c:/temp","java.txt");
```

> Den Namen der Datei auslesen!

```java
System.out.println("Name der Datei: " + eineDatei.getName());
```

> Den Pfad der Datei auslesen!

```java
System.out.println("Pfad der Datei: " + eineDatei.getPath());
```

> Die Länge der Datei auslesen!

```java
System.out.println("Länge der Datei: " + eineDatei.length());

System.out.println("Datei (ja == true / nein == false): "
                   + eineDatei.isFile());
```

> Prüfen, ob es eine Datei ist!

```java
System.out.println("Existenz (ja == true / nein == false): "
                   + eineDatei.exists());
```

> Prüfen, ob die Datei existiert!

Nach dem Starten erscheint die folgende Bildschirmausgabe:

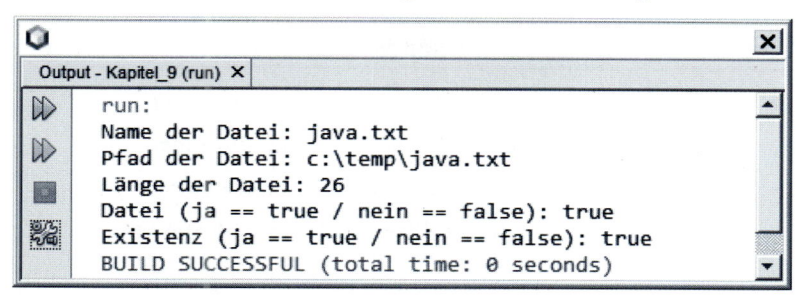

```
run:
Name der Datei: java.txt
Pfad der Datei: c:\temp\java.txt
Länge der Datei: 26
Datei (ja == true / nein == false): true
Existenz (ja == true / nein == false): true
BUILD SUCCESSFUL (total time: 0 seconds)
```

9.4.2 Verzeichnisse auflisten

Die Klasse `File` verfügt über eine statische Methode `listRoots`, die alle verfügbaren Laufwerke in einem Array des Typs `File` zurückgibt. Jedes dieser Laufwerke oder Verzeichnisse kann dann mit der Methode `listFiles` weiter ausgelesen werden. Das folgende Beispiel zeigt das Auslesen aller Laufwerke und beispielhaft das Auslesen eines Verzeichnisses.

Beispiel:

Ein Array vom Typ `File` anlegen und alle Laufwerke mit der Methode `listRoots` holen

```java
File [] laufwerke = File.listRoots();

for (File lw : laufwerke) {
        System.out.println(lw.getPath());
}

File pfad = new File("c:/temp/java");

File [] verzeichnisse = pfad.listFiles();

for (File vz : verzeichnisse) {
        if (vz.isFile() == true)
            System.out.println("Datei: " + vz.getName());
        else
            System.out.println("Verzeichnis: " + vz.getName());
}
```

Alle Laufwerke auf dem Bildschirm anzeigen

Ein Objekt vom Typ `File` instanziieren und einem Pfad übergeben

Ein Array vom Typ `File` anlegen und alle Verzeichnisse und Dateien mit der Methode `listFiles` holen

Dateien und Verzeichnisse identifizieren und ausgeben

Nach dem Starten erscheint die folgende Bildschirmausgabe:

```
run:
C:\
D:\
I:\
P:\          } Laufwerke
Q:\
S:\
W:\
Z:\
Verzeichnis: Aufgabenpool
Verzeichnis: Informationsteil  } Dateien und Verzeichnisse
Datei: java.txt
Verzeichnis: Lernsituationen
BUILD SUCCESSFUL (total time: 0 seconds)
```

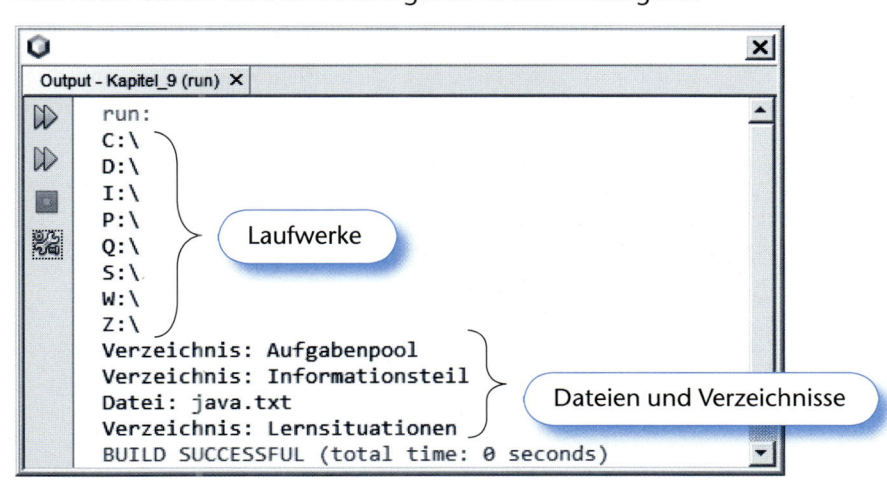

Zum Vergleich hier ein Ausschnitt aus der Explorer-Ansicht:

Name ▲	Änderungsdatum	Typ
Aufgabenpool	26.03.2019 08:35	Dateiordner
Informationsteil	26.03.2019 08:35	Dateiordner
Lernsituationen	26.03.2019 08:36	Dateiordner
java.txt	26.03.2019 08:26	Textdokument

Hinweis:

Alle Datei- und Verzeichnisoperationen können fehlschlagen, weil beispielsweise die angegebene Datei nicht vorhanden ist oder ein Verzeichnis wegen mangelnder Rechte nicht angelegt werden darf. Deshalb sollten Dateioperationen immer mithilfe des Exception Handling abgesichert werden, denn dadurch können Fehler kontrolliert abgefangen werden. Das Exception Handling wird im nächsten Kapitel ausführlich behandelt.

10 Fortgeschrittene Themen in Java

10.1 Ausnahmen – Exceptions

Das Abfangen von Fehlern ist eine wichtige Aufgabe in der Programmierung. Oftmals können Fehler durch Rückgabewerte von Methoden identifiziert werden. Der Nachteil dieser Vorgehensweise ist, dass es dem Programmierer selbst überlassen bleibt, ob er die Rückgabewerte bzw. Fehler auswertet und darauf reagiert oder nicht.

Mögliche Fehlerquellen sind:
- Über den reservierten Bereich eines Arrays schreiben
- Division durch Null
- Eingabe von nicht erwarteten Zeichen über die Tastatur
- Fehler bei Dateioperationen
- Fehler bei Datenbankzugriffen

Die Ausnahmebehandlung in Java hilft dabei, diese Probleme zu bewältigen. Dabei wird die Fehlerbehandlung vom eigentlichen Programmcode separiert. Die folgende Abbildung zeigt den schematischen Ablauf einer Ausnahmebehandlung:

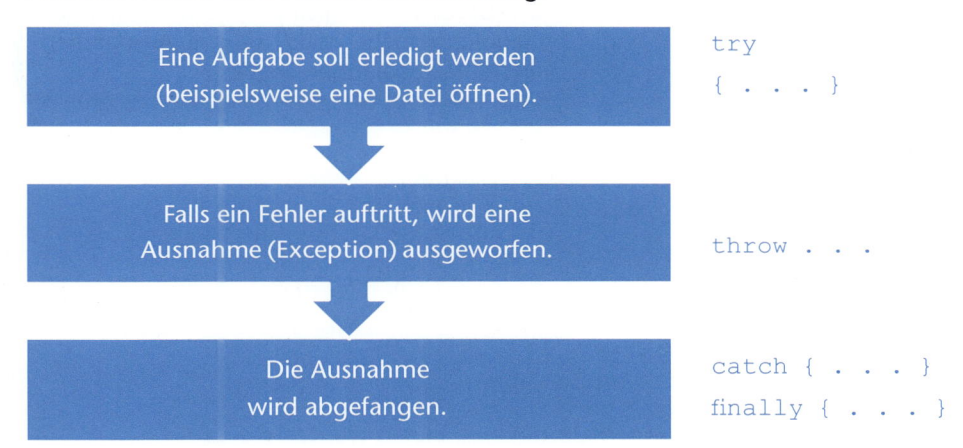

Eine Aufgabe soll erledigt werden (beispielsweise eine Datei öffnen).	`try { ... }`
Falls ein Fehler auftritt, wird eine Ausnahme (Exception) ausgeworfen.	`throw ...`
Die Ausnahme wird abgefangen.	`catch { ... }` `finally { ... }`

10.1.1 Versuchen und Auffangen (try and catch)

Die Ausnahmebehandlung startet mit dem sogenannten `try`-Block. Innerhalb dieses Blocks steht der Programmcode, der möglicherweise einen Fehler verursachen kann – deshalb das Schlüsselwort `try` für einen Versuch. In dem folgenden Beispiel soll eine Zahl über die Tastatur eingelesen werden. Wenn der Benutzer allerdings Buchstaben statt Zahlen eingibt, dann wird eine Ausnahme „geworfen".

Beispiel:

Die bereits bekannte Initialisierung der System-Ausnahmebehandlung für IO-Fehler

```java
public class Ausnahmen {
    public static void main(String[] args) throws IOException {

        int x;
        BufferedReader einlesen =    new BufferedReader(new
                                     InputStreamReader(System.in));
```

```java
        System.out.println("Bitte eine Integerzahl eingeben: ");

        x = Integer.parseInt(einlesen.readLine());

        System.out.println("Die Eingabe: " + x);
    }
}
```

Nach der Eingabe eines Buchstabens bricht das Programm mit einer Fehlermeldung ab:

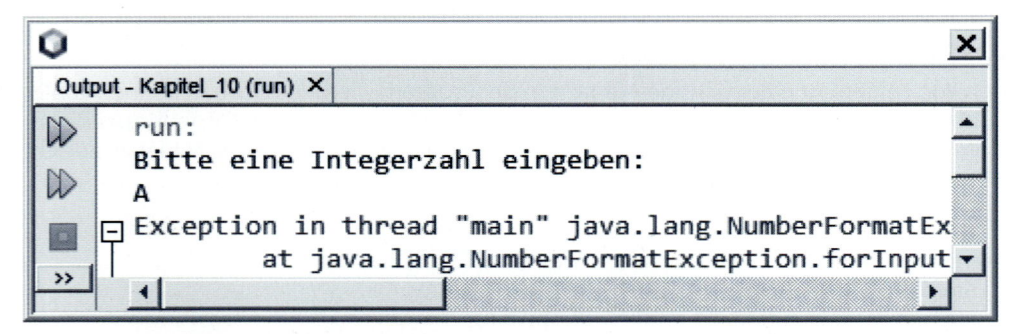

```
run:
Bitte eine Integerzahl eingeben:
A
Exception in thread "main" java.lang.NumberFormatEx
        at java.lang.NumberFormatException.forInput
```

Dieser Zustand ist für den Benutzer des Programms sehr unerfreulich. Entweder achtet der Programmierer darauf, dass Fehleingaben nicht möglich sind (indem er beispielsweise nur in `String`-Variablen einliest), oder er programmiert die Ausnahmebehandlung in Java selbst, wie das nächste Beispiel zeigt:

Beispiel:

> **ACHTUNG**: Hier ist keine System-Ausnahmebehandlung mehr nötig, da die Ausnahmen nun selbst abgefangen werden!

```java
public class Ausnahmen {
    public static void main(String[] args) {

        int x;
        BufferedReader einlesen =    new BufferedReader(new
                                     InputStreamReader(System.in));

        System.out.println("Bitte eine Integerzahl eingeben: ");
```

> Innerhalb des `try`-Blocks werden die kritischen Anweisungen durchgeführt.

```java
        try {
            x = Integer.parseInt(einlesen.readLine());
            System.out.println("Die Eingabe: " + x);
        }
```

> Der Fehler vom Typ `Exception` wird automatisch übermittelt.

> Tritt ein Fehler (Ausnahme) auf, so wird er kontrolliert in dem `catch`-Block bearbeitet.

```java
        catch(Exception e) {
            System.out.println("Fehler bei der Eingabe: " +
                               e.getMessage());
```

> Die Art des Fehlers kann über die Methode `getMessage` ausgelesen werden.

```
            System.out.println("Die Variable bekommt den Wert Null.");
            x = 0;
        }
      }
}
```

Nach dem Starten und der Eingabe eines Buchstabens anstelle einer Zahl wird die Ausnahme im `catch`-Block abgefangen und das Programm stürzt nicht ab:

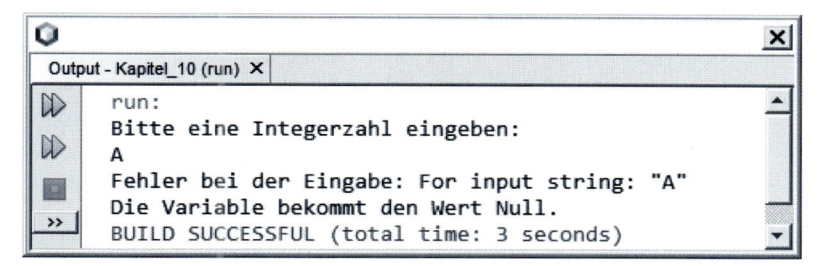

```
run:
Bitte eine Integerzahl eingeben:
A
Fehler bei der Eingabe: For input string: "A"
Die Variable bekommt den Wert Null.
BUILD SUCCESSFUL (total time: 3 seconds)
```

10.1.2 System-Exceptions

Die Basisklasse aller Ausnahmen ist die Klasse `Throwable`, von der die Klassen `Error` und `Exception` abgeleitet sind. Die Klasse `Exception` wurde in dem obigen Beispiel bereits verwendet. Die folgende Abbildung zeigt die wichtigen Klassen im Überblick:

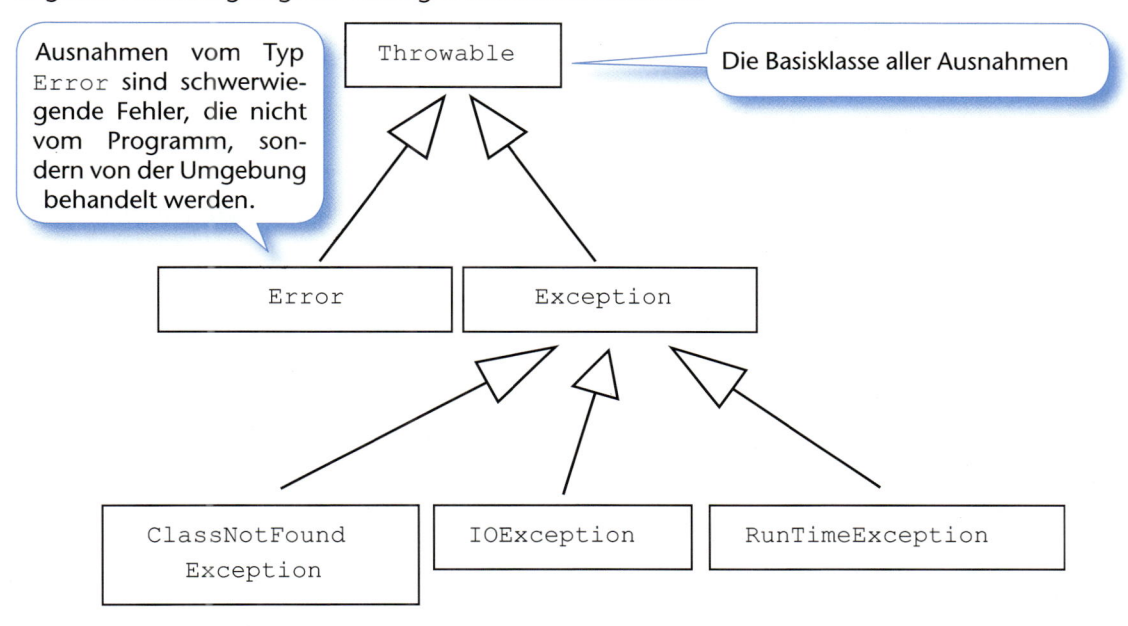

> Ausnahmen vom Typ `Error` sind schwerwiegende Fehler, die nicht vom Programm, sondern von der Umgebung behandelt werden.

Throwable — Die Basisklasse aller Ausnahmen

Error, Exception

ClassNotFoundException, IOException, RunTimeException

Ein `catch`-Block mit einem Parameter der Klasse `Exception` fängt jeden Fehler (außer `Error`-Ausnahmen) ab. Damit ist das Abfangen jedoch sehr unspezifisch. Möchte man hingegen die Fehlerbehandlung differenzierter gestalten, so können weitere `catch`-Blöcke vorgeschaltet werden, die spezielle `Exception`-Klassen als Parameter haben. Einige dieser Klassen sind in den folgenden Tabellen dargestellt:

Exception-Klassen, vom Typ `IOException` abgeleitet:

Exception-Klasse	Beschreibung
FileNotFoundException	Die Ausnahme wird ausgelöst, wenn eine Datei nicht existiert, die zum Lesen, Schreiben oder zu anderen Aktivitäten geöffnet werden sollte.
CharConversionException	Die Ausnahme wird ausgelöst, wenn bei der Konvertierung von Zeichen ein Problem auftritt.
EOFException	Die Ausnahme wird ausgelöst, wenn über das Enderkennungszeichen einer Datei hinaus gelesen werden soll.
NotSerializableException	Die Ausnahme wird bei dem Versuch ausgelöst, ein Objekt zu serialisieren, das die Schnittstelle `Serializable` nicht implementiert hat.

Exception-Klassen, vom Typ `RunTimeException` abgeleitet:

Exception-Klasse	Beschreibung
`ArithmeticException`	Die Ausnahme wird ausgelöst, wenn ein arithmetischer Fehler auftritt (beispielsweise wird ein Integerwert durch Null geteilt).
`IndexOutOfBoundsException`	Die Ausnahme wird ausgelöst, wenn ein Index eines Arrays oder Strings fehlerhaft benutzt wird (beispielsweise über die Grenzen geht).
`NullPointerException`	Die Ausnahme wird ausgelöst, wenn statt eines Objektes ein Null-Verweis benutzt wird.
`SecurityException`	Wenn ein Zugriff gegen die Sicherheitsregeln erfolgt, dann wird eine solche Ausnahme geworfen (beispielsweise wird in einem Applet auf eine Datei zugegriffen).

Das folgende Beispiel zeigt die Verwendung einiger dieser Klassen, um differenziert auf einen Fehler zu reagieren:

Beispiel:

```java
int index;
int [] werte = new int [5];
BufferedReader einlesen  = new BufferedReader(new
                           InputStreamReader(System.in));

   try {

   System.out.println("Bitte den Index angeben:");
   index = Integer.parseInt(einlesen.readLine());
   werte[index] = 100;
   FileReader lesen = new FileReader("C:/temp/nichtvorhanden.txt");
   lesen.close();
   }

   catch(IndexOutOfBoundsException indexAusnahme) {
         System.out.println("Fehlerhafter Index");
         System.out.println("Fehlermeldung: " +
                         indexAusnahme.getMessage());
         System.out.println();
   }

   catch (FileNotFoundException dateiAusnahme) {
         System.out.println("Datei nicht gefunden");
         System.out.println("Fehlermeldung: " +
                         dateiAusnahme.getMessage());
         System.out.println();
   }

   catch(Exception weitereAusnahme) {
         System.out.println("Allgemeine Fehlermeldung: " +
                         weitereAusnahme.getMessage());
         System.out.println();
   }

   System.out.println("Hier geht es weiter im Programm...");
   System.out.println();
```

Mögliche Fehlerquellen

Auf einen fehlerhaften Index reagieren

Auf einen Dateifehler reagieren

Auf andere Fehler reagieren

Nach dem Starten wird zuerst ein fehlerhafter Index angegeben:

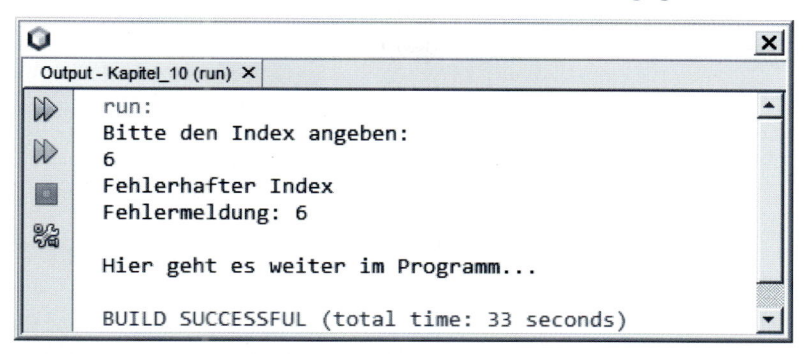

```
run:
Bitte den Index angeben:
6
Fehlerhafter Index
Fehlermeldung: 6

Hier geht es weiter im Programm...

BUILD SUCCESSFUL (total time: 33 seconds)
```

Der entsprechende `catch`-Block mit der Exception für den fehlerhaften Index wird ausgeführt.

Als nächste Eingabe wird ein korrekter Index angegeben, aber die Datei ist nicht vorhanden:

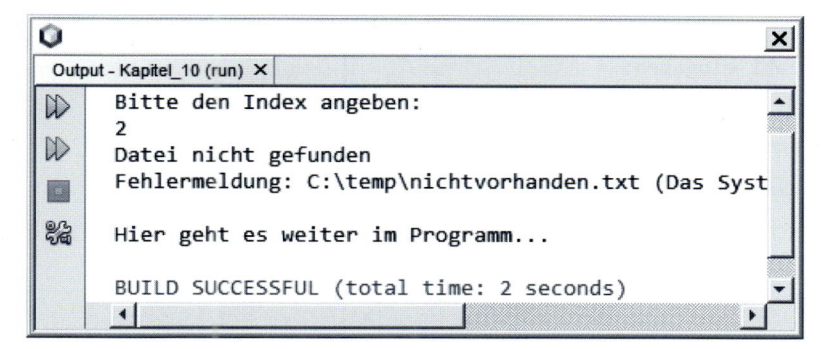

```
Bitte den Index angeben:
2
Datei nicht gefunden
Fehlermeldung: C:\temp\nichtvorhanden.txt (Das Syst

Hier geht es weiter im Programm...

BUILD SUCCESSFUL (total time: 2 seconds)
```

Weitere Fehler werden im allgemeinen `catch`-Block abgefangen, beispielsweise die Eingabe eines Buchstabens:

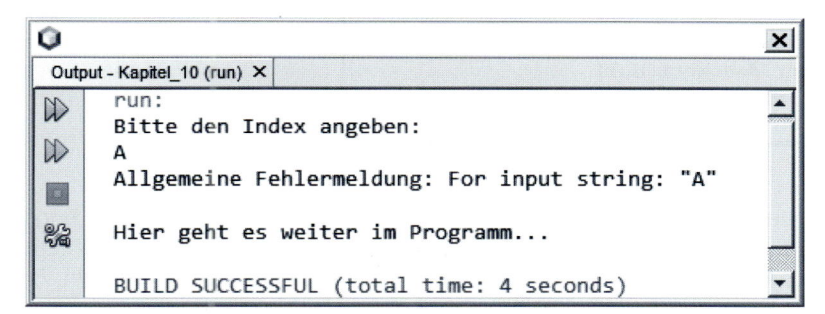

```
run:
Bitte den Index angeben:
A
Allgemeine Fehlermeldung: For input string: "A"

Hier geht es weiter im Programm...

BUILD SUCCESSFUL (total time: 4 seconds)
```

> **Hinweis:**
>
> An den Bildschirmausgaben ist erkennbar, dass bei einem Fehler in dem `try`-Block eine Ausnahme geworfen und von einem passenden `catch`-Block aufgefangen wird. Nach dem Werfen der Ausnahme werden die Anweisungen im `try`-Block **nicht mehr** ausgeführt.

10.1.3 Der finally-Block

Wenn nach einem `try`-Block gewisse Anweisungen unbedingt ausgeführt werden müssen, so kann ein sogenannter `finally`-Block nach den `catch`-Blöcken implementiert werden. Dieser Block wird immer ausgeführt, egal ob eine Exception ausgelöst wurde oder nicht.

> **Beispiel:**
> ```java
> int x;
> BufferedReader einlesen = new BufferedReader(new
>                           InputStreamReader(System.in));
>
> System.out.println("Bitte eine Integerzahl eingeben: ");
> ```

```java
try {
        x = Integer.parseInt(einlesen.readLine());
        System.out.println("Die Eingabe: " + x);
}
catch(Exception e) {
        System.out.println("Fehler bei der Eingabe: " +
                        e.getMessage());
}

finally {
        System.out.println("Dieser Block wird immer ausgeführt!");
}
```

Der `finally`-Block wird immer ausgeführt.

Nach der Eingabe einer Zahl wird keine Ausnahme geworfen, aber der `finally`-Block ausgeführt:

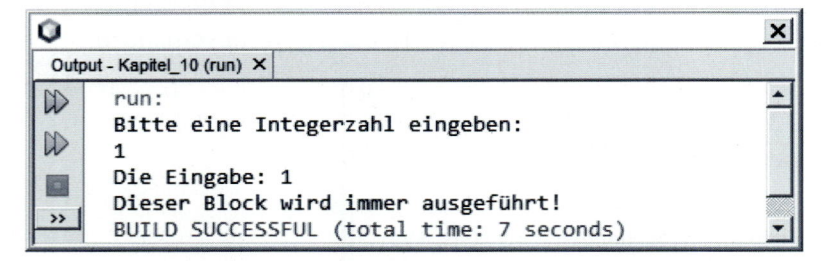

```
run:
Bitte eine Integerzahl eingeben:
1
Die Eingabe: 1
Dieser Block wird immer ausgeführt!
BUILD SUCCESSFUL (total time: 7 seconds)
```

Nach der Eingabe eines Buchstabens wird eine Ausnahme geworfen, der `catch`-Block und auch der `finally`-Block werden ausgeführt.

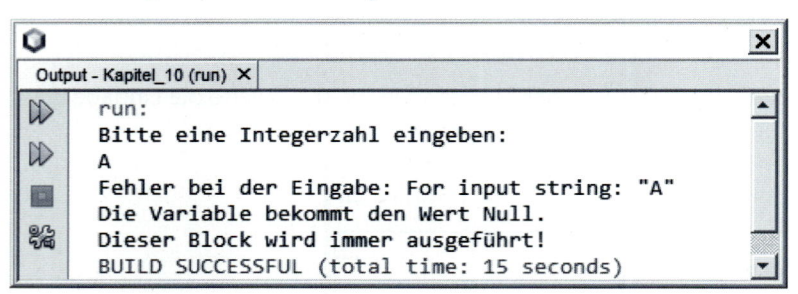

```
run:
Bitte eine Integerzahl eingeben:
A
Fehler bei der Eingabe: For input string: "A"
Die Variable bekommt den Wert Null.
Dieser Block wird immer ausgeführt!
BUILD SUCCESSFUL (total time: 15 seconds)
```

10.1.4 Ausnahmen werfen

Alle bisherigen Ausnahmen wurden von der Umgebung automatisch geworfen. Es ist allerdings auch möglich, eine Ausnahme explizit zu werfen, um beispielsweise die Behandlung von Fehlern strukturiert aufzubauen. Dazu kann eine Ausnahme mit dem Befehl `throw` geworfen werden. Es muss nur eine Instanz einer Exception-Klasse angegeben werden.

Das folgende Beispiel zeigt, dass eine Ausnahme explizit mit `throw` geworfen und auch aufgefangen wird, wenn der Benutzer die Zahl Null eingibt, denn durch Null darf nicht geteilt werden.

Beispiel:

```java
int x = 10;
int zahl;
int y;
BufferedReader einlesen  = new BufferedReader(new
                        InputStreamReader(System.in));

System.out.println("Bitte eine Integerzahl eingeben: ");

try {
        zahl = Integer.parseInt(einlesen.readLine());
        if (zahl == 0) throw (new ArithmeticException());
        y = x / zahl;
}
```

Eine Ausnahme explizit werfen

```java
catch(ArithmeticException nichtTeilbarAusnahme) {
        System.out.println("Durch Null teilen ist verboten!");
}
```

```
catch(Exception e) {
        System.out.println("Keine gültige Zahl!");
        zahl = 1;
}
```

Nach dem Starten wird durch die Eingabe von Null die Ausnahme geworfen:

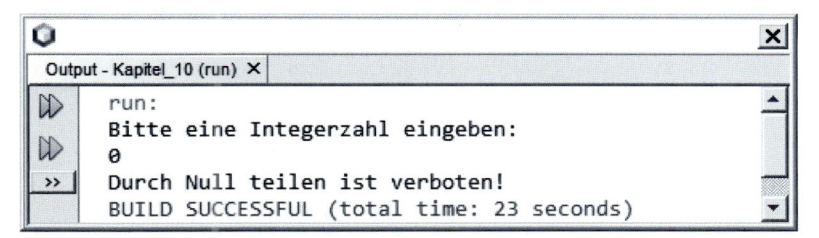

```
Output - Kapitel_10 (run) X
run:
Bitte eine Integerzahl eingeben:
0
Durch Null teilen ist verboten!
BUILD SUCCESSFUL (total time: 23 seconds)
```

10.1.5 Eigene Exception-Klassen erstellen

Das differenzierte Reagieren auf Fehler kann noch besser umgesetzt werden, wenn eigene Ausnahme-Klassen definiert werden. Damit können ganz bestimmte Ausnahmen geworfen und aufgefangen werden. Die Fehlerbehandlung in einem Programm wird dadurch noch strukturierter und die Sicherheit des Programms steigt deutlich. Eigene Ausnahme-Klassen sollten sinnvollerweise von der Klasse Exception abgeleitet werden und müssen einen Standardkonstruktor und einen Parameterkonstruktor haben, um den Fehler angemessen an die Basisklasse weiterzuleiten. Im folgenden Beispiel wird eine eigene Ausnahme-Klasse erstellt, die bei einer fehlerhaften Eingabe geworfen wird.

Beispiel:

```java
class EigeneException extends Exception {    // Die Klasse erbt von Exception.

    public EigeneException () {
        super();                              // Der Basisklassenkonstruktor wird aufgerufen.
    }

    public EigeneException (String meldung) {
        super(meldung);                       // Der Basisklassen-Parameterkonstruktor wird aufgerufen und die Meldung weitergereicht.
    }

}
```

Diese neue Ausnahmeklasse wird nun eingesetzt, um fehlerhafte Eingaben aufzufangen:

```java
int x = 10;
int zahl;
int y;
BufferedReader einlesen = new BufferedReader(new
                            InputStreamReader(System.in));

System.out.println("Bitte eine Integerzahl eingeben: ");

try {
    zahl = Integer.parseInt(einlesen.readLine());
    if (zahl == 0)
        throw (new EigeneException("Falsche Eingabe"));   // Ausnahme werfen mit Übergabe einer Fehlermeldung an den Parameterkonstruktor der Klasse
    y = x / zahl;
}
```

```
        catch(EigeneException eigeneAusnahme) {
                System.out.println(eigeneAusnahme.getMessage());
        }
```

> Für IO-Fehler muss auch ein allgemeiner Block vorhanden sein.

> Die neue Ausnahmeklasse hat die Methode `getMessage` geerbt.

```
        catch(Exception e) {
                System.out.println("Anderer Fehler");
        }
```

Nach dem Starten sieht das Werfen der Ausnahme so aus:

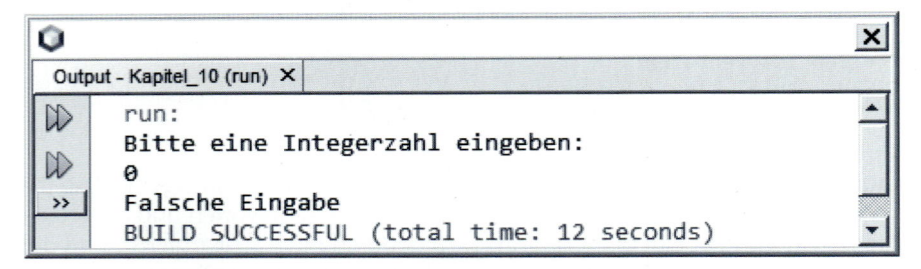

```
run:
Bitte eine Integerzahl eingeben:
0
Falsche Eingabe
BUILD SUCCESSFUL (total time: 12 seconds)
```

Die Meldung „Falsche Eingabe" wurde an den Parameterkonstruktor der Exception-Basisklasse weitergeleitet und kann deshalb mit der Methode `getMessage` angezeigt werden.

> **Hinweis:**
>
> Bei einer Ausnahme wird ein passender `catch`-Block gesucht und ausgeführt. Wenn allerdings kein passender Block gefunden wird, dann wird die Ausnahme an die aufrufende Umgebung weitergeleitet. Das geschieht so lange, bis ein Block gefunden wird oder die Ausnahme auf der höchsten Ebene angelangt ist und das Programm möglicherweise geschlossen werden muss.

10.2 Generische Programmierung

Unter generischer Programmierung versteht man die Entwicklung von Methoden oder Klassen, die einen oder mehrere Datentypen (*Parametertypen*) enthalten, welche erst bei der Instanziierung eines Objektes oder bei der Nutzung einer Methode genauer bestimmt werden müssen. Der Vorteil der generischen Entwicklung ist natürlich die Flexibilität, da eine generische Klasse oder Methode im Idealfall jeden Datentyp als Parameter akzeptiert. Auch die Wiederverwendbarkeit von generischen Klassen und Methoden ist natürlich viel höher und damit steigt auch die Effizienz der Softwareentwicklung.

10.2.1 Generische Methoden

Eine generische Methode verwendet einen oder mehrere Typparameter, die erst beim Aufruf mit den entsprechenden Datentypen ersetzt werden. Die folgende Methode ermittelt, ob zwei übergebene Werte gleich sind.

> **Beispiel:**

```java
public class Generics {

    public static <T> boolean gleich(T wert1, T wert2) {
        if (wert1.equals(wert2)) return true;
        return false;
    }

    public static void main(String[] args) {
        int a = 5;
        int b = 6;

        double x = 1.5;
        double y = 1.5;
```

> Der Typparameter (hier `T`) wird in spitzen Klammern angegeben.

> Zwei Werte vom Typ `T` werden hier übernommen.

> Vier Variablen anlegen, die auf Gleichheit getestet werden sollen

10 Fortgeschrittene Themen in Java

> Aufruf der statischen Methode mit Übergabe der Integerwerte. Der Compiler ersetzt automatisch den Platzhalter `T` durch den Datentyp `int`.

```java
        if (gleich(a,b)==true)
            System.out.println("Integer-Werte sind gleich!");
        else
            System.out.println("Integer-Werte sind nicht 
                            gleich!");
```

> Aufruf der statischen Methode mit Übergabe der Double-Werte. Der Compiler ersetzt automatisch den Platzhalter `T` durch den Datentyp `double`.

```java
        if (gleich(x,y)==true)
            System.out.println("Double-Werte sind gleich!");
        else
            System.out.println("Double-Werte sind nicht 
                            gleich!");
    }
}
```

Nach dem Starten sieht die Bildschirmausgabe so aus:

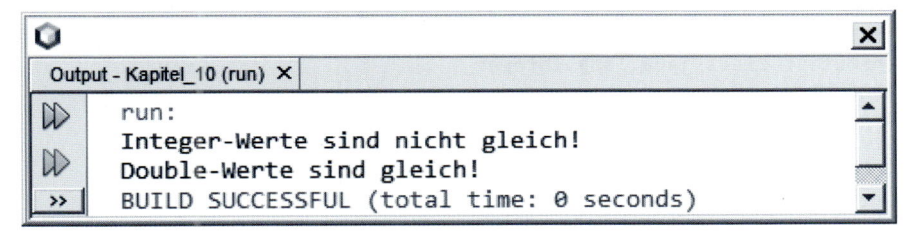

```
Output - Kapitel_10 (run)
run:
Integer-Werte sind nicht gleich!
Double-Werte sind gleich!
BUILD SUCCESSFUL (total time: 0 seconds)
```

An der Ausgabe ist ersichtlich, dass die generische Methode sowohl mit Integervariablen als auch mit Double-Variablen einwandfrei funktioniert.

10.2.2 Generische Klassen

Bei einer generischen Klasse wird direkt nach dem Klassennamen der Typparameter (oder mehrere mit Kommata getrennt) angegeben und steht dann in der Klasse zur Verfügung. In dem folgenden Beispiel hat die Klasse einen Parameter `T`, der als privates Attribut der Klasse angelegt ist. Der Konstruktor der Klasse übernimmt einen Wert (oder Verweis) und gibt dann den Inhalt mithilfe der Methode `toString` aus. Zusätzlich wird der Typ des übernommenen Wertes ausgegeben.

Beispiel:

> Den Typparameter direkt hinter dem Klassennamen angeben

```java
class GenBeispiel<T> {

        private T attribut;
```
> Ein privates Attribut vom Typ `T`

```java
        public GenBeispiel(T param) {
```
> Konstruktor mit `T`-Parameter

```java
            attribut = param;
            System.out.println("Wert des Attributes: " +
                            attribut.toString());
            System.out.println("Typ des Attributes: " +
                            attribut.getClass().toString());
        }
    }
public class Generics {
    public static void main(String[] args) {
```
> Wert und Typ ausgeben

> **ACHTUNG:**
> Parameter müssen bei generischen Klassen immer Verweistypen sein. Es kann also kein `int` oder `double` eingesetzt werden.

```
        GenBeispiel<Integer> intObjekt =
                        new GenBeispiel<Integer>(10);
        GenBeispiel<Double> doubleObjekt =
                        new GenBeispiel<Double>(10.5);

        GenBeispiel<Person> personObjekt =
                        new GenBeispiel<Person>(
                                new Person("Hansen"));
    }
}
```

> Einen Verweis mit einem Personentyp anlegen. Die Klasse `Person` ist aus den vorherigen Kapiteln bekannt und verfügt auch über eine `toString`-Methode.

Nach dem Starten sieht die Bildschirmausgabe so aus:

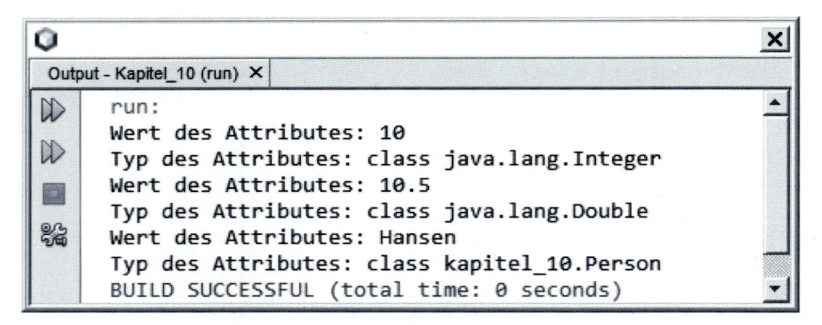

```
run:
Wert des Attributes: 10
Typ des Attributes: class java.lang.Integer
Wert des Attributes: 10.5
Typ des Attributes: class java.lang.Double
Wert des Attributes: Hansen
Typ des Attributes: class kapitel_10.Person
BUILD SUCCESSFUL (total time: 0 seconds)
```

Die generische Klasse verwaltet je nach Wunsch ein Objekt der **Wrapper**-Klassen `Integer` bzw. `Double` oder ein Objekt der Klasse `Person`.

10.2.3 Generische Listenklassen benutzen

Die dynamische Speicherung von beliebig vielen Werten oder Objektverweisen in einem Listenklassenobjekt wurde bereits in dem Kapitel über Arrays behandelt. Dabei wurden die Listenklassen benutzt, die mit der Basisklasse Object arbeiten. Die Vorteile dieser Listenklassen wurden vor allem durch die flexible Verwendung deutlich (Hinzufügen beliebiger Werte und Verweise). Wenn hingegen klar ist, dass die Speicherung immer nur Werte (oder Verweise) eines Datentyps betrifft, dann können besser die generischen Listenklassen benutzt werden. Sie arbeiten analog zu den beschriebenen Listenklassen, dienen aber dann nur zur Speicherung der Werte eines Typs. Das folgende Beispiel zeigt die Verwendung der generischen Klasse **ArrayList<>**:

Beispiel:

```
ArrayList<Integer> intListe = new ArrayList<Integer>();

ArrayList<Person> personenListe = new ArrayList<Person>();
```

> Die generische Klasse `ArrayList` benutzen und den entsprechenden Typ angeben

```
intListe.add(10);
intListe.add(20);
intListe.add(30);

personenListe.add(new Person("Hansen"));
personenListe.add(new Person("Maier"));
personenListe.add(new Person("Kaiser"));
```

> Boxing!

> Beliebig viele Werte des entsprechenden Typs hinzufügen

```java
for (int i : intListe) {
        System.out.println(i);
}

for (Person p : personenListe) {
        System.out.println(p);
}
```

Nach dem Starten sieht die Bildschirmausgabe so aus:

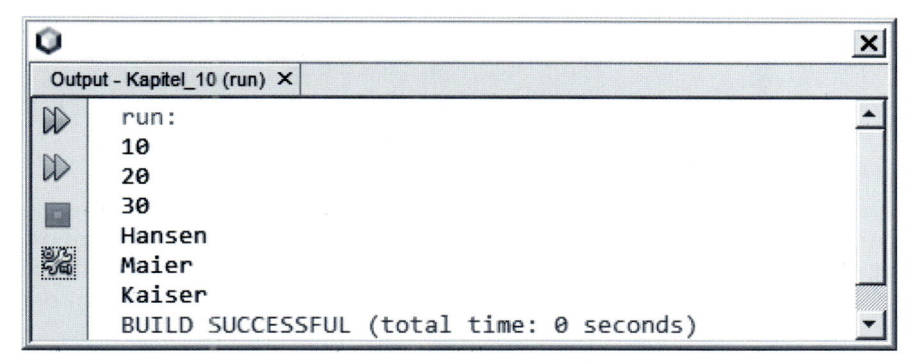

```
Output - Kapitel_10 (run)
run:
10
20
30
Hansen
Maier
Kaiser
BUILD SUCCESSFUL (total time: 0 seconds)
```

Hinweis:

Durch die Festlegung des Typs bei der Instanziierung der Liste sind dann auch nur Elemente dieses Typs zugelassen. Der folgende Versuch, ein beliebiges Element hinzuzufügen, scheitert dann auch:

```java
intListe.add(new Person("Kaiser"));
```

FEHLER:
Der `intListe` können nur Integerwerte zugewiesen werden!

10.3 Lambda-Ausdrücke

Aus der funktionalen Programmierung wurde in vielen Programmiersprachen das Konzept der Lambda-Ausdrücke übernommen, das auf dem Prinzip der anonymen Methoden basiert. Anonyme Methoden haben keinen Namen, verfügen aber wie normale Methoden über einen Rückgabewert und über Übergabeparameter. Diese Methoden werden in der Regel dort definiert, wo sie gerade gebraucht werden. Das macht den Einsatz dieser Methoden sehr flexibel. Durch den Einsatz einer speziellen Syntax entstehen dann aus diesen anonymen Methoden die so genannten Lambda-Ausdrücke. Die folgenden Beispiele zeigen die typische Verwendung solcher Lambda-Ausdrücke:

Der Pfeiloperator zeigt dann auf die Implementierung bzw. den Rückgabewert des Ausdrucks.

```
(int x)                 ->    x + 100
```

Wie bei einer Methode werden Übergabeparameter angegeben.

Hier wird der Rückgabewert bestimmt. Der Typ wird automatisch erkannt.

```
(float y, float x)      ->    x * y
```

Werden bei der Bestimmung des Rückgabewertes mehrere Anweisungen benötigt, dann wird der Lambda-Ausdruck wie eine Methode aufgebaut:

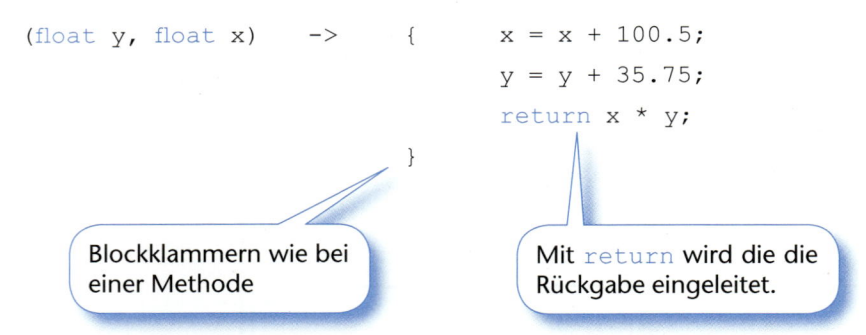

```
(float y, float x)    ->    {    x = x + 100.5;
                                 y = y + 35.75;
                                 return x * y;
                            }
```

> Blockklammern wie bei einer Methode

> Mit return wird die die Rückgabe eingeleitet.

Einsatz von Lamdba-Ausdrücken:

Lambda-Ausdrücke sind vor allem bei anonymen Klassen und funktionalen Schnittstellen einsetzbar. Anonyme Klassen werden beispielsweise bei der Implementierung von Ereignisbehandlungsmethoden verwendet und funktionale Schnittstellen sind Schnittstellen, die genau eine Methode verwenden, die dann durch den Lamdba-Ausdruck implementiert wird – und zwar genau an der Stelle, wo es benötigt wird.

Beispiel:

```java
import java.util.*;

public class LambdaBeispiel {

    public static void main(String args[]) {

        List<String> namenListe = new ArrayList<>();
        namenListe.add(new String("Mueller"));
        namenListe.add(new String("Hansen"));
        namenListe.add(new String("Maier"));
        namenListe.add(new String("Knudsen"));
        Collections.sort(namenListe, new Comparator<String>(){

            @Override
            public int compare(String n1, String n2){

                return n1.compareTo(n2);



            }

        });
```

> Eine anonyme Klasse implementiert die compare-Methode.

```
            Collections.sort(namenListe, (n1, n2) -> n1.compareTo(n2));
```

> Der Lambda-Ausdruck ersetzt die anonyme Klasse bzw. die Methode.

```
            for (int i = 0; i < 4; i++)
                System.out.println(namenListe.get(i));
        }
    }
```

> Mithilfe der Methode `get` wird das entsprechende Element aus der Liste geholt und angezeigt. Auf dem Bildschirm erscheinen dann die Namen in sortierter Reihenfolge:
>
> ```
> Hansen
> Knudsen
> Maier
> Mueller
> ```

Hinweis:

`Comparator` ist ein funktionales Interface, welches genau eine Methode `compare` vorgibt. Diese Methode wird entweder durch die Überschreibung in einer anonymen Klasse oder alternativ durch den Lambda-Ausdruck definiert.

10.4 Java und UML

Die Entwicklung von Software bzw. von Softwaresystemen ist ein schwieriger Prozess. Von der Problemstellung über die Planung bis zur Realisierung und dem Testen gibt es viele Klippen zu umschiffen. In der objektorientierten Softwareentwicklung kristallisieren sich drei wichtige Phasen heraus:

- **Objektorientierte Analyse (OOA)**
  Analyse der Objekte und ihrer Beziehungen
- **Objektorientiertes Design (OOD)**
  Konzeption der entsprechenden Klassen und der Benutzeroberflächen aus den Vorgaben der Analyse
- **Objektorientierte Programmierung (OOP)**
  Implementierung der Klassen in einer Sprache wie Java.

In allen Phasen unterstützt die Unified Modeling Language (UML) die Entwicklung der Software. Vor allem in der Planungsphase, der objektorientierten Analyse, hilft die UML bei der Beschreibung des zu erstellenden Softwaresystems. Ein solches Softwaresystem kann beispielsweise eine Datenbankanwendung, ein Grafikprogramm oder eine Workflow-Anwendung sein. Die UML stellt dazu verschiedene Diagramme zur Verfügung, die wiederum verschiedene grafische Elemente enthalten. Das wichtigste Diagramm für die Umsetzung in eine Sprache wie Java ist jedoch das Klassendiagramm. Dieses Diagramm kann sowohl in der Analyse- als auch Designphase eingesetzt werden und bietet eine sehr gute Vorlage für die Implementierung. Aus diesen Gründen werden an dieser Stelle nur das Klassendiagramm und die entsprechenden Implementierungen betrachtet. Für die vertiefte Auseinandersetzung mit den weiteren Diagrammen sind spezielle UML-Bücher empfohlen.

10.4.1 Das Klassendiagramm

Die Darstellung einer Klasse im Klassendiagramm besteht im Wesentlichen aus drei Teilen: dem Klassennamen, den Attributen und den Methoden. Die weiteren Details der Symbolik für die Attribute und Methoden werden in den nachfolgenden Unterkapiteln behandelt.

```
                                              Klassenname
                                         ┌──────┐
         Attribut  mit              ┌────┤Person├────┐
         Datentyp                   │    └──────┘    │
                                    │ - Name: String │  ⎫
                                    │ # Vorname: String │ ⎬ Attribute
                                    ├────────────────┤  ⎭
                                    │ + SetName(N: String) │ ⎫ Methoden
         Sichtbarkeit:              │ + GetName(): String  │ ⎬ (Operationen)
         +, - und #                 └────────────────┘  ⎭
                                            │                    │
                                      Methodenname        Übergabe bzw. Rück-
                                                          gabe von Werten
```

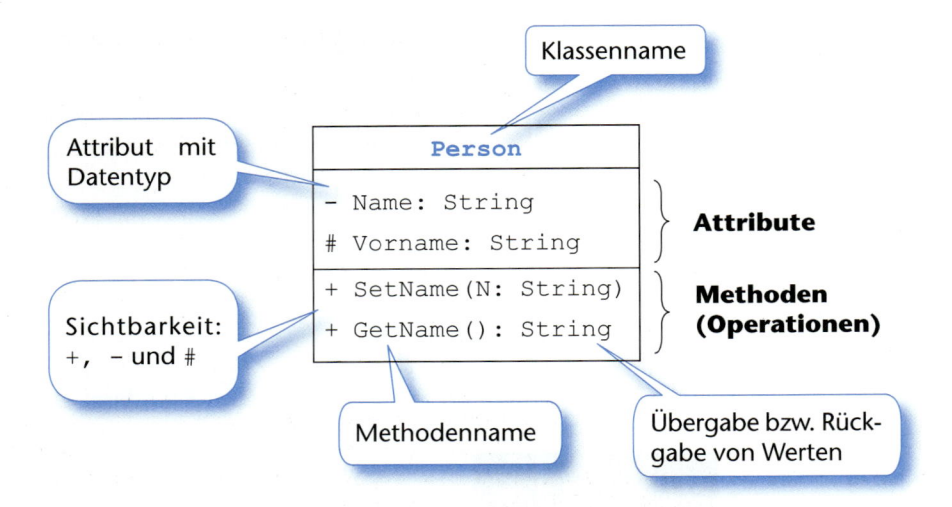

Hinweis:

In der UML-Fachsprache spricht man bei **Methoden** auch von **Operationen**.

10.4.2 Darstellung der Attribute im Klassendiagramm

Die Attribute einer Klasse können sehr unterschiedlich sein. Sie können privat oder öffentlich sein. Sie können mit einem Wert initialisiert werden oder nicht. Sie können ein Instanz- oder Klassenattribut sein. Das Klassendiagramm bietet für alle diese Fälle die entsprechende Symbolik bzw. Bezeichnung.

Sichtbarkeit:

Symbol	Beschreibung
-	**privates (geschütztes) Attribut** (engl. *private*)
+	**öffentliches Attribut** (engl. *public*)
#	**geschütztes Attribut** – spielt bei der Vererbung eine Rolle (engl. *protected*)

Beispiele:

▶ `- Name`

▶ `+ Gehalt`

▶ `# Kontonummer`

Ein privates Attribut ist gegen den Zugriff von außen geschützt (Kapselung). Es kann nur über entsprechende Methoden angesprochen werden. Ein öffentliches Attribut kann direkt angesprochen werden – es widerspricht deshalb auch dem Grundprinzip der objektorientierten Programmierung und wird deshalb auch nur in ganz seltenen Fällen angewendet. Das geschützte Attribut vom Typ `protected` (#) verhält sich nach außen wie ein privates Attribut. Innerhalb einer Vererbungshierarchie verhält es sich allerdings wie ein öfentliches Attribut. Das bedeutet, dass eine Klasse, die von einer anderen erbt auf das `protected`-Attribut genauso zugreifen kann, als wäre es ein eigenes Attribut.

Datentyp und Multiplizität:

Möchte man das Attribut spezifizieren, so ist der Datentyp nach einem Doppelpunkt anzugeben. Es gibt keine Vorgaben für die Verwendung von Datentypnamen. Am sinnvollsten ist es jedoch, allgemein gültige Bezeichnungen für Datentypen zu verwenden oder sich an die Bezeichnungen der Implementierungssprache zu halten.

Die Multiplizität gibt an, wie viele Exemplare von diesem Attribut angelegt werden sollen. Das entspricht nichts anderem als einem Array in einer Programmiersprache wie Java.

Beispiele:
- Werte: Integer [1..10] ← Arraygrenzen [von ... bis]
- Mittelwert: Double

Initialisierung eines Attributes:
Soll ein Attribut initialisiert werden, so kann das mit der Zuweisung eines Wertes kenntlich gemacht werden.

Beispiele:
- ▶ - Provision: Double = **0,5**
- ▶ - Qualität: String = **"Standard"**

Besondere Eigenschaften:
Sollen Attribute über weitere besondere Eigenschaften verfügen, so wird die Eigenschaft in geschweiften Klammern dem Attribut nachgestellt.

Eigenschaft	Beschreibung
{readonly}	Das Attribut darf nach der Initialisierung nur noch gelesen werden
{ordered}	Die Werte eines Attributs müssen geordnet sein. Ein Wert darf nur einmal vorkommen.
{bag}	Die Werte eines Attributs müssen nicht geordnet sein. Ein Wert darf mehrmals vorkommen.
{sequence}	Die Werte eines Attributs müssen geordnet sein. Ein Wert darf aber mehrmals vorkommen.

Beispiele:
- ▶ - Gehalt: Double = 1850.50 **{readonly}**
- ▶ - Werte: Integer [1..3] = { 1 , 2 , 3 } **{ordered}**

Klassen- oder Instanzattribut:
Die Unterscheidung eines Klassen- oder Instanzattributes erfolgt über die Unterstreichung. Ein unterstrichenes Attribut ist ein Klassenattribut.

Beispiel:
- ▶ - Gehalt: Double = 1850.50 {readonly}
- ▶ - <u>Objektzähler:</u>   <u>Integer = 0</u>

Ein Klassenattribut wird im Gegensatz zu einem Instanzattribut nur einmal im Speicher angelegt. Jedes Objekt (Instanz) der Klasse kann auf das Klassenattribut zugreifen. Ein Instanzattribut wird hingegen für jedes Objekt neu angelegt. Die Objekte können auch nur auf ihre eigenen Attribute zugreifen. Ein klassisches Beispiel für ein Klassenattribut ist ein Objektzähler (Instanzzähler). Bei jeder Erstellung eines Objektes wird dieser Zähler automatisch inkrementiert – damit kann jederzeit die Anzahl der instanziierten Objekte abgefragt werden.

10.4.3 Darstellung der Methoden im Klassendiagramm
Bei Methoden ist es vor allem wichtig, ob sie von außen aufrufbar sind und welche Werte sie übernehmen bzw. zurückgeben können.

Sichtbarkeit:

Symbol	Beschreibung
-	private Methode (von außen nicht aufrufbar)
+	öffentliche Methode (von außen aufrufbar, Schnittstelle nach außen)
#	geschützte Methode – spielt bei der Vererbung eine Rolle

> **Beispiele:**
> - ▶ `- Berechnung ()`
> - ▶ `+ Initialisierung()`
> - ▶ `# InterneMethode()`

Eine private Methode kann nur von den Methoden der eigenen Klasse verwendet werden. Private Methoden dienen deshalb oft als Hilfsmethoden, die zwar innerhalb der Klasse sinnvoll genutzt, aber von außen nicht sinnvoll zu verwenden sind. Ein Beispiel dazu wäre eine Methode, die Attributwerte vertauscht und damit als Hilfsmethode für eine öffentliche Sortiermethode dient. Ähnlich verhält es sich auch mit einer `protected`-Methode. Innerhalb einer Vererbungshierarchie kann eine `protected`-Methode so benutzt werden, als wäre sie in der eigenen Klasse als privat deklariert worden. Eine private Methode wäre innerhalb einer Vererbungshierarchie nicht aufrufbar.

Die öffentlichen Methoden können hingegen als die Schnittstelle der Klasse nach außen beschrieben werden. Mithilfe dieser Methoden kann mit einem Objekt der Klasse kommuniziert werden.

Übergabeparameter:

Methoden können Werte übernehmen und Werte zurückgeben. Bei der Übergabe kann in einen so genannten Wertaufruf (*call by value*) und einen Referenzaufruf (*call by reference*) unterschieden werden. Bei dem Wertaufruf wird nur ein Wert in den Übergabeparameter kopiert. Beim Referenzaufruf wird eine Referenz auf eine Variable übergeben – damit sind Änderungen der Variablen innerhalb der Methode nachhaltig, denn sie beziehen sich auf die (per Referenz) übergebene Variable. Um die Übergaben zu spezifizieren werden die Schlüsselworte `in`, `out` und `inout` benutzt:

Modus	Beschreibung
`in`	Der Parameter darf nur gelesen werden (*call by value*)
`out`	Der Parameter darf nur geschrieben werden (spezieller *call by reference* bzw. mit einem Rückgabewert vergleichbar)
`inout`	Der Parameter darf gelesen und geschrieben werden (*call by reference*)

> **Beispiel:**
> - ▶ `+ Methode_CBV(in X : int)`

Diese Methode übernimmt einen Wert mit einem *call by value*. In dem Parameter `X` wird der per Kopie übergebene Wert gespeichert.

> - ▶ `+ Methode_CBR_1(out X : int)`

Diese Methode übernimmt einen Wert mit einem speziellen *call by reference*. In der Methode wird dem Parameter `X` ein Wert zugewiesen, der dann auch für die per Referenz übergebene Variable gültig ist.

> - ▶ `+ Methode_CBR_2(inout X : int)`

Diese Methode übernimmt einen Wert mit einem *call by reference*. In der Methode kann der Parameter `X` gelesen und geschrieben werden. Das Schreiben hat dann selbstverständlich eine Änderung der per Referenz übergebenen Variablen zur Folge.

> **Hinweis:**
> Wird kein Modus angegeben, so wird der Modus `in` vorausgesetzt.

Rückgabewert:
Der Rückgabewert einer Methode wird durch die Angabe des Rückgabedatentyps nach einem Doppelpunkt kenntlich gemacht.

Beispiele:
- ▶ - Berechnung (): Double *(Diese Berechnungsmethode gibt einen Wert vom Datentyp Double zurück.)*
- ▶ + GetName(): String

10.4.4 Umsetzung eines Klassendiagramms

Klassendiagramm

- anzahl: Integer
- wert: Integer [0..9] {ordered}
- konstante: Double = 3,14 {readonly}

+ Konstruktor()
+ Konstruktor(W: Integer[])
+ Destruktor()
+ SetWerte(W: Integer[])
+ AusgabeWerteSortiert()
+ AusgabeBerechnung()
+ AusgabeAnzahlObjekte()
+ GetKonstante():Double
- Berechnung(): Double

(Die Berechnungsmethode liefert den folgenden Wert: Abstand zwischen größtem und kleinstem Element des Arrays multipliziert mit der Konstanten.)

Das obige Klassendiagramm[1] gibt drei Attribute (ein Klassenattribut, ein Array mit der Eigenschaft „ordered" und eine Konstante) vor. Zusätzlich zu den Konstruktoren sind Set- und Get-Methoden vorgesehen sowie eine private Methode zur Berechnung. Durch einen UML-Kommentar wird die Berechnungsmethode weiter spezifiziert. Die Umsetzung in Java könnte so erfolgen:

```java
import java.util.ArrayList;
import java.util.Arrays;

public class Klassendiagramm {

    private static int zaehler = 0;
    int[] werte = new int[10];
    private final double konstante = 3.14;
    // Attribute anlegen: das Klassenattribut mit static und die Konstante mit final

    public Klassendiagramm() {
        zaehler++;
        // Objekte werden mit dem Klassenattribut gezählt!
    }

    public Klassendiagramm(int[] W) {
        SetWerte(W);
        zaehler++;
        // Objekte werden mit dem Klassenattribut gezählt!
    }
```

---
1 Das Diagramm wurde mit der kostenfreien Online-Version von **Visual-Paradigm** gezeichnet. Die folgenden Diagramme wurden ebenfalls mit diesem Tool erstellt.

```java
@Override
protected void finalize() throws Throwable {
    zaehler--;
    super.finalize();
}
```
Wenn Objekte gelöscht werden, dann wird der Objektzähler reduziert.

```java
public void SetWerte(int[] W) {
    ArrayList dummyListe = new ArrayList();
    boolean ordered = true;

    for (int w : W) dummyListe.add(w);

    for (Object w : W) {
        dummyListe.remove(w);
        if (dummyListe.contains(w)) ordered = false;
    }

    if (ordered == false)
            System.out.println("Eigenschaft ordered nicht
                erfüllt!");
    else {
        werte = Arrays.copyOf(W, 10);
        Arrays.sort(werte);
    }
}
```
Prüfen, ob Werte mehrfach vorkommen: Dazu werden die Werte in eine `ArrayList` kopiert, einzeln entfernt und auf weiteres Vorhandensein geprüft.

```java
public void AusgabeWerteSortiert() {
    for (int i = 0; i < 10; i++)
        System.out.print(werte[i] + "   ");

    System.out.println();
}

public void AusgabeBerechnung() {
    System.out.println(Berechnung());
}

static public void AusgabeAnzahlObjekte() {
    System.out.println(zaehler);
}
```
Statische Methode, die ohne Instanz aufgerufen werden kann und die Anzahl der Objekte ausgibt.

```java
public double GetKonstante() {
    return konstante;
}
```

```java
    public int GetAnzahl() {
        return zaehler;
    }

    private double Berechnung() {
        return (werte[9] - werte[0]) * konstante;
    }
```
Private Methode zur Berechnung

```java
    public static void main(String[] args) {

        int[] werte_1 = { 2, 4, 3, 7, 8, 3, 2, 6, 8, 5 };
        int[] werte_2 = { 3, 5, 2, 1, 8, 6, 4, 9, 7, 10 };

        Klassendiagramm obj_1 = new Klassendiagramm(werte_1);

        obj_1 = new Klassendiagramm(werte_2);
```
Instanziierung von Objekten. Das erste Objekt mit werte_1-Array wird an dieser Stelle verweislos und vom garbage-collector gelöscht.

```java
        Klassendiagramm obj_2 = new Klassendiagramm(werte_2);
        obj_1.AusgabeWerteSortiert();
        obj_2.AusgabeBerechnung();
        Klassendiagramm.AusgabeAnzahlObjekte();
    }
}
```
Instanziierung eines weiteren Objektes

Aufruf der statischen Methode

Nach dem Starten erscheint folgende Ausgabe auf dem Bildschirm:

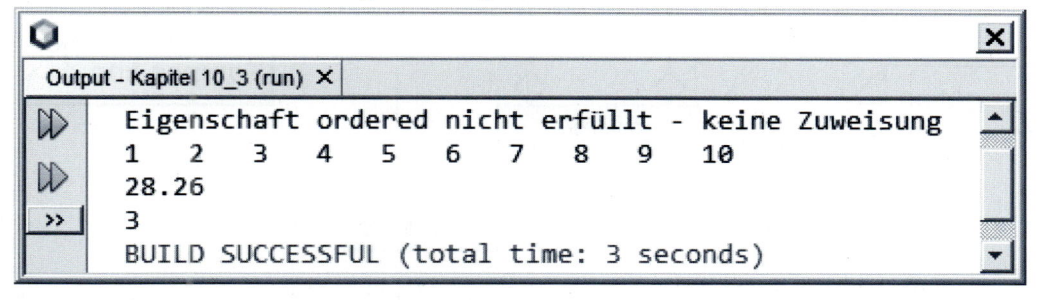

```
Output - Kapitel 10_3 (run)
Eigenschaft ordered nicht erfüllt - keine Zuweisung
1  2  3  4  5  6  7  8  9  10
28.26
3
BUILD SUCCESSFUL (total time: 3 seconds)
```

Das erste Array (werte_1) fällt durch die „ordered"-Prüfung und wird nicht zugewiesen. Die zweite Zuweisung (werte_2) ist korrekt und das Attribut wird sortiert ausgegeben. Die Berechnung erfolgt ebenfalls korrekt. Es fällt allerdings auf, dass die Methode AusgabeAnzahlObjekte als Anzahl 3 ausgibt, obwohl nur zwei Objekte einen Verweis haben. Das liegt daran, dass der garbage-collector noch nicht aufgeräumt hat. Mit den folgenden Anweisungen wird der garbage-collector explizit aufgerufen (System.gc()) und nach einer kurzen Wartezeit (Thread.sleep(3000)) hat er dann auch seinen Dienst erledigt und es sind nur noch zwei Objekte im Speicher.

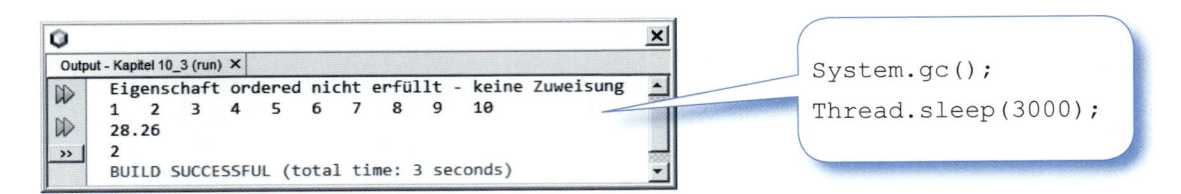

10 Fortgeschrittene Themen in Java

```
Output - Kapitel 10_3 (run)
Eigenschaft ordered nicht erfüllt - keine Zuweisung
1  2  3  4  5  6  7  8  9  10
28.26
2
BUILD SUCCESSFUL (total time: 3 seconds)
```

> System.gc();
> Thread.sleep(3000);

10.4.5 Beziehungen zwischen Klassen

Ein Klassendiagramm für ein Softwaresystem besteht natürlich nicht nur aus einer Klasse. Bei komplexen Systemen können es 20 oder mehr Klassen sein, die auch miteinander in Beziehung stehen können. Das wichtige Ziel der objektorientierten Softwareentwicklung ist es ja gerade, die *Realität* bzw. die Problemstellung in ein adäquates softwaretechnisches Modell abzubilden. Zwischen den Klassen bestehen deshalb auch unterschiedliche Beziehungen, die aus diesem Abbildungsprozess entstanden sind. Das folgende Beispiel zeigt die Umsetzung einer Problemstellung (Realität) in ein Klassendiagramm. Auf Attribute und Methoden wird zuerst verzichtet. Es geht erst einmal um die Klassen und deren Beziehungen.

> **Beispiel einer Problemstellung:**
>
> Die Filiale einer großen deutschen Bank möchte ihre Kunden und Mitarbeiter EDV-technisch erfassen. Die Kunden können bis zu 5 Konten bei der Bank haben. Weiterhin haben die Kunden einen Mitarbeiter der Filiale als Betreuer.

Umsetzung in ein Klassendiagramm

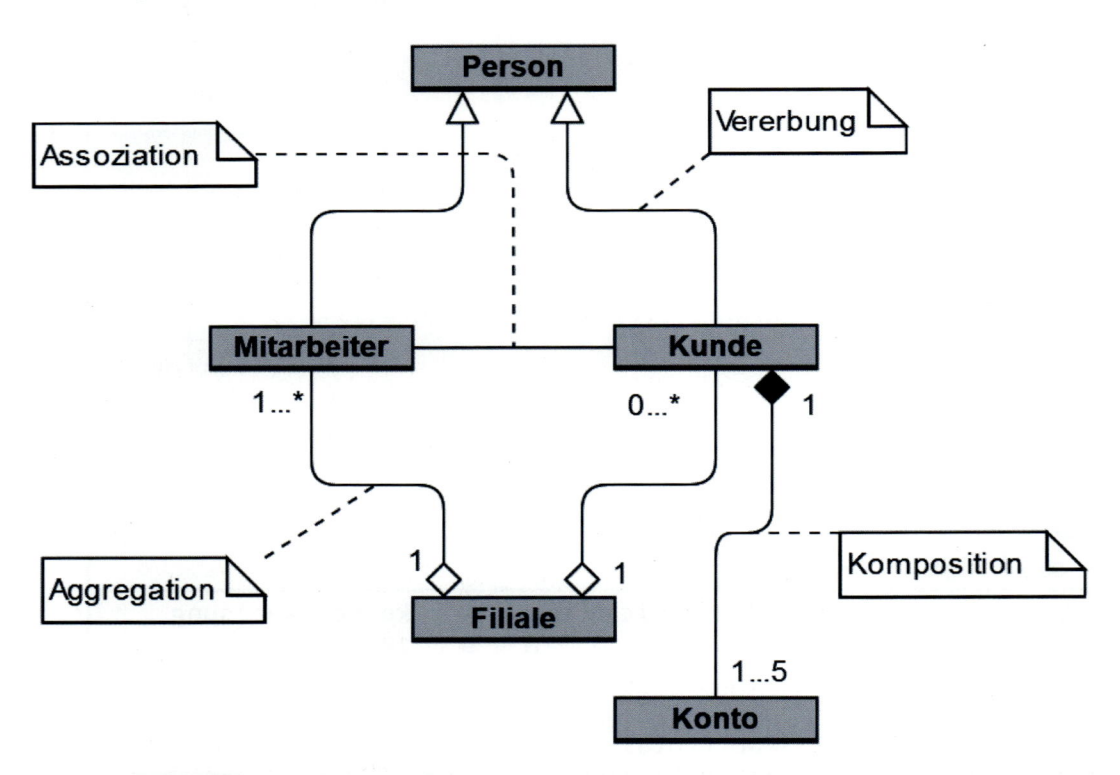

Das obige Beispiel zeigt die Umsetzung der Problemstellung. Die nötigen Klassen wurden identifiziert und die Beziehungen der Klassen untereinander wurden angelegt. Es handelt sich um die Beziehungen Generalisierung (Vererbung), Assoziation, Aggregation und Komposition. Die Beziehungen Assoziation, Aggregation und Komposition werden in den nächsten Unterkapiteln beleuchtet (die Vererbung wurde bereits ausführlich in Kapitel 7 behandelt). Dabei werden auch jeweils konkrete Beispiele in Java umgesetzt.

10.4.6 Die Assoziation

Die Assoziation ist eine Beziehung zwischen zwei Klassen. Beide Klassen sind auf eine bestimmte Weise miteinander verknüpft, so dass die eine Klasse die andere *kennt* und die andere Klasse die eine Klasse *kennt* (das kann allerdings auch explizit durch die so genannte Navigierbarkeit eingeschränkt werden). Ebenso kann aber auch sein, dass eine Klasse zu sich selbst eine Beziehung hat. Neben dem *Kennen* der anderen Klasse kann aber auch das Aufrufen einer Methode (Operation) der anderen Klasse die Beziehung ausmachen. Es folgen jetzt zwei Beispiele für Assoziationen, die die obigen etwas theoretischen Ausführungen veranschaulichen sollen.

Beispiel 1:

Ein Angestellter einer Firma betreut die Lieferanten der Firma. Jeder Lieferant hat genau einen Angestellten als Ansprechpartner.

Angestellter	—	Lieferant
1		0..*

Beispiel 2:

Eine Schulklasse hat einen Klassensprecher. Der Klassensprecher ist nur für diese eine Klasse zuständig.

Klasse	—	Sprecher
1		1

Allgemeiner Aufbau einer Assoziation

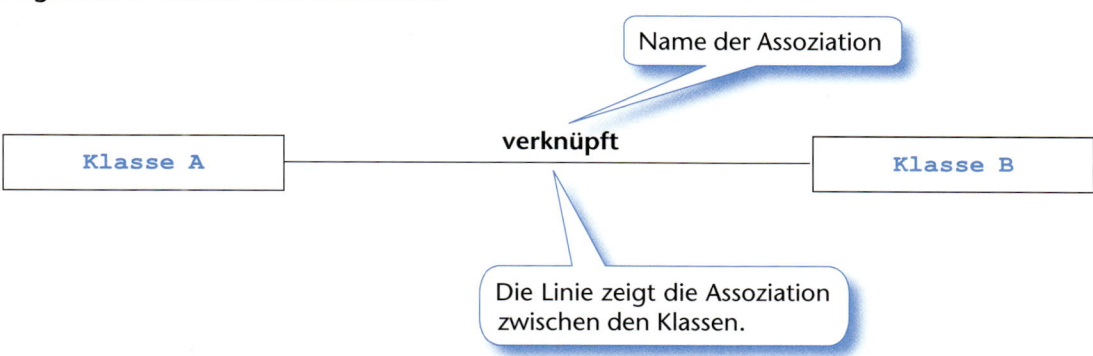

Klasse A — verknüpft — Klasse B

- Name der Assoziation
- Die Linie zeigt die Assoziation zwischen den Klassen.

Leserichtung einer Assoziation

Um eine Assoziation näher zu spezifizieren, kann eine Leserichtung (durch einen Richtungspfeil) hinzugefügt werden.

Kunde — besucht ➡ — Geschäft

(Leserichtung)

Multiplizitäten einer Assoziation

Die Multiplizitäten einer Assoziation geben an, wie viele Objekte der einen Klasse mit wie vielen der anderen Klasse in Verbindung stehen.

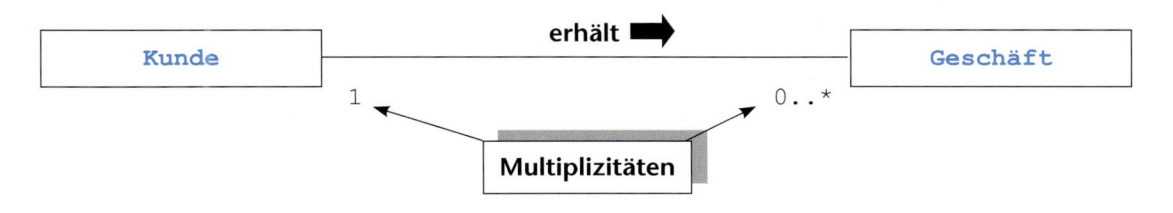

Kunde — erhält ➡ — Geschäft
1 .... 0..*

(Multiplizitäten)

> **Hinweis:**
> Die Multiplizitäten sind so zu lesen:
> - Ein Kunde erhält keine oder beliebig viele Rechnungen.
> - Eine Rechnung gehört genau zu einem Kunden.

Mögliche Multiplizitäten:

Multiplizität	Beschreibung
0	keins
1	genau eins
*	beliebig viele
0..*	keins oder beliebig viele (wie *)
1..*	eins oder beliebig viele
1..3	eins, zwei oder drei
4..20	4 bis 20
1,5,7	eins, fünf oder sieben

Rollen einer Assoziation
Es ist möglich, dass eine Klasse mit mehreren anderen Klassen verknüpft ist. In jeder Assoziation spielt die Klasse jedoch eine andere Rolle.

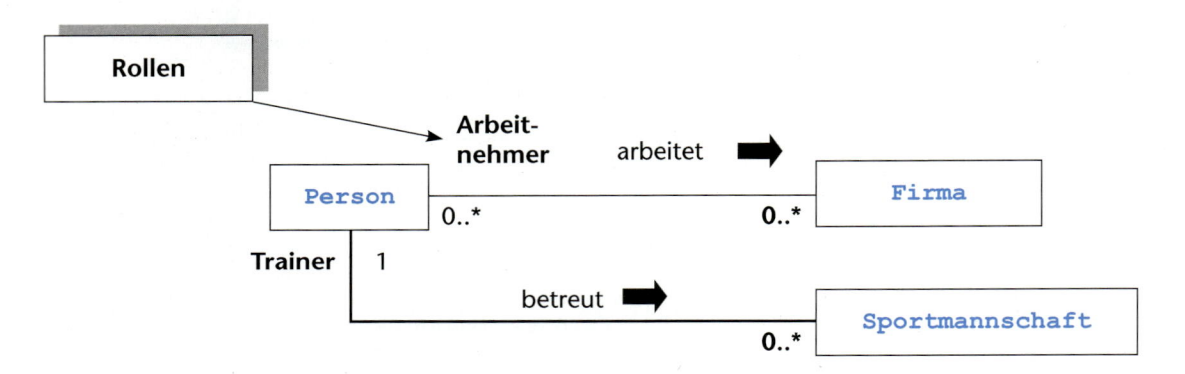

Navigierbarkeit
Mit Navigierbarkeit ist die Kenntnis der anderen Klasse gemeint. Man spricht dann von einer **gerichteten Assoziation**. Die Navigierbarkeit (Kenntnis) wird durch einen Pfeil am Ende der Assoziationslinie ausgedrückt.

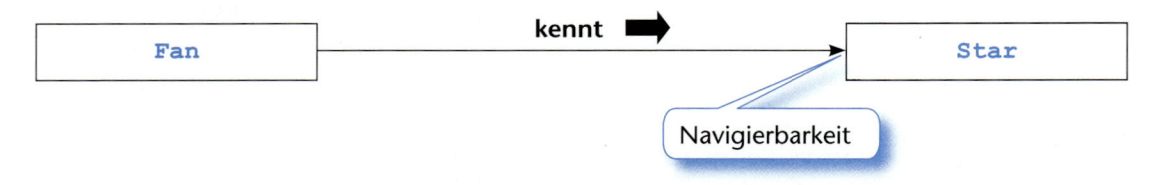

Der Fan kennt seinen Star, aber der Star kennt seinen Fan in der Regel nicht. Man spricht in diesem Fall von einer **unidirektionalen Navigierbarkeit**.

Ein Kind kennt seinen Vater, der natürlich auch sein Kind kennt. Man spricht in diesem Fall von einer **bidirektionalen Navigierbarkeit**.

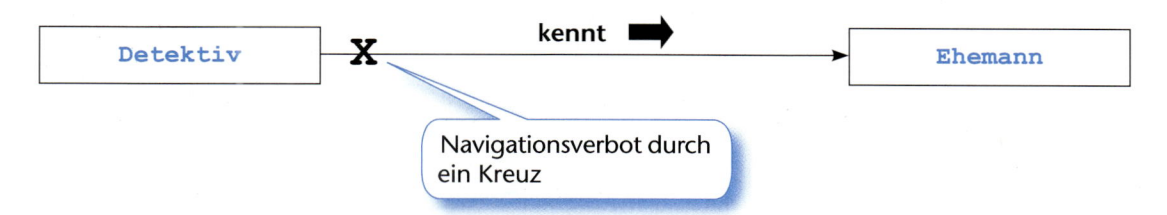

```
    Detektiv ——X——kennt ➡——————→ Ehemann
```
Navigationsverbot durch ein Kreuz

Der Detektiv kennt den Ehemann, den er im Auftrag seiner Frau beschatten soll. Der Ehemann darf aber den Detektiv nicht kennen (**Navigationsverbot**).

> **Hinweis:**
> Wird weder eine Navigierbarkeit noch ein Verbot angegeben, so wird von einer **bidirektionalen** Navigierbarkeit ausgegangen. Beide Klassen kennen sich dann.

Umsetzung einer bidirektionalen Assoziation in Java

```
    Kind ————kennt ➡————→ Vater
    0..1                  0..1
```

Die Umsetzung erfolgt mithilfe von **Beziehungsattributen**. Es wird in jeder Klasse ein Attribut mit dem Namen der anderen Klasse der Assoziation angelegt. Das Attribut wird als Verweis auf die andere Klasse deklariert.

```java
class Vater {
    private Kind vKind = null;
```
Umsetzung des *Kennens* durch einen Verweis, der mit zu Beginn mit null initialisiert wird.

```java
    public void SetvKind(Kind vK) {
        vKind = vK;
    }
}
```
Der Vater *kennt* jetzt sein Kind.

```java
class Kind {
    private Vater vVater = null;
```
Noch keine Kenntnis

```java
    public void SetvVater(Vater vV) {
        vVater = vV;
    }
}
```
Das Kind kennt jetzt seinen Vater.

```java
public class Assoziation {

    public static void main(String[] args){

        Vater herrMaier = new Vater();
        Kind caroline = new Kind();
        herrMaier.SetvKind(caroline);
        caroline.SetvVater(herrMaier);
    }

}
```

Vater und Kind instanziieren

Vater und Kind kennen sich nun.

10.4.7 Die Aggregation

Die Aggregation ist eine spezielle Assoziation. Die miteinander verknüpften Klassen beschreiben dabei eine **Ganzes-Teile-Beziehung**. Das bedeutet, dass eine Klasse das Ganze verkörpert und die andere Klasse einen Teil davon. Das Ganze hat den Teil als Komponente. Man spricht auch von einer **Hat-Beziehung**. Im Gegensatz dazu wird bei der Generalisierung bzw. Spezialisierung (oder auch Vererbung) eine **Ist-Beziehung** modelliert.

Die Aggregation wird dadurch gekennzeichnet, dass sie eine Raute an dem Ganzen besitzt.

Allgemeiner Aufbau einer Aggregation

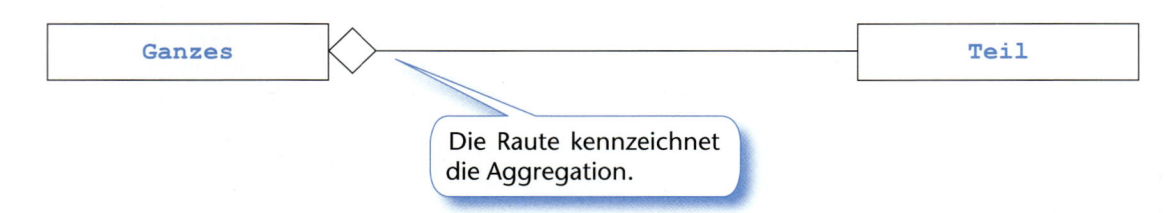

| Ganzes |◇—————————————| Teil |

Die Raute kennzeichnet die Aggregation.

Für eine Aggregation gelten folgende Eigenschaften:
- Sowohl das Ganze als auch die Teile können unabhängig voneinander existieren. Auch wenn Teile entfernt werden, kann das Ganze existieren.
- Teile können in verschiedenen Ganzen verwendet werden.

Multiplizitäten einer Aggregation
Ebenso wie bei einer Assoziation kann die Aggregation mit Multiplizitäten versehen werden.

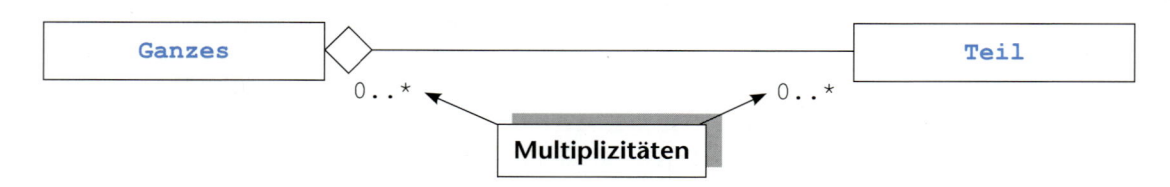

| Ganzes |◇—— 0..*   0..* ——| Teil |

Multiplizitäten

Beispiele

▶ Ein Notebook **hat** eine Festplatte. Eine Festplatte ist entweder nicht oder in genau einem Notebook eingebaut.

| Notebook |◇—— 0..1   1 ——| Festplatte |

▶ In einer Firma arbeiten beliebig viele Mitarbeiter. Die Mitarbeiter können aber auch bei beliebig vielen anderen Firmen arbeiten (zumindest theoretisch).

```
┌─────────┐                              ┌─────────────┐
│  Firma  │◇─────────────────────────────│ Mitarbeiter │
└─────────┘ 0..*                    0..* └─────────────┘
```

Umsetzung einer *:*-Aggregation in Java

Das Beispiel mit der Firma und den Mitarbeitern soll umgesetzt werden.

```
┌─────────┐                              ┌─────────────┐
│  Firma  │◇─────────────────────────────│ Mitarbeiter │
└─────────┘ 0..*                    0..* └─────────────┘
```

Für die Umsetzung dieser Aggregation wird in der Firmenklasse eine dynamische Liste verwaltet, die in der Lage ist, Mitarbeiter aufzunehmen und auch wieder abzugeben. Die Aufnahme geschieht durch Verweise auf Mitarbeiter, die in einer `ArrayList` gespeichert werden. Die Mitarbeiter könnten ebenfalls Listen der Firmen verwalten, aber das ist nicht zwingend, da es wichtiger ist, dass das Ganze seine Teile kennt.

```java
import java.util.ArrayList;

class Mitarbeiter {

    private String name = "NN";

    public Mitarbeiter() { }



    public void SetName(String n) {
        name = n;
    }

    public String GetName() {
        return name;
    }
}


class Firma {                                    // Liste für die Mitarbeiter.

    private ArrayList liste = new ArrayList();


    public Firma() {
    }
                                                 // Einfügen eines Mitarbeiters.
    public void Einfuegen(Mitarbeiter vM) {
        liste.add(vM);
```

```java
    }

    public void Loeschen(int nummer) {          // Entlassen eines Mitarbeiters.
        liste.remove(nummer - 1);
    }

    public void Ausgabe() {

        int i = 1;

        for(Object vM : liste){

            Mitarbeiter m = (Mitarbeiter) vM;
            System.out.println("Mitarbeiter " + i + ": " + m.GetName());
            i++;
        }
    }

}


public class Aggregation {

    public static void main(String[] args){


        Mitarbeiter[] mitarbeiter = new Mitarbeiter[3];

        mitarbeiter[0] = new Mitarbeiter();
        mitarbeiter[1] = new Mitarbeiter();          // Drei Mitarbeiter anlegen
        mitarbeiter[2] = new Mitarbeiter();
        mitarbeiter[0].SetName("Maier");
        mitarbeiter[1].SetName("Hansen");
        mitarbeiter[2].SetName("Mueller");

        Firma firma1 = new Firma();                  // Zwei Firmen anlegen
        Firma firma2 = new Firma();

        firma1.Einfuegen(mitarbeiter[0]);
        firma1.Einfuegen(mitarbeiter[1]);
        firma1.Einfuegen(mitarbeiter[2]);            // Mitarbeiter zuweisen
        firma2.Einfuegen(mitarbeiter[0]);
        firma2.Einfuegen(mitarbeiter[2]);

        System.out.println("Firma 1:");
```

```
            firma1.Ausgabe();
            System.out.println();
            System.out.println("Firma 2:");
            firma2.Ausgabe();
            System.out.println();
            System.out.println("Firma 1:");
            firma1.Loeschen(1);              // Einen Mitarbeiter entlassen.
            firma1.Ausgabe();
    }

}
```

Nach dem Starten sieht die Bildschirmausgabe dann so aus:

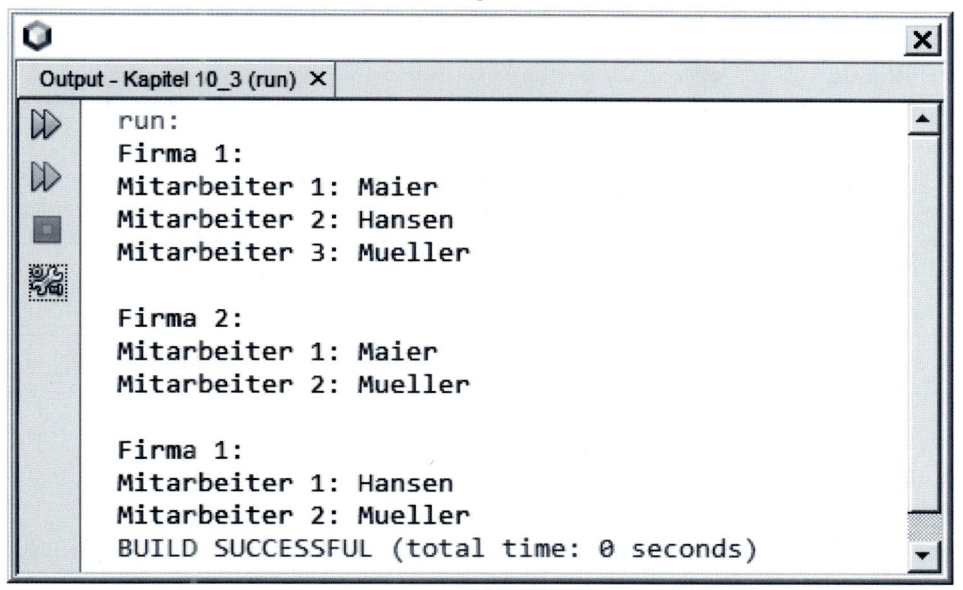

```
run:
Firma 1:
Mitarbeiter 1: Maier
Mitarbeiter 2: Hansen
Mitarbeiter 3: Mueller

Firma 2:
Mitarbeiter 1: Maier
Mitarbeiter 2: Mueller

Firma 1:
Mitarbeiter 1: Hansen
Mitarbeiter 2: Mueller
BUILD SUCCESSFUL (total time: 0 seconds)
```

10.4.8 Die Komposition

Die Komposition ist eine Aggregation, die eine zusätzliche besondere Eigenschaft hat. Es gibt eine starke Abhängigkeit zwischen dem Ganzen und den Teilen, so dass die Teile nicht ohne das Ganze existieren können. Ebenso wie bei der Aggregation spricht man von einer **Hat-Beziehung**. Die Komposition wird dadurch gekennzeichnet, dass sie eine ausgefüllte Raute an dem Ganzen besitzt.

Allgemeiner Aufbau einer Komposition

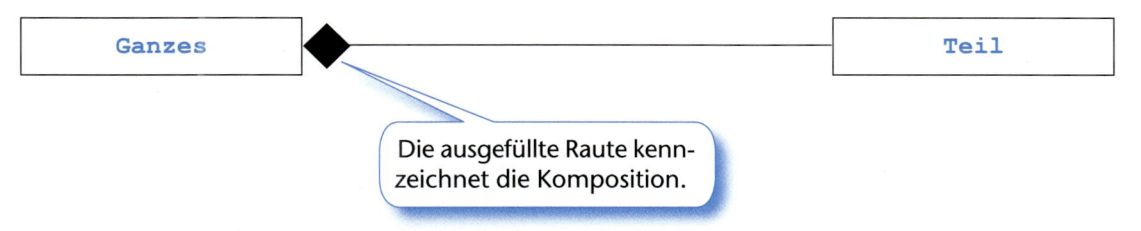

Ganzes ◆——————————— Teil

Die ausgefüllte Raute kennzeichnet die Komposition.

Multiplizitäten einer Komposition
Ebenso wie bei der Assoziation und der Aggregation kann die Komposition mit Multiplizitäten versehen werden.

10 Fortgeschrittene Themen in Java

```
        Ganzes  ◆─────────────────────────────  Teil
                 1                          0..*
                           ▲
                    ┌──────┴──────┐
                    │ Multiplizitäten │
                    └─────────────┘
```

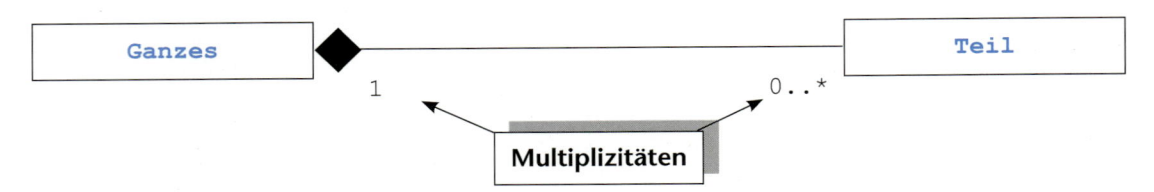

Die Multiplizität auf der Seite des Ganzen **darf immer nur 1** sein, sonst würde das der starken Bindung des Teils an das Ganze widersprechen. Wenn das Ganze gelöscht wird, so werden auch automatisch alle Teile gelöscht. Teile können auch gelöscht werden, bevor das Ganze seine Gültigkeit verliert. Ein Teil kann aber vor dem Löschen des Ganzen noch von einem anderen Ganzen aufgenommen werden, so dass das Teil in einem anderen Ganzen weiter existieren kann.

Beispiele

▶ Ein Kunde hat bis zu 5 Konten. Ein Konto ist aber immer nur mit einem Kunden verbunden. Wird der Kunde gelöscht, so werden auch seine Konten gelöscht.

```
        Kunde  ◆─────────────────────────────  Konto
                 1                          1..5
```

▶ In einer Firma arbeiten beliebig viele Mitarbeiter. Die Mitarbeiter sind aber (vertraglich festgelegt) nur in genau einer Firma tätig. Würde die Firma nicht mehr existieren, so könnten die Mitarbeiter vorher zu einer anderen Firma wechseln.

```
        Firma  ◆─────────────────────────────  Mitarbeiter
                 1                          0..*
```

Hinweis zur Umsetzung in Java

Die Komposition wird im Prinzip so wie die Aggregation umgesetzt. Dabei muss allerdings beachtet werden, dass die Teile nicht alleine weiter existieren, wenn das Ganze gelöscht wird. Das kann beispielsweise so geschehen, dass eine Methode zur Aufnahme der Teile keine Verweise übernimmt, sondern die Teile direkt instanziiert und in einer Liste speichert:

```java
class Teil {…}


class Ganzes {
:
:
    public void Einfuegen(){

        Teil neu = new Teil();
        liste.add(neu);


    }
}
```

> Teile werden nur in dem Ganzen instanziiert und verwaltet.

11 GUI-Programmierung mit dem Abstract Window Toolkit AWT

11.1 GUI-Programmierung

11.1.1 Historische Entwicklung der GUI-Programmierung

In den Anfängen des Computers fand die Kommunikation mit dem Computer über Lochkarten statt. In den 60er-Jahren kamen dann die ersten PC-ähnlichen Computer auf den Markt, die über eine Tastatur und eine Bildschirmanzeige verfügten, welche manchmal nur drei Zeilen anzeigen konnte. Später wurden die Computer dann mit Röhrenmonitoren ausgestattet, die eine Anzeige von mehreren Zeilen und Spalten erlaubten. Diese Anzeige ähnelt der Konsolenausgabe, die bislang in diesem Buch genutzt wurde. In den 70er-Jahren wurden dann die ersten Versuche einer grafischen Benutzeroberfläche **GUI** (**G**raphical **U**ser Interface) gestartet. In den meisten Fällen scheiterten diese GUIs an mangelnder Rechenleistung der Computer. Erst in den 80er-Jahren wurde mit dem *Apple Macintosh* ein Computer vorgestellt, der sowohl erschwinglich war als auch über genug Rechenleistung verfügte, um die grafische Benutzeroberfläche *Mac OS* zu unterstützen. Diese GUI hatte viele Aspekte, die dem heutigen Benutzer sehr vertraut sind – vor allem auf die Benutzung einer Maus kann heutzutage nicht mehr verzichtet werden. Die Firma Microsoft stellte kurz danach die erste Version von Windows vor, die aber erst einige Jahre später mit den Versionen *Windows 95* und der parallel entwickelten *Windows NT-Linie* zu großem Erfolg kam. Die folgende Abbildung zeigt die Entwicklung einiger grafischer Benutzeroberflächen in zeitlichem Zusammenhang (inkl. der Linux-GUI *Gnome*):

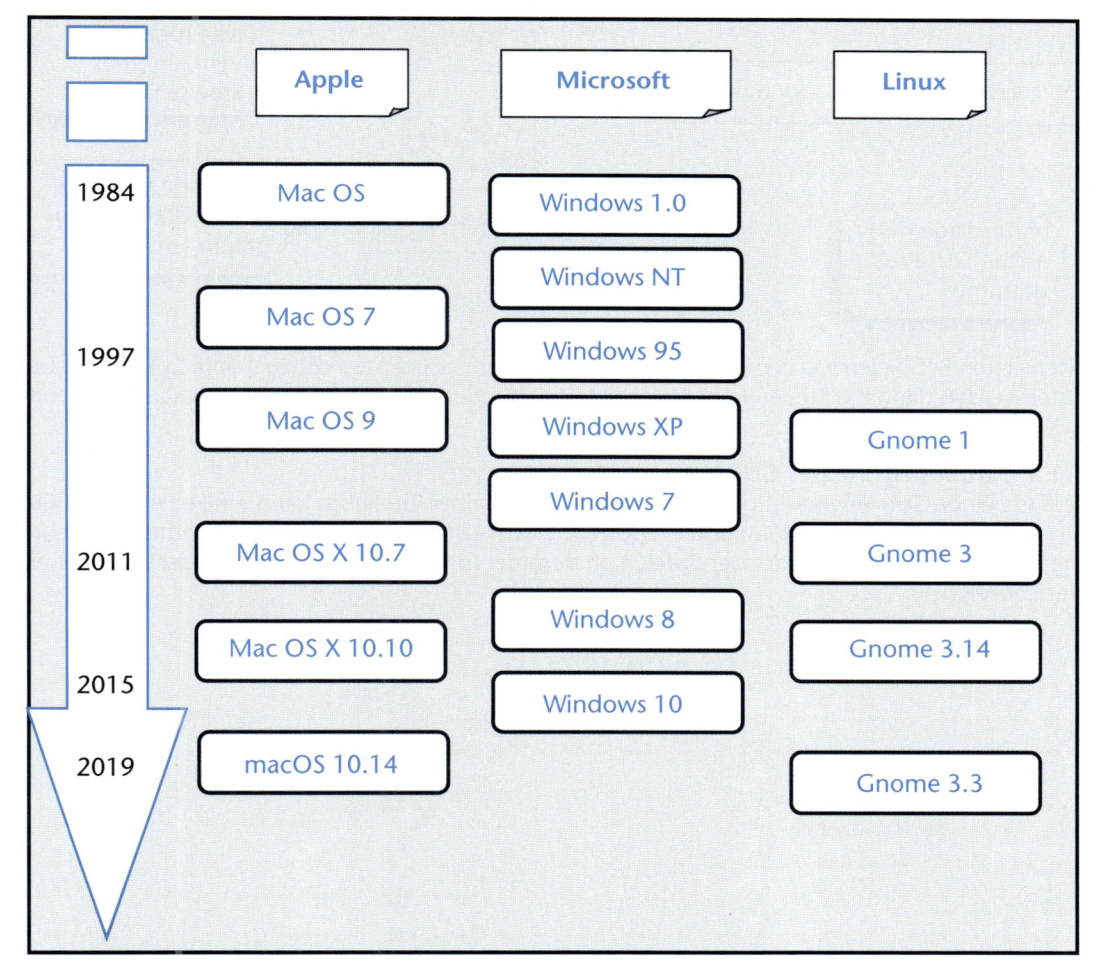

	Apple	Microsoft	Linux
1984	Mac OS	Windows 1.0	
		Windows NT	
	Mac OS 7		
1997		Windows 95	
	Mac OS 9	Windows XP	Gnome 1
		Windows 7	
2011	Mac OS X 10.7		Gnome 3
		Windows 8	Gnome 3.14
2015	Mac OS X 10.10	Windows 10	
2019	macOS 10.14		Gnome 3.3

11.1.2 Aufbau des AWT

Die GUI-Programme basieren auf sogenannten Fenstern, die sowohl der Ausgabe als auch der Interaktion mit dem Benutzer dienen. Für diese Interaktion gibt es eine Vielzahl von Komponenten und vorgefertigten Elementen, die einem Computernutzer (egal ob Windows-PC, Linux-PC oder Apple-Computer) sehr vertraut sind. Diese Komponenten (oder Klassen) sind in dem Paket **AWT** (**A**bstract **W**indow **T**oolkit) zusammengefasst. Das *Toolkit* greift bei der GUI-Programmierung auf die nativen GUI-Komponenten des jeweiligen Betriebssystems zu. Deshalb passen sich AWT-Programme im Aussehen dem jeweiligen Betriebssystem an. Das hat Vorteile (Vertrautheit), aber auch Nachteile, wenn eine Software beispielsweise einen eigenen Stil haben soll. Für solche Fälle können dann die *Swing*-Klassen benutzt werden (dazu später mehr). Die folgende Abbildung zeigt einen Ausschnitt aus der Klassenhierarchie des AWT.

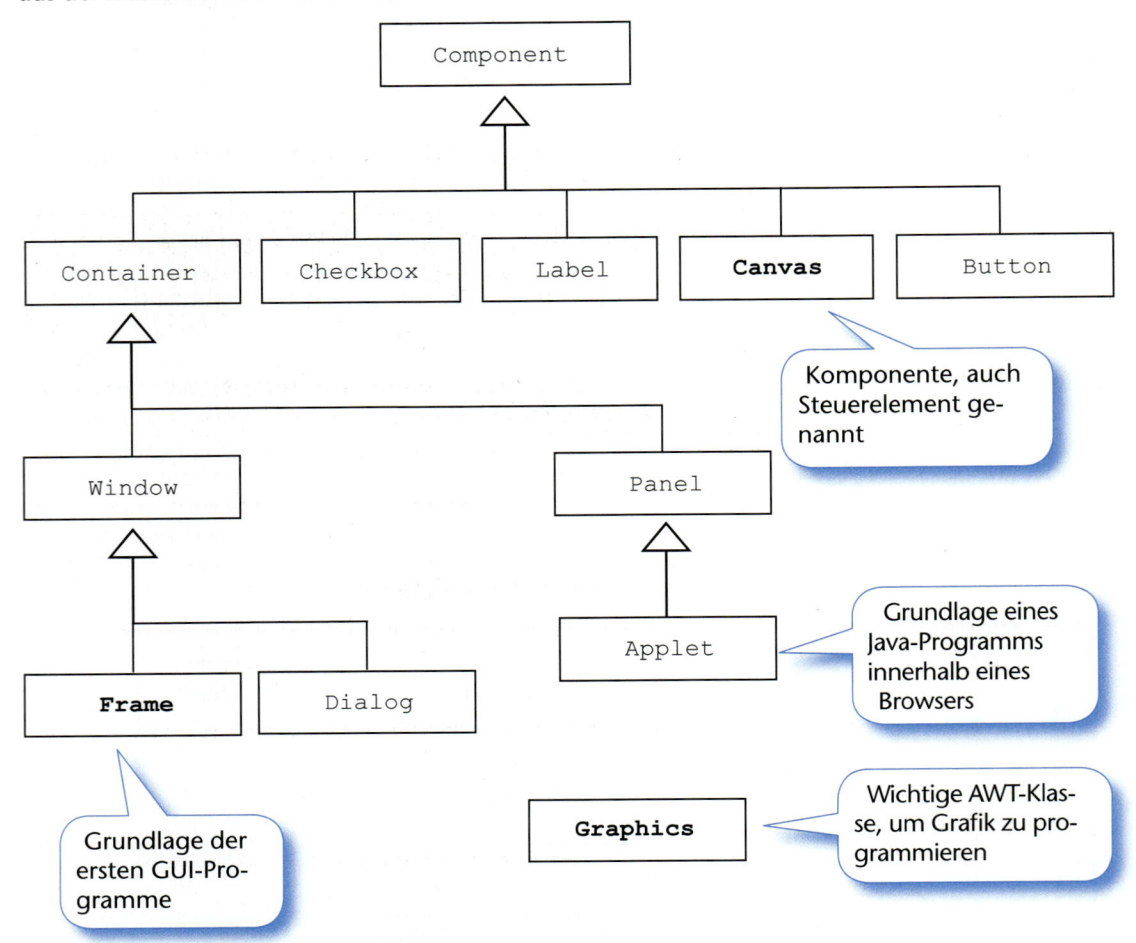

```
                         ┌───────────┐
                         │ Component │
                         └─────△─────┘
                               │
     ┌─────────┬───────────────┼──────────────┬──────────┐
┌─────────┐ ┌──────────┐ ┌─────────┐ ┌────────┐ ┌────────┐
│Container│ │ Checkbox │ │  Label  │ │ Canvas │ │ Button │
└────△────┘ └──────────┘ └─────────┘ └────────┘ └────────┘
     │
     ├──────────────────────────┐
┌─────────┐                ┌─────────┐
│ Window  │                │  Panel  │
└────△────┘                └────△────┘
     │                          │
     │                     ┌─────────┐
     │                     │ Applet  │
     │                     └─────────┘
┌─────────┐ ┌─────────┐
│  Frame  │ │ Dialog  │
└─────────┘ └─────────┘

                           ┌──────────┐
                           │ Graphics │
                           └──────────┘
```

- Canvas: Komponente, auch Steuerelement genannt
- Applet: Grundlage eines Java-Programms innerhalb eines Browsers
- Graphics: Wichtige AWT-Klasse, um Grafik zu programmieren
- Frame: Grundlage der ersten GUI-Programme

In den ersten Beispielen werden hauptsächlich die Klassen `Frame`, `Graphics` und `Canvas` benutzt. Später werden dann die Steuerelementklassen eingebunden, um solche Elemente wie `Button` oder `Checkbox` einzubinden.

11.1.3 Grundbegriffe der GUI-Programmierung

Die Basis einer GUI-Anwendung ist ein Fenster. Neben einer Titelleiste kann ein Fenster auch über eine Statuszeile und eine Menüleiste verfügen. Das Fenster wird von einem Rahmen umgeben. Innerhalb des Fensters befindet der Bereich, in dem der Inhalt angezeigt wird. Dieser Bereich heißt **Clientbereich**.

11 GUI-Programmierung mit dem Abstract Window Toolkit AWT

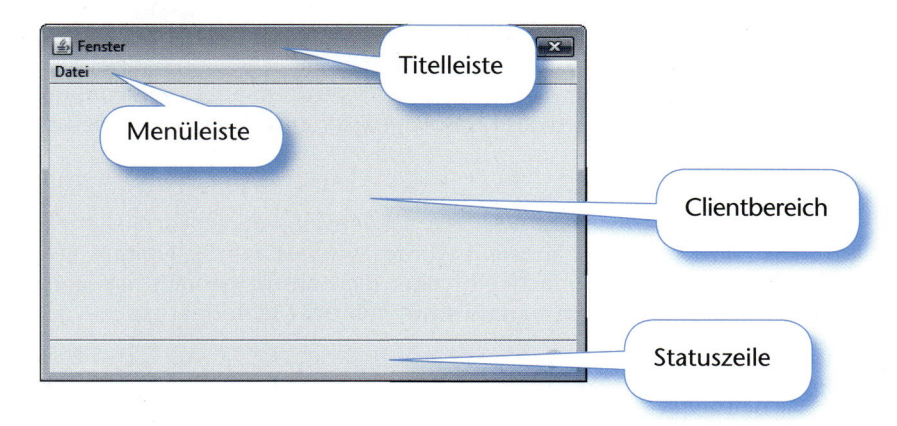

(Abbildung eines Fensters mit Beschriftungen: Titelleiste, Menüleiste, Clientbereich, Statuszeile)

11.2 Das erste GUI-Programm

11.2.1 Die Klasse Frame nutzen

Das erste GUI-Programm ist eigentlich sehr kurz. Es besteht nur aus der Instanziierung eines Objektes der Klasse `java.awt.Frame` und dem Aufruf einer Methode (`setVisible`), um das Fenster anzuzeigen. Der Quellcode des ersten GUI-Programms sieht dann so aus:

```java
package kapitel_11;
import java.awt.*;                    // Das AWT-Paket einbinden

public class GUIStart {

    public static void main(String[] args) {

        Frame einFenster = new Frame();           // Ein Frame-Objekt instanziieren


        einFenster.setVisible(true);              // Das Fenster anzeigen lassen


        einFenster.setBackground(Color.BLUE);     // Den Hintergrund, die
        einFenster.setSize(300, 300);             // Größe und Startposition
        einFenster.setLocation(400, 300);         // setzen

    }
}
```

Nach dem Starten erscheinen zwei Fenster, ein zugrunde liegendes Konsolenfenster und das GUI-Fenster:

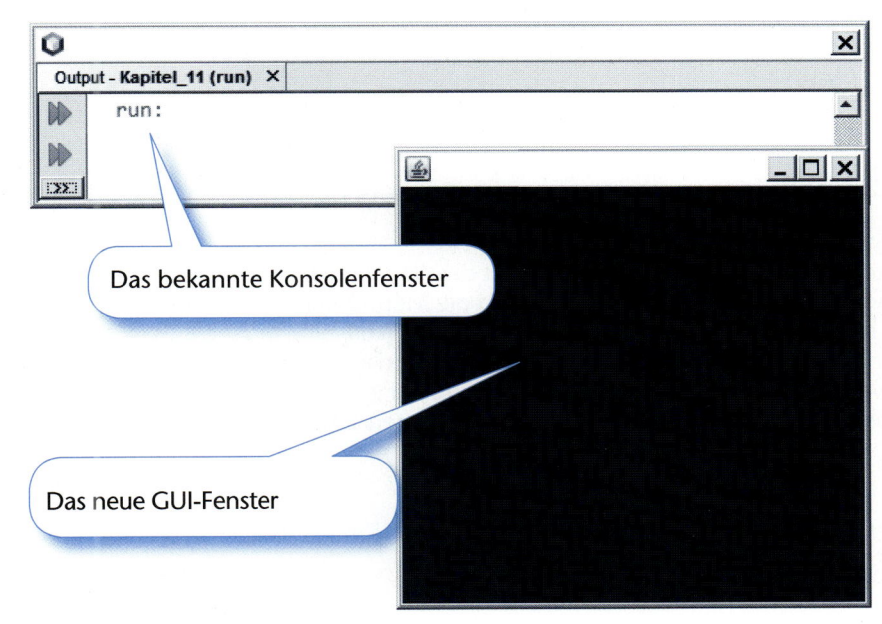

(Abbildung: Das bekannte Konsolenfenster und das neue GUI-Fenster)

Das Konsolenfenster steht natürlich nicht im Mittelpunkt der Betrachtung. Trotzdem ist es gerade am Anfang hilfreich, dass es zur Verfügung steht, denn es kann parallel zum GUI-Fenster für Ein- und Ausgaben genutzt werden. Später wird die Projektform unter **NetBeans** geändert (zu einer *Desktop-Anwendung*) und dann wird das Konsolenfenster auch nicht mehr relevant sein.

> **Achtung:**
>
> Nach dem Starten zeigt sich, dass das Fenster sich nicht schließen lässt. Dies liegt daran, dass kein Ereignis-Objekt angelegt wurde, welches auf das Ereignis „*Fenster schließen*" reagiert. Deshalb wird der Einfachheit halber die Konsole genutzt, um auf eine Eingabe zu warten. Anschließend kann dann das Fenster mit der Methode dispose geschlossen werden:

```java
package kapitel_11;
import java.awt.*;
import java.io.*;                  // IO-Paket einbinden für Tastatureingaben
public class GUIStart {
    public static void main(String[] args) {

        Frame einFenster = new Frame();
        einFenster.setVisible(true);
        einFenster.setBackground(Color.BLUE);
        einFenster.setSize(300, 300);
        einFenster.setLocation(400, 300);

        String eingabe;
        BufferedReader einlesen = new BufferedReader(new
                                  InputStreamReader(System.in));

        System.out.println("Bitte eine Eingabe machen, um das
                            Fenster zu schliessen!");

        try {
            eingabe = einlesen.readLine();     // Auf eine Eingabe warten
        }
        catch(Exception e) {
            System.out.println("Fehler: " + e.getMessage());
        }

        einFenster.dispose();      // Das Fenster mit dispose schließen
    }
}
```

Nach dem Starten erscheinen wieder zwei Fenster. Nach einer beliebigen Eingabe wird dann das Fenster geschlossen:

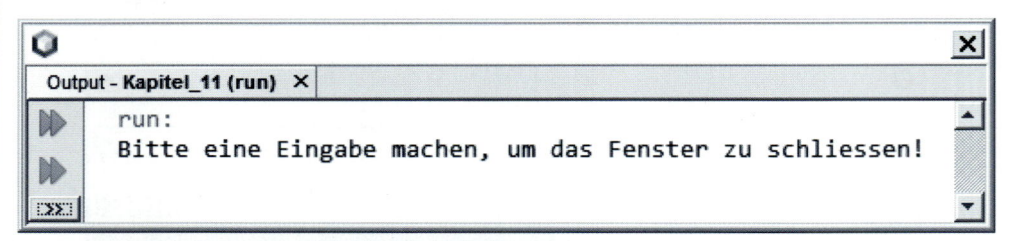

```
Output - Kapitel_11 (run)
run:
Bitte eine Eingabe machen, um das Fenster zu schliessen!
```

11.2.2 Eine eigene Frame-Klasse schreiben

In dem ersten GUI-Programm wurde ein Objekt der Klasse Frame instanziiert. Damit kann ein Fenster erzeugt und angezeigt werden. Allerdings sind die Möglichkeiten zur individuellen Anpassung des Fensters sehr beschränkt. Aus diesem Grund ist es sinnvoll, eine eigene Frame-Klasse zu erstellen, die von der vorhandenen Frame-Klasse erbt. Damit sind alle Grundfunktionalitäten vorhanden und eigene Erweiterungen möglich. Das folgende Beispiel zeigt eine eigene Frame-Klasse, die einen Konstruktor definiert, der bereits für kleine Anpassungen sorgt:

```java
package kapitel_11;
import java.awt.*;

import java.io.*;

class Fenster extends Frame {

    public Fenster() {
        this.setBackground(Color.BLUE);
        this.setSize(300, 300);
        this.setLocation(400, 300);
    }

}

public class GUIStart {
    public static void main(String[] args) {

            Fenster einFenster = new Fenster();
            einFenster.setVisible(true);

            String eingabe;
            BufferedReader einlesen  = new BufferedReader(new
                                    InputStreamReader(System.in));

            System.out.println("Bitte eine Eingabe machen, um das
                                    Fenster zu schließen!");

            try {
                eingabe = einlesen.readLine();
            }
            catch(Exception e) {
                System.out.println("Fehler: " + e.getMessage());
            }

            einFenster.dispose();
    }
}
```

Eine eigene Fenster-Klasse anlegen, die von Frame erbt

Über den this-Verweis auf die vorhandenen Eigenschaften des Fensters zugreifen und beispielsweise Größe, Startposition und Hintergrundfarbe festlegen

Ein Fenster-Objekt instanziieren

11.3 Text- und Grafikausgabe

11.3.1 Das Paint-Ereignis und die erste Textausgabe

Eine Besonderheit der GUI-Programmierung liegt darin, dass ein Fenster nicht fest an einem Platz auf dem Bildschirm bleibt, sondern seine Größe ändern kann. Es kann auch durch andere Fenster verdeckt oder teilweise verdeckt werden. Wenn ein Fenster nun seine Größe verändert oder durch den Benutzer wieder in den Vordergrund geholt wird, dann muss das Fenster in der Lage sein, seinen Inhalt neu auszugeben. Das Betriebssystem übernimmt zwar die Steuerung des Fensters, ist aber **nicht für den Inhalt verantwortlich**. Sobald das Betriebssystem erkannt hat, dass ein Fenster seine Größe verändert hat oder wieder in den Vordergrund geholt wurde, sendet es eine bestimmte Nachricht an die Anwendung. Oder mit den Worten der ereignisgesteuerten Programmierung: Es wird ein bestimmtes Ereignis ausgelöst. Dieses Ereignis ist das **Paint-Ereignis**. Das Auslösen des Paint-Ereignisses sorgt bei einer Anwendung dafür, dass der Inhalt neu ausgegeben werden muss. Für diesen Fall gibt es eine virtuelle Methode, die in der eigenen Frame-Klasse überschrieben werden muss – und zwar die paint-Methode.

```java
package kapitel_11;
import java.awt.*;
class Fenster extends Frame {
        public Fenster() {
            this.setSize(300, 300);
        }
```

11 GUI-Programmierung mit dem Abstract Window Toolkit AWT

```
        @Override
        public void paint(Graphics g) {
            g.drawString("Hallo GUI", 100, 100);

        }
}
```

Die paint()-Methode überschreiben

Die Methode paint erhält einen sogenannten Geräte-Kontext vom Typ Graphics. Damit sind Grafikoperationen möglich wie das Schreiben einer Zeichenkette mit drawString an eine bestimmte Position.

Die Methode paint wird genau dann aufgerufen, wenn das Paint-Ereignis ausgelöst wird. Die Methode hat einen Übergabeparameter vom Typ Graphics. Dieser Parameter erhält einen Verweis auf einen Geräte-Kontext. Einen Geräte-Kontext kann man sich wie einen Stift vorstellen, den das Betriebssystem zur Verfügung stellt, um in den Clientbereich zu zeichnen. Mit der Methode drawString wird dann eine Zeichenkette ausgegeben:

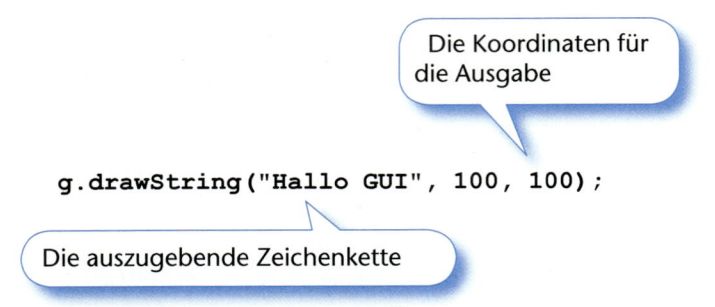

```
        g.drawString("Hallo GUI", 100, 100);
```

Die Koordinaten für die Ausgabe

Die auszugebende Zeichenkette

Nach dem Starten wird dann der Text in dem Fenster ausgegeben:

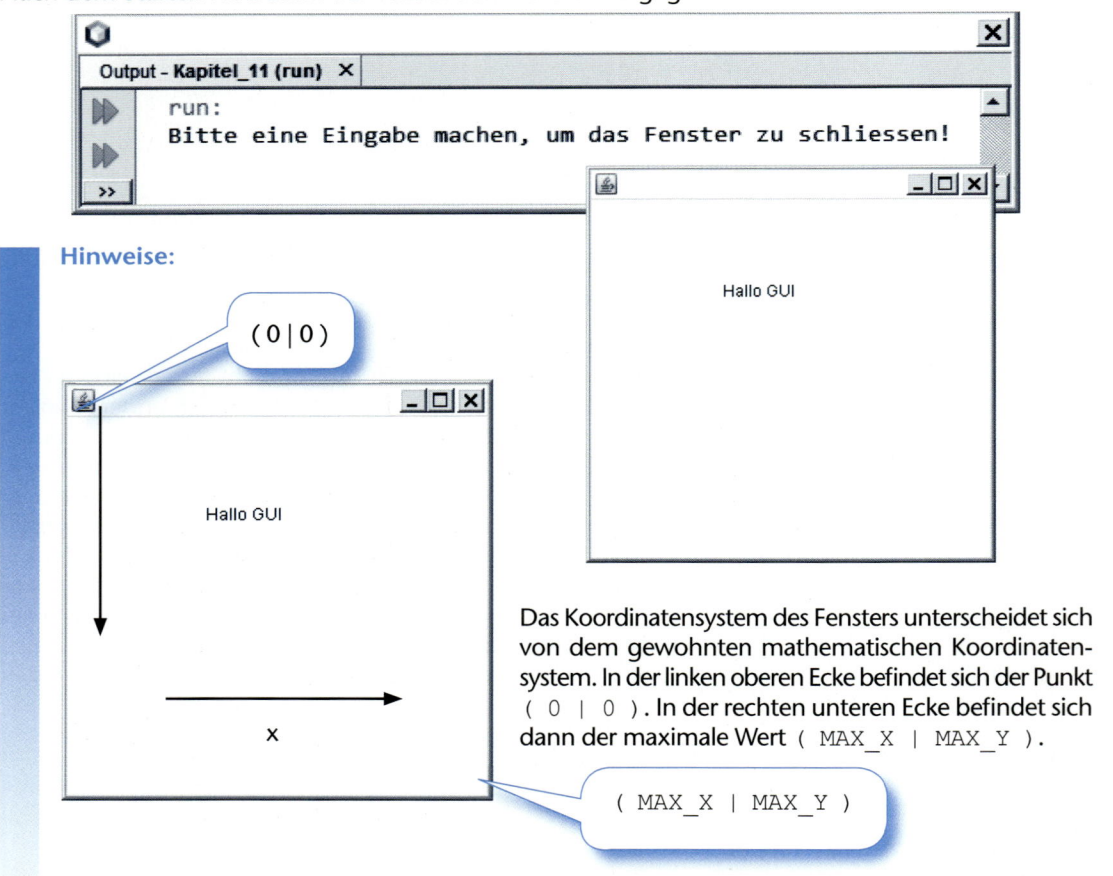

Hinweise:

(0|0)

(MAX_X | MAX_Y)

Das Koordinatensystem des Fensters unterscheidet sich von dem gewohnten mathematischen Koordinatensystem. In der linken oberen Ecke befindet sich der Punkt (0 | 0). In der rechten unteren Ecke befindet sich dann der maximale Wert (MAX_X | MAX_Y).

Wenn ein Fenster (oder eine andere Komponente) dazu veranlasst werden soll, die paint-Methode aufzurufen, um den Clientbereich neu zu zeichnen, dann kann das einfach durch den Aufruf der Methode **repaint** geschehen.

11.3.2 Einen Clientbereich hinzufügen

Die obigen Beispiele zeigen, wie in den Clientbereich des Fensters geschrieben werden kann. Das Problem bei dieser Vorgehensweise sind die zugrunde liegenden Koordinaten. Sie beginnen nicht in der linken oberen Ecke des Clientbereiches, sondern beziehen sich auf das komplette Fenster. Das führt zu Komplikationen bei der genauen Berechnung von Ausgaben, die beispielsweise von der linken oberen Ecke des Clientbereiches starten sollen. Aus diesem Grund ist es sinnvoll, eine Art neuen Clientbereich zu definieren und in das Fenster einzubetten. Dieser Clientbereich basiert auf der Klasse `Canvas` (deutsch: Leinwand). Diese Klasse bietet eine Art leere Fläche, die zum Zeichnen oder auch zur Ereignisbehandlung genutzt werden kann. Dem Fenster muss diese neue Leinwand nur hinzugefügt werden und anschließend füllt sie den ganzen Clientbereich aus. Die `paint`-Methode wird dann wie gewohnt überschrieben.

Das folgende Beispiel zeigt die Definition einer `Clientbereich`-Klasse innerhalb der Fenster-Klasse. Sie hat den Vorteil, dass die eingebettete Klasse nur in der umgebenden Klasse genutzt werden kann. Es wäre allerdings auch möglich, die `Clientbereich`-Klasse außerhalb zu definieren. Damit könnte sie vielen Fensterklassen zur Verfügung stehen.

```java
class Fenster extends Frame {

    public Fenster() {
        this.setSize(200, 100);
        this.setLocation(400, 300);

        this.add (new Clientbereich());
    }

    class Clientbereich extends Canvas {

        @Override
        public void paint(Graphics g) {



            int schrifthoehe = this.getFont().getSize();
            g.drawString("Hallo Canvas", 0, schrifthoehe);
        }
    }
}
```

> Mit der Methode `add` wird der Clientbereich hinzugefügt und in das Fenster eingebettet.

> Die `Clientbereich`-Klasse als **innere Klasse** definieren und von der `Canvas`-Klasse ableiten

> Die `paint`-Methode wie gewohnt überschreiben

> Über die Methode `getSize` die exakte Höhe der Schriftart erhalten

> Die Ausgabe der Zeichenkette genau in die linke obere Ecke des Clientbereiches setzen

Nach dem Starten wird der Text dann in dem Clientbereich ausgegeben:

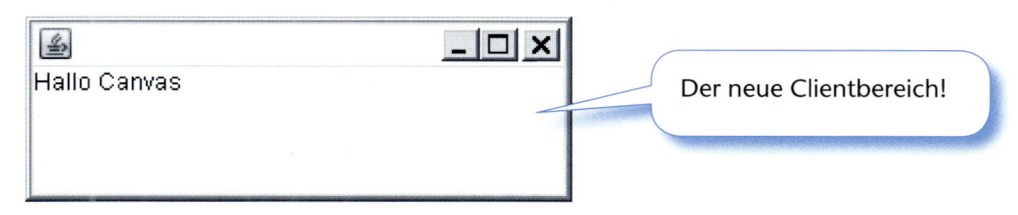

> Der neue Clientbereich!

11.3.3 Einfache Grafikausgabe

Mit den Methoden der Klasse `Graphics` können im Clientbereich beliebige grafische Elemente gezeichnet werden. Neben dem Zeichnen von einfachen grafischen Elementen wie Linien und Rechtecken können auch komplexe Formen wie Polygone oder Kreisausschnitte gezeichnet werden. Das folgende Beispiel zeigt die Verwendung einiger einfacher Methoden der Klasse `Graphics`:

11 GUI-Programmierung mit dem Abstract Window Toolkit AWT

```java
package kapitel_11;
import java.awt.*;
class GrafikFenster extends Frame {

    public GrafikFenster() {
        this.setLocation(400, 300);
        this.add (new Clientbereich());
    }

    class Clientbereich extends Canvas {
        @Override
        public void paint(Graphics g) {
            g.setColor(Color.BLUE);
```

> Mit der Methode `setColor` eine neue Zeichenfarbe festlegen

```java
            g.drawLine(50, 90, 130, 90);
            g.drawLine(160, 90, 240, 90);
```

> Mit der Methode `drawLine` eine Linie zeichnen

> Anfangs- und Endkoordinaten für die Linie festlegen
> **ACHTUNG**: Die Linienbreite lässt sich nicht einstellen – Alternative: gefüllte Rechtecke zeichnen oder die `Java2D`-Klassen nutzen.

```java
            g.drawOval(50, 100, 80, 80);
```

> Mit der Methode `drawOval` eine Ellipse zeichnen

> Anfangskoordinaten sowie Höhe und Breite des umgebenden Rechtecks festlegen

```java
            g.fillOval(60, 110, 60, 60);
```

> Mit der Methode `fillOval` eine gefüllte Ellipse zeichnen

```java
            g.drawOval(160, 100, 80, 80);
            g.fillOval(170, 110, 60, 60);
            g.setColor(Color.BLACK);

            g.drawRect(140, 130, 10, 70);
```

> Mit der Methode `drawRect` ein Rechteck zeichnen

> Mit der Methode `drawArc` einen Bogen zeichnen (siehe auch Hinweise später)

```java
            g.drawArc(50, 150, 200, 100, 0, -180);
```

Rechteck — Start- und Distanzwinkel

11 GUI-Programmierung mit dem Abstract Window Toolkit AWT

Mit der Methode `getImage` eines `Toolkit`-Objektes wird ein Bild geladen.

```
Image bild = getToolkit().getImage("c:/temp/logo.png");
g.drawImage(bild, 300, 100, this);
    }
}
}
```

Mit der Methode `drawImage` das Bild anzeigen

Nach dem Starten sieht das Programm so aus:

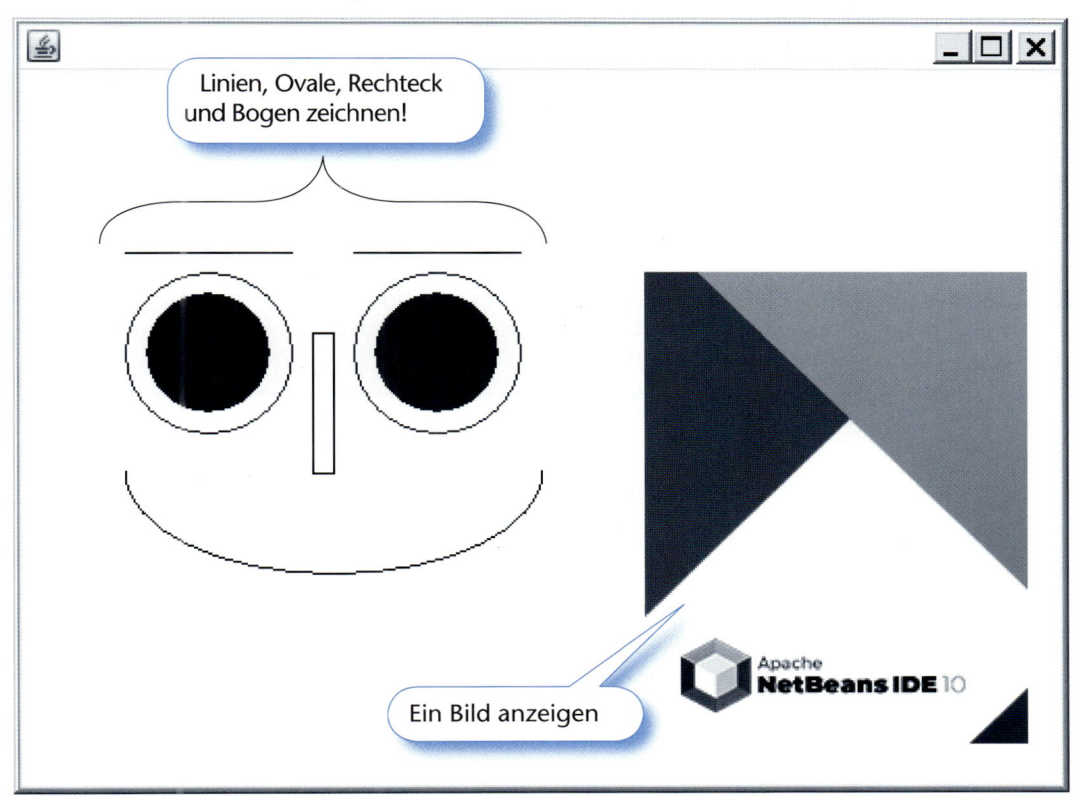

Linien, Ovale, Rechteck und Bogen zeichnen!

Ein Bild anzeigen

Hinweis:

Bei der Methode für den Bogen werden ein Startwinkel und ein Distanzwinkel angegeben, die den Bogen innerhalb des Rechtecks definieren. Der Startwinkel beginnt dabei in der Mitte der rechten Seite des umgebenden Rechtecks mit Null. Nach unten sind die Winkel mit negativen Werten anzugeben:

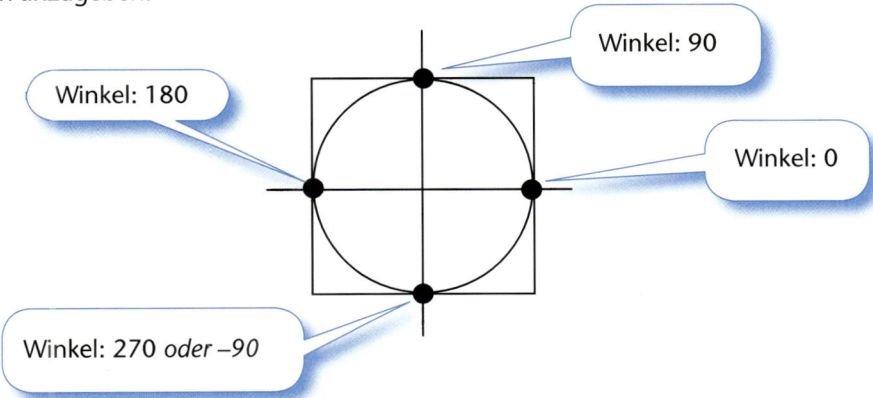

Winkel: 90
Winkel: 180
Winkel: 0
Winkel: 270 oder −90

Das folgende Beispiel zeichnet einen Bogen als linken Halbkreis. Der Startwinkel ist 90 und der Endwinkel dann 90 + 180 = 270:

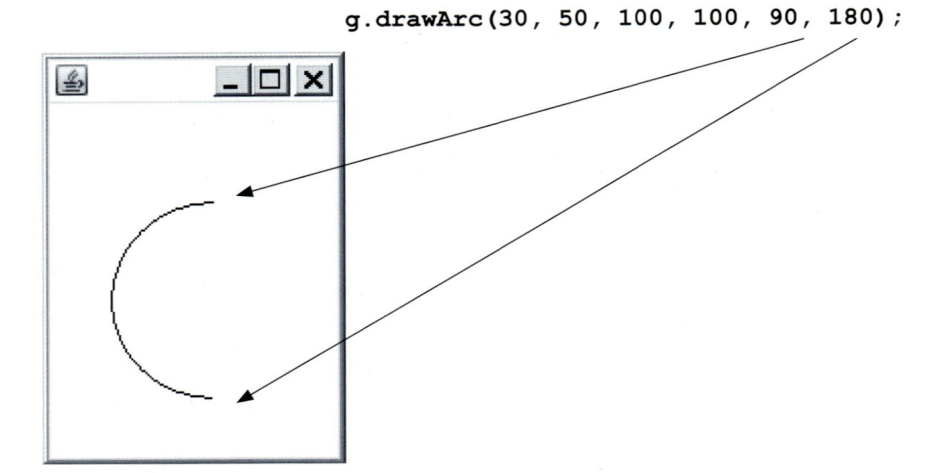

```
g.drawArc(30, 50, 100, 100, 90, 180);
```

11.3.4 Mehrzeilige Textausgabe

Mithilfe der Methode `drawString` kann einen Textzeile genau auf dem Fenster positioniert werden. Möchte man nun mehrere Textzeilen untereinander ausgeben, so ist die Höhe der Schriftart wichtig, um den entsprechenden Zeilenabstand zu bestimmen. Diese Höhe kann leicht durch bestimmte Methoden der Schriftart ausgelesen werden. Dazu ist es wichtig zu wissen, dass jede Schriftart über bestimmte Eigenschaften verfügt, die nicht nur die Höhe, sondern auch einen geeigneten Abstand zwischen zwei Zeilen dieser Schriftart festlegen.

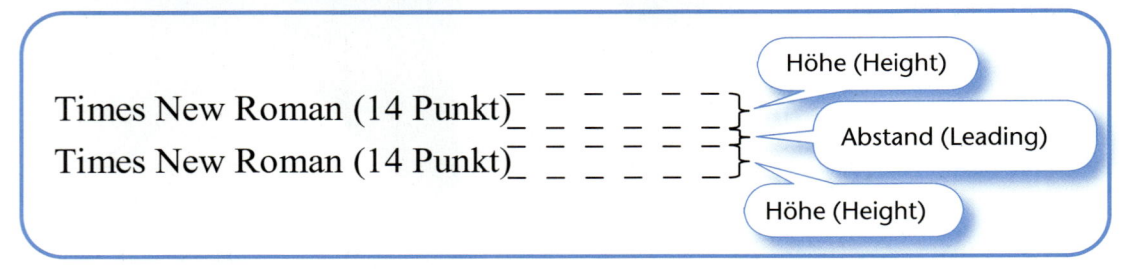

Times New Roman (14 Punkt) — Höhe (Height)
Times New Roman (14 Punkt) — Abstand (Leading)
— Höhe (Height)

Die Höhe und der Abstand können über einen `FontMetrics`-Verweis ausgelesen werden:

```
FontMetrics tm = g.getFontMetrics(g.getFont());
int abstand = tm.getHeight() + tm.getLeading();
```

Die Schrifteigenschaften holen
Die Schrift des aktuellen Geräte-Kontextes holen
Der korrekte Abstand ergibt sich aus Schrifthöhe (Height) und Abstand (Leading).

Mithilfe des Abstandes können nun leicht beliebig viele Textzeilen ausgegeben werden, wie das folgende Beispiel verdeutlicht:

```java
@Override
public void paint(Graphics g) {

        FontMetrics tm = g.getFontMetrics(g.getFont());
        int abstand = tm.getHeight() + tm.getLeading();

        for (int i = 1; i <= 10 ; i++) {
            g.drawString("Zeilen: " + i, 0 , i * abstand  );
        }
}
```

> Die y-Koordinate errechnet sich durch den Abstand und den Schleifenvariablen-Wert **i**.

Nach dem Starten werden die zehn Textzeilen korrekt untereinander ausgegeben:

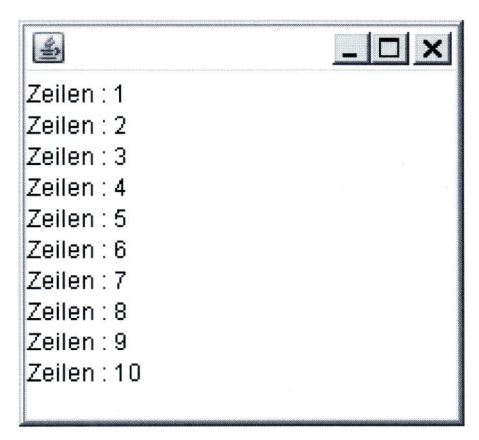

```
Zeilen : 1
Zeilen : 2
Zeilen : 3
Zeilen : 4
Zeilen : 5
Zeilen : 6
Zeilen : 7
Zeilen : 8
Zeilen : 9
Zeilen : 10
```

Neue Schriftarten setzen

Die bisherige Ausgabe nutzt die Standardschrift des Systems. Das Einsetzen neuer Schriftarten ist sehr einfach. Vor der Ausgabe muss in dem Geräte-Kontext nur eine neue Schriftart gesetzt werden. Dabei werden der Name der Schriftart, die Auszeichnung (fett, kursiv, normal usw.) und die Größe angegeben.

```java
g.setFont(new Font("Lucida Handwriting",Font.BOLD + Font.ITALIC, 20));
```

> Name der Schrift

> Auszeichnung (hier beispielsweise fett und kursiv)

> Größe in Punkten (pt)

Nach dem Einsetzen der neuen Schrift würde die Bildschirmausgabe des obigen Beispiels so aussehen:

```
Zeilen: 1
Zeilen: 2
Zeilen: 3
Zeilen: 4
Zeilen: 5
Zeilen: 6
Zeilen: 7
Zeilen: 8
Zeilen: 9
Zeilen: 10
```

11.4 Ereignisgesteuerte Programmierung

11.4.1 Grundlage der ereignisgesteuerten Programmierung

Die bisherigen Konsolenprogramme haben mit dem Benutzer über Tastatureingaben kommuniziert. Dabei wartet ein Konsolenprogramm so lange, bis der Benutzer die Eingabe getätigt hat. Erst dann werden die nächsten Anweisungen ausgeführt. Bei der GUI-Programmierung wird ein anderes Konzept verwendet, um mit dem Benutzer zu interagieren – und zwar mithilfe der ereignisgesteuerten Programmierung. Der Benutzer kann dabei verschiedene Aktionen ausführen (beispielsweise auf einen Button klicken) und mit einem solchen Ereignis ist dann ein Objekt verbunden, das eine Methode anbietet, um auf das Ereignis zu reagieren. Im Prinzip wartet ein GUI-Programm in einer Art Schleife darauf, dass ein Ereignis eintritt, welches behandelt werden muss. Dabei gibt es nicht nur Ereignisse, die ein Benutzer auslöst, sondern auch Ereignisse, die vom Betriebssystem ausgelöst werden können (wie das `Paint`-Ereignis). Die folgende schematische Darstellung soll den Zusammenhang verdeutlichen:

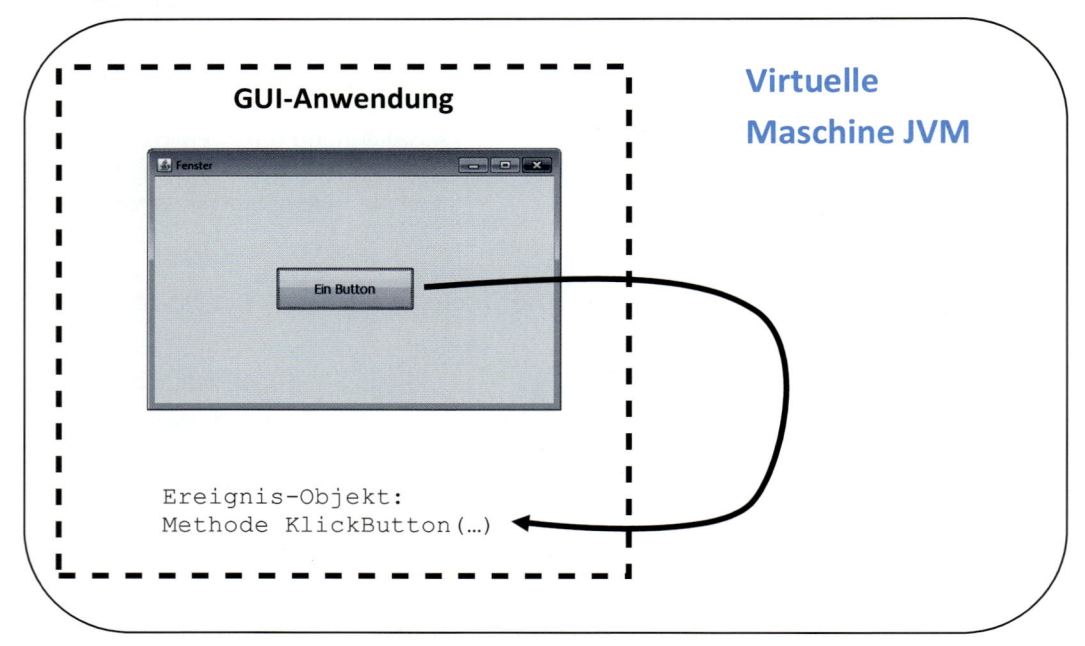

GUI-Anwendung

Virtuelle Maschine JVM

```
Ereignis-Objekt:
Methode KlickButton(…)
```

Die GUI-Anwendung läuft innerhalb der virtuellen Maschine JVM, die natürlich innerhalb des Betriebssystems läuft und mit diesem kommuniziert. Das Klicken auf einen Button wird vom Betriebssystem registriert und die Anwendung bzw. der Button erhält eine entsprechende Nachricht. Diese Nachricht führt dazu, dass eine bestimmte Methode eines Ereignisobjektes aufgerufen wird, die natürlich genau für diesen Fall implementiert wurde.

11.4.2 Ereignisarten und Ereignisempfänger

Für ein Fenster (oder einen Clientbereich vom Typ `Canvas` oder andere Steuerelemente) gibt es eine Vielzahl von verschiedenen Ereignissen, auf die reagiert werden kann. Einige wichtige Ereignisse sind:

- Mausereignisse
- Tastaturereignisse
- Fenster-Zustandsereignisse

Grundsätzlich übermittelt das Betriebssystem das Ereignis an das betroffene Fenster oder das entsprechende Steuerelement (dazu später mehr). In der Fensterklasse muss deshalb ein sogenannter Ereignisempfänger (engl. *listener*) vorhanden sein, der die Behandlung des Ereignisses übernimmt. Ein solcher Ereignisempfänger implementiert dazu eine entsprechende Methode, um das Ereignis zu bearbeiten.

Die folgende Tabelle zeigt die wichtigsten Ereignisempfänger:

Ereignisempfänger	Beschreibung
`ActionListener`	Diese Klasse wartet auf ein Ereignis vom Typ `ActionEvent`. Das tritt unter anderem beim Klicken eines Buttons auf.
`FocusListener`	Diese Klasse wartet auf ein Ereignis vom Typ `FocusEvent`. Das tritt beispielsweise auf, wenn ein Fenster den Focus erhält.
`MouseListener`	Diese Klasse wartet auf ein Ereignis vom Typ `MouseEvent`. Das tritt dann auf, wenn der Benutzer die Maus betätigt.
`KeyListener`	Diese Klasse wartet auf ein Ereignis vom Typ `KeyEvent`. Das tritt dann auf, wenn der Benutzer die Tastatur betätigt.
`WindowListener`	Diese Klasse wartet auf ein Ereignis vom Typ `WindowEvent`. Das tritt dann auf, wenn sich der Zustand des Fensters ändert.

Das folgende Beispiel implementiert einen Ereignisempfänger vom Typ `MouseListener`. Dazu wird eine innere Klasse `MausAbhoerer` definiert, die das Interface `MouseListener` implementiert. Ein Objekt der Klasse `MausAbhoerer` wird dann in der Fensterklasse mit der Methode `addMouseListener` registriert. Damit ist die Klasse auf die Ereignisse vom Typ `MouseEvent` vorbereitet:

```java
class EreignisFenster extends Frame {
    public EreignisFenster() {
        this.setSize(400, 600);
        this.setLocation(400, 300);

        this.addMouseListener(new MausAbhoerer());
    }
```

> Eine Instanz der Klasse `MausAbhoerer` als `Listener` registrieren

> Die innere Klasse `MausAbhoerer` implementiert das Interface `MouseListener`.

```java
    class MausAbhoerer implements MouseListener {
```

> Die `MausClicked`-Methode überschreiben, um auf einen Mausklick reagieren zu können

```java
        @Override
        public void mouseClicked(MouseEvent e) {
```

```
            getGraphics().drawString("Aha, ein Klick!", 100, 100);
        }
```

> Die `getGraphics`-Methode liefert einen Geräte-Kontext, mit dem eine Zeichenkette geschrieben werden kann.

> Alle Methoden des Interfaces müssen überschrieben werden!

```
        @Override
        public void mousePressed(MouseEvent e) {}
        @Override
        public void mouseReleased(MouseEvent e) {}
        @Override
        public void mouseEntered(MouseEvent e) {}
        @Override
        public void mouseExited(MouseEvent e) {}
    }
}
```

Nach dem Starten reagiert die Anwendung auf einen Mausklick:

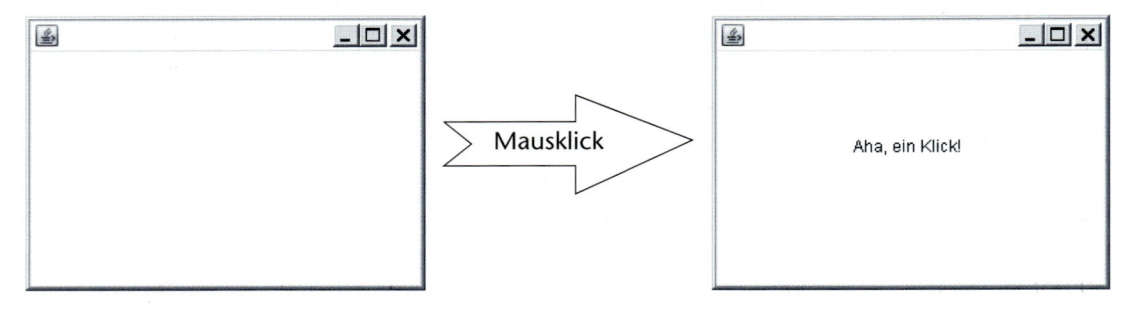

Adapterklassen nutzen

Die Implementierung der `MausAbhoerer`-Klasse zeigte, dass alle Methoden des entsprechenden Interfaces implementiert (wenn auch nur mit leerem Rumpf) werden müssen. Das kann mitunter sehr aufwendig werden. Aus diesem Grund gibt es die sogenannten Adapterklassen. Diese Klassen haben alle Methoden leer implementiert. Ein Klasse wie `MausAbhoerer` müsste deshalb nur von einer solchen Adapter-Klasse erben und anschließend die Methoden überschreiben, die wirklich benutzt werden. Das folgende Beispiel zeigt die Umsetzung mit einer Adapter-Klasse:

> Die Klasse `MausAbhoerer` erbt nun von der Adapter-Klasse und überschreibt nur eine benötigte Methode.

```
class MausAbhoerer extends MouseAdapter {
    @Override
    public void mouseClicked(MouseEvent e) {
        getGraphics().drawString("Aha, ein Klick!", 100, 100);
    }
}
```

Die folgende Tabelle zeigt die Adapter-Klassen zu den Ereignisempfängern sowie die Ereignis-Methoden:

Ereignisempfänger	Adapter-Klasse	Methoden
`ActionListener`	Keine, da nur eine Methode vorhanden	`actionPerformed(ActionEvent)`
`FocusListener`	**FocusAdapter**	`focusGained(FocusEvent)` `focusLost(FocusEvent)`

`MouseListener`	**MouseAdapter**	`mouseClicked(MouseEvent)`
		`mousePressed(MouseEvent)`
		`mouseReleased(MouseEvent)`
		`mouseEntered(MouseEvent)`
		`mouseExited(MouseEvent)`

`KeyListener`	**KeyAdapter**	`keyPressed(KeyEvent)`
		`keyReleased(KeyEvent)`
		`keyTyped(KeyEvent)`

`WindowListener`	**WindowAdapter**	`windowActivated(WindowEvent)`
		`windowClosed(WindowEvent)`
		`windowClosing(WindowEvent)`
		`windowDeactivated(WindowEvent)`
		`windowDeiconified(WindowEvent)`
		`windowGainedFocus(WindowEvent)`
		`windowIconified(WindowEvent)`
		`windowLostFocus(WindowEvent)`
		`windowOpened(WindowEvent)`
		`windowStateChanged(WindowEvent)`

Nun kann auch endlich das Schließen des Fensters implementiert werden. Dazu muss nur eine FensterAbhoerer-Klasse implementiert und die Methode `windowClosed` überschrieben werden:

```java
class EreignisFenster extends Frame {
    public EreignisFenster() {
        this.setSize(400, 600);
        this.setLocation(400, 300);

        this.addWindowListener(new FensterAbhoerer());
    }
}
```

Eine Instanz der Klasse `FensterAbhoerer` als `Listener` registrieren

Die Klasse `FensterAbhoerer` erbt nun von der Adapter-Klasse und überschreibt die benötigte Methode.

```java
class FensterAbhoerer extends WindowAdapter {
    @Override
    public void windowClosing(WindowEvent e) {
        System.exit(0);
    }
}
```

`System.exit` schließt die Anwendung.

Das Ereignis „Fenster schließen" wird bearbeitet.

11 GUI-Programmierung mit dem Abstract Window Toolkit AWT

Alternative Implementierungen der Ereignisempfänger
Neben der Umsetzung mit einer inneren Klasse gibt es weitere Möglichkeiten der Implementierung, wie die folgenden Beispiele zeigen:

Variante 1: eine anonyme Klasse direkt bei der Registrierung instanziieren

```java
class VarianteAnomymeKlasse extends Frame {

   public VarianteAnomymeKlasse() {

      this.setSize(400, 600);
      this.setLocation(400, 300);

      this.addWindowListener( new WindowAdapter () {
                                @Override
                                public void windowClosing(WindowEvent e){
                                   System.exit(0);
                                }
                             }
                           );
   }
}
```
Instanziierung einer anonymen Klasse

Variante 2: Die Fensterklasse selbst als Ereignisempfänger definieren

```java
class VarianteFensterEmfaenger extends Frame implements WindowListener {

   public VarianteFensterEmfaenger() {

      this.setSize(400, 600);
      this.setLocation(400, 300);

      this.addWindowListener(this);
   }

   public void windowClosing(WindowEvent e) {
      System.exit(0);
   }

   public void windowActivated(WindowEvent e){}
   public void windowDeactivated(WindowEvent e){}
   public void windowClosed(WindowEvent e){}
   public void windowDeiconified(WindowEvent e){}
   public void windowGainedFocus(WindowEvent e){}
   public void windowIconified(WindowEvent e){}
   public void windowLostFocus(WindowEvent e){}
   public void windowOpened(WindowEvent e){}
   public void windowStateChanged(WindowEvent e){}
}
```

Das Interface implementieren

Registrierung der Fenster-Instanz selbst als Abhoerer

Überschreiben der Schließen-Methode

Alle Methoden des Interfaces müssen überschrieben werden, da nicht von einem Adapter geerbt wird.

12 Steuerelemente mit dem AWT und mit Swing-Klassen

12.1 Steuerelemente mit dem AWT

12.1.1 Einfache Steuerelemente

Einfache Steuerelemente (oder auch Komponenten) dienen zur Anzeige von Daten oder zur Interaktion mit dem Benutzer. Einige wichtige Steuerelemente sind in der folgenden Tabelle aufgeführt:

Steuerelement	Aussehen	Beschreibung
`Button`	Button	Auf dieses Steuerelement kann der Benutzer klicken und löst damit in der Regel eine Aktion aus.
`Checkbox`	☐ CheckBox	Dieses Steuerelement dient zum Setzen eines kleinen Hakens, um beispielsweise eine Option zu wählen.
`TextField`	TextField	Dieses Steuerelement dient zur Eingabe und Ausgabe von Textzeilen.
`TextArea`	TextArea	Dieses Steuerelement dient zur Ein- und Ausgabe von mehreren Textzeilen. Im Prinzip ist eine `Text Area` vergleichbar mit einem simplen Editor.
`Label`	Label	Dieses Steuerelement dient der Beschriftung. Oft werden Eingabefelder (`TextFields`) damit beschriftet.
`Canvas`		Dieses Steuerelement ist bereits bekannt. Es ist eine Art leere Leinwand.

12.1.2 Steuerelemente benutzen

Im vorherigen Kapitel wurde bereits ein Steuerelement vom Typ `Canvas` eingesetzt, um einen *Clientbereich* zu simulieren. Im Prinzip funktioniert das Anlegen der anderen Steuerelemente analog. Zuerst muss ein Objekt des gewünschten Typs instanziiert und anschließend dem Fenster (oder einem anderen *Container*) durch die Methode **add** hinzugefügt werden.

Beispielsweise wird so ein Steuerelement vom Typ `Button` angelegt:

```java
class SteuerelementButton extends Frame {

    private Button einKnopf = new Button();    // Ein privates Attribut vom Typ Button anlegen

    public SteuerelementButton() {

        this.setSize(200, 200);
        this.setLocation(400, 300);

        this.setLayout(null);    // Den Layoutmanager ausschalten.
                                 // Damit können die Steuerelemente
                                 // selbst positioniert werden. Die ver-
                                 // schiedenen Layout-Möglichkeiten
                                 // werden später dargestellt.
```

```java
            einKnopf.setLabel("Bitte klicken");
```
> Den Button beschriften

```java
            einKnopf.setBounds(100, 100, 100, 30);
```
> Den Button auf (100|100) positionieren und Weite (100) sowie Höhe (30) angeben

> Das Steuerelement mit add dem Fenster hinzufügen

```java
            add(einKnopf);

            this.addWindowListener(new FensterAbhoerer());
        }

        class FensterAbhoerer extends WindowAdapter {
            @Override
            public void windowClosing(WindowEvent e) {
                System.exit(0);
            }
        }
    }
```

Nach dem Starten sieht das Fenster so aus:

> Der Button wurde positioniert und beschriftet.

12.1.3 Auf Ereignisse reagieren

Das Hinzufügen eines Steuerelementes zeigt zwar prinzipiell die Funktionsweise, hilft aber nicht bei der Kommunikation mit dem Benutzer. Aus diesem Grund müssen wieder Ereignisempfänger geschrieben werden, die auf Ereignisse reagieren können. Das folgende Beispiel zeigt, wie der Button aus dem obigen Beispiel auf ein Klicken reagieren kann:

```java
einKnopf.setLabel("Bitte klicken");
einKnopf.setBounds(100, 100, 100, 30);

einKnopf.addActionListener(
                    new ActionListener()
                    {
                        public void actionPerformed(ActionEvent e){
                            einKnopf.setLabel("Neuer Text!");
                        }
                    }
                );

this.add(einKnopf);
```

> Dem Button einen Ereignisempfänger hinzufügen

> Reaktion auf den Klick. In diesem Fall erhält der Button eine neue Beschriftung.

Nach dem Starten sieht das Fenster so aus:

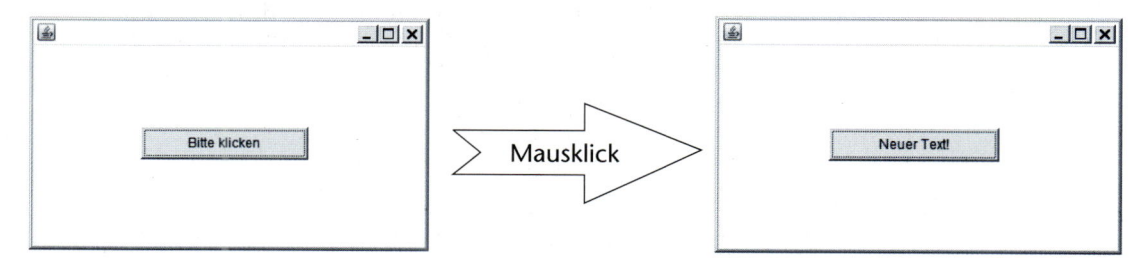

[Screenshot: Fenster mit Button "Bitte klicken" → Mausklick → Fenster mit Button "Neuer Text!"]

12.1.4 Beispielanwendung mit einfachen Steuerelementen

Das folgende Programmbeispiel soll zeigen, wie alle einfachen Steuerelemente in einer Anwendung angelegt und genutzt werden können. Dabei werden auch Schriftart und Farbe der Steuerelemente angepasst. Ebenso wird gezeigt, wie die Kommunikation mit dem Benutzer stattfinden kann. Dazu dient die Klasse `Fragebogen`, die einen einfachen Fragebogen mit Auswertung darstellen soll.

```java
class Fragebogen extends Frame {
    private Button absendenBtn = new Button();           // Einen Button anlegen

    private Label ueberschriftLab = new Label();         // Ein Label anlegen

    private Label nameLab = new Label();
    private TextField nameTextF = new TextField();       // Ein TextField anlegen

    private Checkbox javaChkbox = new Checkbox();
    private Checkbox csharpChkbox = new Checkbox();      // Mehrere Checkboxen anlegen
    private Checkbox cppChkbox = new Checkbox();

    private TextArea summaryTextA = new TextArea();      // Eine TextArea anlegen

    public Fragebogen() {

        this.setSize(500, 650);
        this.setLocation(300, 200);                      // Mit der Methode setFont eine neue Schriftart für das Steuerelement setzen
        this.setLayout(null);

        ueberschriftLab.setFont(new Font("Verdana",Font.BOLD,20) );
        ueberschriftLab.setForeground(Color.BLUE);
        // Mit der Methode setForeGround die Schriftfarbe setzen

        ueberschriftLab.setBounds(20, 40, 120, 40);
        ueberschriftLab.setText("Fragebogen");

        nameLab.setFont(new Font("Verdana",Font.PLAIN,16) );
        nameLab.setBounds(20, 100, 200, 30);
        nameLab.setText("Bitte den Namen eintragen:");

        nameTextF.setFont(new Font("Verdana",Font.PLAIN,16) );
        nameTextF.setBounds(230, 100, 150, 30);
```

```java
            javaChkbox.setFont(new Font("Verdana",Font.PLAIN,16) );
            javaChkbox.setBounds(20, 150, 150, 30);
            javaChkbox.setLabel("Kenntnisse in Java");

            csharpChkbox.setFont(new Font("Verdana",Font.PLAIN,16) );
            csharpChkbox.setBounds(20, 200, 150, 30);
            csharpChkbox.setLabel("Kenntnisse in C#");

            cppChkbox.setFont(new Font("Verdana",Font.PLAIN,16) );
            cppChkbox.setBounds(20, 250, 150, 30);
            cppChkbox.setLabel("Kenntnisse in C++");

            absendenBtn.setFont(new Font("Verdana",Font.PLAIN,16) );
            absendenBtn.setBounds(280, 250, 100, 40);
            absendenBtn.setLabel("Absenden");

            absendenBtn.addActionListener(
                    new ActionListener()
                    {
                        public void actionPerformed(ActionEvent e) {
                            zusammenfassung();
                        }
                    }
            );
```
> Die Ereignismethode ruft eine private Methode auf. Das ist übersichtlicher.

```java
            summaryTextA.setFont(new Font
            ("Verdana",Font.BOLD + Font.ITALIC,20) );
            summaryTextA.setForeground(Color.BLUE);
            summaryTextA.setBounds(20, 350, 360, 250);
            summaryTextA.setEditable(false);
```
> Das Steuerelement wird auf „nicht editierbar" gesetzt.

```java
            this.add(ueberschriftLab);
            this.add(nameLab);
            this.add(nameTextF);
            this.add(javaChkbox);
            this.add(csharpChkbox);
            this.add(cppChkbox);
            this.add(absendenBtn);
            this.add(summaryTextA);
```
> Alle Steuerelemente hinzufügen

```java
            this.addWindowListener(new FensterAbhoerer());

        }

    class FensterAbhoerer extends WindowAdapter {
        @Override
        public void windowClosing(WindowEvent e) {
            System.exit(0);
        }
    }

    private void zusammenfassung() {
```
> Die private Methode, die von der Ereignismethode aufgerufen wird.

> Mit der Methode `getText` den Inhalt des `TextField` abfragen

```java
        String name = nameTextF.getText();
        String kenntnisse =    "Sie haben Kenntnisse \nin
                                folgenden Sprachen:\n";
```

12 Steuerelemente mit dem AWT und mit Swing-Klassen

```
                        Mit der Methode getState den Zustand
                        der Checkbox abfragen

    if (javaChkbox.getState()== true)
        kenntnisse = kenntnisse + "-Java\n";          Zeilenumbrüche
                                                      einbauen!
    if (csharpChkbox.getState()== true)
        kenntnisse = kenntnisse + "-C#\n";

    if (cppChkbox.getState()== true)
        kenntnisse = kenntnisse + "-C++\n";


    summaryTextA.setText("Name: " + name + "\n\n"+ kenntnisse);

    }                   Die Zusammenfassung in die TextArea eintragen
}
```

Nach dem Starten erscheint der Fragebogen und ein Klick auf den Button sorgt für die Zusammenfassung in der `TextArea`.

Fragebogen

Bitte den Namen eintragen: Mike Hansen

☑ Kenntnisse in Java

☐ Kenntnisse in C#

☑ Kenntnisse in C++   Absenden

Name: Mike Hansen

Sie haben Kenntnisse
in folgenden Sprachen:
-Java
-C++

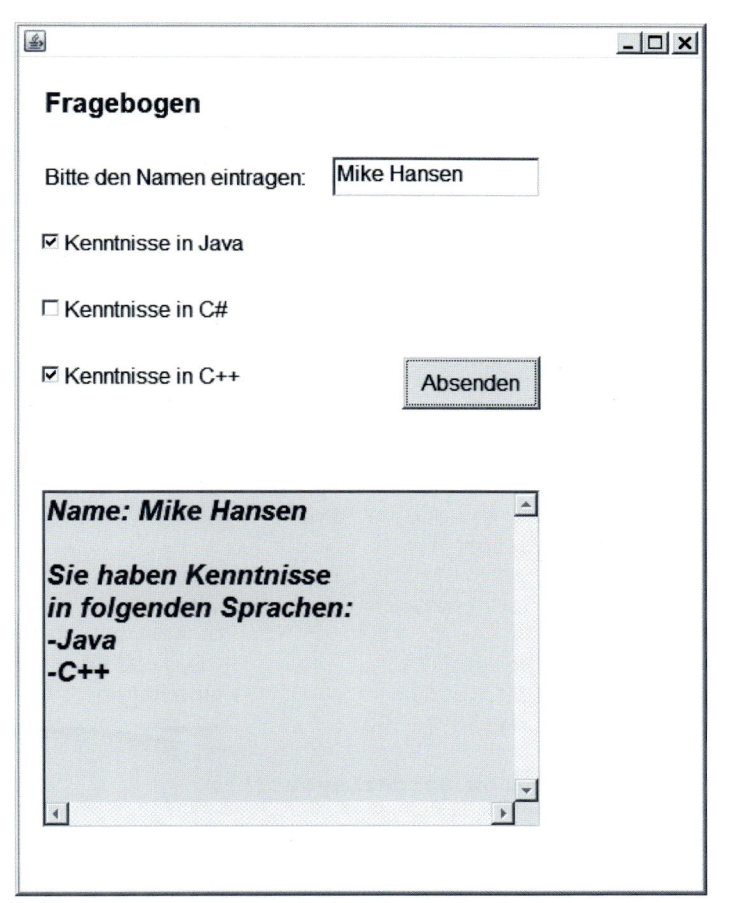

Hinweis:

Die Steuerelemente erhalten alle einen sprechenden Namen und eine Art Typangabe. Das ist zwar bei der Eintragung etwas aufwendiger, hilft aber bei der späteren Zuordnung von Namen und Elementen sehr. In einem großen Projekt mit 50 bis 100 Steuerelementen kann der Programmierer sonst leicht den Überblick verlieren. Die verwendeten Steuerelemente in dem obigen Beispiel wurden so genannt:

- ueberschriftLab
- nameLab
- nameTextF
- javaChkbox
- csharpChkbox
- cppChkbox
- absendenBtn
- summaryTextA

> Diese Konvention ist natürlich Geschmackssache, hilft aber bei der Leserlichkeit des Quelltextes.

12.1.5 Mit dem Layoutmanager Steuerelemente anordnen

Das bisher verwendete Layout gestattete dem Programmierer die Positionierung der Steuerelemente mit genauen Fensterkoordinaten. Das ist dann praktisch, wenn ein Fenster immer dieselbe Größe und damit auch dasselbe Aussehen haben soll. Oftmals ist es aber sinnvoller, dass ein Fenster seine Steuerelemente an die aktuelle Größe anpassen kann, so dass auch ein kleineres Fenster als geplant alle Steuerelemente anzeigt. Ein zusätzlicher Vorteil dieser Vorgehensweise ist die hohe Flexibilität der Anwendung. Für solche Anforderungen stellt das AWT sogenannte Layoutmanager zu Verfügung. Mithilfe dieser Manager werden Steuerelemente unabhängig von konkreten Positionen auf dem Fenster platziert. Die folgende Tabelle zeigt einige dieser Manager:

Layoutmanager	Beschreibung
BorderLayout	Die Steuerelemente werden nach den Himmelsrichtungen angeordnet (NORTH, EAST, SOUTH, WEST und CENTER). Die Größe der Steuerelemente wird dabei automatisch angepasst.
FlowLayout	Die Steuerelemente werden zeilenweise angeordnet. Wenn eine Zeile keinen Platz mehr hat, wird auf die nächste Zeile verteilt.
GridLayout	Die Steuerelemente werden in einer Art Tabelle angeordnet.
GridBagLayout	Die Steuerelemente werden in einer Art Tabelle angeordnet. Zusätzlich kann ein Steuerelement über mehrere Tabellenzellen definiert werden.
CardLayout	Die Steuerelemente werden wie bei einem gefächerten Kartenspiel hintereinander angeordnet.

Die folgenden Beispiele zeigen die Auswirkungen ausgewählter Layoutmanager.

Der BorderLayout-Manager (Default bei Frame)

```java
class BorderLayoutBeispiel extends Frame {
    private Button einButton = new Button();
    private TextField einTextFeld = new TextField();
    private Checkbox eineCheckbox = new Checkbox();

    public BorderLayoutBeispiel() {
        this.setSize(250, 200);
        this.setLocation(300, 200);

        this.setLayout(new BorderLayout());

        einButton.setLabel("Ein Button");
        einTextFeld.setText("Ein Textfeld");
        eineCheckbox.setLabel("Eine Checkbox");
        eineCheckbox.setState(true);

        this.add(einButton,BorderLayout.WEST);
        this.add(einTextFeld,BorderLayout.EAST);
        this.add(eineCheckbox,BorderLayout.SOUTH);

        this.addWindowListener(new FensterAbhoerer());
    }
}
```

> Das BorderLayout einschalten

> Die Steuerelemente entsprechend positionieren

```
    class FensterAbhoerer extends WindowAdapter {
        @Override
        public void windowClosing(WindowEvent e) {
            System.exit(0);
        }
    }
}
```

Nach dem Starten erscheint das Fenster mit `BorderLayout`.

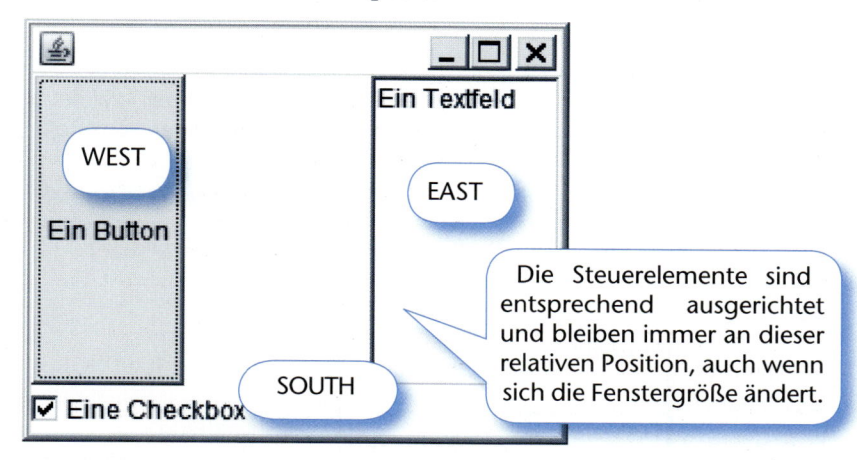

[Screenshot: Fenster mit BorderLayout – WEST: Ein Button, EAST: Ein Textfeld, SOUTH: Eine Checkbox]

Die Steuerelemente sind entsprechend ausgerichtet und bleiben immer an dieser relativen Position, auch wenn sich die Fenstergröße ändert.

Der FlowLayout-Manager

```
    :
    this.setLayout(new FlowLayout());

    einButton.setLabel("Ein Button");
    einTextFeld.setText("Ein Textfeld");
    eineCheckbox.setLabel("Eine Checkbox");
    eineCheckbox.setState(true);

    this.add(einButton);
    this.add(einTextFeld);
    this.add(eineCheckbox);
    :
```

Das `FlowLayout` einschalten

Die Steuerelemente einfach hinzufügen

Nach dem Starten erscheint das Fenster mit `FlowLayout`.

[Screenshot: Fenster mit FlowLayout – Ein Button, Ein Textfeld, Eine Checkbox nebeneinander]

[Screenshot: Fenster nach Größenänderung – Ein Button, Ein Textfeld, Eine Checkbox untereinander]

Nach dem Ändern der Fenstergröße ordnet der `FlowLayout`-Manager die Steuerelemente neu.

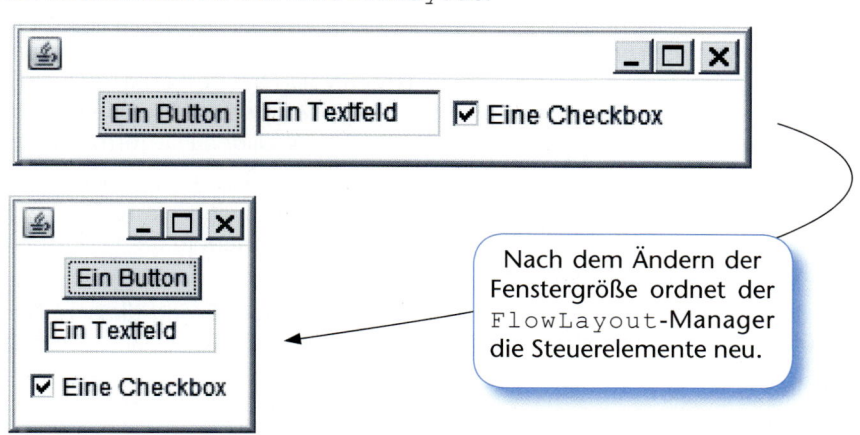

Der GridLayout-Manager

```
    :
    this.setLayout(new GridLayout(4,3));


    for (int i=0; i < 4;i++) {
        this.add(new Button("Button " + (i+1)));
        this.add(new TextField("TextFeld " + (i+1)));
        this.add(new Checkbox("Checkbox " + (i+1)));
    }
    :
```

> Das `GridLayout` einschalten und 4 Zeilen sowie 3 Spalten festlegen

> Der Einfachheit halber zwölf Steuerelemente in einer Schleife hinzufügen

Nach dem Starten erscheint das Fenster mit `GridLayout`.

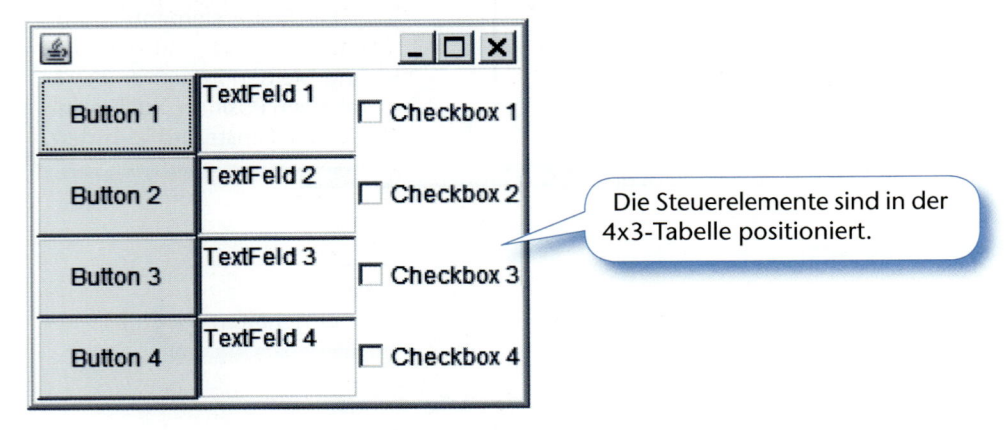

> Die Steuerelemente sind in der 4x3-Tabelle positioniert.

12.2 Steuerelemente mit Swing-Klassen

12.2.1 Grundlagen der Swing-Klassen

Mit dem *Java Development Kit 1.2* (1998) wurden die **Swing**-Klassen integriert, die eine Alternative zum AWT bieten. Das AWT nutzt die nativen GUI-Elemente der jeweiligen Plattform und deshalb sieht eine AWT-Anwendung immer wie ein Standardprogramm für diese Plattform aus. Die Swing-Klassen gehen hingegen einen anderen Weg. Sie bieten eine plattformunabhängige Darstellung der Komponenten. Die Komponenten der Swing-Klassen werden deshalb *Leichtgewicht*-Komponenten (engl. *lightweight components*) genannt. Die Komponenten werden mit elementaren Grafikbefehlen alle selbst gezeichnet. Damit sind die Komponenten völlig frei gestaltbar. Die AWT-Komponenten nennt man auch *Schwergewicht*-Komponenten (engl. *heavyweight components*), da sie immer mit einer entsprechenden Komponente oder Funktion der jeweiligen Plattform korrespondieren.

In den Anfängen der Swing-Klassen sorgten die Leichtgewicht-Komponenten für einen starken Performanceverlust. Durch raffinierte Techniken wurden die Swing-Klassen aber ständig verbessert und weisen inzwischen keinen nennenswerten Unterschied mehr in der Performance im Vergleich zu den nativen Komponenten auf.

Die folgende Abbildung zeigt eine Übersicht einiger wichtiger Swing-Klassen. Der Aufbau basiert zum Teil auf den AWT-Klassen und eine Swing-Klasse hat in der Regel ein vorangestelltes „J".

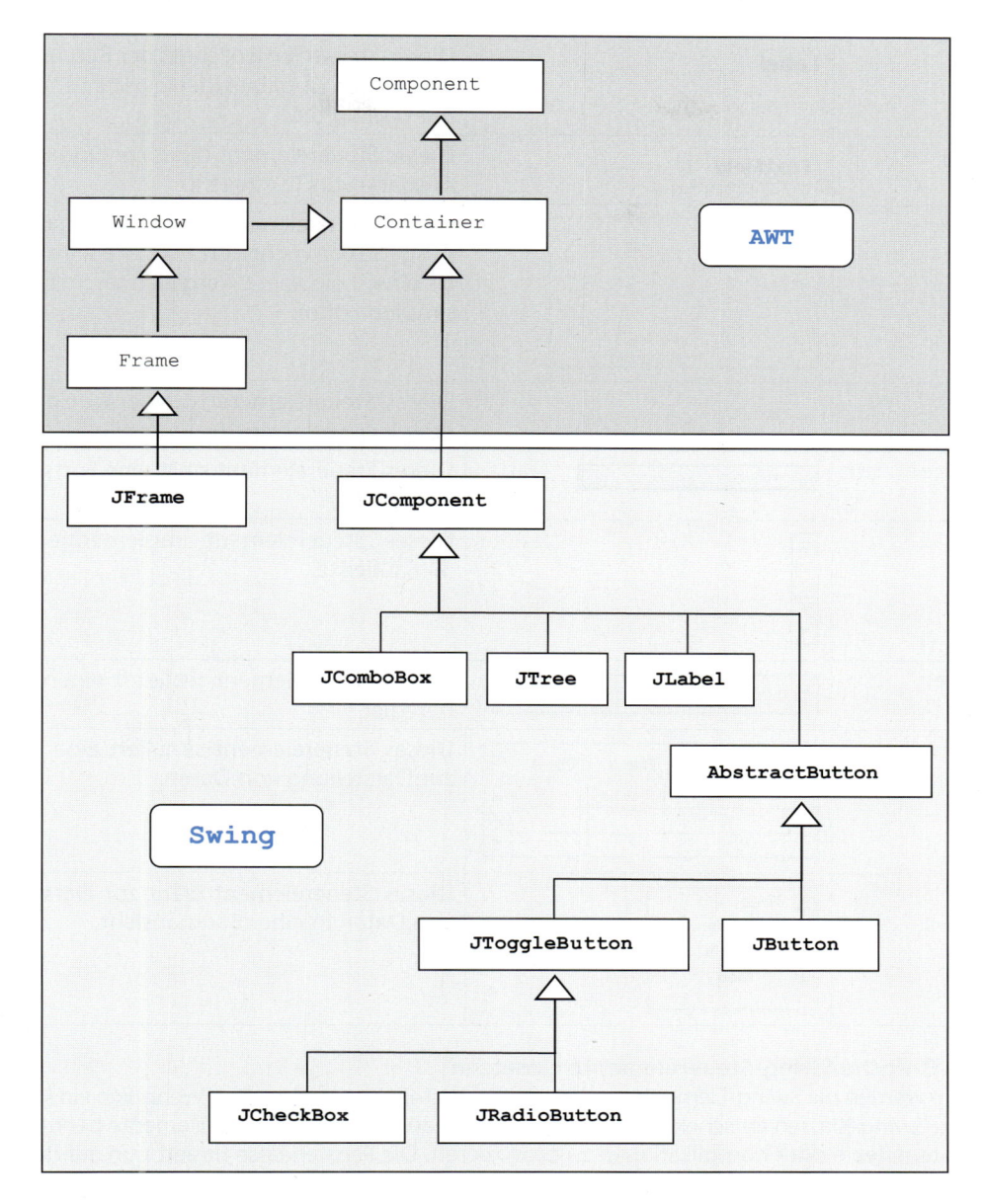

12 Steuerelemente mit dem AWT und mit Swing-Klassen

[Klassendiagramm: AWT-Bereich mit Component, Container, Window, Frame; Swing-Bereich mit JFrame, JComponent, JComboBox, JTree, JLabel, AbstractButton, JToggleButton, JButton, JCheckBox, JRadioButton]

12.2.2 Swing-Steuerelemente

Das Swing-Paket verfügt über deutlich mehr Steuerelemente als das AWT. Vor allem solche Elemente wie die Baumansicht (`JTree`) oder eine Tabellenansicht (`JTable`) sollten bei der heutigen Gestaltung von Oberflächen nicht fehlen. Einige wichtige Steuerelemente sind in der folgenden Tabelle aufgeführt:

Steuerelement	Aussehen	Beschreibung
`JButton`	Button	Auf dieses Steuerelement kann der Benutzer klicken und löst damit in der Regel eine Aktion aus.
`JCheckBox`	☐ CheckBox	Dieses Steuerelement dient zum Setzen eines kleinen Hakens, um beispielsweise eine Option zu wählen.
`JRadioButton`	○ RadioButton	Dieses Steuerelement dient zum Setzen einer Option und wird meistens in einer Gruppe benutzt. In der Gruppe kann immer nur ein Element gesetzt sein.
`JComboBox`	ComboBox ▼	Dieses Steuerelement ist ein Kombinationsfeld aus einer Drop-down-Liste und einem Eingabefeld.

JLabel	Label	Dieses Steuerelement dient der Beschriftung. Oft werden Eingabefelder (`TextFields`) damit beschriftet.
JTextField	TextField	Dieses Steuerelement dient zur Eingabe und Ausgabe von Textzeilen.
JTextArea	TextArea	Dieses Steuerelement dient zur Eingabe und Ausgabe von mehreren Textzeilen. Im Prinzip ist eine `TextArea` vergleichbar mit einem simplen Editor.
JPanel		Dieses Steuerelement ist eine Art Container oder leere Leinwand.
JProgressBar		Dieses Steuerelement stellt eine Fortschrittsanzeige dar.
JScrollBar		Dieses Steuerelement implementiert eine Bildlaufleiste.
JSlider		Dieses Steuerelement realisiert einen Schieberegler.
JTable	Title 1 Title 2 Title 3 Title 4	Dieses Steuerelement simuliert eine Tabelle zur Darstellung von Daten.
JTree	JTree colors sports food	Dieses Steuerelement dient zur Darstellung von Daten in einer Baumansicht.

12.2.3 Einfache Swing-Steuerelemente einsetzen

Im Prinzip werden die Swing-Elemente analog zu den AWT-Elementen benutzt. Wenn sich ein Programmierer für Swing-Klassen entscheidet, dann sollte er aber ausschließlich Swing-Elemente benutzen, um keine Seiteneffekte oder Komplikationen zu provozieren. Die Fensterklasse basiert nun auf der Klasse `JFrame` und alle Steuerelemente werden ebenfalls von den Swing-Klassen gebildet. Die Ereignisempfänger und Layout-Manager sind identisch mit denen aus dem AWT. Im Unterschied zur `Frame`-Klasse des AWT arbeitet die `JFrame`-Klasse mit mehreren Schichten. Die unterste Schicht ist die sogenannte Wurzel-Schicht (`RootPane`) – sie liegt im Prinzip direkt auf dem Fenster und nimmt andere Schichten auf. Die Steuerelemente werden von der Inhalt-Schicht (`ContentPane`) aufgenommen, die im Prinzip dem Clientbereich entspricht. Die Elemente werden dann nicht mehr einfach dem Fenster hinzugefügt, sondern müssen der Inhalt-Schicht hinzugefügt werden. Über entsprechende Methoden wie `getContentPane` der `JFrame`-Klasse können diese Schichten angesprochen werden. Auch das Schließen des Fensters kann unter Swing etwas einfacher gelöst werden. Die `JFrame`-Klasse bietet die Methode `setDefaultCloseOperation` an, mit der das Fenster auf das *Schließen-Ereignis* reagiert. Das folgende Beispiel zeigt den bekannten Fragebogen aus dem Kapitel AWT-Steuerelemente, nun aber mit Swing-Steuerelementen umgesetzt.

```java
class SwingFragebogen extends JFrame {
```
> Von der Klasse `JFrame` erben

```java
    private JButton absendenBtn = new JButton();
    private JLabel ueberschriftLab = new JLabel();
    private JLabel nameLab = new JLabel();
    private JTextField nameTextF = new JTextField();
    private JCheckBox javaChkbox = new JCheckBox();
    private JCheckBox csharpChkbox = new JCheckBox();
    private JCheckBox cppChkbox = new JCheckBox();
    private JTextArea summaryTextA = new JTextArea();
```
> Swing-Steuerelemente einsetzen

```java
public SwingFragebogen() {

    this.setSize(500, 650);
    this.setLocation(300, 200);
    this.setLayout(null);

    ueberschriftLab.setFont(new Font("Verdana",Font.BOLD,20) );
    ueberschriftLab.setForeground(Color.BLUE);
    ueberschriftLab.setBounds(20, 40, 150, 40);
    ueberschriftLab.setText("Fragebogen");

    nameLab.setFont(new Font("Verdana",Font.PLAIN,16) );
    nameLab.setBounds(20, 100, 230, 30);
    nameLab.setText("Bitte den Namen eintragen:");

    nameTextF.setFont(new Font("Verdana",Font.PLAIN,16) );
    nameTextF.setBounds(270, 100, 140, 30);

    javaChkbox.setFont(new Font("Verdana",Font.PLAIN,16) );
    javaChkbox.setBounds(20, 150, 180, 30);
    javaChkbox.setText("Kenntnisse in Java");
```

> Die `setText`-Methode ersetzt die `setLabel`-Methode.

```java
    csharpChkbox.setFont(new Font("Verdana",Font.PLAIN,16) );
    csharpChkbox.setBounds(20, 200, 180, 30);
    csharpChkbox.setText("Kenntnisse in C#");

    cppChkbox.setFont(new Font("Verdana",Font.PLAIN,16) );
    cppChkbox.setBounds(20, 250, 180, 30);
    cppChkbox.setText("Kenntnisse in C++");

    absendenBtn.setFont(new Font("Verdana",Font.PLAIN,16) );
    absendenBtn.setBounds(280, 250, 130, 40);
    absendenBtn.setText("Absenden");

    absendenBtn.addActionListener( new ActionListener(){
            public void actionPerformed(ActionEvent e) {
                zusammenfassung();
            }
        } );
```

> Der bekannte Ereignisempfänger

```java
    summaryTextA.setFont(
        new Font("Verdana",Font.BOLD + Font.ITALIC,20) );
    summaryTextA.setForeground(Color.BLUE);
    summaryTextA.setBounds(20, 350, 360, 250);
    summaryTextA.setEditable(false);
```

> Die Inhalt-Schicht mit der Methode `getContentPane` ansprechen und die Steuerelemente hinzufügen

```java
    this.getContentPane().add(ueberschriftLab);
    this.getContentPane().add(nameLab);
    this.getContentPane().add(nameTextF);
    this.getContentPane().add(javaChkbox);
    this.getContentPane().add(csharpChkbox);
```

```java
        this.getContentPane().add(cppChkbox);
        this.getContentPane().add(absendenBtn);
        this.getContentPane().add(summaryTextA);
```

> Die Swing-Methode, um auf das *Schließen-Ereignis* zu reagieren

```java
        this.setDefaultCloseOperation(JFrame.EXIT_ON_CLOSE);
    }

    private void zusammenfassung() {

        String name = nameTextF.getText();
        String kenntnisse =    "Sie haben Kenntnisse \n" +
                                "in folgenden Sprachen:\n";
```

> Die `isSelected`-Methode ersetzt die `getState`-Methode.

```java
        if (javaChkbox.isSelected()== true)
            kenntnisse = kenntnisse + "-Java\n";

        if (csharpChkbox.isSelected()== true)
            kenntnisse = kenntnisse + "-C#\n";

        if (cppChkbox.isSelected()== true)
            kenntnisse = kenntnisse + "-C++\n";

        summaryTextA.setText("Name: " + name + "\n\n"+ kenntnisse);

    }
}
```

Nach dem Starten sieht der Swing-Fragebogen so aus:

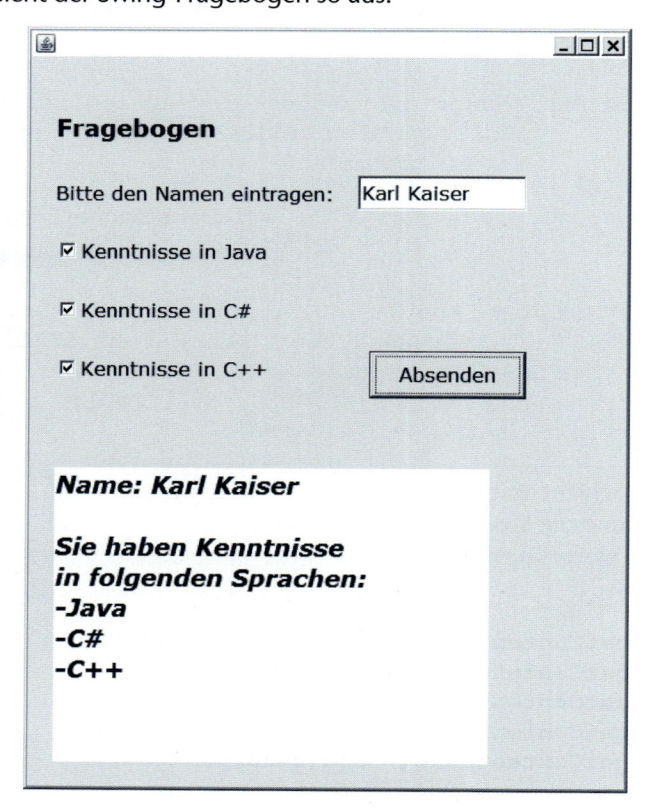

12.2.4 Look and Feel

Der Vorteil der Swing-Klassen sind die Leichtgewicht-Komponenten, die in ihrem Aussehen beliebig angepasst werden können. Das kann sogar während der Laufzeit geschehen. Zuständig für das *Look and Feel* einer Swing-Anwendung ist der `UIManager`. Über die Methode `setLookAndFeel` können verschiedene Varianten eingeschaltet werden. Der folgende Programmausschnitt zeigt die Umsetzung in einer Swing-Anwendung. Dabei ist es wichtig, das Exception Handling einzuschalten, denn es können verschiedene Fehler auftreten.

```
try {
    UIManager.setLookAndFeel("com.sun.java.swing.
                             plaf.windows.WindowsLookAndFeel");

    SwingUtilities.updateComponentTreeUI (this);

}
catch(Exception e) {

}
```

> Das vorgefertige Windows-*Look and Feel*

> Ein Update anstoßen, um das *Look and Feel* einzusetzen!

Alternativ:

```
UIManager.setLookAndFeel("com.sun.java.swing.
                         plaf.motif.MotifLookAndFeel");
```

Nach dem Starten könnte die Fragebogen-Anwendung in unterschiedlichem *Look and Feel* erscheinen:

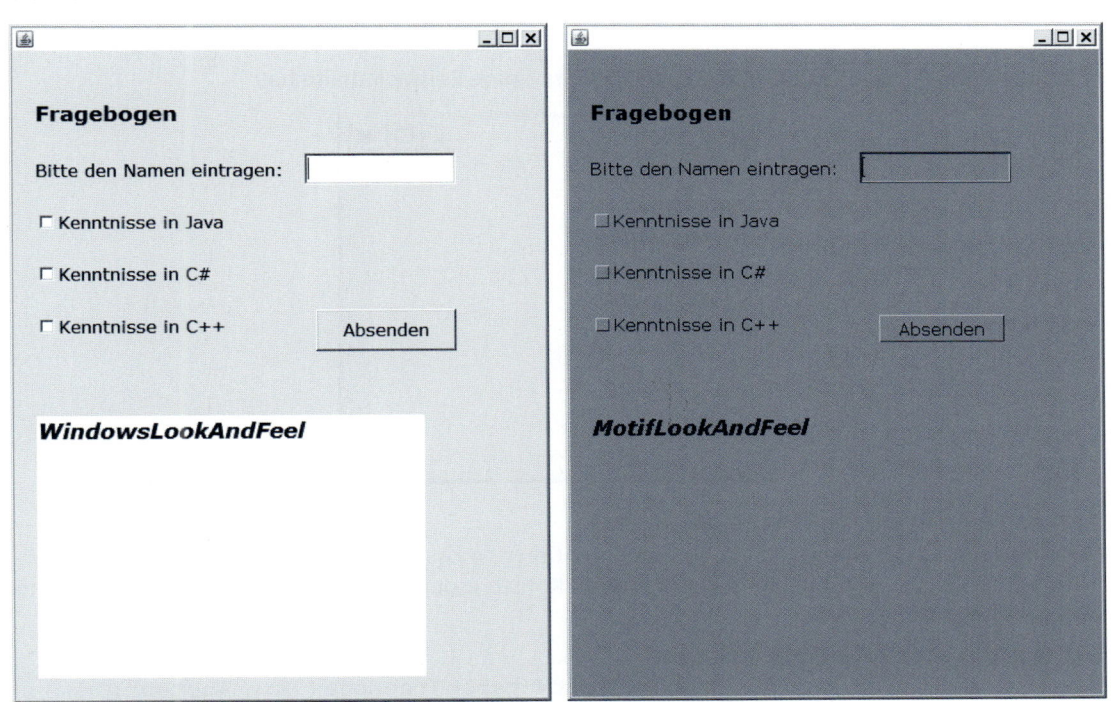

12.3 Komplexe Steuerelemente mit Swing-Klassen

12.3.1 Die Baumansicht JTree

Die Baumansicht (`JTree`) ist ein Steuerelement, welches dem Benutzer sehr vertraut ist – beispielsweise durch den *Windows-Explorer* oder Linux-Dateimanager wie den *Nautilus*. In der linken Hälfte werden die Verzeichnisse in einer solchen Ansicht darstellt. Die Baumansicht kann mit beliebigen Inhalten gefüllt werden, nicht nur mit Verzeichnissen und Dateinamen. Die Elemente einer Baumansicht werden Knoten (`TreeNodes`) genannt. Die folgende Abbildung zeigt eine typische Baumansicht im Windows-Explorer:

12 Steuerelemente mit dem AWT und mit Swing-Klassen

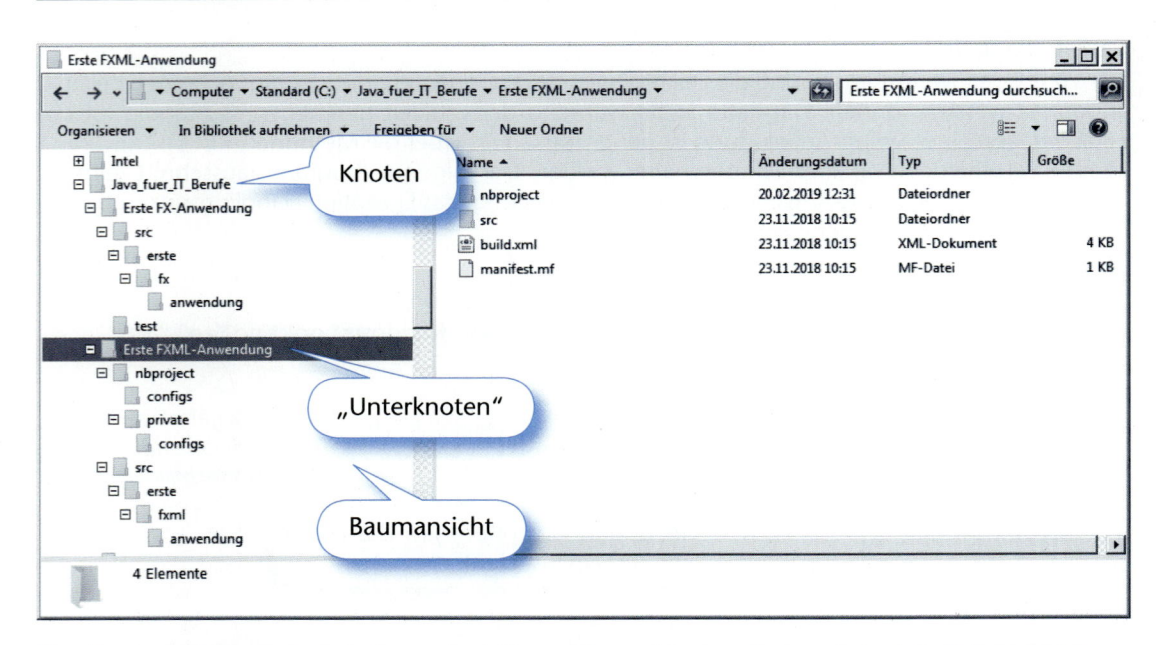

[Screenshot eines Windows-Explorer-Fensters "Erste FXML-Anwendung" mit Beschriftungen: "Knoten", "Unterknoten", "Baumansicht"]

Eine Baumansicht wird wie jedes andere Steuerelement instanziiert und der Inhalt-Schicht hinzugefügt.

```
private JTree baumansicht = new JTree();

baumansicht.setBounds(20, 20, 100, 150);

this.getContentPane().add(baumansicht);
```

Nach dem Starten erscheint ein Baum, der bereits einige Beispielinhalte hat:

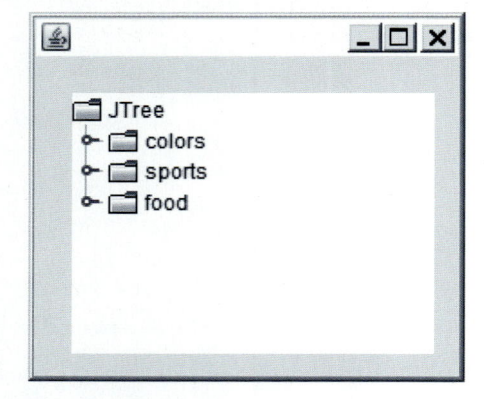

[Screenshot eines Fensters mit einem JTree, der die Knoten "JTree", "colors", "sports", "food" enthält]

12.3.2 Anlegen von Knoten in einem JTree

Um einen Knoten in einem `JTree` zu implementieren, muss einfach eine Instanz der Klasse `DefaultMutableTreeNode` gebildet werden. Dem Konstruktor kann dann sofort der Text des Knotens übergeben werden:

```
DefaultMutableTreeNode Knoten =
                 new DefaultMutableTreeNode("Ein Knoten");
```

Einem Knoten kann über die Methode `add` ein weiterer Knoten (Unterknoten) hinzugefügt werden.

```
DefaultMutableTreeNode unterKnoten =
                 new DefaultMutableTreeNode("Unter-Knoten");

Knoten.add(unterKnoten);
```

Das folgende Beispiel zeigt den Aufbau eines einfachen Baumes mit `JTree`:

```java
class SwingBaumansicht extends JFrame {

    private JTree baumansicht;              // Einen Verweis vom Typ
                                            // JTree anlegen

    public SwingBaumansicht() {
        this.setSize(300, 350);

        this.setLocation(300, 200);
        this.setLayout(null);               // Den Wurzelknoten
                                            // anlegen
        DefaultMutableTreeNode wurzel =
            new DefaultMutableTreeNode("Wurzel");

                                            // Ein JTree-Objekt in-
                                            // stanziieren und den Wur-
        baumansicht = new JTree(wurzel);    // zelknoten übergeben

        baumansicht.setBounds(20, 20, 200, 150);
        DefaultMutableTreeNode unterknoten =
            new DefaultMutableTreeNode("Unterknoten");
                                            // Einen Unterknoten hin-
                                            // zufügen
        wurzel.add(unterknoten);

        DefaultMutableTreeNode unterUnterknoten =
            new DefaultMutableTreeNode("Unter-Unterknoten");
                                            // Einen Unterknoten hin-
                                            // zufügen
        unterknoten.add(unterUnterknoten);
        this.getContentPane().add(baumansicht);
                                            // Den Baum der Inhalt-
                                            // Schicht hinzufügen
    }
}
```

Nach dem Starten erscheint der Baum mit den Knoten:

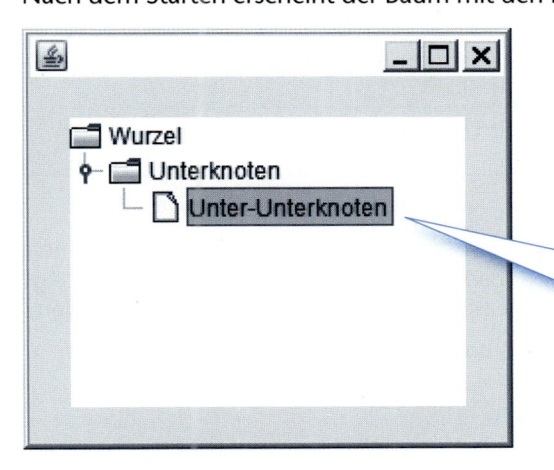

Ein Knoten, der keine weiteren Unterknoten hat, wird auch als Blatt (engl. *leaf*) bezeichnet. Er erhält auch ein anderes Symbol als die Knoten oberhalb.

12.3.3 Wichtige JTree-Methoden im Überblick

Die folgenden Tabellen zeigen Methoden der Klassen `JTree` und `DefaultMutableTreeNode`, die für die Programmierung der Baumansicht hilfreich sein können:

JTree:

Methode	Beschreibung
`void collapsePath(TreePath)`	Der Knoten, auf den der Pfad vom Typ `TreePath` verweist, wird geschlossen.
`boolean isCollapsed(TreePath)`	Prüft, ob der Knoten, auf den der Pfad vom Typ `TreePath` verweist, geschlossen ist.
`void expandPath(TreePath)`	Der Knoten, auf den der Pfad vom Typ `TreePath` verweist, wird geöffnet (expandiert).
`boolean isExpanded(TreePath)`	Prüft, ob der Knoten, auf den der Pfad vom Typ `TreePath` verweist, expandiert ist.
`TreePath getSelectionPath()`	Liefert den Pfad zum selektierten Knoten.

DefaultMutableTreeNode:

Methode	Beschreibung
`void setUserObject(Object)`	Die Übergabe eines Strings ändert beispielsweise den Text des Knotens.
`void add(DefaultMutableTreeNode)`	Die `add`-Methode fügt weitere Unterknoten ein.
`void insert(DefaultMutableTreeNode, int)`	Die `insert`-Methode fügt weitere Unterknoten an einer bestimmten Stelle (Index) ein.
`void remove(DefaultMutableTreeNode)`	Löscht den angegebenen Unterknoten.
`boolean isLeaf()`	Prüft, ob der Knoten ein Blatt ist.
`int getChildCount()`	Liefert die Anzahl der Unterknoten.
`DefaultMutableTreeNode getChildAt(int)`	Liefert den Unterknoten an der übergebenen Index-Stelle.
`DefaultMutableTreeNode getParent()`	Liefert den Eltern-Knoten.
`DefaultMutableTreeNode getPreviousNode()`	Liefert den vorherigen Knoten.
`DefaultMutableTreeNode getNextNode()`	Liefert den nächsten Knoten.

12.3.4 Auf JTree-Ereignisse reagieren

Für ein `JTree`-Ereignis kann ein Abhörer vom Typ `TreeSelectionListener` implementiert werden. Damit kann auf das Ereignis `valueChanged` reagiert werden. Das folgende Beispiel zeigt einen solchen Ereignisempfänger und nutzt zusätzlich einige der oben beschriebenen Methoden.

```java
class SwingEreignisBaumansicht extends JFrame {
    private JTree baumansicht;
    private JTextField selektion = new JTextField();

    public SwingEreignisBaumansicht() {

        this.setSize(500, 650);
        this.setLocation(300, 200);
        this.setLayout(null);
        DefaultMutableTreeNode wurzel =
            new DefaultMutableTreeNode("Wurzel");
        baumansicht = new JTree(wurzel);

        baumansicht.setBounds(20, 20, 200, 150);
        selektion.setBounds(20, 180, 400, 30);
```

```
        DefaultMutableTreeNode unterknoten =
            new DefaultMutableTreeNode("Unterknoten");
        wurzel.add(unterknoten);

        DefaultMutableTreeNode unterUnterknoten =
            new DefaultMutableTreeNode("Unter-Unterknoten");
        unterknoten.add(unterUnterknoten);
```

> Einen Ereignisempfänger hinzufügen

```
        baumansicht.addTreeSelectionListener(
```
> Einen `TreeSelection-Listener` anlegen
```
            new TreeSelectionListener() {
```
> Die Ereignismethode `valueChanged` implementieren
```
                @Override
                public void valueChanged(TreeSelectionEvent e) {
                    String pfad =
                        baumansicht.getSelectionPath().toString();
```
> Mit der Methode `getSelectionPath` den Pfad des selektierten Knotens wählen
```
                    selektion.setText(pfad);
```
> Den Knoten über den Pfad expandieren lassen
```
                    baumansicht.expandPath(e.getNewLeadSelectionPath());
                }
            } );
```
> Alternativ kann der selektierte Pfad auch mit der Methode des Übergabeparameters **e** vom Typ `TreeSelectionEvent` gewählt werden.

```
        this.getContentPane().add(baumansicht);
        this.getContentPane().add(selektion);
    }
}
```

Nach dem Starten erscheint folgendes Fenster:

> Ein Klick auf einen Knoten reicht jetzt aus, um zu expandieren (Standard ist ein Doppelklick).

> So sieht der Pfad eines selektierten Knotens aus.

`[Wurzel, Unterknoten, Unter-Unterknoten]`

12.3.5 Tabellen mit JTable

Mit der Swing-Klasse `JTable` ist es sehr einfach, beliebig große Tabellen in das Fenster zu zeichnen. Die Klasse bietet dazu einen Konstruktor, der ein Array mit den Tabellendaten und den Spaltenüberschriften übernehmen kann. Der einfachste Weg ist dabei die Übergabe der Daten als Zeichenketten. Das folgende Beispiel zeigt eine einfache Tabelle, die mit einigen Vornamen und Namen gefüllt wird.

```java
class SwingTabelle extends JFrame {

    private JTable eineTabelle;     // Ein privates Attribut vom Typ JTable anlegen

    public SwingTabelle() {

        this.setSize(200, 200);
        this.setLocation(300, 200);
        this.setLayout(null);
        String[][] daten = {            // Die Daten als zweidimensionales Array vom Typ String anlegen
            {"Karl","Kaier"},
            {"Franz","Krauter"},
            {"Lisa","Baum"},
            {"Fred","Jupiter"},
        };
        // Die Spaltennamen in einem String-Array speichern.
        // ACHTUNG: Die Spaltennamen werden nicht angezeigt.
        // Das wird erst mit dem Einsatz einer JScrollPane möglich sein (siehe später).

        String[] spalten = {"Vorname", "Name"};

        // Ein JTable-Objekt instanziieren und die Daten sowie Spaltennamen übergeben.
        eineTabelle = new JTable(daten,spalten);
        eineTabelle.setBounds(20,20,150,65);

        // Die Tabelle der Inhalt-Schicht hinzufügen
        this.getContentPane().add(eineTabelle);
        this.setDefaultCloseOperation(JFrame.EXIT_ON_CLOSE);
    }
}
```

Nach dem Starten erscheint folgendes Fenster mit der Tabelle:

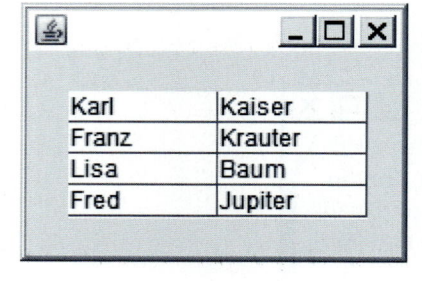

Die Zellen sind standardmäßig mit einem Doppelklick editierbar.

12.3.6 Wichtige JTable-Methoden im Überblick

Die folgende Tabelle zeigt einige Methoden der Klasse `JTable`, die für die Programmierung der hilfreich sein können:

JTable:

Methode	Beschreibung
void clearSelection()	Diese Methode hebt die aktuelle Auswahl der Tabellenzellen auf.
int [] getSelectedRow()	Diese Methode liefert die Indizes der ausgewählten Zeilen.
int [] getSelectedColumn()	Diese Methode liefert die Indizes der ausgewählten Spalten.
Object getValueAt(int, int)	Diese Methode liest den Inhalt der Zelle an der angegebenen Zeile und Spalte (ACHTUNG: nullbasierter Index).
void setValueAt(Object, int, int)	Diese Methode schreibt den Inhalt der Zelle an der angegebenen Zeile und Spalte (ACHTUNG: nullbasierter Index).
int getColumnCount()	Diese Methode liefert die Anzahl der Spalten.
String getColumnName(int)	Diese Methode liefert den Namen der Spalte für den angegebenen Index.
int getRowCount()	Liefert die Anzahl der Zeilen.
void setBackground(Color)	Setzt die Hintergrundfarbe.
void setForeground(Color)	Setzt die Farbe in den Zellen.
void setBorder(Border)	Setzt den Rahmen. Der Rahmen kann mit Methoden der Klasse `BorderFactory` erstellt werden.
void setGridColor(Color)	Setzt die Farbe der Linien zwischen den Zellen.

Das folgende Programm zeigt den Einsatz einiger dieser Methoden:

```java
class SwingTabellenMethoden extends JFrame {
    private JTable eineTabelle;
    public SwingTabellenMethoden() {

        this.setSize(200, 200);
        this.setLocation(300, 200);
        this.setLayout(null);
        String[][] daten = {
            {"Karl","Kaiser"},
            {"Franz","Krauter"},
            {"Lisa","Baum"},
            {"Fred","Jupiter"},
        };

        String[] spalten = {"Vorname", "Name"};

        eineTabelle = new JTable(daten,spalten);
        eineTabelle.setBounds(20,20,150,65);
```

> Einen neuen Zellenwert für die erste Zeile und die zweite Spalte (nullbasierter Index) setzen

```java
        eineTabelle.setValueAt("König", 0, 1);
```

```java
        eineTabelle.setBorder(
            BorderFactory.createLineBorder(Color.BLACK,4));

        eineTabelle.setBackground(Color.BLUE);

        eineTabelle.setForeground(Color.WHITE);

        eineTabelle.setGridColor(Color.WHITE);


        this.getContentPane().add(eineTabelle);
        this.setDefaultCloseOperation(JFrame.EXIT_ON_CLOSE);
    }
}
```

> Mit einer Methode der Klasse `BorderFactory` einen Rahmen vom Typ `Border` erstellen

> Hintergrundfarbe, Zeichenfarbe und Linienfarbe setzen

Nach dem Starten erscheint folgendes Fenster mit der Tabelle:

> *Karl Kaiser* hat mithilfe der Methode `setValueAt` einen neuen Nachnamen (*König*) erhalten.

12.3.7 Auf JTable-Ereignisse reagieren

Für ein `JTable`-Ereignis kann ein Abhörer vom Typ `ListSelectionListener` implementiert werden. Damit kann auf das Ereignis `valueChanged` reagiert werden. Das folgende Beispiel zeigt einen solchen Ereignisempfänger und nutzt zusätzlich einige der oben beschriebenen Methoden. Der Ereignisempfänger reagiert dabei auf das Selektieren einer Tabellenzelle. Der Inhalt der Zelle wird dann mit einem neuen Wert überschrieben. Der alte Wert wird nach einer anderen Selektion aber wiederhergestellt.

```java
class SwingEreignisTabellen extends JFrame {

    private JTable eineTabelle;


    private int zeile, spalte;
    private String inhalt;
    boolean ersteSelektion = true;

    public SwingEreignisTabellen() {

        this.setSize(200, 200);
        this.setLocation(300, 200);
        this.setLayout(null);

        String[][] daten = {
            {"Karl","Kaiser"},
            {"Franz","Krauter"},
            {"Lisa","Baum"},
            {"Fred","Jupiter"},
        };
```

> Hilfsvariablen, um den Inhalt einer Zelle zu sichern und nach der Selektion wiederherzustellen

```
            String[] spalten = {"Vorname", "Name" };
            eineTabelle = new JTable(daten,spalten);
            eineTabelle.setBounds(20,20,150,65);
```

> Mit der Methode `getSelectionModel` wird das aktuelle Selektionsmodell der Tabelle geholt. Diesem Modell kann dann mit der Methode `addListSelectionListener` ein Ereignisempfänger zugeordnet werden.

```
            eineTabelle.getSelectionModel().addListSelectionListener(
                new ListSelectionListener() {

                    @Override

                    public void valueChanged( ListSelectionEvent e ) {
                        if (ersteSelektion == false)
                            eineTabelle.setValueAt(inhalt,zeile,spalte);
```

> Nach der ersten Selektion die Hilfsvariable auf `false` setzen

> Wiederherstellung des alten Inhaltes einer vormals selektierten Zelle. Bei der ersten Selektion ist das noch nicht nötig.

```
                        ersteSelektion = false;
```

> Selektierte Zeile und Spalte sichern

```
                        zeile = eineTabelle.getSelectedRows()[0];

                        spalte = eineTabelle.getSelectedColumns()[0];
```

> Inhalt sichern

```
                        inhalt = eineTabelle.getValueAt(
                                zeile ,spalte).toString();

                        eineTabelle.setValueAt(
                                "selektiert",zeile ,spalte );
                    }
                }
            );

            this.getContentPane().add(eineTabelle);
            this.setDefaultCloseOperation(JFrame.EXIT_ON_CLOSE);
        }
    }
```

Nach dem Starten ändert sich der Zelleninhalt nach einer Selektion:

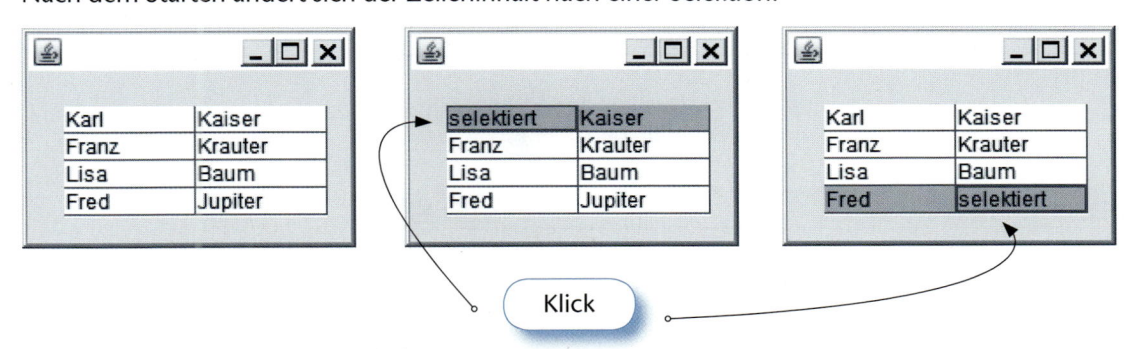

Karl	Kaiser
Franz	Krauter
Lisa	Baum
Fred	Jupiter

selektiert	Kaiser
Franz	Krauter
Lisa	Baum
Fred	Jupiter

Karl	Kaiser
Franz	Krauter
Lisa	Baum
Fred	selektiert

Klick

12.3.8 Steuerelemente mit Bildlaufleisten versehen

Mit der Klasse `JScrollPane` können Elemente wie eine Tabelle oder auch ein Baum sehr leicht mit Bildlaufleisten versehen werden. Dazu muss das Element nur in ein Objekt vom Typ `JScroll-`

Pane eingebettet werden. Mit dem Einbetten der Tabelle werden dann auch die Spaltennamen angezeigt. Das folgende Programm zeigt eine Tabelle mit mehreren Einträgen und dem Einsetzen der Bildlaufleiste.

```java
class SwingScrollTabelle extends JFrame {

    public SwingScrollTabelle() {
        this.setLayout(new BorderLayout());

        String[][] daten = {
           {"Wien","Österreich"},
           :
           {"Berlin","Deutschland"},
           {"Amsterdam","Niederlande"}
        };
        String[] spalten = {"Hauptstadt", "Land"};
        JTable eineTabelle = new JTable(daten,spalten);
        this.getContentPane().add(new JScrollPane(eineTabelle));


        this.pack();



        this.setDefaultCloseOperation(JFrame.EXIT_ON_CLOSE);
    }
}
```

> Den Layoutmanager einschalten, damit die `JScrollPane` die Tabelle problemlos anzeigt

> Dynamisch ein Objekt vom Typ `JScrollPane` erstellen und die Tabelle einbetten (bzw. dem Konstruktor übergeben)

> Die Methode `pack` sorgt dafür, dass die Steuerelemente in dem übergeordneten Container (hier dem Fenster) entsprechend dem Layout korrekt angezeigt werden.

Nach dem Starten sieht das Fenster so aus:

Hauptstadt	Land
Wien	Österreich
Warschau	Polen
Stockholm	Schweden
Sofia	Bulgarien
Rom	Italien
Prag	Tschechien
Paris	Frankreich
Budapest	Ungarn
Brüssel	Belgien
Bern	Schweiz
Berlin	Deutschland
Amsterdam	Niederlande

> Das Fenster verkleinern

Hauptstadt	Land
Wien	Österreich
Warschau	Polen
Stockholm	Schweden
Sofia	Bulgarien
Rom	Italien
Prag	Tschechien
Paris	Frankreich

> Die Bildlaufleiste *scrollt* die Tabelle einwandfrei.

Hinweis: Spalten sortieren

Mithilfe eines Objekts vom Typ `TableRowSorter` kann die Tabelle sofort in die Lage versetzt werden, die Inhalte mit einem Klick auf die gewünschte Spalte zu sortieren. Dazu müssen nur die beiden folgenden Anweisungen eingebunden werden:

```
TableRowSorter sort = new TableRowSorter(eineTabelle.getModel());

eineTabelle.setRowSorter(sort);
```

Ein Klick auf die Spalte sorgt für eine Sortierung nach Hauptstädten.

Jede Tabelle hat ein internes Datenmodell. Fortgeschrittene Programmierer können auch eigene Datenmodelle definieren.

Hauptstadt ▲	Land
Amsterdam	Niederlande
Berlin	Deutschland
Bern	Schweiz
Brüssel	Belgien
Budapest	Ungarn
Paris	Frankreich
Prag	Tschechien

13 Menüs und Dialoge

13.1 Menüs mit dem AWT erstellen

13.1.1 Ein Menü erstellen

Menüs dienen dem Benutzer zur Auswahl verschiedener Optionen oder Befehle. Sie sind in der Regel im oberen Bereich des Fensters integriert, können aber auch als Kontextmenü über den Klick mit der rechten Maustaste aufrufbar sein. Mit dem AWT werden Menüs so erstellt, wie man es von den Steuerelementen gewohnt ist. Zuerst wird ein Menüleisten-Objekt vom Typ `MenuBar` instanziiert. Anschließend können einzelne Menüs und Menüpunkte erstellt werden (mithilfe der Klassen `Menu` und `MenuItem`). Dem Fenster wird die Menüleiste dann mit der Methode `setMenuBar` zugewiesen. Das folgende Beispiel zeigt den Aufbau eines einfachen Menüs.

```java
class FensterMitMenu extends Frame {

    private MenuBar menueLeiste;           // Attribute für das
    private Menu einMenue;                 // Erstellen der Menü-
    private MenuItem oeffnenEintrag;       // leiste und der Menü-
    private MenuItem schliessenEintrag;    // punkte anlegen
    private MenuItem beendenEintrag;

    public FensterMitMenu() {
        this.setSize(200, 300);
        this.setLocation(300, 200);
        this.setLayout(null);

        einMenue = new Menu("Hauptmenü");          // Ein Menü-Objekt instanziieren

        oeffnenEintrag = new MenuItem("Datei öffnen");
        schliessenEintrag = new MenuItem("Datei speichern");
        beendenEintrag = new MenuItem("Beenden");

        einMenue.add(oeffnenEintrag);              // Drei Menü-
        einMenue.add(schliessenEintrag);           // punkt-Objekte
        einMenue.add(beendenEintrag);              // instanziieren

                                                   // Die Menüpunkte dem
                                                   // Menü hinzufügen
        menueLeiste = new MenuBar();               // Ein Menüleisten-Objekt instanziieren

        menueLeiste.add(einMenue);                 // Das Menü der Leiste hinzufügen

        this.setMenuBar(menueLeiste);              // Die Menüleiste dem Fenster hinzufügen

        this.addWindowListener(new FensterAbhoerer());
    }
```

```java
    class FensterAbhoerer extends WindowAdapter {
        @Override
        public void windowClosing(WindowEvent e) {
            System.exit(0);
        }
    }
}
```
Nach dem Starten ist das Menü einsatzbereit:

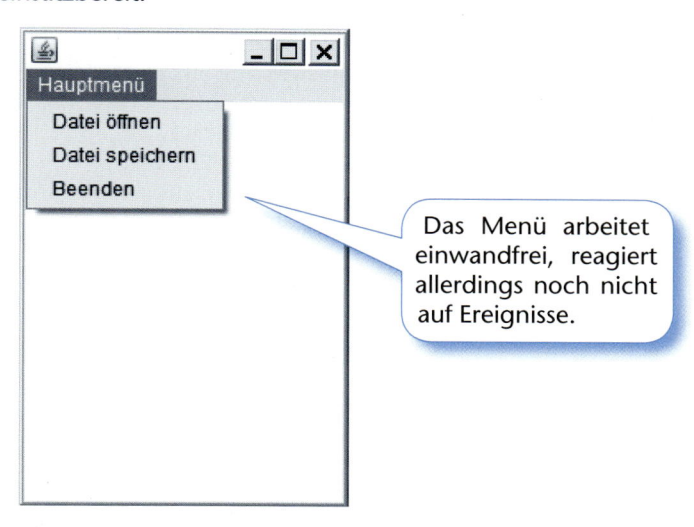

> Das Menü arbeitet einwandfrei, reagiert allerdings noch nicht auf Ereignisse.

13.1.2 Auf Menü-Ereignisse reagieren
Das Klicken auf einen Menüpunkt löst ein Ereignis vom Typ `ActionEvent` aus. Deshalb sieht der Ereignisempfänger genauso aus wie bei einem Element vom Typ `Button`. Allerdings reicht es aus, wenn ein Ereignisempfänger definiert wird. In dem Ereignisempfänger wird dann einfach überprüft, welcher Menüpunkt gewählt wurde. Das folgende Programm zeigt die Implementierung eines Ereignisempfängers und das Hinzufügen zu den einzelnen Menüpunkt-Objekten.

```java
class MenueAbhoerer implements ActionListener {
```
> Einen Ereignisempfänger implementieren

```java
    @Override
    public void actionPerformed(ActionEvent e){
```
> Mit der Methode `getSource` des Parameters vom Typ `ActionEvent` wird die Quelle (Menüpunkt) des Ereignisses ermittelt.

```java
        MenuItem welcherMenuePunkt = (MenuItem) e.getSource();

        if (welcherMenuePunkt.getLabel().equals("Beenden")){
            System.exit(0);
        }
    }
}
class FensterEreignisMenu extends Frame {
```
> Die Methode `getLabel` liefert die Bezeichnung des Menüpunktes. Damit kann entsprechend reagiert werden.

```java
private MenuBar menueLeiste;
    private Menu einMenue;
    private MenuItem oeffnenEintrag;
    private MenuItem schliessenEintrag;
    private MenuItem beendenEintrag;

    public FensterEreignisMenu() {
        this.setSize(200, 300);
        this.setLocation(300, 200);
        this.setLayout(null);
        einMenue = new Menu("Hauptmenü");
```

```java
            oeffnenEintrag = new MenuItem("Datei öffnen");
            schliessenEintrag = new MenuItem("Datei speichern");
            beendenEintrag = new MenuItem("Beenden");

            oeffnenEintrag.addActionListener(new MenueAbhoerer());
            schliessenEintrag.addActionListener(new MenueAbhoerer());
            beendenEintrag.addActionListener(new MenueAbhoerer());

            einMenue.add(oeffnenEintrag);
            einMenue.add(schliessenEintrag);
            einMenue.add(beendenEintrag);
            menueLeiste = new MenuBar();
            menueLeiste.add(einMenue);
            this.setMenuBar(menueLeiste);
            this.addWindowListener(new FensterAbhoerer());
    }
    class FensterAbhoerer extends WindowAdapter {
            @Override
            public void windowClosing(WindowEvent e) {
                System.exit(0);
            }
        }
}
```

Den Ereignisempfänger hinzufügen

Nach dem Starten reagiert das Menü auf die Ereignisse:

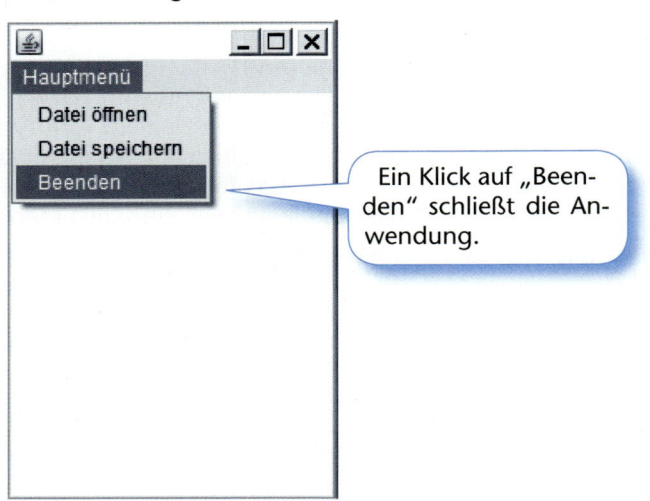

Ein Klick auf „Beenden" schließt die Anwendung.

13.1.3 Ein Kontextmenü erstellen

Ebenso einfach wie das Erstellen eines Menüs ist die Erstellung eines Kontextmenüs. Anstelle der Klasse `MenuBar` wird die Klasse `PopupMenu` genutzt. Ein Objekt der Klasse wird dem Fenster wie ein einfaches Steuerelement hinzugefügt und über die Methode `show` aufgerufen. In der Regel erscheint ein Kontextmenü mit einem Klick auf die rechte Maustaste. Deshalb ist es sinnvoll, einen entsprechenden Ereignisempfänger dafür zu implementieren. In dem folgenden Programm wird ein einfaches Kontextmenü aufgebaut und bei einem rechten Mausklick angezeigt.

```java
class FensterKontextMenu extends Frame {

    private PopupMenu kontextMenue;
    private MenuItem oeffnenEintrag;
    private MenuItem schliessenEintrag;
    private MenuItem beendenEintrag;

    public FensterKontextMenu() {
        this.setSize(200, 300);
        this.setLocation(300, 200);
        this.setLayout(null);
```

```java
        kontextMenue = new PopupMenu("Hauptmenü");

        oeffnenEintrag = new MenuItem("Datei öffnen");
        schliessenEintrag = new MenuItem("Datei speichern");
        beendenEintrag = new MenuItem("Beenden");

        kontextMenue.add(oeffnenEintrag);
        kontextMenue.add(schliessenEintrag);
        kontextMenue.add(beendenEintrag);

        this.add(kontextMenue);

        this.addMouseListener(new MausAbhoerer());
        this.addWindowListener(new FensterAbhoerer());
    }

    class MausAbhoerer extends MouseAdapter {
        @Override
        public void mouseClicked(MouseEvent e) {



            if (e.getButton()==MouseEvent.BUTTON3)
                kontextMenue.show(e.getComponent(), e.getX(), e.getY());
        }
    }

    class FensterAbhoerer extends WindowAdapter {. . . } //wie gehabt
}
```

> Den Ereignisempfänger für die Mausaktion hinzufügen

> Die Methode `e.getButton` liefert den Maustastenwert, der über die Konstanten aus der Klasse `MouseEvent` identifiziert werden kann (rechte Maustaste entspricht `BUTTON3`).

> Die Methode `show` zeigt das Kontextmenü an. Mit `getComponent` wird die übergeordnete Komponente (hier das Fenster) ermittelt. Die Mauskoordinaten werden mit `getX` und `getY` abgefragt.

Nach dem Starten wird das Kontextmenü bei einem rechten Mausklick angezeigt:

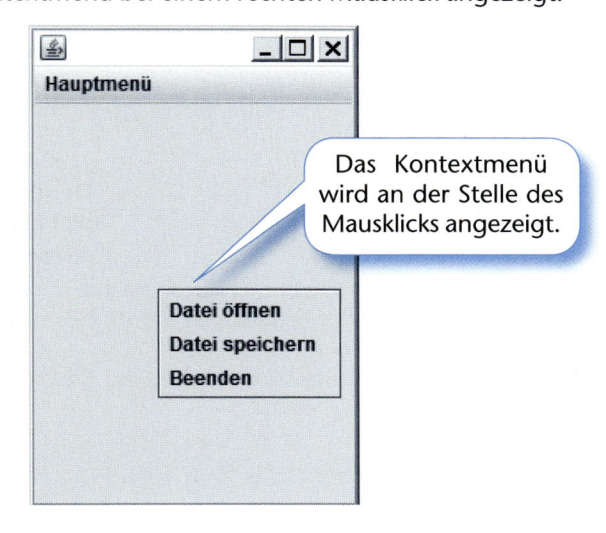

> Das Kontextmenü wird an der Stelle des Mausklicks angezeigt.

13.1.4 Menüs mit den Swing-Klassen

Das Einbinden von Menüs mit Swing-Klassen läuft fast identisch zur AWT-Variante. Statt der Klassen `Menu`, `MenuItem` und der anderen Menü-Klassen müssen nur die Swing-Klassen `JMenu`, `JMenuItem` und die entsprechenden weiteren Swing-Menü-Klassen verwendet werden. Das folgende Programm zeigt die Einbindung von Menü, Kontextmenü und Ereignisempfänger mit Swing-Klassen.

13 Menüs und Dialoge

```java
class FensterMitSwingMenu extends JFrame {         // Von der Klasse JFrame erben
    private JMenuBar menueLeiste;
    private JMenu einMenue;
    private JMenuItem oeffnenEintrag;              // Die Swing-Klassen einsetzen!
    private JMenuItem schliessenEintrag;
    private JMenuItem beendenEintrag;
    private JPopupMenu kontextMenue;

    public FensterMitSwingMenu() {

        this.setSize(200, 300);
        this.setLocation(300, 200);
        this.setLayout(null);

        einMenue = new JMenu("Hauptmenü");          // Ein Swing-Menü instanziieren

        oeffnenEintrag = new JMenuItem("Datei öffnen");
        schliessenEintrag = new JMenuItem("Datei speichern");
        beendenEintrag = new JMenuItem("Beenden");
                                                    // Swing-Menüelemente instanziieren
        einMenue.add(oeffnenEintrag);
        einMenue.add(schliessenEintrag);
        einMenue.add(beendenEintrag);
                                                    // Dem Swing-Menü Elemente hinzufügen
        menueLeiste = new JMenuBar();
        menueLeiste.add(einMenue);
                                                    // Menüleiste instanziieren und Menü hinzufügen
        // ACHTUNG: Bei Swing-Menüs die Methode setJMenuBar benutzen.

        this.setJMenuBar(menueLeiste);
                                                    // Ein Popup-Menü instanziieren
        kontextMenue = new JPopupMenu("Hauptmenü");

        kontextMenue.add(new JMenuItem("Datei öffnen"));
        kontextMenue.add(new JMenuItem("Datei speichern"));
        kontextMenue.add(new JMenuItem("Beenden"));

                                                    // Dem Popup-Menü Beispiel-Elemente hinzufügen

        this.addMouseListener(new MausAbhoerer());
        this.setDefaultCloseOperation(JFrame.EXIT_ON_CLOSE);
    }
    class MausAbhoerer extends MouseAdapter { //wie gehabt }
}
```

Nach dem Starten werden sowohl Menü als auch Kontextmenü (bei einem rechten Mausklick) angezeigt:

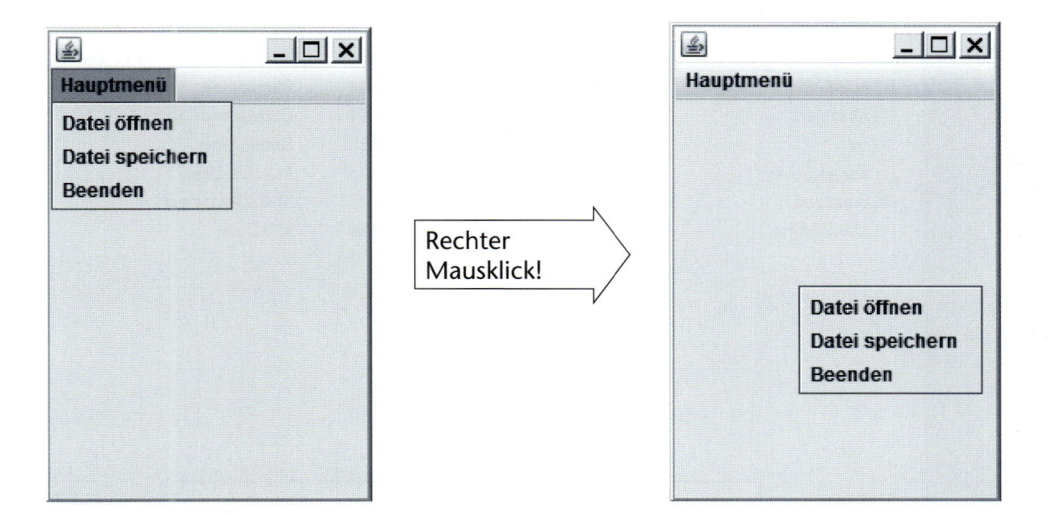

13.2 Dialoge

13.2.1 Standarddialoge nutzen

Die meisten Anwendungen verfügen über Dialoge, um Dateien zu speichern oder zu laden. Diese Dialoge sehen in der Regel immer gleich aus. Das ist sinnvoll, denn die Benutzer wollen nicht bei jedem Programm neu erlernen müssen, wie ein solcher Dialog zu bedienen ist. Aus diesem Grund bietet Java vorgefertigte Standarddialoge an. Diese Dialoge können in jede Anwendung eingebunden und bei Bedarf geöffnet werden. Für das AWT steht nur ein Dialog (`FileDialog`) zur Verfügung, der dem klassischen „*Datei öffnen*"-Dialog entspricht. Die Swing-Klassen bieten weitere Möglichkeiten wie den Farbauswahl-Dialog oder den Options-Dialog (ähnlich einer Message-Box). Die folgenden Programme zeigen, wie diese Dialoge genutzt werden können:

Variante 1: AWT-Dialog

```java
class StandardDialoge extends Frame{                    // Einen Verweis vom Typ
                                                        // FileDialog anlegen
    private FileDialog dateiDialog;

    public StandardDialoge() {
        // Ein Objekt vom Typ FileDialog instanziieren und den über-
        // geordneten Container (hier das Fenster) sowie den Titel und die
        // Art angeben (FileDialog.LOAD → Datei öffnen)

        dateiDialog = new FileDialog(this,
                        "Datei öffnen",FileDialog.LOAD);

        // Das Start-Verzeichnis angeben

        dateiDialog.setDirectory("c:\\Java");
        dateiDialog.setVisible(true);                   // Den Dialog anzeigen

        this.addWindowListener(new FensterAbhoerer());
    }
    class FensterAbhoerer extends WindowAdapter { //wie gehabt }
}
```

Nach dem Starten wird sofort der Dialog angezeigt (hier der Windows-Standarddialog):

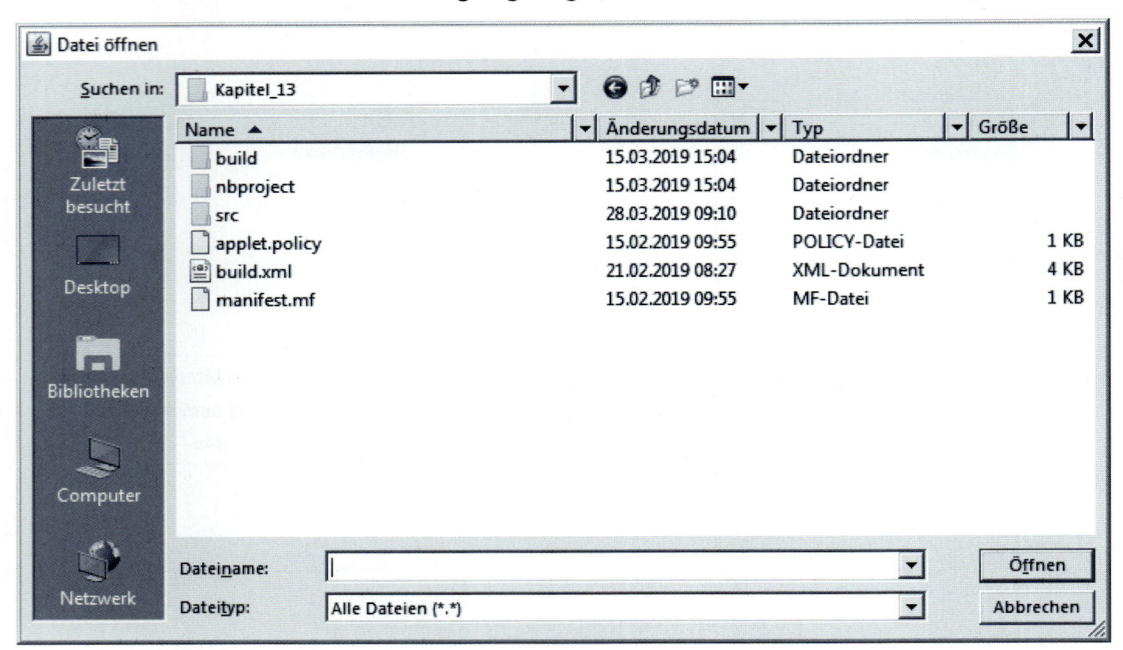

> **Hinweis:**
> Mit den Methoden **getDirectory** und **getFile** können das gewählte Verzeichnis und die gewählte Datei des Benutzers abgefragt werden.

Variante 2: Swing-Klassen-Dialoge

```java
class StandardSwingDialoge extends JFrame {

    private JFileChooser dateiDialog;

    public StandardSwingDialoge() {
```

Einen Verweis vom Typ JFileChooser anlegen. Die anderen Dialoge werden mit statischen Methoden realisiert.

Die statische Methode showConfirmDialog öffnet einen Dialog, der mit verschiedenen Optionen versehen werden kann (hier werden drei Optionen angezeigt). Dazu werden Konstanten aus der Klasse JOptionPane benutzt (hier YES_NO_CANCEL_OPTION). Die Methode gibt einen Wert zurück, der ebenfalls mit den Konstanten abgefragt werden kann.

```java
        if     ( JOptionPane.showConfirmDialog(
                 this,
                 "Treffen Sie eine Auswahl:",
                 "Auswahl",
                 JOptionPane.YES_NO_CANCEL_OPTION)

                 ==  JOptionPane.YES_OPTION
               ) {
                 JOptionPane.showMessageDialog(
                 this,
                 "Sie haben 'JA' gewählt");
        }
```

Die statische Methode showMessageDialog öffnet einen einfachen Dialog mit einer Meldung und einem OK-Button. Das ist vergleichbar mit einer MessageBox in anderen Programmiersprachen.

> Die statische Methode `showInputDialog` öffnet einen Eingabe-Dialog.
> Die Benutzereingabe wird als Zeichenkette zurückgegeben.

```java
        String verzeichnis =
            JOptionPane.showInputDialog(
            this,
            "Bitte ein Verzeichnis eingeben!");
```

> Ein Objekt der Klasse `JFileChooser` wird instanziiert. Das gewählte
> Verzeichnis wird dem Konstruktor mitgegeben.

```java
        dateiDialog = new JFileChooser(verzeichnis);
        dateiDialog.showOpenDialog(this);
```

> Mit der Methode `showOpenDialog` wird der Datei-öffnen-Dialog geöffnet. Analog
> kann der Datei-speichern-Dialog mit `showSaveDialog` geöffnet werden.

> Die statische Methode `showDialog` öffnet einen Farbauswahl-Dialog.
> Die gewählte Farbe wird als `Color`-Objekt zurückgegeben.

```java
        Color farbe = JColorChooser.showDialog(
                this,
                "Farbauswahl", Color.BLUE);

        JOptionPane.showMessageDialog(this,
                "Sie haben " + farbe.toString() + " gewählt");
        this.setDefaultCloseOperation(JFrame.EXIT_ON_CLOSE);
    }
}
```

Nach dem Starten werden alle Dialoge hintereinander angezeigt:

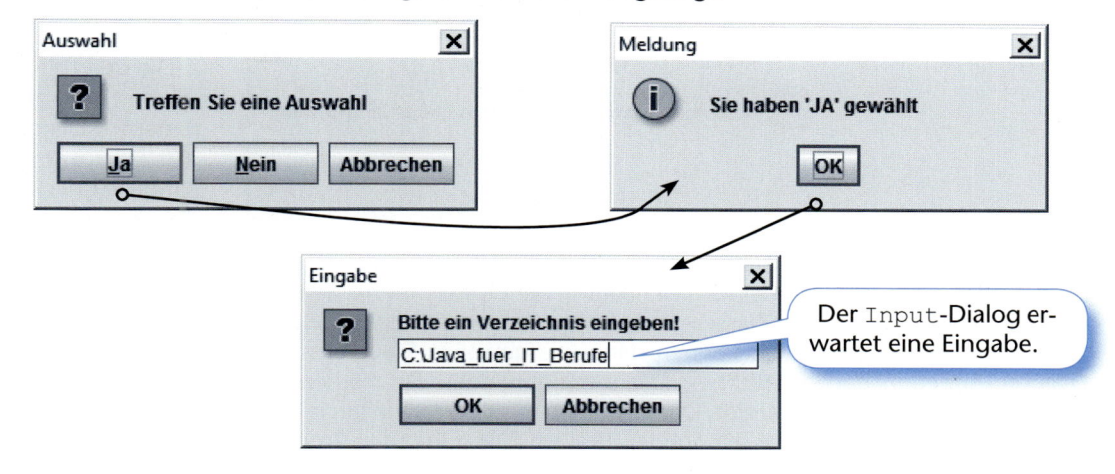

> Der `Input`-Dialog erwartet eine Eingabe.

13 Menüs und Dialoge

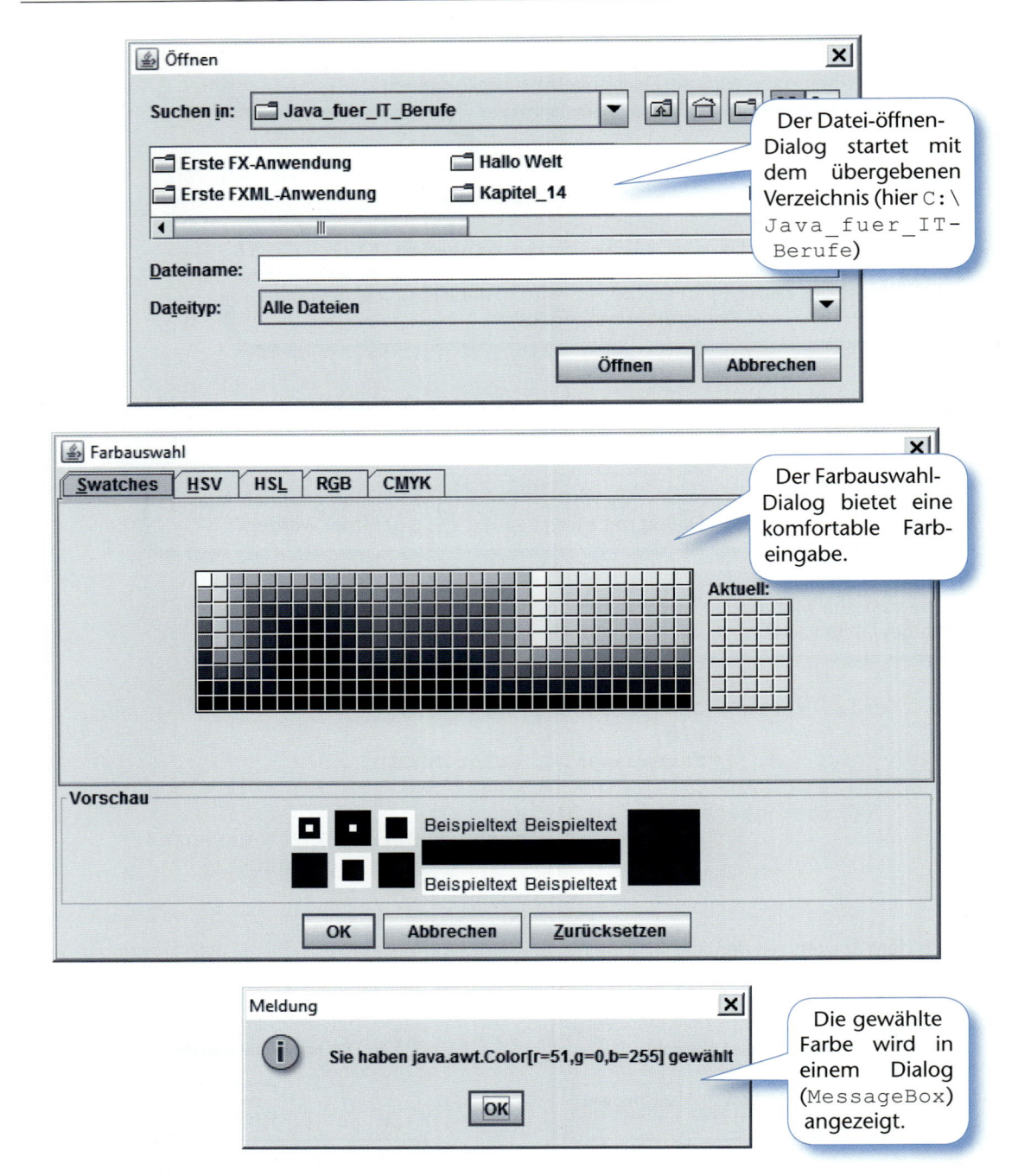

Der Datei-öffnen-Dialog startet mit dem übergebenen Verzeichnis (hier `C:\Java_fuer_IT-Berufe`)

Der Farbauswahl-Dialog bietet eine komfortable Farbeingabe.

Die gewählte Farbe wird in einem Dialog (`MessageBox`) angezeigt.

13.2.2 Eigene Dialoge erstellen

Das Erstellen eigener Dialoge ist vergleichbar mit dem Erstellen einer Fensterklasse. Die Dialog-Klasse wird allerdings nicht von der Klasse `Frame` bzw. `JFrame` abgeleitet, sondern von der Klasse `Dialog` bzw. `JDialog`. Einem Dialog können dann wie gewohnt Steuerelemente hinzugefügt werden. Dialoge können *modal* oder *nicht modal* angezeigt werden. Ein *modaler* Dialog wartet so lange, bis der Benutzer den Dialog beendet. Der *nicht modale* Dialog kann auch im Hintergrund weiter aktiv sein (ein typisches Beispiel ist der Suchen-Dialog). Die folgenden Programme zeigen, wie eigene Dialoge genutzt werden können:

Variante 1: Ein eigener AWT-Dialog

```java
class MeinAWTDialog extends Dialog {
```
> Die Dialog-Klasse erbt von der Klasse `Dialog`.

```java
    private Button einKnopf;
    private TextField textEingabe;
    private String sicherung;
```
> Steuerelemente anlegen!

```java
    public MeinAWTDialog(    Frame elternFenster,
                             String titel, boolean modal) {

        super (elternFenster, titel, modal);

        this.setLayout(null);
        this.setSize(200, 200);
```
> WICHTIG: den Basisklassenkonstruktor aufrufen und den übergeordneten Container (hier das Fenster), einen Titel sowie einen booleschen Wert (`true` oder `false`) angeben. Wird der Wert `true` übergeben, dann wird der Dialog modal geöffnet (sonst nicht modal).

```java
        einKnopf = new Button("Bitte klicken");
        einKnopf.setBounds(50, 50, 100, 30);
        textEingabe = new TextField();
        textEingabe.setBounds(50, 100, 100, 30);

        einKnopf.addActionListener( new ActionListener()
            {
                @Override
                public void actionPerformed(ActionEvent e) {
                    sicherung = textEingabe.getText();
                    setVisible(false);
                }
            }
        );
```
> Bei einem Klick auf den `Button` wird der Text des Eingabefeldes in einem Attribut gesichert. Anschließend wird der Dialog *unsichtbar* geschaltet.

```java
        add(einKnopf);
        add(textEingabe);
    }

    public String getSicherung() {
        return sicherung;
    }
}
```
> Diese Methode dient zur Rückgabe des gesicherten Textes aus dem Eingabefeld.

```java
class EigeneAWTDialoge extends Frame {

    MeinAWTDialog einDialog;
```
> Einen Verweis des neuen Dialogtyps anlegen

```java
    public EigeneAWTDialoge() {
```
> Ein Objekt der Dialog-Klasse instanziieren. Der Dialog soll modal geöffnet werden.

```java
        einDialog = new MeinAWTDialog(this,"Eigener Dialog",true);
        einDialog.setVisible(true);
```
> Den Dialog anzeigen

> Nach Beenden des Dialogs (Klick auf den `Button`) wird mit der Methode `getSicherung` der eingegebene Text abgefragt.

```
        if (einDialog.getSicherung().equals("Java"))
            JOptionPane.showMessageDialog(this,
                      "Sie haben 'Java' eingegeben");
```

> Falls der Benutzer „Java" eingegeben hat, so erscheint eine `MessageBox`.

> Das Dialog-Objekt wird zerstört.

```
        einDialog.dispose();
        this.addWindowListener(new FensterAbhoerer());
    }
    class FensterAbhoerer extends WindowAdapter { //wie gehabt }
    }
}
```

Nach dem Starten erscheint der folgende Dialog:

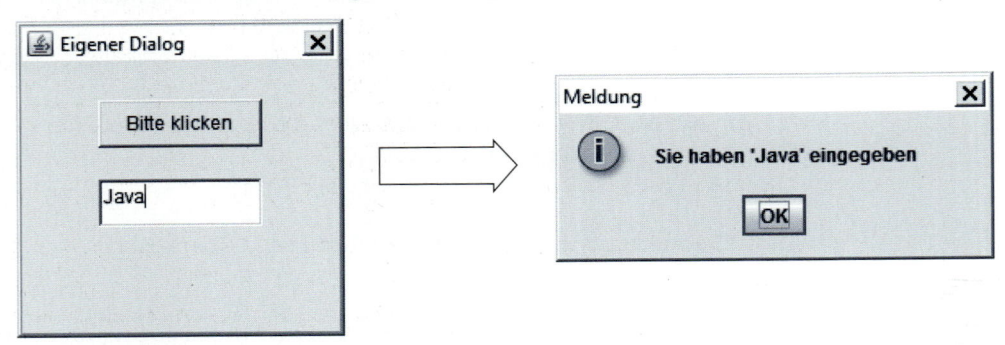

Variante 2: Ein eigener Swing-Dialog

Die Swing-Variante ist fast identisch zur AWT-Variante. Statt der AWT-Klassen werden die Swing-Klassen eingesetzt. Aus diesem Grund sind auch nur die relevanten Quellcode-Zeilen aufgeführt:

```java
class MeinSwingDialog extends JDialog {

    private JButton einKnopf;
    private JTextField textEingabe;
    private String sicherung;

    public MeinSwingDialog(   JFrame elternFenster,
                           String titel, boolean modal) {

        super (elternFenster, titel, modal);
          :
          :
    }
      :
      :
}
class EigeneSwingDialoge extends JFrame {

    MeinSwingDialog einDialog;

    public EigeneSwingDialoge() {

        einDialog = new MeinSwingDialog(this,
                                "Eigener Dialog",true);
          :
```

```
        :
        this.setDefaultCloseOperation(JFrame.EXIT_ON_CLOSE);
    }
}
```

Nach dem Starten erscheint die Swing-Variante:

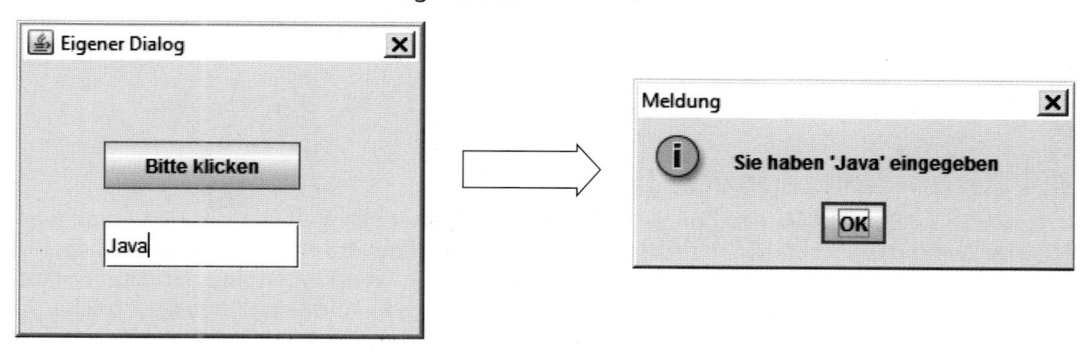

14 JavaFX-Anwendungen entwickeln

14.1 Grundkonzept von JavaFX

Die Entwicklung von GUI-Anwendungen wurde in den vorherigen Kapiteln mit den Frameworks AWT und Swing dargestellt. Für einfache Anwendungen ist diese Art immer noch aktuell, aber die Herausforderungen von modernen plattformunabhängigen Anwendungen sind mit diesen Mitteln nicht immer zu bewältigen. Eine Antwort darauf ist das *JavaFX*-Framework, mit dem solche modernen Anwendungen (vor allem im Bereich Medien) entwickelt werden können. Im Prinzip ist es vergleichbar mit der .NET-Technologie und dem Wechsel von Windows-Forms-Anwendungen zu WPF-Anwendungen. *Oracle* hat *JavaFX* deshalb auch komplett neu entwickelt und *JavaFX* arbeitet nicht ohne Anpassungen mit den bekannten AWT/Swing-Klassen zusammen. *JavaFX* wird inzwischen von dem Open-Source-Projekt *OpenJFX* weiterentwickelt.

Die folgende Grafik zeigt den Aufbau von JavaFX:

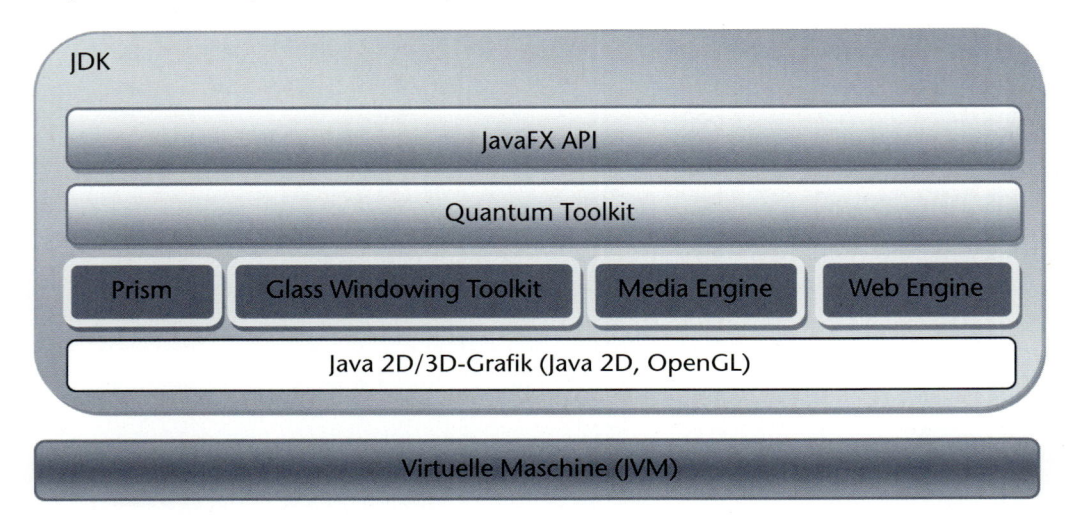

```
JDK
  ┌─────────────────────────────────────────────┐
  │              JavaFX API                     │
  ├─────────────────────────────────────────────┤
  │            Quantum Toolkit                  │
  ├───────┬──────────────────┬──────────┬───────┤
  │ Prism │ Glass Windowing  │  Media   │  Web  │
  │       │     Toolkit      │  Engine  │ Engine│
  ├───────┴──────────────────┴──────────┴───────┤
  │     Java 2D/3D-Grafik (Java 2D, OpenGL)     │
  └─────────────────────────────────────────────┘

            Virtuelle Maschine (JVM)
```

Die Grundlage jeder JavaFX-Anwendung ist ebenfalls die virtuelle Maschine (JVM), die für die Ausführung des Java-Bytecodes verantwortlich ist.

Das Java Development Kit (JDK) stellt die Komponenten und Tools für die Entwicklung der JavaFX-Anwendungen bereit. Dabei sind bereits bekannte Komponenten wie *Java 2D* und die neue spezifischen Komponenten für JavaFX wie das *Quantum Toolkit* enthalten.

Die spezifischen Komponenten werden nun kurz erläutert:

- *Prism* ist eine neue Rendering Engine, die die Grafikhardware direkt anspricht. Ist das nicht möglich, so werden die Anforderungen softwaretechnisch mit Java 2D simuliert.
- Das *Glass Windowing Toolkit* stellt Funktionalitäten wie die Fensterverwaltung oder Ereignisverwaltung zur Verfügung. Es dient als Schnittstelle, um JavaFX mit dem Betriebssystem zu verbinden.
- Audio und Video werden von der *Media Engine* unterstützt.
- Die *Web Engine* bettet Web-Inhalte in JavaFX-Applikationen ein.
- Das *Quantum Toolkit* verbindet alle Komponenten (*Prism, Glass Windowing Toolkit, Media Engine und Web Engine*) und dient als übergeordnete Schnittstelle für die *JavaFX API*.

14.2 Aufbau einer JavaFX-Anwendung

Eine JavaFX-Anwendung basiert auf einer Klasse, die von der JavaFX-Klasse *Application* abgeleitet ist. In der Klasse müssen verschiedene Methoden überschrieben werden, um einen bestimmten Ablauf der Anwendung zu gewährleisten. In der Hauptmethode (**static void main**) wird die geerbte Methode **launch** aufgerufen, die wiederum dafür sorgt, dass die Methode **start** aufgerufen wird. In der **start**-Methode werden dann die nötigen Vorkehrungen für die Anzeige des Fensterinhaltes getroffen. Dazu erhält die **start**-Methode eine sogenannte Bühne (engl. *stage*), auf der dann eine bestimmte Szene (engl. *scene*) eingesetzt wird. In eine Szene können dann verschiedene Steuerelemente wie Buttons, Textboxen oder auch Container eingefügt werden. Diese Steuerelemente werden der Szene als Knoten (engl. *nodes*) hinzugefügt, so dass eine Art Baumstruktur entsteht. Die Begrifflichkeiten erinnern nicht ohne Absicht an eine Theatervorstellung.

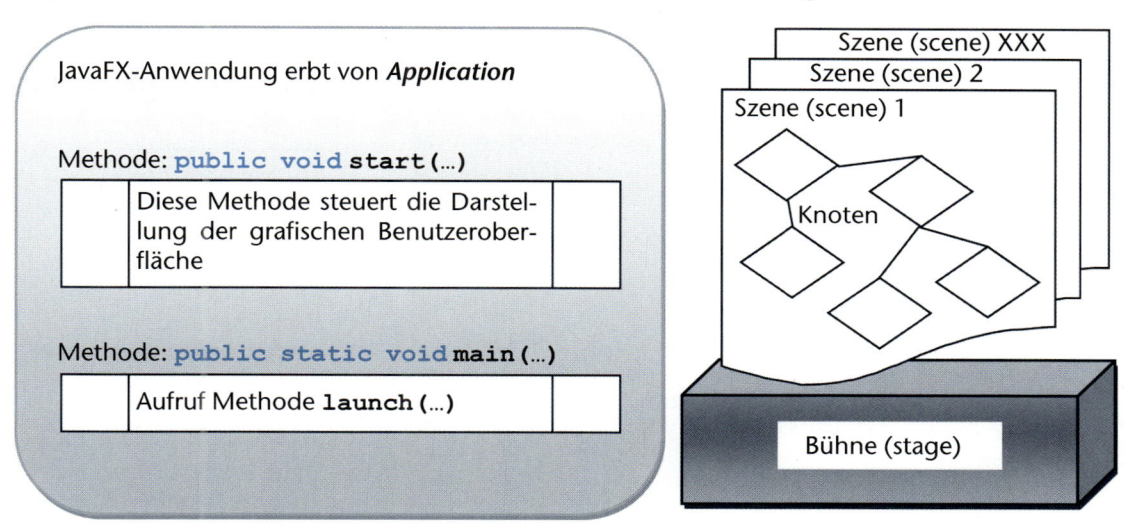

Die erste JavaFX-Anwendung hat damit folgenden Quellcode:

```java
package javafxapplication;

import javafx.application.Application;
import javafx.event.ActionEvent;
import javafx.event.EventHandler;
import javafx.scene.Scene;
import javafx.scene.control.Button;
import javafx.scene.layout.StackPane;
import javafx.stage.Stage;


public class JavaFXApplication extends Application {

    @Override
    public void start(Stage primaryStage) {

        Button btn = new Button();
        btn.setText("Erste FX-Anwendung!");
```

Importieren der nötigen Bibliotheken

Die Klasse erbt von `Application`

Die Methode start übernimmt die „primäre Bühne" (`primaryStage`).

Instanziieren eines Buttons mit Implementierung eines Eventhandlers.

```java
        btn.setOnAction(new EventHandler<ActionEvent>() {
```
Interne Eventhandler-Methode, später dazu mehr…

```java
            @Override
            public void handle(ActionEvent event)
            {
                System.out.println("Hallo FX!");
            }
        }
        );
```
Ausgabe eines Textes auf der Konsole nach dem Klicken auf den Button.

Anlegen eines Containers zur Aufnahme des Steuerelementes (Button).

```java
        StackPane root = new StackPane();
        root.getChildren().add(btn);
```
Die Methode `getChildren` liefert einen Verweis auf ein Array zur Speicherung der Elemente. Mit `add` wird ein neues Element hinzugefügt.

```java
        Scene scene = new Scene(root, 300, 250);
```
Eine neue Szene wird instanziiert (mit Breite und Höhe).

```java
        primaryStage.setTitle("Hallo FX-Anwendung!");
        primaryStage.setScene(scene);
        primaryStage.show();
    }
```
Fenstertitel setzen

Die Szene der Bühne hinzufügen

Die Bühne (das Fenster) anzeigen.

```java
    public static void main(String[] args) {
        launch(args);
    }
}
```
Methode `launch` wird aufgerufen mit Übergabe der Argumente args – danach automatischer Aufruf der Methode `start`.

Nach dem Starten sieht die Anwendung so aus:

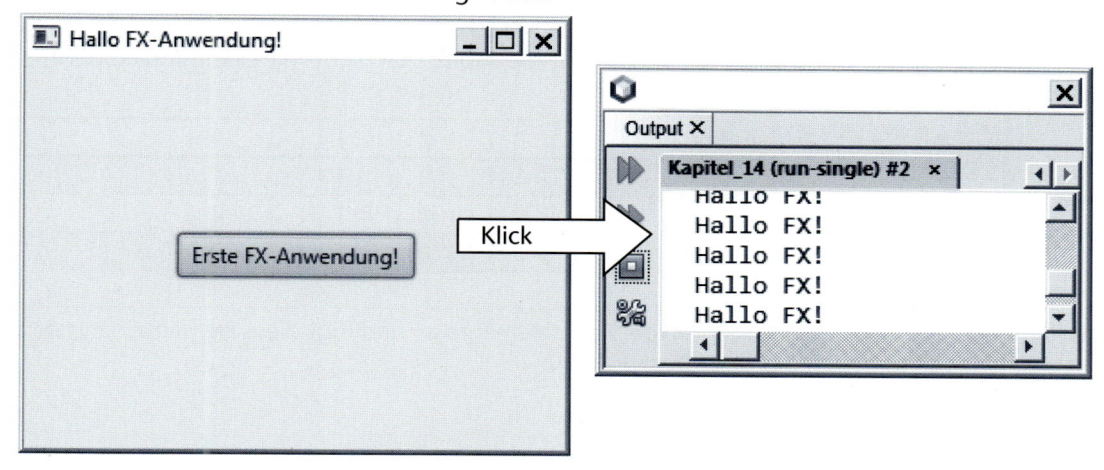

14.3 Container und Steuerelemente

Der Aufbau einer Szene basiert auf Containern und Steuerelementen, die als Knoten in die Hierarchie eingefügt werden. Grundsätzlich sind diese Elemente von der Basisklasse **Node** abgeleitet und verfügen deshalb über gemeinsame Grundfunktionalitäten. Diese Hierarchie der Klassen wird im folgenden Diagramm dargestellt:

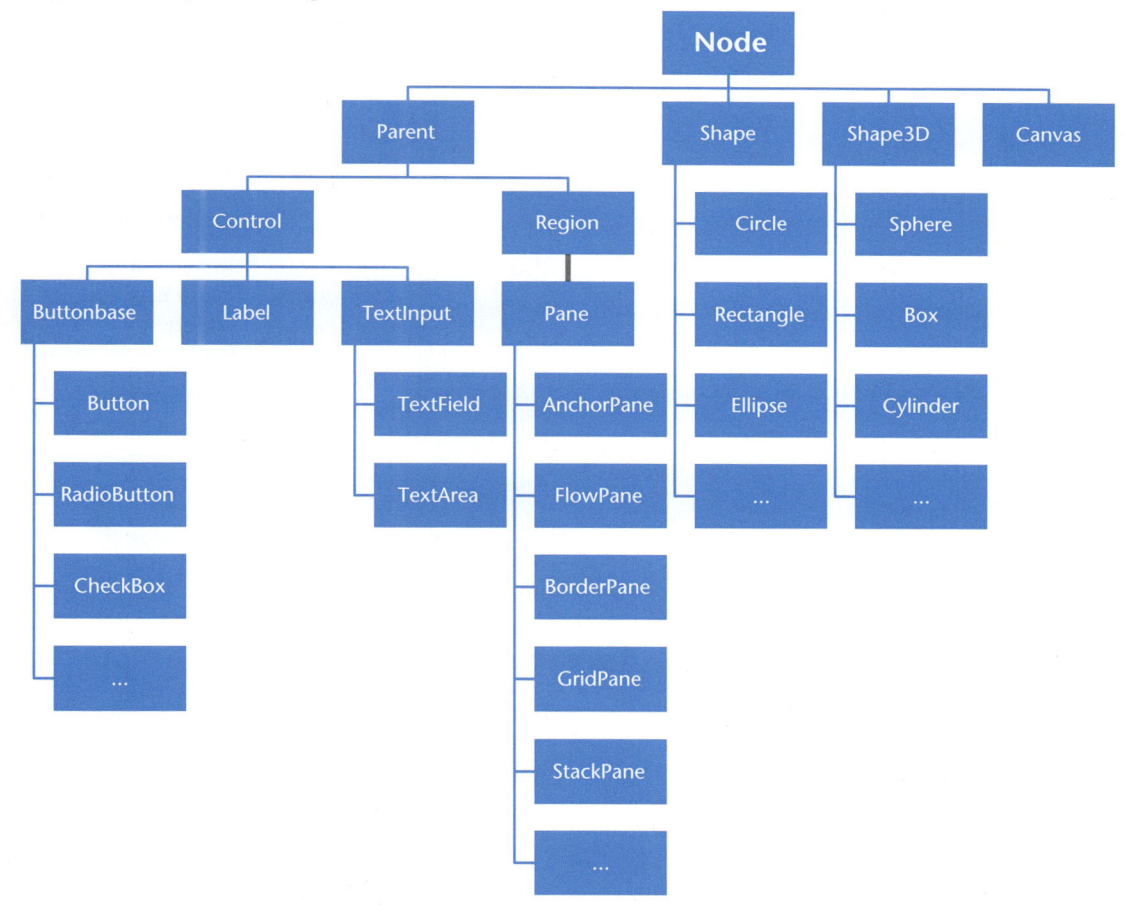

Die meisten der Steuerelemente sind bereits aus den vorherigen Kapiteln bekannt. Ebenso sind die Container (hier `Panes`) bereits in den vorherigen Kapiteln vorgestellt worden. Aus diesen Gründen werden nun exemplarisch einige Beispiele gezeigt, in denen sowohl Container als auch Steuerelemente zum Einsatz kommen.

Beispiel 1: Einsatz eines Grid-Containers (`GridPane`) und verschiedener Steuerelemente

Der Grid-Container ist im Prinzip wie eine Tabelle aufgebaut und die Steuerelemente werden in den einzelnen Zellen angeordnet. Der Zugriff auf die Zellen geschieht mit einem Index, der mit Null beginnt:

[0,0]	[1,0]	[2,0]	[3,0]	…
[0,1]	[1,1]	[2,1]	[3,1]	…
[0,2]	[1,2]	[2,2]	[3,2]	…
[0,3]	[1,3]	[2,3]	[3,3]	…
…	…	…	…	…

ACHTUNG: Zuerst die Spalte, dann die Zeile angeben.

Das folgende JavaFX-Programm legt einige Steuerelemente an und fügt diese Elemente dann den entsprechenden Positionen des `GridPanes` hinzu.

```java
public class Kapitel_14_3_a extends Application {

    @Override
    public void start(Stage primaryStage) {

        Text txtName = new Text("Name:");
        Text txtPwd = new Text("Passwort:");
        Text txtJaNein = new Text("Passwort anzeigen:");

        TextField txtFieldName = new TextField();
        TextField txtFieldPwd = new TextField();

        Button btnAbbruch = new Button("Abbrechen");
        Button btnSenden = new Button("Senden");

        CheckBox rBtnJaNein = new CheckBox();

        GridPane root = new GridPane();
        root.setMinSize(300, 150);

        root.setVgap(10);
        root.setHgap(10);
        root.setAlignment(Pos.CENTER);

        root.add(txtName, 0, 0);
        root.add(txtFieldName, 1, 0);
        root.add(txtPwd, 0, 1);
        root.add(txtFieldPwd, 1, 1);
        root.add(txtJaNein, 0, 2);
        root.add(rBtnJaNein, 1, 2);
        root.add(btnAbbruch, 0, 3);
        root.add(btnSenden, 1, 3);
```

- Texte über die Klasse **Text** anlegen.
- Textfelder über die Klasse **TextField** anlegen.
- Buttons über die Klasse **Button** anlegen.
- Checkboxen über die Klasse **CheckBox** anlegen.
- Das **GridPane** instanziieren
- Abstände zwischen den Zellen festlegen.
- Das **GridPane** immer zentral positionieren (bei Größenänderung des Fensters).
- Steuerelemente dem **GridPane** hinzufügen mit Angabe von Spalte und Zeile,

```
        Scene scene = new Scene(root, 300, 250);

        primaryStage.setTitle("Beispiel zu GridPane");
        primaryStage.setScene(scene);
        primaryStage.show();
    }

    public static void main(String[] args) {
        launch(args);
    }
}
```

Nach dem Starten sieht das Programm so aus:

Nach einer Größenänderung des Fensters bleibt das `GridPane` zentral:

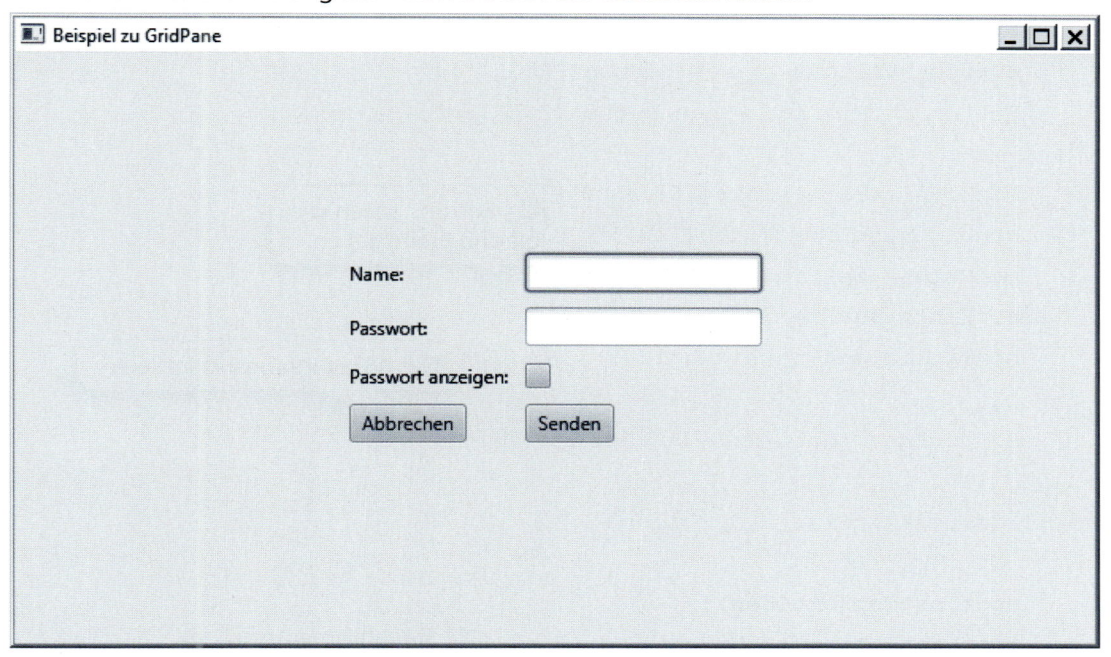

14 JavaFX-Anwendungen entwickeln

Beispiel 2: Einsatz eines `BorderPane`

Das `BorderPane` positioniert die Steuerelemente in fünf verschiedenen Bereichen: oben, unten, links, rechts und mittig:

Das folgende JavaFX-Programm legt fünf Steuerelemente (Buttons) an und fügt diese Elemente dann den entsprechenden Positionen des **BorderPanes** hinzu.

```java
public class Kapitel_14_3_b extends Application {

    @Override
    public void start(Stage primaryStage) {            // Buttons über die Klasse
                                                       // Button anlegen.
        Button btnOben   = new Button("TOP");
        Button btnUnten  = new Button("BOTTOM");
        Button btnRechts = new Button("LEFT");
        Button btnLinks  = new Button("RIGHT");
        Button btnMittig = new Button("CENTER");

        btnOben.setPrefWidth(100);                     // Alle Buttons sollen die
        btnUnten.setPrefWidth(100);                    // gleiche Breite haben.
        btnRechts.setPrefWidth(100);
        btnLinks.setPrefWidth(100);
        btnMittig.setPrefWidth(100);
                                                       // Das BorderPane instanziieren
        BorderPane root = new BorderPane();

        root.setMinSize(200, 100);

        root.setTop(btnOben);
        root.setBottom(btnUnten);                      // Die Steuerelemente an
        root.setLeft(btnRechts);                       // den entsprechenden Posi-
        root.setRight(btnLinks);                       // tionen einfügen.
        root.setCenter(btnMittig);
```

```java
        BorderPane.setAlignment(btnOben,Pos.CENTER);
        BorderPane.setAlignment(btnUnten,Pos.CENTER);
        BorderPane.setAlignment(btnLinks,Pos.CENTER);
        BorderPane.setAlignment(btnRechts,Pos.CENTER);
        BorderPane.setAlignment(btnMittig,Pos.CENTER);

        Scene scene = new Scene(root, 400, 200);

        primaryStage.setTitle("Beispiel zu BorderPane");
        primaryStage.setScene(scene);
        primaryStage.show();
    }

    public static void main(String[] args) {
        launch(args);
    }

}
```

> Die Steuerelemente mit der statischen Methode setAlignment zentrieren.

Nach dem Starten sieht das Programm so aus:

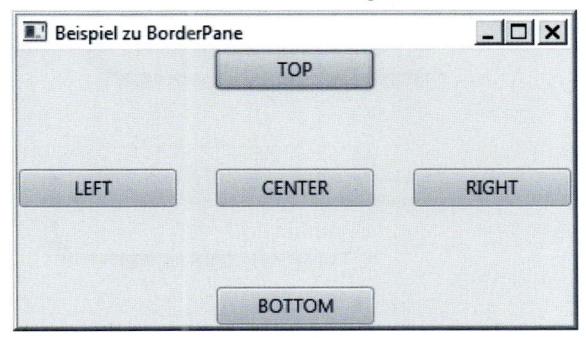

Nach einer Größenänderung des Fensters bleiben die Steuerelemente an den Positionen:

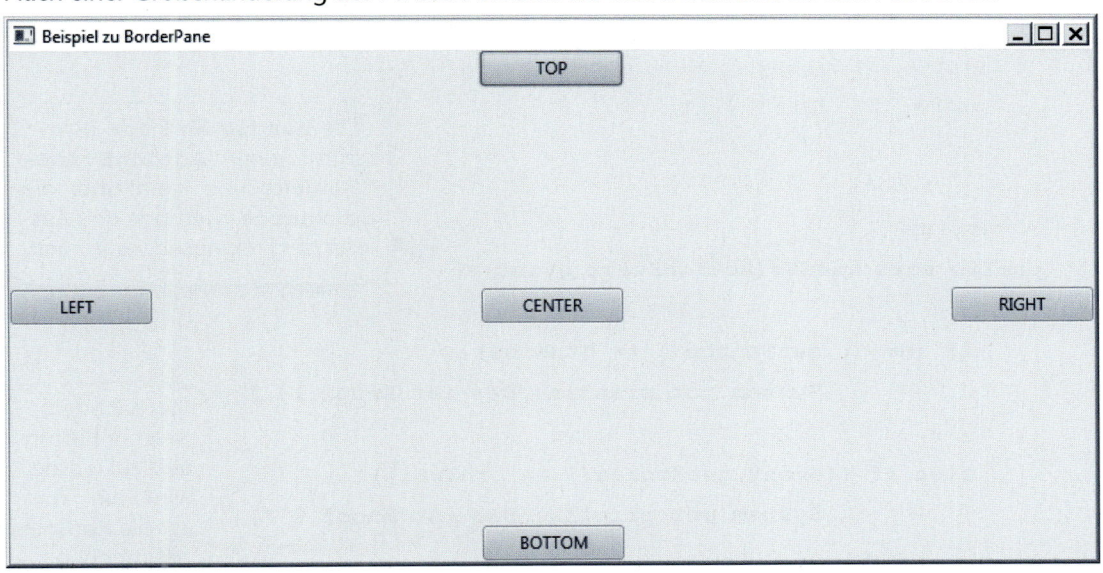

14.4 Ereignisbehandlung

Im einführenden Beispiel wurde bereits eine Ereignisbearbeitungsmethode für das Button-Steuerelement dargestellt. Grundsätzlich können Ereignisse auf diese Art verarbeitet werden, also direkt an die Steuerelemente gebunden. Zusätzlich aber auch mit einer allgemeinen Methode, die dann prüfen muss, von welchem Steuerelement das Ereignis ausgelöst wurde.

14.4.1 Ereignisbehandlung mit einer allgemeinen Methode

In der **Application**-Klasse kann eine allgemeine Methode zur Ereignisbehandlung definiert werden. Dazu muss die Klasse das Interface **EventHandler** implementieren und die Methode **handle** überschreiben. In der **handle**-Methode kann dann geprüft werden, welches Steuerelement ein Ereignis ausgelöst hat.

```java
public class Kapitel_14_4_1 extends Application
                            implements EventHandler<ActionEvent> {

    private Button btnEins = new Button("Knopf 1");
    private Button btnZwei = new Button("Knopf 2");
    private Button btnDrei = new Button("Knopf 3");

    @Override
    public void start(Stage primaryStage) {

        btnEins.setOnAction(this);
        btnZwei.setOnAction(this);
        btnDrei.setOnAction(this);

        FlowPane root = new FlowPane();
        root.getChildren().add(btnEins);
        root.getChildren().add(btnZwei);
        root.getChildren().add(btnDrei);

        Scene scene = new Scene(root, 300, 250);
        primaryStage.setTitle("Ereignisse behandeln!");
        primaryStage.setScene(scene);
        primaryStage.show();
    }

    @Override
    public void handle(ActionEvent event) {

        if (event.getSource() == btnEins)
                System.out.println("Das ist Knopf 1!");

        else if ((event.getSource() == btnZwei))
                System.out.println("Das ist Knopf 2!");
            else
                System.out.println("Das ist Knopf 3!");
    }
```

- Das `EventHandler`-Interface implementieren.
- Drei Steuerelemente als Attribute anlegen.
- Die Steuerelemente erhalten den `this`-Verweis für die Ereignisbehandlung.
- Ein `FlowPane` anlegen und die Steuerelemente einfügen.
- Die **handle**-Methode übernimmt einen **ActionEvent**-Parameter und kann über die **getSource**-Methode den Auslöser des Ereignisses bestimmen.
- Je nachdem welcher Button geklickt wurde, wird ein Text auf die Konsole geschrieben.

```java
    public static void main(String[] args) {
        launch(args);
    }
}
```

Nach dem Starten sieht das Programm so aus:

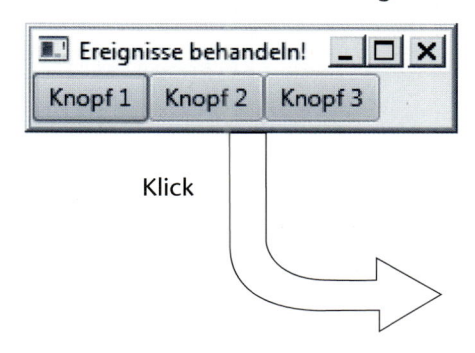

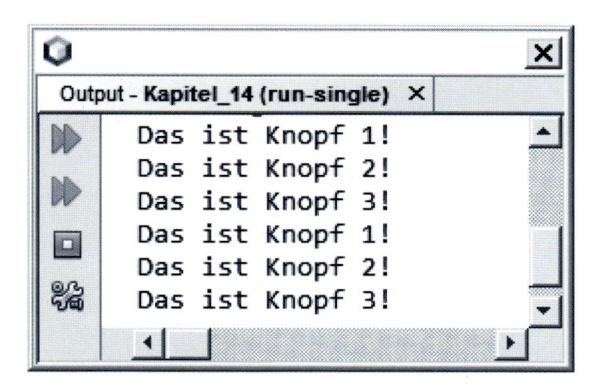

14.4.2 Ereignisbehandlung mit einer inneren Klasse

Wie in dem ersten Beispiel des Kapitels kann die Ereignisbehandlung auch direkt an das Steuerelement gebunden werden, indem eine anonyme Klasse beim Aufruf der Methode `SetOnAction` definiert wird. Das folgende Beispiel zeigt die drei Buttons aus dem vorigen Quelltext mit direkter Ereignisbehandlung:

```java
public class Kapitel_14_4_1 extends Application  {
    private Button btnEins = new Button("Knopf 1");
    private Button btnZwei = new Button("Knopf 2");
    private Button btnDrei = new Button("Knopf 3");

    @Override
    public void start(Stage primaryStage) {

        btnEins.setOnAction(new EventHandler<ActionEvent>() {
                    @Override
                    public void handle(ActionEvent event) {
                        System.out.println("Das ist Knopf 1!");
                    }
                }
        );
        btnZwei.setOnAction(new EventHandler<ActionEvent>() {
                    @Override
                    public void handle(ActionEvent event) {
                        System.out.println("Das ist Knopf 2!");
```

> Das `EventHandler`-Interface wird nun nicht mehr benötigt.

> Drei Steuerelemente als Attribute anlegen.

> Die `handle`-Methode wird nun direkt in der anonymen Klasse überschrieben und gilt auch nur für das Steuerelement.

```java
                    }
                }
            );

            btnDrei.setOnAction(new EventHandler<ActionEvent>() {
                    @Override
                    public void handle(ActionEvent event) {
                        System.out.println("Das ist Knopf 3!");
                    }
                }
            );


        FlowPane root = new FlowPane();
        root.getChildren().add(btnEins);
        root.getChildren().add(btnZwei);
        root.getChildren().add(btnDrei);


        Scene scene = new Scene(root, 300, 250);
        primaryStage.setTitle("Ereignisse behandeln!");
        primaryStage.setScene(scene);
        primaryStage.show();
    }
    public static void main(String[] args) {
        launch(args);
    }
}
```

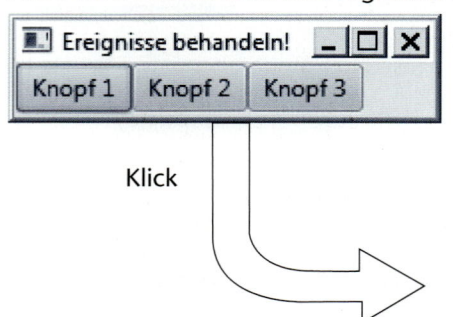

> Eine `FlowPane` anlegen und die Steuerelemente einfügen.

Nach dem Starten sieht das Programm ebenso wie im vorigen Beispiel aus:

```
Ereignisse behandeln!
Knopf 1  Knopf 2  Knopf 3
```

Klick →

```
Output - Kapitel_14 (run-single)
    Das ist Knopf 1!
    Das ist Knopf 2!
    Das ist Knopf 3!
    Das ist Knopf 1!
    Das ist Knopf 2!
    Das ist Knopf 3!
```

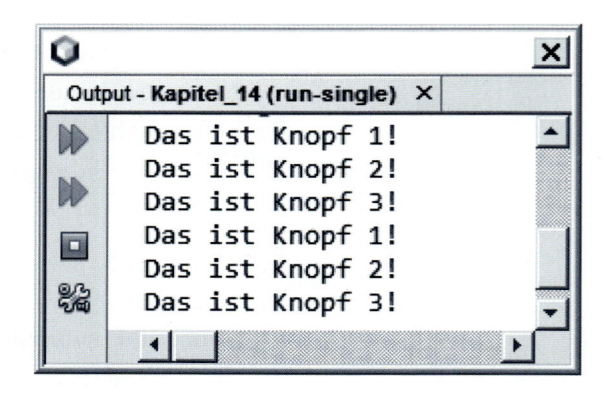

Hinweis:

Anstelle der anonymen Klasse kann auch ein Lambda-Ausdruck eingesetzt werden. Damit vereinfacht sich der Aufbau noch mehr:

```
btnEins.setOnAction( e ->
                     {
                         System.out.println("Das ist Knopf 1!");
                     }
                   );
```

14.5 JavaFXML-Anwendungen

14.5.1 Die erste JavaFXML-Anwendung

Die bisherigen Beispiele zeigen GUI-Anwendungen ohne grafische Unterstützung bei der Entwicklung. Die Szenen wurden im Quellcode mit den entsprechenden Steuerelementen gefüllt. JavaFX bietet aber zusätzlich die komfortable Möglichkeit, den GUI-Aufbau mit einer Auszeichnungssprache zu definieren. Ähnlich wie in der .NET-Technologie von Microsoft mit der Sprache *XAML*. Mithilfe dieser *XML-Sprache* kann die gesamte Oberfläche (Szene) definiert werden. Die Ereignisbehandlung wird dazu in einer separaten Klasse mit entsprechenden Methoden umgesetzt. Das einfachste Beispiel einer solchen *FXML-Anwendung* besteht aus drei Dateien:

FXMLDocument.fxml (XML-Datei):

```xml
<?xml version="1.0" encoding="UTF-8"?>

<?import javafx.scene.control.Button?>
<?import javafx.scene.control.Label?>
<?import javafx.scene.layout.FlowPane?>


<FlowPane id="FlowPane" prefHeight="548.0" prefWidth="807.0"
xmlns="http://javafx.com/javafx/10.0.1"
xmlns:fx="http://javafx.com/fxml/1"
fx:controller="kapitel_14_fxml.FXMLDocumentController">

    <children>
```

XML-Version angeben und Steuerelemente importieren

Ein FlowPane definieren mit Verweisen auf XML-Standards und der Angabe der zugehörigen Controller-Klasse.

Zwischen den children-Tags werden die Steuerelemente eingefügt.

```xml
            <Button fx:id="button" layoutX="358.0"
            layoutY="249.0" onAction="#handleButtonAction"
            text="Hallo JavaFXML!" />
        </children>
    </FlowPane>
```

> Tags schließen: `</children>`, `</FlowPane>`
>
> Kurzform, um das Element zu schliessen
>
> Ein Button wird eingefügt und das Ereignis `onAction` mit der Methode „handleButtonAction" verbunden.

FXMLDocumentController.java (Java-Controller-Datei):

```java
package kapitel_14_fxml;
import java.net.URL;
import java.util.ResourceBundle;
import javafx.event.ActionEvent;
import javafx.fxml.FXML;
import javafx.fxml.Initializable;

public class FXMLDocumentController implements Initializable {

    @FXML
    private void handleButtonAction(ActionEvent event) {
        System.out.println("Hallo JavaFXML!");
    }
}
```

> @FXML zeigt die Verbindung zum XML-Dokument.

Kapitel_14_FXML.java (Java-Applikationen-Datei):

```java
package kapitel_14_fxml;
import javafx.application.Application;
import javafx.fxml.FXMLLoader;
import javafx.scene.Parent;
import javafx.scene.Scene;
import javafx.stage.Stage;

public class Kapitel_14_FXML extends Application {

    @Override
    public void start(Stage stage) throws Exception {
      Parent root =
        FXMLLoader.load(getClass().getResource("FXMLDocument.fxml"));

      Scene scene = new Scene(root);
      stage.setScene(scene);
      stage.show();
    }

    public static void main(String[] args) {
      launch(args);
    }
}
```

> Im Unterschied zu den bisherigen Anwendungen wird hier die Grundlage der Szene aus der XML-Datei geladen.

Nach dem Starten sieht das erste FXML-Programm so aus:

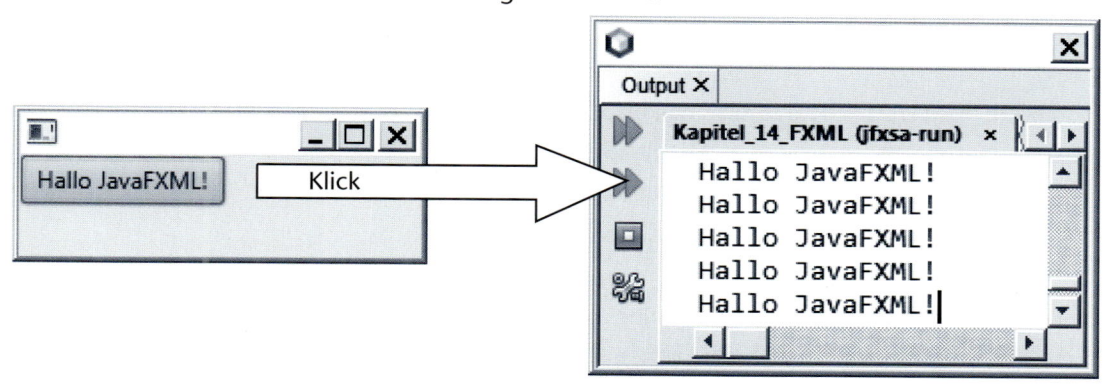

14.5.2 Den Scene Builder einsetzen

Es ist durchaus möglich JavaFXML-Anwendungen mithilfe eines Editors zu schreiben und das XML-Dokument selbst zu definieren. Am Anfang ist das auch durchaus sinnvoll, um einen Eindruck des Aufbaus zu bekommen. Bei komplexeren Oberflächen ist es jedoch einfacher eine visuelle Unterstützung einzuschalten. Dazu kann ein separates Tool wie der „Scene Builder[1]" installiert werden, das sich automatisch öffnet, wenn die XML-Datei bearbeitet werden soll.

Ein Doppelklick auf die Datei „FXMLDocument.fxml" startet den *Scene Builder* automatisch:

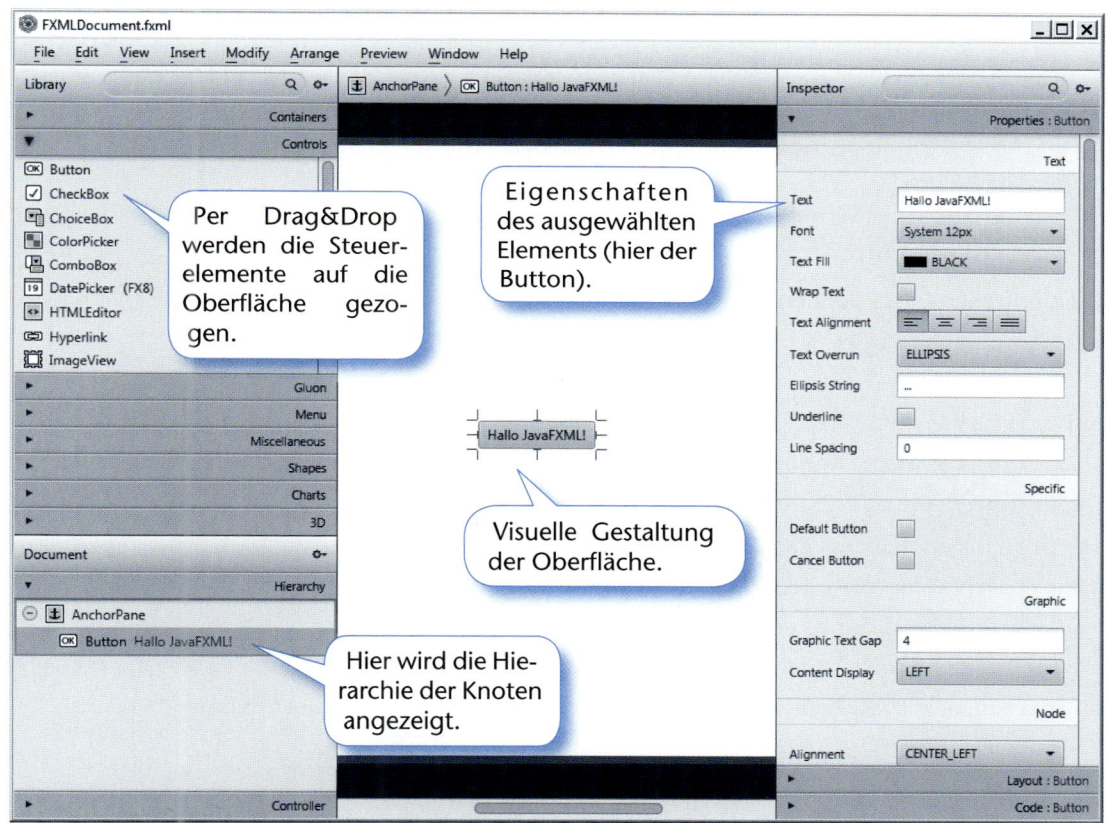

15.5.3 Steuerelemente mit dem Controller verbinden

Eine JavaFXML-Anwendung trennt das Design von der Logik und verfolgt dabei eine Architektur, die sich an das Model-View-Controller-Modell anlehnt. Die Ereignisse werden deshalb auch gesammelt in der vorgegebenen Controller-Klasse verarbeitet. Damit die Elemente der Szene in der Controller-Klasse zugreifbar sind, müssen Sie mit einem entsprechenden Attribut verbunden werden. Diese Verbindung muss in der XML-Datei und in der Controller-Klasse kenntlich gemacht werden. Das folgende Beispiel legt zwei Elemente vom Typ `TextField` an und kopiert nach einem Klick auf den `Button` den Text des oberen in das untere `TextField`.

---

[1] Der *Scene Builder* ist ebenso wie *JavaFX* von Oracle in ein *Open-Source-Projekt* überführt worden und wird aktuell von der Firma Gluon bereitgestellt.

Die XML-Datei sieht dazu so aus:

```xml
<?xml version="1.0" encoding="UTF-8"?>
<?import javafx.scene.control.Button?>
<?import javafx.scene.control.Label?>
<?import javafx.scene.control.TextField?>
<?import javafx.scene.layout.AnchorPane?>

<AnchorPane id="AnchorPane" prefHeight="200" prefWidth="320"
    xmlns:fx="http://javafx.com/fxml/1" xmlns="http://javafx.com/javafx/10.0.1"
    fx:controller="kapitel_14_5_3.FXMLDocumentController">

    <children>
        <Button layoutX="36.0" layoutY="88.0" mnemonicParsing="false"
            onAction="#handleButtonAction" text="Kopieren" />




        <TextField fx:id="Box_1" layoutX="26.0" layoutY="28.0" />
        <TextField fx:id="Box_2" layoutX="26.0" layoutY="148.0" />
    </children>
</AnchorPane>
```

> Die bereits bekannte Verbindung mit der Ereignismethode in der Controller-Klasse.

> **WICHTIG:** Die Steuerelemente erhalten eine **fx:id**

Die Controller-Klasse sieht entsprechend aus:

```java
package kapitel_14_5_3;

import java.net.URL;
import java.util.ResourceBundle;
import javafx.event.ActionEvent;
import javafx.fxml.FXML;
import javafx.fxml.Initializable;
import javafx.scene.control.TextField;

public class FXMLDocumentController implements Initializable {

    @FXML
    TextField Box_1;

    @FXML
    TextField Box_2;

    @FXML
    private void handleButtonAction(ActionEvent event) {
        Box_2.setText(Box_1.getText());
    }
```

> Die Steuerelemente werden als Attribute in der Controller-Klasse angelegt und mit der Annotation **@FXML** versehen. Damit wird eine Verbindung zwischen XML-Dokument und der Logik möglich.

> Über entsprechende Methoden wird nun der Inhalt von dem ersten `TextField` auf das zweite kopiert.

```
    @Override
    public void initialize(URL url, ResourceBundle rb) {
        // TODO
    }
}
```

Nach dem Starten sieht das Programm so aus:

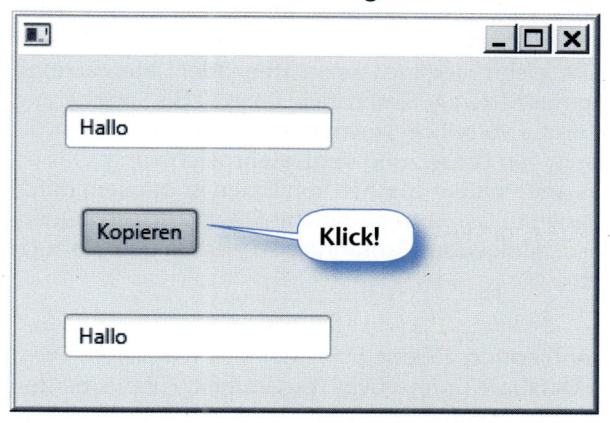

15 Datenbankanbindung

15.1 Datenbankzugriff mit Java

Das Speichern von Daten kann eine Anwendung natürlich mithilfe von Dateioperationen selbst durchführen. Für wenige Daten ist das wahrscheinlich auch die beste Wahl bei der Entwicklung einer Anwendung, weil sie damit relativ unabhängig ist. Wenn allerdings viele Daten (oder Datensätze) zu speichern sind und die Daten zusätzlich einen komplizierten Aufbau haben, dann ist die Speicherung in einer Datenbank in Betracht zu ziehen. Der große Vorteil bei einer Datenbankanbindung ist die Unabhängigkeit der Anwendung von der technischen Umsetzung der Datenspeicherung. Das erledigt die Datenbank im Hintergrund. Auch das Ändern oder Löschen von Daten ist bequem durch einige Datenbankbefehle *(SQL*-Befehle) zu realisieren. Die Abfragesprache *SQL* (Structured Query Language) spielt hierbei eine wichtige Rolle. Bei den folgenden Ausführungen werden deshalb auch grundlegende Kenntnisse in *SQL* vorausgesetzt.

15.1.1 Datenbankanbindung mit JDBC

Java bietet eine Vielzahl von Klassen, um die Anbindung an eine Datenbank zu realisieren. Diese Klassen sind unter dem Oberbegriff **JDBC** (**J**ava **D**atabase **C**onnectivity) gesammelt. Für die meisten Datenbanken existieren *JDCB-Schnittstellen*, die den Datenbankzugriff aus einer Java-Anwendung in die entsprechenden Befehle der Datenbank umwandeln. Damit ist es für den Java-Programmierer im Prinzip egal, mit welchem Datenbanksystem im Hintergrund gearbeitet wird – der Zugriff ist gleich. Die folgende Abbildung zeigt das Grundprinzip dieses Zugriffs:

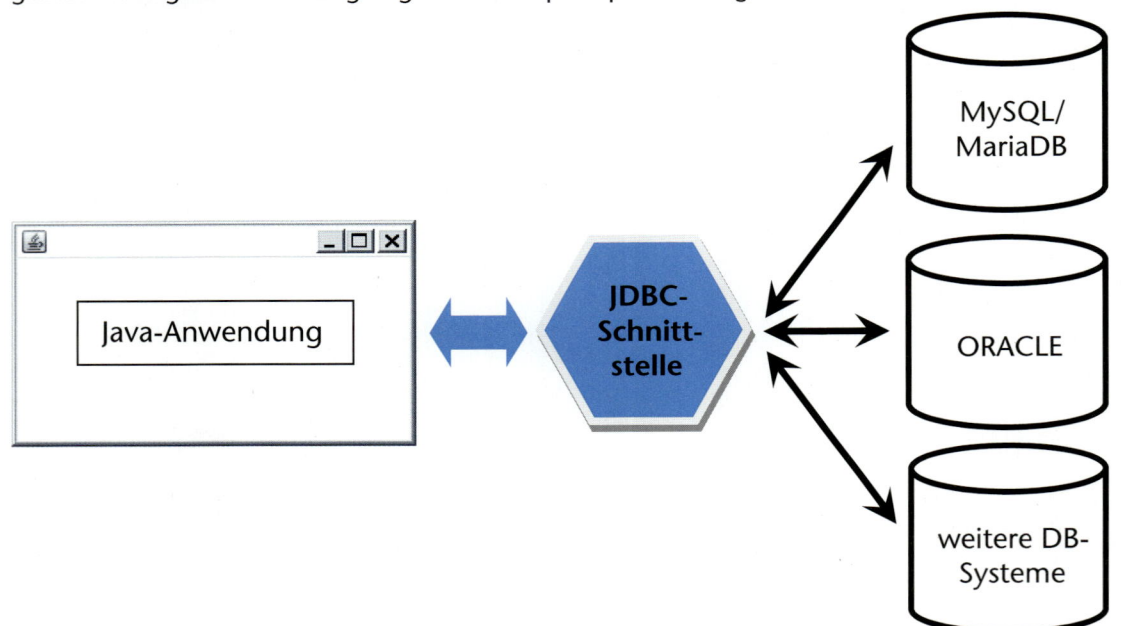

15.1.2 JDBC-Treiber laden und eine Verbindung aufbauen

Um eine Verbindung zu einer Datenbank aufzubauen, muss der entsprechende Treiber vorliegen. Das Laden des Treibers in den Speicher kann dann mit einer Methode der Klasse `DriverManager` erfolgen. Diese Klasse ist Bestandteil des `java.sql`-Paketes, welches in das Java-Projekt importiert werden sollte. Nach dem erfolgreichen Laden des Treibers kann dann eine Verbindung zur Datenbank aufgebaut werden. Das geschieht mithilfe der Klasse `Connection`, die über den `DriverManager` eine Verbindung zur Datenbank erhält. Je nach Datenbank sind Nutzername und Passwort anzugeben. Über ein `Statement`-Objekt kann dann eine Abfrage gestartet und mit einem `ResultSet`-Objekt ausgelesen werden.

Die folgende Abbildung soll den Zusammenhang noch einmal darstellen:

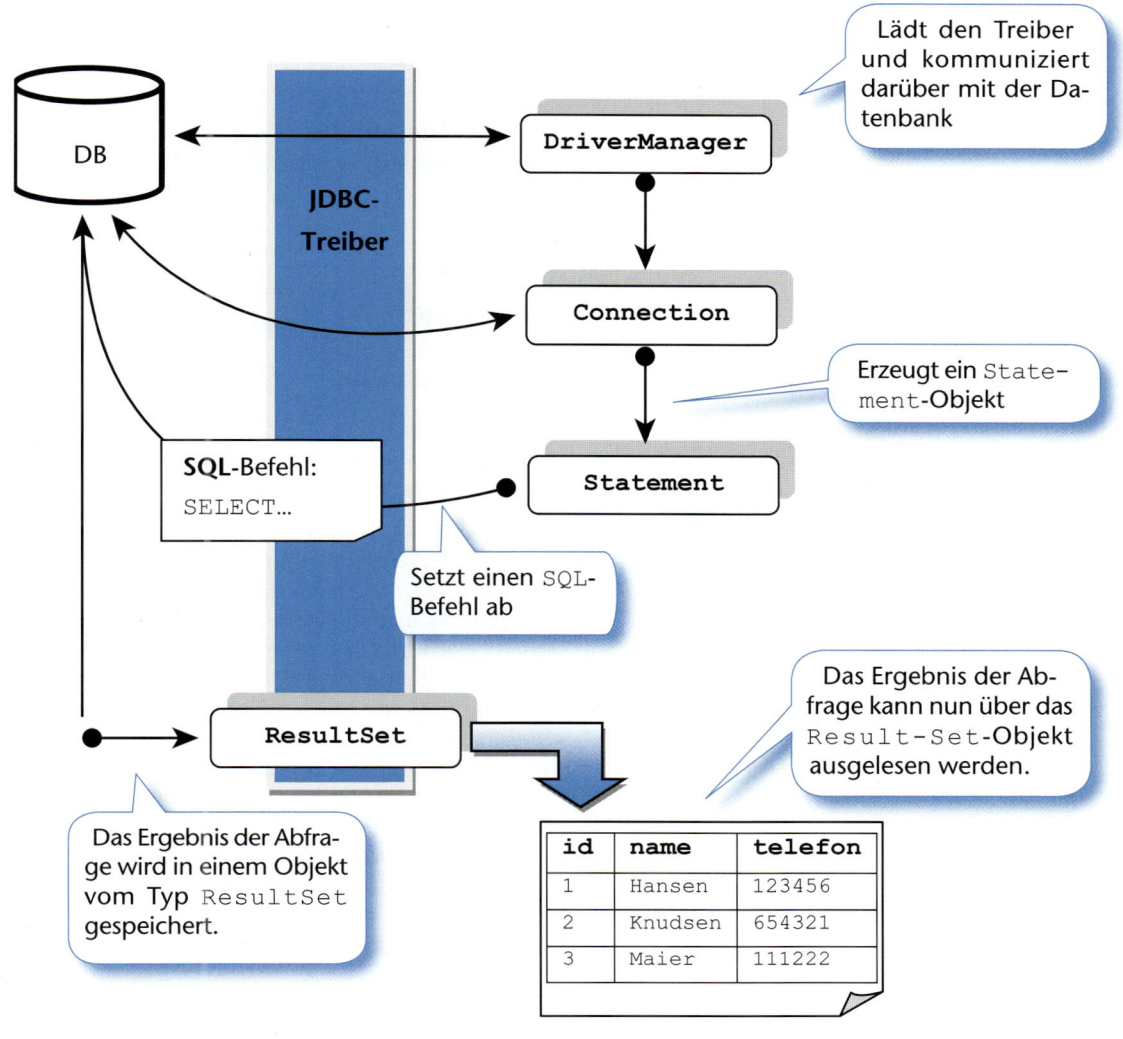

Lädt den Treiber und kommuniziert darüber mit der Datenbank → **DriverManager**

Connection — *Erzeugt ein Statement-Objekt*

SQL-Befehl: SELECT... → **Statement**

Setzt einen SQL-Befehl ab

ResultSet — *Das Ergebnis der Abfrage kann nun über das Result-Set-Objekt ausgelesen werden.*

Das Ergebnis der Abfrage wird in einem Objekt vom Typ ResultSet gespeichert.

id	name	telefon
1	Hansen	123456
2	Knudsen	654321
3	Maier	111222

15.1.3 Zugriff auf eine SQLite-Datenbank

Im Folgenden wird der Zugriff auf eine SQLite-Datenbank vorgestellt. Das Prinzip ist aber übertragbar auf andere relationale Datenbanken wie beispielsweise MySQL- oder Oracle-Datenbanken. Dabei muss das Paket **java.sql** importiert werden. In diesem Paket sind alle relevanten Klassen, um auf eine Datenbank zuzugreifen.

Nach dem Download des gewünschten Treibers (beispielsweise *sqlite-jdbc-XXX.jar*) wird die Datei vom Typ Java-Archive in das Projekt integriert:

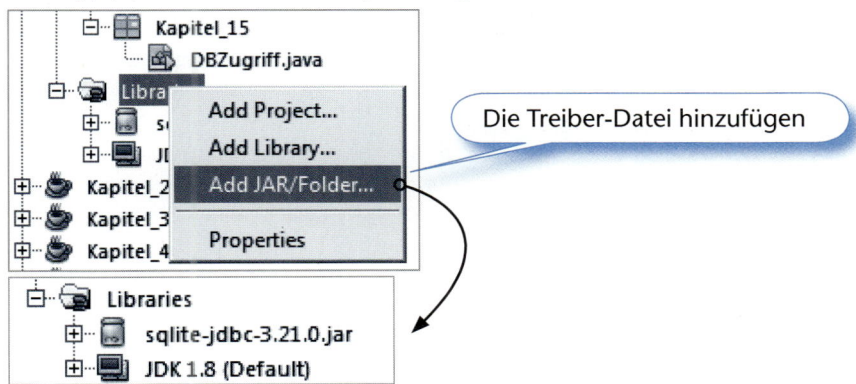

Die Treiber-Datei hinzufügen

15 Datenbankanbindung

Nach dem erfolgreichen Hinzufügen des Treibers kann die Verbindung mit der Klasse **Class** erzeugt werden:

```
String datenbank = "jdbc:sqlite:/Pfad/Datenbank";
```

> Den Pfad und die Datenbankdatei angeben.

```
Class.forName("org.sqlite.JDBC");
```

> Den Treiber laden.

> Die Verbindung herstellen

```
Connection verbindung;
verbindung = DriverManager.getConnection(datenbank,"","");
```

Die zugrunde liegende Datenbank *Kunden.sqlite* liegt für das folgende Beispiel in dem Ordner „C:\temp". Sie verfügt über eine Beispieltabelle Kunden mit den Attributen ID (Typ Zahl) und Name (Typ VARCHAR):

ID	Name
1	Maier
2	Knudsen
3	Kaiser
4	Franzen
5	Knobloch
6	Laufer

> **Tipp:** Die Datenbank *SQLite* ist eine kostenfreie und portable Datenbank, die eine komplette Datenbanklogik und die Daten selbst in einer Datei kapselt. Damit ist die Weitergabe von Java-Programmen mit einer eigenen Datenbank möglich. Für kleine Projekte mit relativ wenig Datenvolumen ist es eine hervorragende Alternative zu den großen Datenbanken wie Oracle oder auch MySQL. Besonders erfreulich ist der Umstand, dass es eine Erweiterung (Add-on *SQLite Manager*) für den *Firefox-Browser* gibt, mit dem diese kleinen Datenbanken erstellt und administriert werden können.

```
package Kapitel_15;
import java.sql.*;

public class DBZugriff {
    public static void main(String[] args) {
        try {
```

> Den Verbindungsstring mit Treiberangabe und der Datenquelle festlegen.

```
            String datenbank = "jdbc:sqlite:/c:/temp/kunden.sqlite";
```

> Den Treiber laden.

```
            Class.forName("org.sqlite.JDBC");
```

> Ein Verbindungsobjekt mithilfe der statischen Methode `getConnection` anfordern.

```java
            Connection verbindung =
                DriverManager.getConnection(datenbank,"","");
```

> Über das Verbindungsobjekt wird ein Objekt für den SQL-Befehl erstellt.

```java
            Statement sqlBefehl = verbindung.createStatement();
```

> Die Methode `executeQuery` führt die SQL-Abfrage (bzw. den *SELECT*-Befehl) aus und gibt das Ergebnis als Objekt vom Typ `ResultSet` zurück.

```java
            ResultSet ergebnis =
                sqlBefehl.executeQuery("SELECT * FROM Kunden;");
```

> Das Ergebnisobjekt bietet Methoden an, um die Ergebnistabelle abzufragen. Die Methode `next` zeigt an, ob weitere Einträge vorhanden sind und die Methode `getString` liest den nächsten Eintrag aus der gewünschten Spalte (hier *Name*).

```java
            while (ergebnis.next() == true) {
                System.out.println("Name: " +
                                    ergebnis.getString("Name"));
            }
            verbindung.close();
        }
        catch (Exception e) {
            System.out.println(e.getMessage());
        }
    }
}
```

> **WICHTIG:** Datenbankverbindungen sollten wieder geschlossen werden.

> **ACHTUNG:** Bei der Abfrage von Datenbanken ist es besonders wichtig, dass die Ausnahmebehandlung eingesetzt wird!

Nach dem Starten erscheint dann die folgende Bildschirmausgabe:

```
Output - Kapitel_15 (run)
run:
Name: Maier
Name: Knudsen
Name: Kaiser
Name: Franzen
Name: Knobloch
Name: Laufer
BUILD SUCCESSFUL (total time: 0 seconds)
```

Die Datenbank wurde einwandfrei abgefragt und alle Namen der Kunden ausgelesen und angezeigt.

> **Hinweis:**
>
> Der Zugriff auf die Spaltenwerte einer Tabelle mit dem Ergebnisobjekt erfolgt in Abhängigkeit vom jeweiligen Datentyp. Für jeden Datentyp steht eine geeignete Methode zu Verfügung, die entweder den Spaltenindex oder den Spaltennamen übernimmt:
>
> - `getString( int spaltenindex )`
> - `getString ( String spaltenname )`
> - `getDouble( int spaltenindex )`
> - `getDouble ( String spaltenname )`
> - `getInt( int spaltenindex )`
> - `getInt ( String spaltenname )`
> - ... weitere Typen
>
> Beispielsweise könnte die erste Spalte der Kunden-Tabelle mit der Methode `getInt` ausgelesen werden, da es sich um einen ganzzahligen numerischen Typen handelt:
>
> ```
> while (ergebnis.next() == true) {
>     System.out.println("ID: " +
>                 ergebnis.getInt(0));
> }
> ```

15.1.4 Nicht-Select-Befehle absetzen

Das Auslesen einer beliebigen Tabelle kann mithilfe der oben beschriebenen Anweisungen erfolgen. Möchte man hingegen nicht selektieren, sondern einfügen, ändern oder löschen, so kann ein so genannter **executeUpdate**-Befehl abgesetzt werden. Vorher sollte der gewünschte SQL-Befehl in einer Zeichenkette erstellt werden. In dem folgenden Beispiel wird eine neue Zeile in die Kunden-tabelle eingefügt, eine bestehende Zeile geändert und eine Zeile gelöscht:

```java
package Kapitel_15;
import java.sql.*;

public class DBZugriff {
    public static void main(String[] args) {
        try {

            String datenbank = "jdbc:sqlite:/c:/temp/kunden.sqlite";

            Class.forName("org.sqlite.JDBC");

            Connection verbindung =
            DriverManager.getConnection(datenbank,"","");
            Statement sqlBefehl = verbindung.createStatement();
```

> SQL-Befehl absetzen und die Anzahl der betroffenen Zeilen zurückerhalten.

> Der SQL-Befehl, um eine Zeile einzufügen.

```java
            int anzahl = sqlBefehl.executeUpdate("INSERT INTO Kunden
                        VALUES(7,'Koenig');");
```

```java
            System.out.println("Anzahl der eingefügten Zeilen: "
                    + anzahl);
```

Ein UPDATE-Befehl

```java
            anzahl = sqlBefehl.executeUpdate("UPDATE Kunden SET Name =
                    'Knoblauch' WHERE Name = 'Knobloch';");

            System.out.println("Anzahl der geänderten Zeilen: "
                    + anzahl);
```

Ein DELETE-Befehl

```java
            anzahl = sqlBefehl.executeUpdate("DELETE FROM Kunden WHERE
                    Name = 'Knudsen';");

            System.out.println("Anzahl der gelöschten Zeilen: "
                    + anzahl);
            verbindung.close();
        }
        catch (Exception e) {
            System.out.println(e.getMessage());
        }
    }
}
```

Nach dem Starten werden die drei *Nicht-Select-SQL-Befehle* abgesetzt und die Anzahl der betroffenen Zeilen ausgegeben:

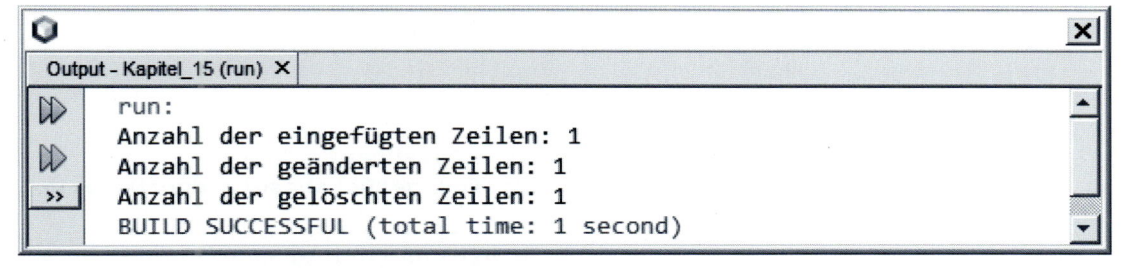

```
run:
Anzahl der eingefügten Zeilen: 1
Anzahl der geänderten Zeilen: 1
Anzahl der gelöschten Zeilen: 1
BUILD SUCCESSFUL (total time: 1 second)
```

Zum Vergleich: Die Kundentabelle vor und nach den SQL-Befehlen:

Vorher:

ID	Name
1	Maier
2	Knudsen
3	Kaiser
4	Franzen
5	Knobloch
6	Laufer

Nachher:

ID	Name
1	Maier
3	Kaiser
4	Franzen
5	Knoblauch
6	Laufer
7	Koenig

15.1.5 Metadaten ermitteln

Für einen flexiblen Datenbankzugriff ist es oftmals wichtig, Informationen zur Datenbank, zum Treiber und auch zu den Tabellen der Datenbank zu erhalten. Diese Informationen können mithilfe von Datenbank-Metadatenklassen ermittelt werden. Aufgrund dieser Informationen kann das Programm dann weitere Entscheidungen treffen. Beispielsweise könnte es sein, dass eine Tabelle der Datenbank ständig neue Spalten erhält. Damit muss der Zugriff auf diese Tabelle flexibel gestaltet werden, sonst führt er zu einem Fehler oder zu einem Abbruch. Für das Auslesen der Metadaten sind zwei Klassen wichtig: `DatabaseMetaData` und `ResultSetMetaData`

Das folgende Beispiel zeigt die Verwendung der beiden Klassen, um die SQLite-Datenbank aus dem obigen Beispiel auszulesen:

```java
package Kapitel_15;
import java.sql.*;

public class DBZugriff {
    public static void main(String[] args) {
        try {

            String datenbank = "jdbc:sqlite:/c:/temp/kunden.sqlite";

            Class.forName("org.sqlite.JDBC");

            Connection verbindung =
                    DriverManager.getConnection(datenbank,"","");

            //Datenbank Metadaten
            DatabaseMetaData dbinfos = verbindung.getMetaData();
```

> Über das `Connection`-Objekt werden die Metadaten der Datenbank abgefragt.

```java
            System.out.println("Metadaten der Datenbank:");
            System.out.println("Name der Datenbank: "
                    + dbinfos.getDatabaseProductName());
            System.out.println("Name des Treibers : "
                    + dbinfos.getDriverName());
            System.out.println();


            //Tabellen Metadaten
            Statement sqlBefehl = verbindung.createStatement();
            ResultSet ergebnis =
                    sqlBefehl.executeQuery("SELECT * FROM Kunden;");
```

> Über das `ResultSet`-Objekt werden die Metadaten der Tabelle abgefragt.

```java
            ResultSetMetaData tbinfos = ergebnis.getMetaData();


            System.out.println („Metadaten der Tabelle Kunden:");
```

```java
            for ( int i = 1; i <= tbinfos.getColumnCount(); i++ ) {
```
> Anzahl der Spalten erfragen.
> **ACHTUNG:** Index startet mit 1!

```java
                System.out.println("Spaltenname: " +
                                    tbinfos.getColumnLabel(i));
                System.out.println("Spaltentyp : " +
                                    tbinfos.getColumnTypeName(i));
            }
            verbindung.close();
        }
        catch (Exception e) {
            System.out.println(e.getMessage());
        }
    }
}
```

Nach dem Starten erscheint dann die folgende Bildschirmausgabe:

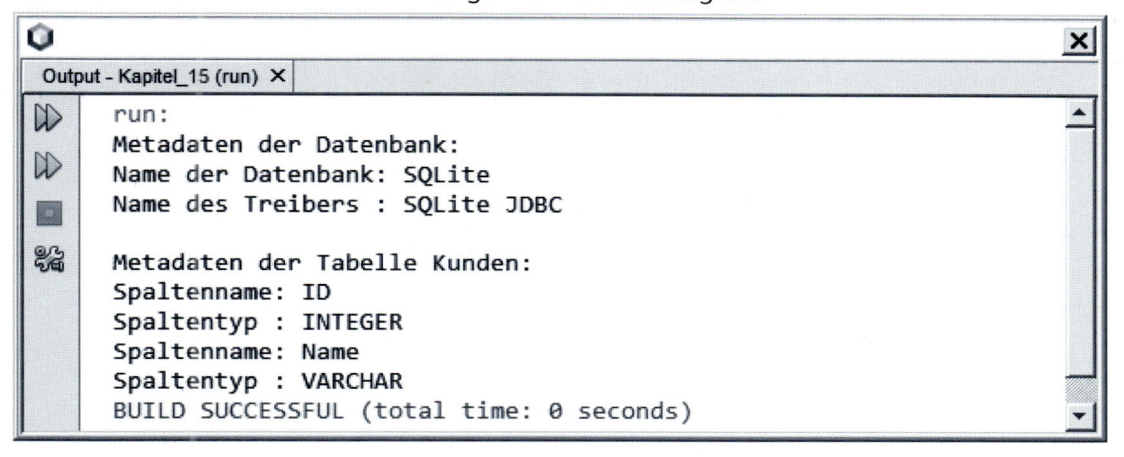

```
run:
Metadaten der Datenbank:
Name der Datenbank: SQLite
Name des Treibers : SQLite JDBC

Metadaten der Tabelle Kunden:
Spaltenname: ID
Spaltentyp : INTEGER
Spaltenname: Name
Spaltentyp : VARCHAR
BUILD SUCCESSFUL (total time: 0 seconds)
```

15.2 Weitere Datenbanken ansprechen

Für die meisten Datenbanken existieren Treiber, so dass mit Java und JDBC darauf zugegriffen werden kann. In der Regel muss der Treiber nur heruntergeladen und dem Projekt hinzugefügt werden. Danach kann der Treiber wie gewohnt registriert werden.

15.2.1 Einen Treiber hinzufügen

Nach dem Download des gewünschten Treibers (beispielsweise *mysql-connector-java-XXX-bin.jar*) wird die Datei vom Typ Java-Archive in das Projekt integriert (siehe Kapitel 15.1.3).

Nach dem erfolgreichen Hinzufügen des MySQL-Treibers kann die Verbindung wie gewohnt mit der Klasse `Class` erzeugt werden:

`String datenbank = "jdbc:mysql://Servername/Datenbank";`

> Den Namen des Servers der MySQL-Datenbank angeben. Bei lokaler Installation einfach `localhost` eintragen.

> Den Datenbanknamen angeben.

`Class.forName("com.mysql.jdbc.Driver");`

> Den Treiber laden.

> Eine Verbindung zur Datenbank herstellen (mit Angabe von Benutzer und Passwort).

`Connection verbindung;`
`verbindung = DriverManager.getConnection(datenbank,"Benutzer","Pwd");`

15.2.2 Weitere Datenbanktreiber

Die folgende Tabelle zeigt eine Übersicht gängiger Datenbanken und den zugehörigen Java-Treibernamen. Die entsprechende Treiberdatei muss wie oben beschrieben von der Web-Seite des Anbieters heruntergeladen werden oder auf anderem Wege vorhanden sein.

Datenbank	Java-Treibername
Firebird (freie DB, Nachfolger von Borland Interbase)	org.firebirdsql.jdbc.FBDriver
DB2 (IBM)	com.ibm.db2.jcc.DB2Driver
Informix (IBM)	com.informix.jdbc.IfxDriver
Microsoft SQL-Server	com.microsoft.jdbc.sqlserver.SQLServerDriver
MySQL	com.mysql.jdbc.Driver
Oracle	oracle.jdbc.OracleDriver
SQLite	org.sqlite.JDBC

Hinweis:

Vor dem Einbinden einer Datenbank bleibt in der Regel keine Alternative zu einer umfassenden Internetrecherche oder der Sichtung entsprechender Fachliteratur zu der Datenbank.

Teil 2
Aufgabenpool

1	Aufgaben zur Einführung in die Java-Technologie	236
2	Aufgaben zum ersten Java-Programm	236
3	Aufgaben zur Ein- und Ausgabe in Java	237
4	Aufgaben zu Operatoren in Java	238
5	Aufgaben zur Selektion und Iteration	240
6	Aufgaben zum Klassenkonzept in Java	244
7	Aufgaben zur Vererbung in Java	247
8	Aufgaben zu Arrays in Java	250
9	Aufgaben zu Dateioperationen in Java	255
10	Aufgaben zu fortgeschrittenen Themen in Java	261
11	Aufgaben zur GUI-Programmierung mit dem AWT	266
12	Aufgaben zu Steuerelementen mit dem AWT oder den Swing-Klassen	268
13	Aufgaben zu Menüs und Dialogen	270
14	Aufgaben zu JavaFX-Anwendungen	271
15	Aufgaben zur Datenbankanbindung	273

Aufgabenpool

1 Aufgaben zur Einführung in die Java-Technologie

Aufgabe 1.1
Informieren Sie sich im Informationsteil und auch im Internet (oder aus anderen Quellen) über folgende grundlegende Java-Begriffe:

- `JDK`
- `JRE`
- `JVM`
- `garbage collector`
- `Bytecode`
- `HotSpot`
- `Programmierparadigma`

Aufgabe 1.2
Recherchieren Sie im Internet oder in anderen Quellen und entwerfen Sie einen Stammbaum der Programmiersprachen, in dem die wichtigsten Sprachen (Java, C++, C#, Delphi, BASIC, COBOL etc.) und deren Ursprünge mit den ungefähren Zeitangaben dargestellt werden.

Aufgabe 1.3
Stellen Sie den Ablauf einer Programmerstellung unter Java (vom Quellcode bis zum ausführbaren Programm) in einem Diagramm anschaulich dar.

2 Aufgaben zum ersten Java-Programm

Aufgabe 2.1
Analysieren Sie das folgende Java-Programm. Welche Fehler sind zu erkennen?

```java
package java_it_berufe;

public class Java_IT_Berufe ()

    public static void main(String[] args) {

        System.out.println('Hallo Java!');

}
```

Aufgabe 2.2
Schreiben Sie ein Java-Programm, welches die folgende Bildschirmausgabe hat:

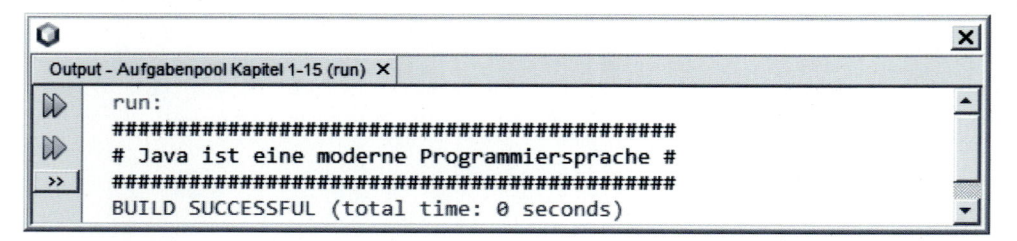

```
run:
##########################################
# Java ist eine moderne Programmiersprache #
##########################################
BUILD SUCCESSFUL (total time: 0 seconds)
```

Aufgabe 2.3

Schreiben Sie ein Java-Programm, welches die Fläche eines Kreises berechnet. Benutzen Sie dazu eine konstante Variable `PI`, die mit dem Wert `3,14159265` initialisiert wird. Legen Sie im Programm dann den Durchmesser des Kreises fest. Nach dem Starten soll folgende Bildschirmausgabe erscheinen (der Durchmesser wurde auf 10 festgelegt):

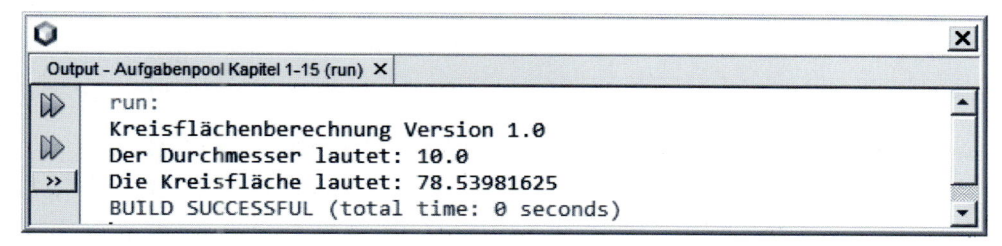

```
Output - Aufgabenpool Kapitel 1-15 (run)  X
    run:
    Kreisflächenberechnung Version 1.0
    Der Durchmesser lautet: 10.0
    Die Kreisfläche lautet: 78.53981625
    BUILD SUCCESSFUL (total time: 0 seconds)
```

3 Aufgaben zur Ein- und Ausgabe in Java

Aufgabe 3.1

Es ist das Endkapital einer Spareinlage zu berechnen. Dazu sollen das Startkapital und der Zinssatz über die Tastatur eingegeben werden. Die Anlage läuft immer drei Jahre. Beachten Sie den Zinseszinseffekt. Anschließend soll das Endkapital ausgegeben werden. Wählen Sie für die Variablen geeignete Datentypen.

> **Beispiel:**
>
> ▶ Startkapital: 1.000 (Euro)
>
> ▶ Zinssatz: 5 (Prozent)
>
> ▶ Endkapital: 1.157,625 (Euro nach 3 Jahren)

Aufgabe 3.2

Ausgangssituation:

In einem Unternehmen werden Produkte hergestellt. Das Unternehmen hat für die Produktion fixe Kosten von *X* Euro und für jedes Produkt werden *Y* Euro Produktionskosten eingeplant. Man rechnet mit einem Erlös von *Z* Euro für ein Produkt.

Aufgabenstellung:

Schreiben Sie ein Java-Programm, welches die Angaben der fixen Kosten, die Kosten für ein Produkt und den Erlös für ein Produkt einliest. Anschließend soll für eine eingegebene Produktionsmenge der Gewinn berechnet werden. Nach dem Starten könnte das Programm so aussehen:

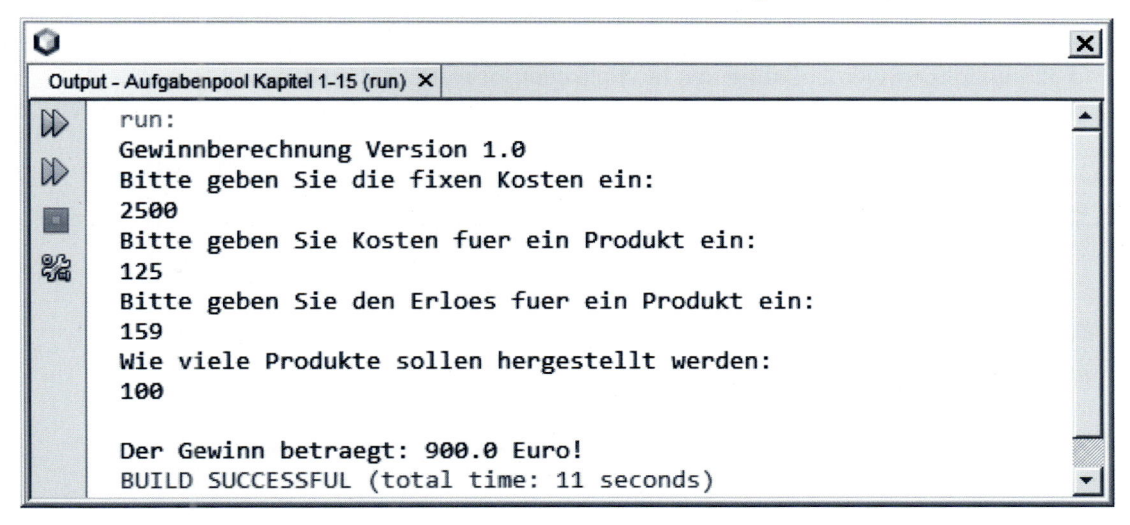

```
Output - Aufgabenpool Kapitel 1-15 (run)  X
    run:
    Gewinnberechnung Version 1.0
    Bitte geben Sie die fixen Kosten ein:
    2500
    Bitte geben Sie Kosten fuer ein Produkt ein:
    125
    Bitte geben Sie den Erloes fuer ein Produkt ein:
    159
    Wie viele Produkte sollen hergestellt werden:
    100

    Der Gewinn betraegt: 900.0 Euro!
    BUILD SUCCESSFUL (total time: 11 seconds)
```

Aufgabe 3.3

Schreiben Sie ein Java-Programm, das lineare Gleichungen lösen kann. Dazu soll der Benutzer die Werte für a und b eingeben. Das Programm berechnet dann die Lösung.

Allgemeine Form einer linearen Gleichung: **ax + b = 0**

Nach dem Starten könnte das Programm so aussehen:

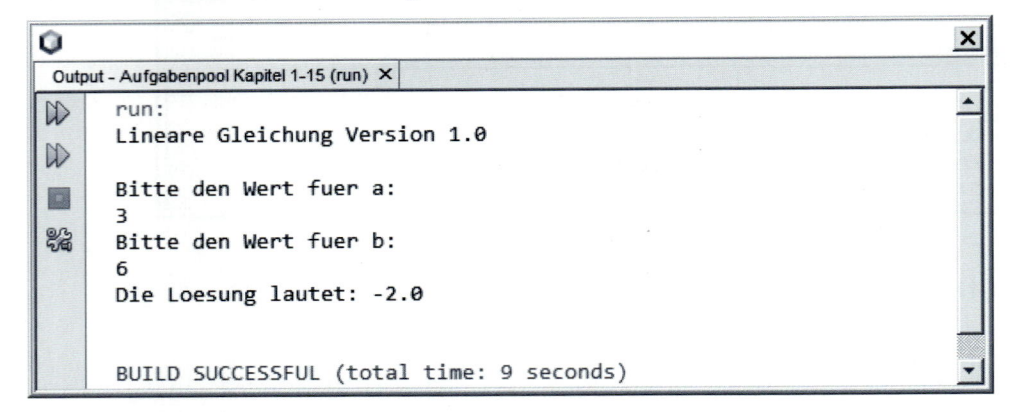

```
run:
Lineare Gleichung Version 1.0

Bitte den Wert fuer a:
3
Bitte den Wert fuer b:
6
Die Loesung lautet: -2.0


BUILD SUCCESSFUL (total time: 9 seconds)
```

4 Aufgaben zu Operatoren in Java

Aufgabe 4.1

Bestimmen Sie den Wert der Variable x. Es gelten jeweils die folgenden Voraussetzungen:

```
int a = 10;
int b = 20;
int x;
```

▶ x = 3 * (a + b) - b/8;   x = _____

▶ x = (a++) + (++b);   x = _____

▶ x = (a % b) % (b % (++a));   x = _____

Aufgabe 4.2

Schreiben Sie ein Java-Programm, das zwei Integer-Zahlen über die Tastatur einliest und anschließend den Rest der Division auf dem Bildschirm ausgibt. Schreiben Sie das Programm, **ohne** den Modulo-Operator zu benutzen.

Aufgabe 4.3

Schreiben Sie ein Java-Programm, das eine Integer-Zahl einliest. Anschließend soll die Zahl mit 2, 4 und 32 multipliziert werden, **ohne** den Multiplikationsoperator zu benutzen.

Nach dem Starten könnte das Programm so aussehen:

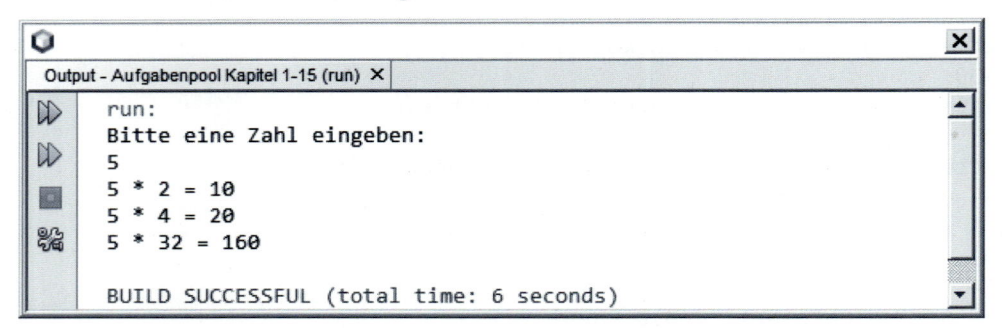

```
run:
Bitte eine Zahl eingeben:
5
5 * 2 = 10
5 * 4 = 20
5 * 32 = 160

BUILD SUCCESSFUL (total time: 6 seconds)
```

Aufgabe 4.4

In der Netzwerktechnik wird das **Subnetting** dazu benutzt, innerhalb einer Netzklasse weitere Teilnetze zu bilden. Dabei werden IP-Adressen mit einer sogenannten Maske (**Subnet-Mask**) verknüpft und als Ergebnis erhält man eine Netzadresse. Ist diese Netzadresse bei zwei IP-Adressen gleich, so gehören die beiden IP-Adressen zum gleichen Teilnetz (Subnet).

Beispiel:

```
IP-Adresse 1: 192.168.1.23
IP-Adresse 2: 192.168.1.34
Subnet-Mask: 255.255.255.0
```

Die einzelnen Komponenten der IP-Adressen werden nun durch den **bitweisen UND-Operator &** mit der Subnet-Mask verknüpft. Das Ergebnis ist dann die Netzadresse.

```
IP-Adresse 1: 192.168.1.23
     &            &
Subnet-Mask: 255.255.255.0
---------------------------------------------------------
Netzadresse 1: 192.168.1.0



IP-Adresse 2: 192.168.1.34
     &            &
Subnet-Mask: 255.255.255.0
---------------------------------------------------------
Netzadresse 2: 192.168.1.0
```

Schreiben Sie ein Java-Programm, welches zwei IP-Adressen (jeweils 4 Integer-Variablen) und eine Subnet-Mask über die Tastatur einliest und anschließend die Netzadressen auf dem Bildschirm ausgibt. Nach dem Starten könnte es dann so aussehen:

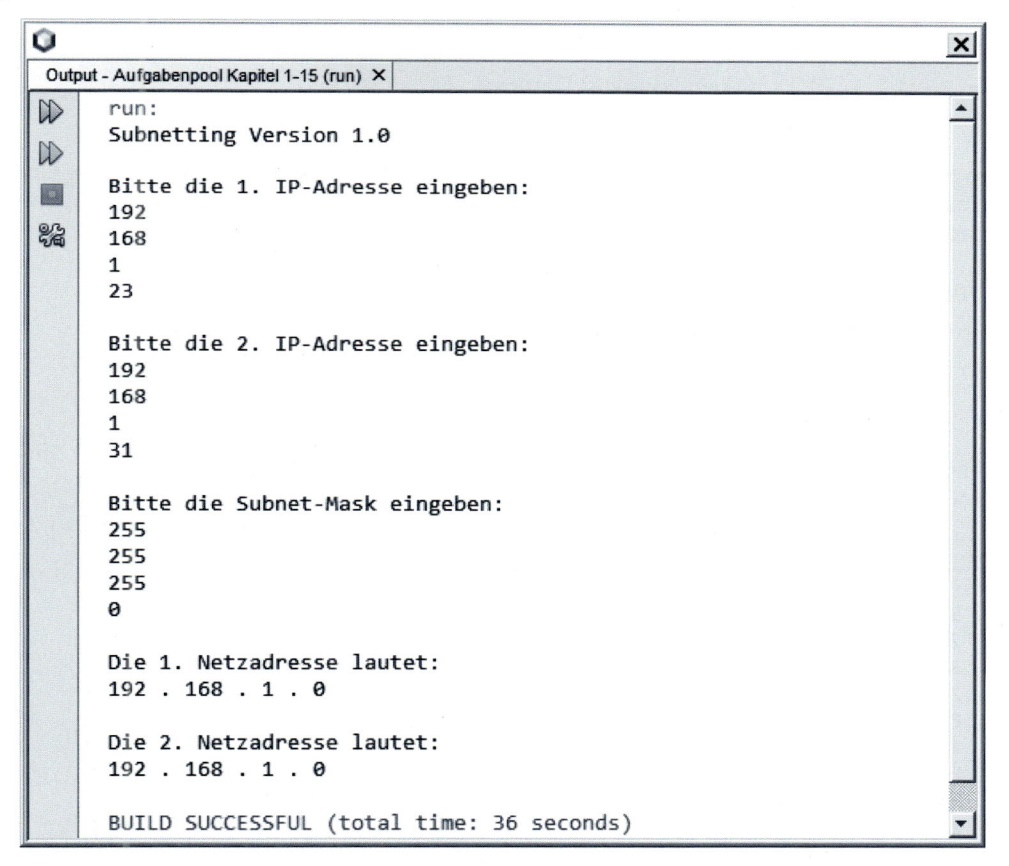

```
Output - Aufgabenpool Kapitel 1-15 (run) X
run:
Subnetting Version 1.0

Bitte die 1. IP-Adresse eingeben:
192
168
1
23

Bitte die 2. IP-Adresse eingeben:
192
168
1
31

Bitte die Subnet-Mask eingeben:
255
255
255
0

Die 1. Netzadresse lautet:
192 . 168 . 1 . 0

Die 2. Netzadresse lautet:
192 . 168 . 1 . 0

BUILD SUCCESSFUL (total time: 36 seconds)
```

5 Aufgaben zur Selektion und Iteration

Aufgabe 5.1
Schreiben Sie ein Java-Programm, das folgende Funktionalität hat:

Es sollen drei Zahlen (Datentyp `double`) über die Tastatur eingelesen werden. Anschließend sollen das Minimum und das Maximum der beiden Zahlen auf dem Bildschirm angezeigt werden.

> **Beispiel einer Bildschirmausgabe:**
> Bitte geben Sie den ersten Wert ein: 5
> Bitte geben Sie den zweiten Wert ein: 33
> Bitte geben Sie den dritten Wert ein: 22
> Maximum: 33
> Minimum: 5

Zusatz: Benutzen Sie bei der Umsetzung genau drei `if`-Anweisungen (ohne `else`).

Aufgabe 5.2
Entwickeln Sie ein Java-Programm, das überprüft, ob ein eingegebenes Datum korrekt ist. Die Eingabe des Datums erfolgt in Tag, Monat und Jahr, wobei die Werte in drei Integer-Variablen gespeichert werden sollen:

> **Beispiele:**
> - 10 5 2005   ist ein korrektes Datum
> - 15 13 2001   ist kein korrektes Datum
> - 29 2 2000   ist ein korrektes Datum (Schaltjahr)

Das Programm soll weiterhin in der Lage sein, die Besonderheit eines Schaltjahres in die Überprüfung einzubeziehen (bei einem Schaltjahr hat der Februar 29 Tage). Fehlerhafte Eingaben sollen wiederholt werden.

> **Tipp:**
> Ein Jahr ist genau dann Schaltjahr, wenn
> - es durch 4, aber nicht durch 100 teilbar ist.
> - wenn es durch 4, durch 100 und durch 400 teilbar ist.

Nach dem Starten könnte die Bildschirmausgabe so aussehen:

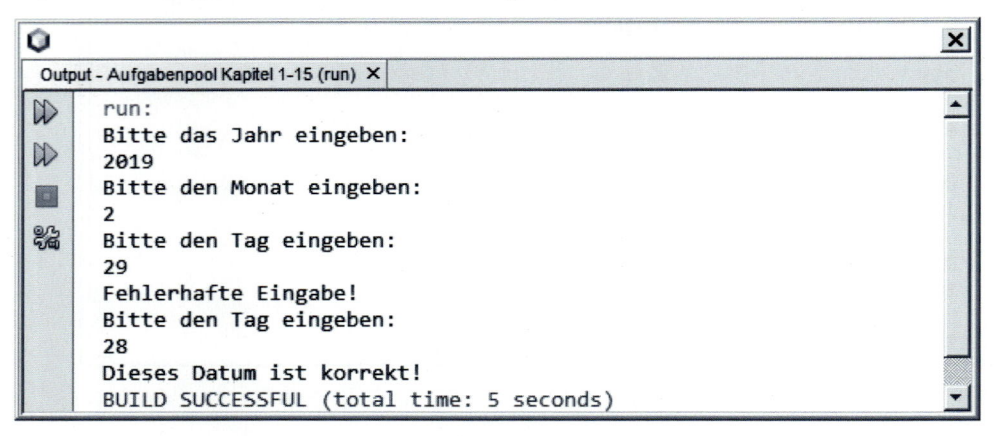

```
run:
Bitte das Jahr eingeben:
2019
Bitte den Monat eingeben:
2
Bitte den Tag eingeben:
29
Fehlerhafte Eingabe!
Bitte den Tag eingeben:
28
Dieses Datum ist korrekt!
BUILD SUCCESSFUL (total time: 5 seconds)
```

Aufgabe 5.3
Analysieren Sie die folgenden `for`-Schleifen. Bestimmen Sie jeweils den Wert von k nach dem Beenden der Schleife.

```
int i, j, k;
k = 0;
for (i = 1; i < 10; i = i + 1) k = k + i;
System.out.println("Wert von k: " + k);
```
k = _____

```
k = 0;
for (i = 2; i < 10; i = i + 2) k = k + i;
System.out.println("Wert von k: " + k);
```
k = _____

```
k = 0;
for (i = 1, j = 5; (i < 5) && (j > 1); i++, j--) k = k + i * j;
System.out.println("Wert von k: " + k);
```

```
k = 0;
for (i = 1; i < 5; i++)
{
    if (i == 3) continue;
    k = k + i;
}
System.out.println("Wert von k: " + k);
```
k = _____

k = _____

```
k = 0;
for (i = 1; i < 10; i++)
{
    k = k + i;
    if (i == 6) break;
}
System.out.println("Wert von k: " + k);
```
k = _____

Aufgabe 5.4
Versuchen Sie mit **genau zwei `for`-Schleifen** die folgende Bildschirmausgabe zu erreichen.

```
10 9 8 7 6 5 4 3 2 1 0
9 8 7 6 5 4 3 2 1 0
8 7 6 5 4 3 2 1 0
7 6 5 4 3 2 1 0
6 5 4 3 2 1 0
5 4 3 2 1 0
4 3 2 1 0
3 2 1 0
2 1 0
1 0
0
```

Aufgabe 5.5
Benutzen Sie die `for`-Schleife, um die folgenden Probleme zu lösen:

▶ Es soll eine Integer-Zahl von der Tastatur eingelesen und anschließend alle natürlichen Zahlen bis zu dieser Zahl auf dem Bildschirm ausgegeben werden.

   Beispiel:
   Eingabe: 8   Ausgabe: 1 , 2 , 3 , 4 , 5 , 6 , 7 , 8

- Es soll eine Integer-Zahl von der Tastatur eingelesen und anschließend alle geraden natürlichen Zahlen von dieser Zahl beginnend bis zur Zahl 2 ausgeben werden.

  Beispiel:

  Eingabe: `12`   Ausgabe: `12 , 10 , 8, 6 , 4 , 2`

- Schreiben Sie ein Programm, welches von 1 bis 10 zählt und sofort wieder herunterzählt. Das Programm darf nur eine `for`-Schleife benutzen.

  Beispiel:

  Ausgabe: `1, 2, 3, 4, 5, 6, 7, 8, 9, 10, 9, 8, 7, 6, 5, 4, 3, 2, 1`

Aufgabe 5.6

Schreiben Sie ein Java-Programm, welches Folgendes leistet:

Ein Benutzer kann beliebig viele positive ganze Zahlen (Integer-Werte) eingeben. Wenn er eine Null eingibt, so soll das Programm anschließend die Anzahl der eingegebenen Zahlen sowie die größte und die kleinste der Zahlen auf dem Bildschirm ausgeben.

Es sind nur folgende Variablen zu verwenden:

- `int eingabeZahl;`
- `int anzahl;`
- `int min;`
- `int max;`

Nach dem Starten könnte das Programm so aussehen:

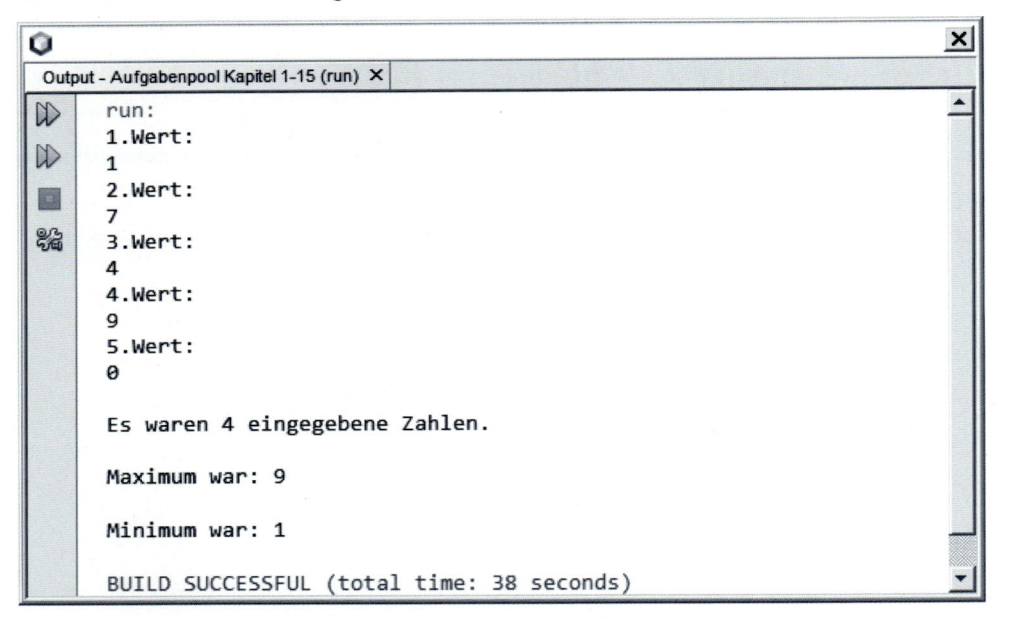

```
run:
1.Wert:
1
2.Wert:
7
3.Wert:
4
4.Wert:
9
5.Wert:
0

Es waren 4 eingegebene Zahlen.

Maximum war: 9

Minimum war: 1

BUILD SUCCESSFUL (total time: 38 seconds)
```

Aufgabe 5.7

Ein Benutzer soll hintereinander vier einzelne Zeichen (**kein** `String`) eingeben können, die ein Passwort darstellen sollen. Diese vier Zeichen sollen nach den folgenden Kriterien überprüft werden:

Das *Originalpasswort* (bzw. Zeichenfolge) lautet: **P R O G**

Wenn der Benutzer dieses Passwort eingegeben hat, so soll die folgende Meldung auf dem Bildschirm ausgegeben werden: „LOGIN korrekt". Allerdings ist es dem Benutzer erlaubt, die vier Zeichen in beliebiger Reihenfolge und in beliebiger Groß-/Kleinschreibung einzugeben.

Beispielsweise sind auch folgende Eingaben zulässig:

- R P G O
- P G o r
- O R p g   etc.

Der Benutzer darf maximal dreimal das Passwort eingeben, ansonsten soll das Programm mit einer Fehlermeldung abbrechen.

> **Tipps:**
>
> ▶ Das Einlesen einzelner Zeichen kann so umgesetzt werden:
>
> ```
> BufferedReader einlesen =
>     new BufferedReader(new InputStreamReader(System.in));
> char a = einlesen.readLine().charAt(0);
> ```
>
> ▶ Die Umwandlung in Großbuchstaben kann mit der statischen Methode `toUpperCase` durchgeführt werden:
>
> ```
> char a = 'x'
> a = Character.toUpperCase(a);   // a == 'X'
> ```

Aufgabe 5.8

Schreiben Sie ein Java-Programm, welches eine Benutzereingabe prüft. Der Benutzer gibt dazu einen Code in Form einer Integerzahl ein, der dann auf folgende Kriterien überprüft werden soll:

▶ Die Zahl muss genau fünfstellig sein.
▶ Die Zahl darf nicht durch 3, 5 oder 7 teilbar sein.
▶ Wenn die Zahl mit einer 1 beginnt, dann muss die letzte Ziffer ebenfalls eine 1 sein.
▶ Die fünfte Ziffer ist eine Prüfziffer. Sie soll der Rest der Division der Summe der ersten vier Ziffern durch 7 sein.

> **Beispiele:**
>
> ▶ Eingabe: 12345   falsche Eingabe (letzte Ziffer nicht 1)
> ▶ Eingabe: 56442   falsche Eingabe (durch 3 teilbar)
> ▶ Eingabe: 23456   falsche Eingabe (Prüfziffer falsch)
> ▶ Eingabe: 45454   korrekte Eingabe

Wenn die Eingabe korrekt ist, soll das Programm mit einer entsprechenden Meldung („Eingabe korrekt") beendet werden. Ansonsten soll die Eingabe wiederholt werden.

> **Hinweise:**
>
> ▶ Es dürfen nur elementare Datentypen (aber keine Strings) und Operatoren verwendet werden.
>
> ▶ Benutzen Sie intensiv die arithmetischen Operatoren (inkl. Modulo-Operator) und beachten Sie, dass eine Division von Integerzahlen keine Nachkommastellen hat.

Aufgabe 5.9
Ein interessantes Problem, das mit Selektion und Iteration gelöst werden kann, ist eine Aufgabenstellung, die unter der Rubrik „Rätsel" in diversen Zeitschriften für kurzweiligen Rätselspaß sorgt.

Problem: Zahlenrätsel

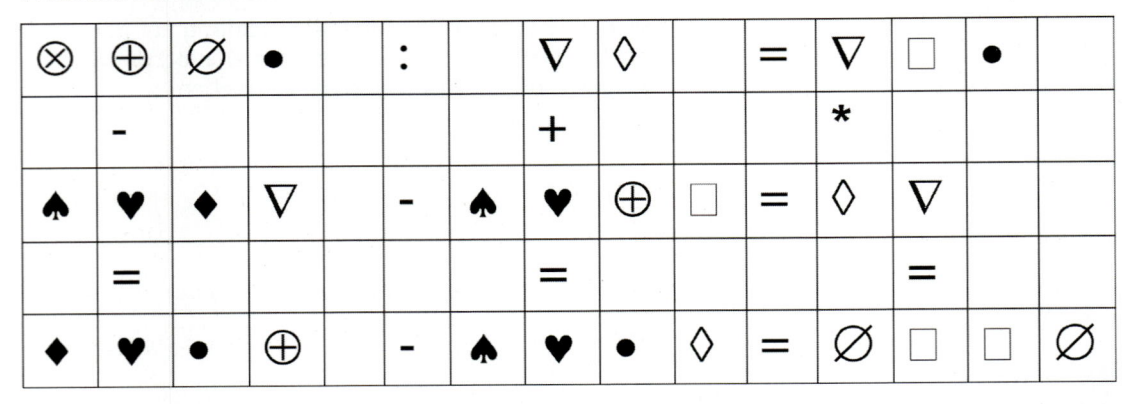

⊗	⊕	∅	•		:		▽	◊		=	▽	□	•	
	−							+				*		
♠	♥	♦	▽		−	♠	♥	⊕	□	=	◊	▽		
	=						=				=			
♦	♥	•	⊕		−	♠	♥	•	◊	=	∅	□	□	∅

Jedes Symbol steht für eine Ziffer. Es gibt insgesamt sechs Gleichungen mit zehn unbekannten Ziffern. Das ist mathematisch nicht eindeutig lösbar. Der Rätselrater versucht deshalb mit Überlegungen das Problem zu lösen.

Schreiben Sie ein Java-Programm, das alle Möglichkeiten der Ziffernverteilung simuliert und jedes Mal die sechs Berechnungen durchführt. Sind die korrekten Ziffern gefunden, so sollen sie auf dem Bildschirm ausgegeben werden.

> **Tipp:**
> Um die Rechnungen zu überprüfen, müssen die einzelnen Ziffern (Variablen) zu einer Zahl zusammengesetzt werden:
>
> | a | b | c | d | | : | | e | f | | = | | e | g | d |
> |---|---|---|---|---|---|---|---|---|---|---|---|---|---|---|
>
> $(a \cdot 1000 + b \cdot 100 + c \cdot 10 + d)$: $(e \cdot 10 + f)$ = $(e \cdot 100 + g \cdot 10 + d)$

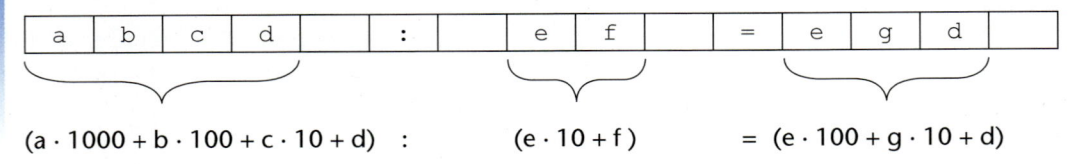

6 Aufgaben zum Klassenkonzept in Java

Aufgabe 6.1
Schreiben Sie eine Klasse `Punkt`, die einen Punkt im Koordinatensystem darstellen soll. Dazu sollen Attribute für die x- und y-Koordinate angelegt werden.

▶ Neben dem Standardkonstruktor sollen zwei Parameterkonstruktoren für die Initialisierung eines Punktes sorgen:
```
public Punkt() { . . . }

public Punkt(double a, double b) { . . . }

public Punkt(Punkt p) { . . . }
```

▶ Eine Methode `abstand` soll den Abstand des Punktes vom Koordinatenursprung berechnen und zurückgeben.

In der Hauptmethode kann die Klasse dann wie folgt verwendet werden:
```
public static void main(String[] args) {
    Punkt a = new Punkt(10, 20);
    Punkt b = new Punkt(a);
    Punkt c = new Punkt();

    c.setX(30);
    c.setY(40);
```

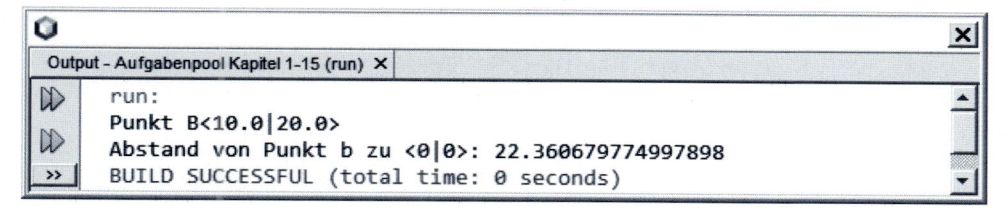

```
        System.out.println("Punkt B<" + b.getX() + "|" + b.getY() + ">");
        System.out.println("Abstand von Punkt b zu <0|0>: "
                            + b.abstand());
}
```

Nach dem Starten könnte die Bildschirmausgabe so aussehen:

```
run:
Punkt B<10.0|20.0>
Abstand von Punkt b zu <0|0>: 22.360679774997898
BUILD SUCCESSFUL (total time: 0 seconds)
```

> **Hinweis:**
>
> Die Klasse `Math` bietet einige statische Methoden wie `sqrt`, um beispielsweise die Quadratwurzel zu berechnen.

Aufgabe 6.2

Schreiben Sie eine Klasse `Zahl` in Java mit folgender Funktionalität:

Die Klasse hat als Attribut eine Integer-Zahl (entsprechende Methoden und Konstruktoren anlegen). Die Zahl darf nur Werte zwischen 0 und 999 annehmen und eine Methode **spell** soll die Integer-Zahl als ausgeschriebene Zahl ausgeben.

> **Beispiel:**
>
> ```
> Zahl z = new Zahl(213);
> z.spell();
> ```

Nach dem Starten könnte die Bildschirmausgabe so aussehen:

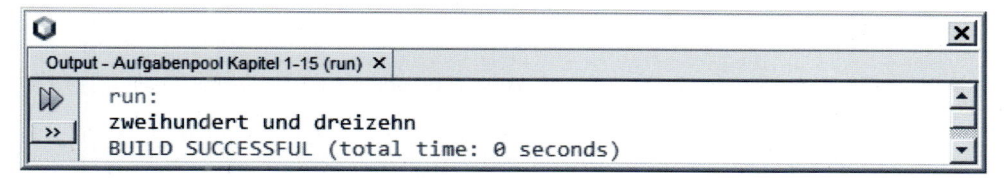

```
run:
zweihundert und dreizehn
BUILD SUCCESSFUL (total time: 0 seconds)
```

Aufgabe 6.3

Entwickeln Sie eine Klasse `IPAdresse` für die Speicherung einer IP-Adresse. Die IP-Adresse soll dabei in einem privaten Attribut vom Typ `String` gespeichert werden. Vor der Speicherung muss die IP-Adresse überprüft werden. Falls die IP-Adresse nicht korrekt ist, so soll eine Fehlermeldung ausgegeben und die Adresse „0.0.0.0" gespeichert werden.

Folgende überladene Konstruktoren sollen implementiert werden:

- `public IPAdresse(){...}`
- `public IPAdresse(int a, int b, int c, int d){...}`
- `public IPAdresse (String s) ){...}`

Weiterhin sollen Get- und Set-Methoden implementiert werden und falls die IP-Adresse nicht gültig ist, soll ein false zurückgegeben werden.

- `public boolean setIP(int a, int b, int c, int d) {...}`
- `public boolean setIP(String s) {...}`
- `public string getIP(){...}`

> **Hinweise:**
>
> ▶ Es sollen nur einfache Strings benutzt werden.
>
> ▶ Schreiben Sie private Methoden, um Überprüfungen der IP-Adresse durchzuführen.

Testprogramm:

```java
public static void main(String[] args) {

    IPAdresse iP = new IPAdresse();

    if (iP.setIP("12.111.222.123")==true)
        System.out.println("IP-Adresse ist ok!");
    else System.out.println("IP-Adresse ist nicht ok!");

    System.out.println();
    if (iP.setIP("..0.000") == true)
        System.out.println("IP-Adresse ist ok!");
    else System.out.println("IP-Adresse ist nicht ok!");

    System.out.println();
    if (iP.setIP("012.1.10.000") == true)
        System.out.println("IP-Adresse ist ok!");
    else System.out.println("IP-Adresse ist nicht ok!");

    System.out.println();
    if (iP.setIP("123.12.0.") == true)
        System.out.println("IP-Adresse ist ok!");
    else System.out.println("IP-Adresse ist nicht ok!");
}
```

Nach dem Starten sieht die Bildschirmausgabe so aus:

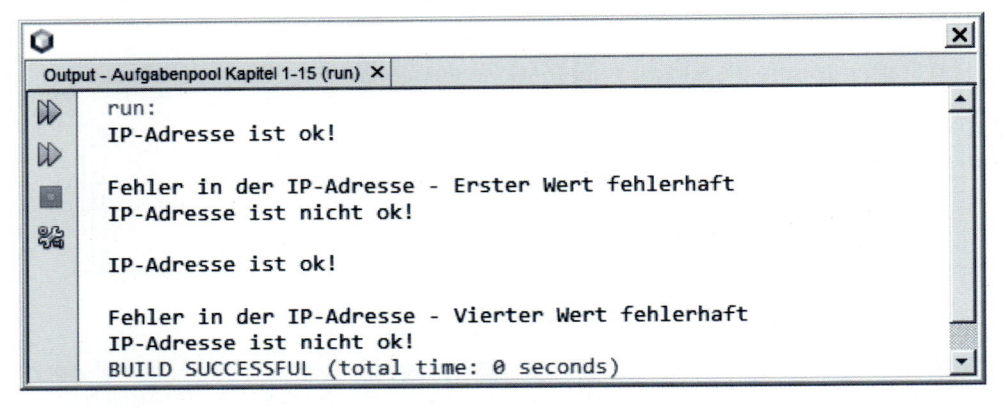

```
run:
IP-Adresse ist ok!

Fehler in der IP-Adresse - Erster Wert fehlerhaft
IP-Adresse ist nicht ok!

IP-Adresse ist ok!

Fehler in der IP-Adresse - Vierter Wert fehlerhaft
IP-Adresse ist nicht ok!
BUILD SUCCESSFUL (total time: 0 seconds)
```

Hinweis:

Nutzen Sie intensiv solche Methoden wie `substring` oder `indexOf` der Klasse `String`.

Aufgabe 6.4

Für den Mathematikunterricht einer Berufsschule soll eine Klasse entwickelt werden, die einige nützliche Methoden und ein Attribut zur Verfügung stellt. Implementieren Sie dazu die folgenden statischen Methoden und ein statisches Attribut in einer Klasse `Mathematik`:

- *Potenz*-Methode: Diese Methode soll eine Variable vom Typ `double` mit einem angegebenen Exponenten potenzieren. Die berechnete Potenz soll zurückgegeben werden.
- *Fakultät*-Methode: Diese Methode soll einen Integerwert übernehmen, die Fakultät berechnen und zurückgeben.

Hinweis:

Die Fakultät einer natürlichen Zahl ist das Produkt aller Zahlen von 1 bis zu dieser Zahl.

Beispiel: 5! (! heißt Fakultät) = 1 · 2 · 3 · 4 · 5 = 120

▶ *Quersummen*-Methode: Diese Methode soll die Quersumme einer übergebenen Integerzahl bestimmen und zurückgeben.
▶ *Dreiecksprüfungs*-Methode: Diese Methode übernimmt drei Seiten eines Dreiecks und prüft, ob es ein rechtwinkliges Dreieck ist. Falls ja, gibt die Methode den Wert true zurück, ansonsten false.
▶ PI-Konstante: Diese Konstante soll die Zahl PI (3.14) darstellen.

Beispielanwendung der Klasse in einer Hauptmethode:

```java
public static void main(String[] args) {
    System.out.println("Die dritte Potenz von 5 lautet: "
                      + Mathematik.potenz(5, 3));
    System.out.println();
    System.out.println("Fakultät von 5: " + Mathematik.fakultaet(5));
    System.out.println();
    System.out.println("Quersumme 147: "
                      + Mathematik.quersumme(147));
    System.out.println();
    if (Mathematik.dreieck(3,4,5) == true)
        System.out.println("Ein rechtwinkliges Dreieck!");
    else
        System.out.println("Kein rechtwinkliges Dreieck!");
    System.out.println();
    System.out.println("Die Zahl Pi: " + Mathematik.PI );
    System.out.println();
}
```

Nach dem Starten sieht die Bildschirmausgabe so aus:

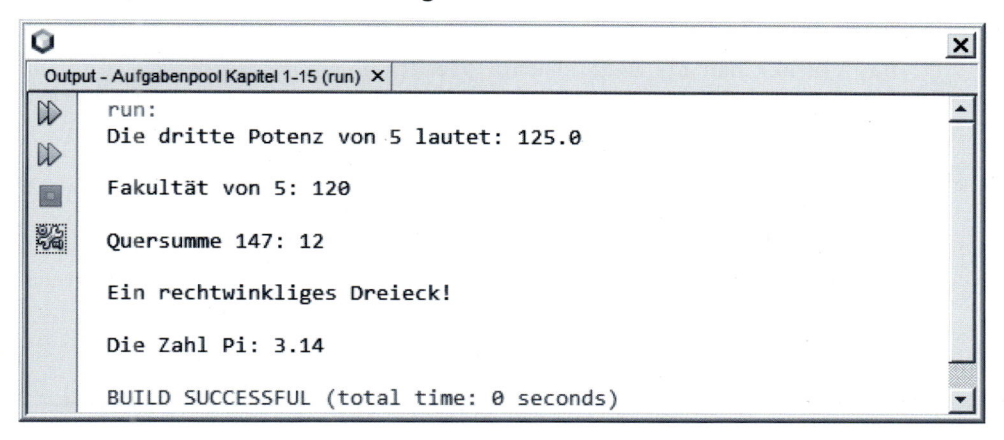

```
run:
Die dritte Potenz von 5 lautet: 125.0

Fakultät von 5: 120

Quersumme 147: 12

Ein rechtwinkliges Dreieck!

Die Zahl Pi: 3.14

BUILD SUCCESSFUL (total time: 0 seconds)
```

7 Aufgaben zur Vererbung in Java

Aufgabe 7.1
Erstellen Sie eine Klasse GrundForm, die als Basisklasse für geometrische Grundformen dienen kann. Die Klasse soll nur ein Attribut (String) für eine Bezeichnung haben. Vererben Sie die Grundform an zwei weitere Klassen: Viereck und Kreis. Diese beiden Klassen sollen zusätzlich Attribute besitzen, die die Eigenschaften eines Vierecks bzw. eines Kreises widerspiegeln: Ein Viereck lässt sich durch vier Punkte in einem Koordinatensystem beschreiben und ein Kreis durch seinen Mittelpunkt und seinen Radius.

Nutzen Sie die Klasse Punkt aus der Aufgabe 6.1 oder erstellen Sie eine Klasse Punkt, die einen Punkt im Koordinatensystem darstellt (x-Koordinate und y-Koordinate). Nutzen Sie diese Klasse für die Attribute der Formen-Klassen. Die Klasse soll über geeignete Methoden verfügen, um die Attribute zu setzen und zu lesen bzw. auf dem Bildschirm darzustellen.

Eine Beispielanwendung könnte so aussehen:

```java
public static void main(String[] args) {

    Viereck v = new Viereck("Viereck 1");
    Kreis k = new Kreis("Kreis 1");

    Punkt p1= new Punkt(1,3);
    Punkt p2= new Punkt(4,3);
    Punkt p3= new Punkt(5,8);
    Punkt p4 = new Punkt(1, 8);
    double radius = 2.5;

    v.setPunkte(p1,p2,p3,p4);
    k.setPunktRadius(p1,radius);

    v.ausgabe();
    System.out.println();

    k.ausgabe();
    System.out.println();
}
```

Nach dem Starten könnte die Bildschirmausgabe so aussehen:

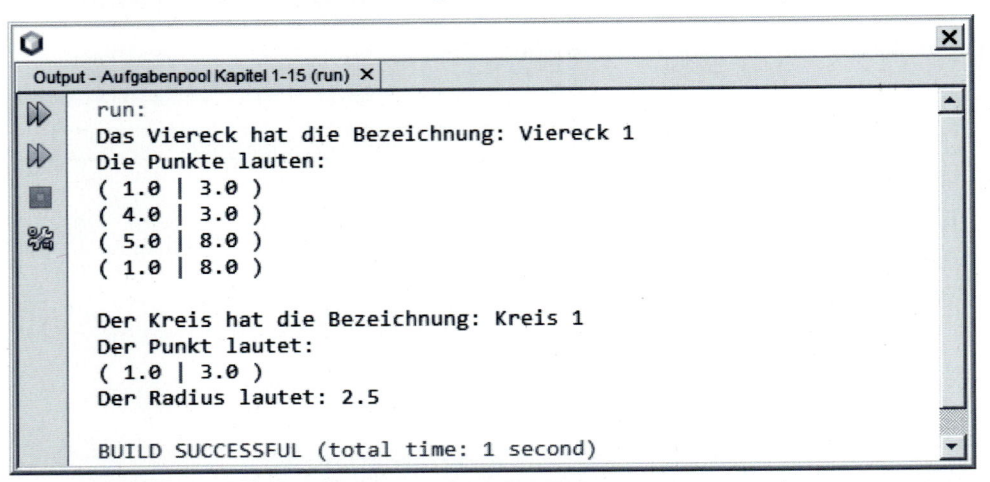

```
run:
Das Viereck hat die Bezeichnung: Viereck 1
Die Punkte lauten:
( 1.0 | 3.0 )
( 4.0 | 3.0 )
( 5.0 | 8.0 )
( 1.0 | 8.0 )

Der Kreis hat die Bezeichnung: Kreis 1
Der Punkt lautet:
( 1.0 | 3.0 )
Der Radius lautet: 2.5

BUILD SUCCESSFUL (total time: 1 second)
```

Aufgabe 7.2

Für einen Zoo soll eine Software geschrieben werden, die folgende Tiere „verwaltet": Elefanten, Nashörner, Delfine und Wale. Schreiben Sie für alle Tiere eine Klasse in Java. Jedes Tier sollte über das Attribut name verfügen. Zusätzlich soll für alle Tiere, die im Wasser leben, eine Methode tauchen implementiert werden. Für alle Tiere, die auf dem Land leben, soll die Methode laufen implementiert werden. Eine Methode steckbrief soll die Daten eines Tieres auf den Bildschirm schreiben.

Weitere Kriterien für die Umsetzung:
▶ Setzen Sie die Vererbung und abstrakte Basisklassen sinnvoll ein.
▶ Nutzen Sie die Möglichkeiten der Interfaces, um bestimmte Implementierungen vorzugeben.
▶ Die Steckbrief-Methode soll den Polymorphismus ausnutzen, damit eine beliebige Tier-Instanz einem Basisklassenverweis zugewiesen werden kann.
▶ Orientieren Sie sich bei der Umsetzung an dem folgenden UML-Klassendiagramm.

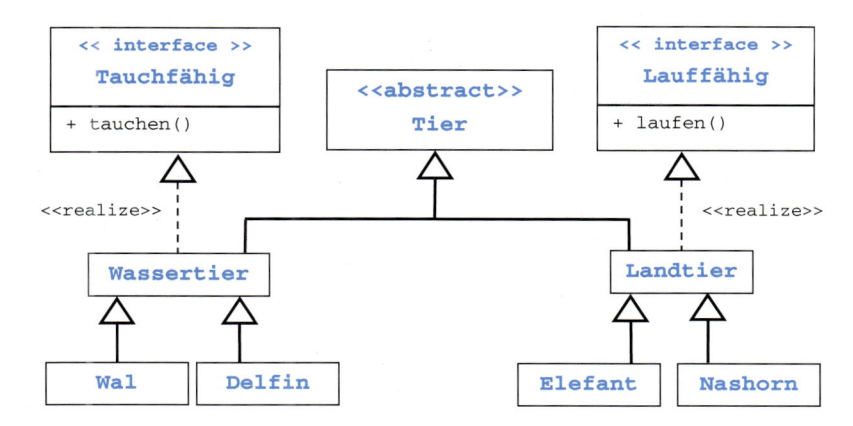

```
                << interface >>                                    << interface >>
                  Tauchfähig            <<abstract>>                 Lauffähig
                + tauchen()                 Tier                   + laufen()

              <<realize>>                                           <<realize>>

                     Wassertier                       Landtier

                  Wal      Delfin              Elefant      Nashorn
```

Ein Hauptprogramm könnte die `Tier`-Klassen so nutzen:

```java
public static void main(String[] args) {

    Elefant e = new Elefant("Elefant");
    Nashorn n = new Nashorn("Nashorn");
    Delfin d = new Delfin("Delfin");
    Wal w = new Wal("Wal");

    Tier t;

    t = e;
    t.steckbrief();
    System.out.println();


    t = n;
    t.steckbrief();
    System.out.println();

    t = d;
    t.steckbrief();
    System.out.println();

    t = w;
    t.steckbrief();
    System.out.println();
}
```

Nach dem Starten könnte die Bildschirmausgabe so aussehen:

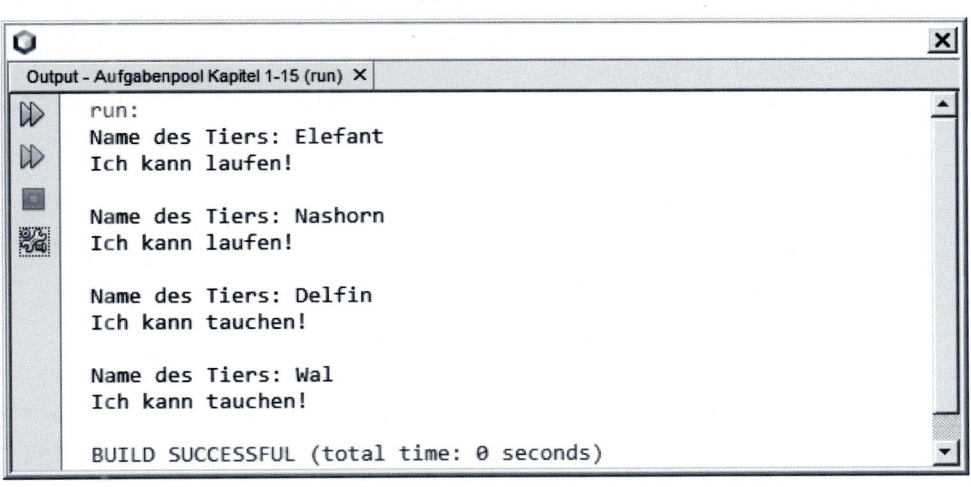

```
run:
Name des Tiers: Elefant
Ich kann laufen!

Name des Tiers: Nashorn
Ich kann laufen!

Name des Tiers: Delfin
Ich kann tauchen!

Name des Tiers: Wal
Ich kann tauchen!

BUILD SUCCESSFUL (total time: 0 seconds)
```

8 Aufgaben zu Arrays in Java

Aufgabe 8.1
Schreiben Sie ein Java-Programm, das zehn Integer-Werte in ein Array einliest und anschließend die Summe der Werte auf dem Bildschirm anzeigt.

Aufgabe 8.2
Ein einfaches Sortierverfahren für Arrays ist der sogenannte **Bubblesort**. Das Verfahren wurde so genannt, weil man sich die Elemente eines Arrays als Blasen (engl. *bubbles*) in einem Sprudelglas vorstellt. Größere Blasen (Elemente des Feldes) steigen so lange auf, bis sie durch noch größere Blasen aufgehalten werden, die ihrerseits weiter aufsteigen.

Die folgenden Grafiken verdeutlichen das Prinzip in anschaulicher Weise:

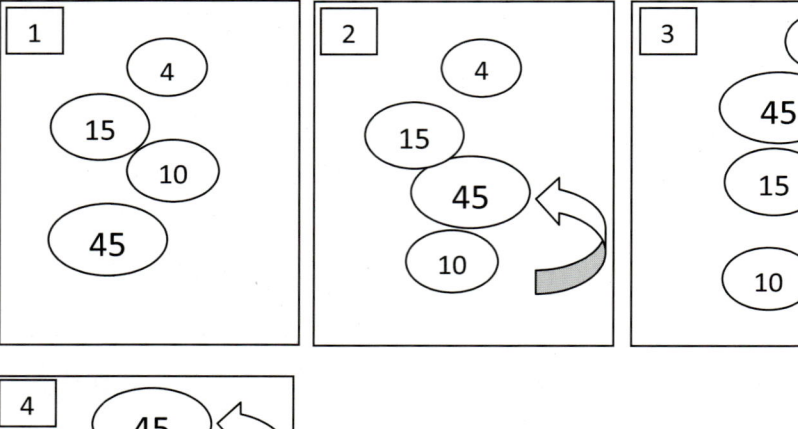

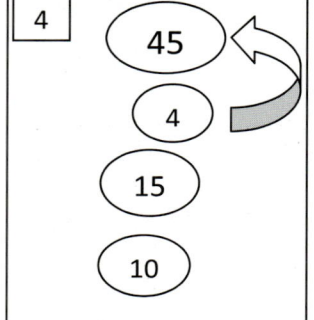

Schritt für Schritt hat die größte Blase die anderen Blasen verdrängt und steht nun an der obersten Stelle.

Das Prinzip wird nun mit den anderen Blasen wiederholt, so dass die zweitgrößte Blase an der zweiten Stelle ist, die drittgrößte Blase an der dritten und die viertgrößte Blase an der vierten und damit letzten Stelle ist. Damit ist das Array komplett sortiert.

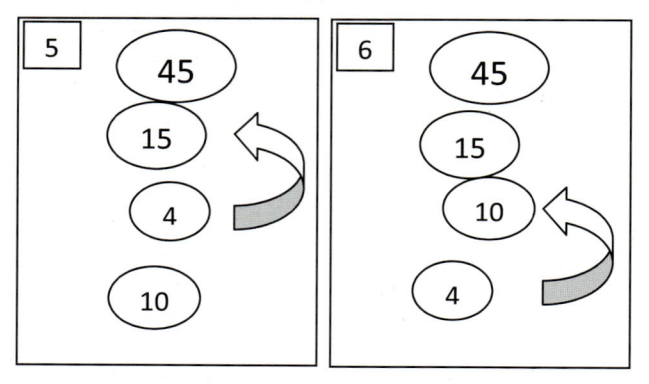

Die Umsetzung des Algorithmus kann in knappen Worten so beschrieben werden:

Das Array wird in einem ersten Schritt vom Anfang bis zum Ende durchlaufen. Das erste Element wird mit seinem Nachfolger verglichen und gegebenenfalls getauscht. Dann wird der Nachfolger mit dem nächsten Element verglichen und gegebenenfalls getauscht. Das geschieht bis zum Ende des Arrays. Dadurch ist das größte Element ans Ende des Arrays versetzt worden – die größte Blase ist also nach oben gestiegen. In den folgenden Schritten wird dasselbe Prinzip angewendet. Wenn ein Array beispielsweise vier Elemente hat, so müssen diese Schritte dreimal durchgeführt werden. Allgemein braucht es (N-1) Schritte bei N Elementen. Der erste Schritt läuft noch bis zum Ende des Arrays, der zweite braucht nur bis zum vorletzten Element zu laufen, da das größte Element bereits am Ende steht usw.

Aufgabenstellung:

Schreiben Sie eine statische Methode `bubblesort`, die ein beliebig großes Array von Integerwerten nach der oben beschriebenen Methode sortiert.

Ein Hauptprogramm könnte den Bubblesort so nutzen:

```java
public static void main(String[] args) {
    int [] werte = {10, 55, 23, 18, 5, 99, 22, 33, 1, 38};
    bubblesort(werte);
    System.out.println("Sortierung mit Bubblesort");

    for (int i = 0; i < werte.length ; i++) {
        System.out.print(werte[i] + "   ");
    }
    System.out.println();
}
```

Nach dem Starten könnte die Bildschirmausgabe so aussehen:

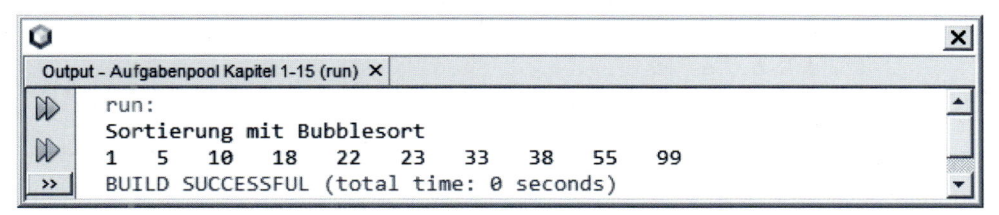

```
run:
Sortierung mit Bubblesort
1   5   10   18   22   23   33   38   55   99
BUILD SUCCESSFUL (total time: 0 seconds)
```

Aufgabe 8.3

Schreiben Sie ein Java-Programm, das ein Schachbrett mithilfe von Arrays „verwaltet". Auf diesem Schachbrett steht ein einzelnes Pferd. Der Benutzer kann neue Koordinaten für einen Zug mit dem Pferd angeben. Dieser Zug darf nur ausgeführt werden, wenn er nicht gegen die Schachregeln verstößt. Das Programm soll das Schachbrett und das Pferd auf dem Bildschirm anzeigen – dabei soll nur die ganz einfache Ausgabe von Zeichen mit `System.out.println` genutzt werden. Schreiben Sie dazu eine Klasse `Schachspiel`, die die oben geforderten Funktionalitäten mit entsprechenden Methoden umsetzt.

Mögliche Bildschirmausgabe eines falschen Zugs:

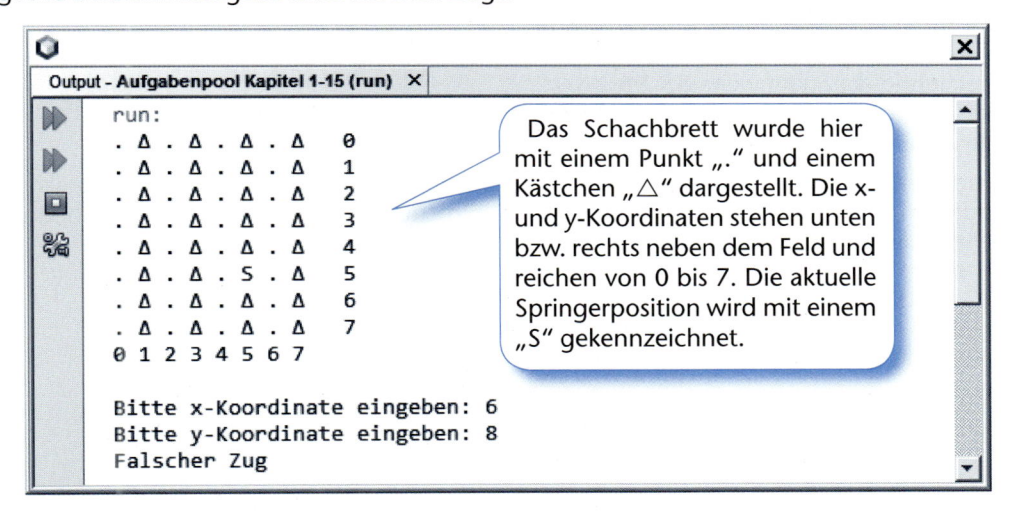

```
run:
. △ . △ . △ . △    0
. △ . △ . △ . △    1
. △ . △ . △ . △    2
. △ . △ . △ . △    3
. △ . △ . △ . △    4
. △ . △ . S . △    5
. △ . △ . △ . △    6
. △ . △ . △ . △    7
0 1 2 3 4 5 6 7

Bitte x-Koordinate eingeben: 6
Bitte y-Koordinate eingeben: 8
Falscher Zug
```

Das Schachbrett wurde hier mit einem Punkt „." und einem Kästchen „△" dargestellt. Die x- und y-Koordinaten stehen unten bzw. rechts neben dem Feld und reichen von 0 bis 7. Die aktuelle Springerposition wird mit einem „S" gekennzeichnet.

Mögliche Bildschirmausgabe eines korrekten Zugs:

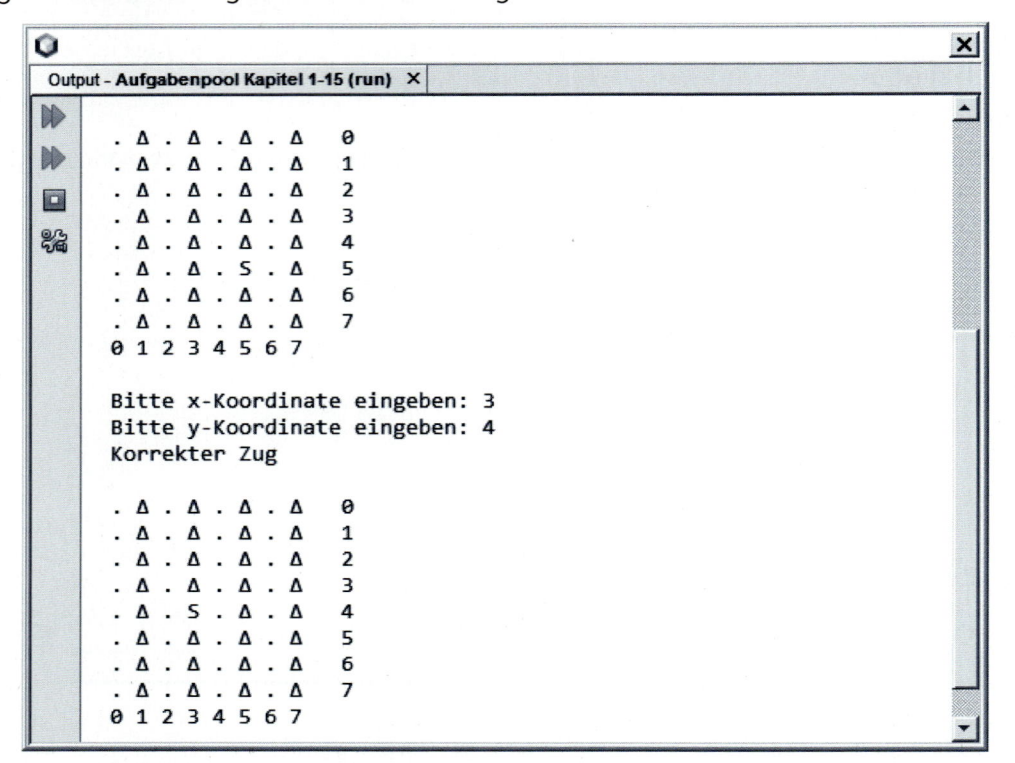

```
. Δ . Δ . Δ . Δ    0
. Δ . Δ . Δ . Δ    1
. Δ . Δ . Δ . Δ    2
. Δ . Δ . Δ . Δ    3
. Δ . Δ . Δ . Δ    4
. Δ . Δ . S . Δ    5
. Δ . Δ . Δ . Δ    6
. Δ . Δ . Δ . Δ    7
0 1 2 3 4 5 6 7

Bitte x-Koordinate eingeben: 3
Bitte y-Koordinate eingeben: 4
Korrekter Zug

. Δ . Δ . Δ . Δ    0
. Δ . Δ . Δ . Δ    1
. Δ . Δ . Δ . Δ    2
. Δ . Δ . Δ . Δ    3
. Δ . S . Δ . Δ    4
. Δ . Δ . Δ . Δ    5
. Δ . Δ . Δ . Δ    6
. Δ . Δ . Δ . Δ    7
0 1 2 3 4 5 6 7
```

Hinweis:

Mögliche Zeichen für die Darstellung des Schachbrettes können mithilfe der folgenden Schleife gesucht werden:

```
for (int i=48;i < 1000; i++) System.out.println(i + "  " + (char)i);
```

Aufgabe 8.4

Aus einer Messreihe in Elektrotechnik wurden 100 Integer-Werte in einem Array gespeichert. Für die Messwerte sollen verschiedene statistische Kenndaten ermittelt werden. Dazu soll ein Java-Programm erstellt werden, das folgende Funktionalitäten bereitstellt:

- Berechnung des Minimums der Messwerte
- Berechnung des Maximums der Messwerte
- Berechnung des Medians der Messwerte
- Berechnung der Spannweite der Messwerte
- Berechnung der mittleren Abweichung der Messwerte
- Berechnung der fünf Werte, die am häufigsten auftreten (Rangliste der Häufigkeit)

Implementieren Sie dazu eine Klasse `Statistik`, die für diese Funktionalitäten die entsprechenden Methoden anbietet. Die Klasse soll dazu ein Auswahlmenü anbieten, von dem die Methoden aufgerufen werden können.

Erläuterungen zu den statistischen Kenndaten:

▶ **Median:** Der Median ist der Wert aus der Mitte des Arrays. Das Array muss vorher sortiert worden sein.

> **Beispiel:**
> ```
> int [] werte = { 3 , 7 , 2 , 9 , 1 };
> ```
> sortiert: 1 2 3 7 9
>
> Median: 3

▶ **Spannweite:** Die Spannweite einer Reihe ist der Abstand zwischen kleinstem und größtem Element der Reihe.

▶ **Mittlere Abweichung:** Die mittlere Abweichung errechnet sich aus der Summe aller Elemente des Arrays jeweils abzüglich des Mittelwertes, geteilt durch die Anzahl der Elemente:

> **Beispiel:**
> ```
> int [] werte = { 3 , 7 , 2 };
> ```
> Mittelwert: (3 + 7 + 2) / 3 = 4
>
> **mittlere Abw.:** (| 3 – 4 | + | 7 – 4 | + | 2 – 4 |) / 3 = (1 + 3 + 2) / 3 = **2**
>
> (Betrag (positiver Anstand))

▶ **Häufigkeit:** Diese gibt an, wie oft ein Element in der Reihe auftritt.

> **Beispiel:**
> ```
> int [] werte = { 3, 7, 2, 3, 6, 2, 7, 3, 2, 3 };
> ```
>
> | Wert | 2 | 3 | 7 | 6 |
> |------------|---|---|---|---|
> | Häufigkeit | 3 | 4 | 2 | 1 |

> **Hinweis:**
> Die Erzeugung der Messwerte kann durch Zufallszahlen erfolgen. Mit der folgenden Programmzeile können zufällige Werte erzeugt werden.
>
> ```
> int zufallsZahl = (int) (Math.random() * 100);
> ```
>
> Die Methode `random` liefert eine nichtnegative ganze Zufallszahl zwischen 0 (inkl.) und 1 (exkl.). Durch die Multiplikation mit 100 und die Konvertierung in eine Integerzahl liegt der Zufallswert zwischen 0 und 99.

Aufgabe 8.5

In der Mathematik und auch in den Wirtschaftswissenschaften sind Matrizen ein wichtiges Thema. Für die Erfassung von Matrizen soll eine Klasse `Matrix` entwickelt werden, die in der Lage ist, eine beliebig große Matrix zu speichern.

> **Beispiel:** eine 3 x 3-Matrix:
>
> $$Matrix = \begin{bmatrix} 1 & 7 & 2 \\ 3 & 2 & 2 \\ 5 & 6 & 3 \end{bmatrix}$$

Die Speicherung der Matrix soll mit entsprechenden Arrays erfolgen. Dabei sollen folgende Funktionalitäten in der Klasse umgesetzt werden:

`Methode eingabe():`

Der Benutzer kann die Dimension der Matrix angeben und anschließend wird das Array dimensioniert und die Werte werden eingelesen.

`Methode ausgabe():`

Die Matrix wird (formatiert) auf dem Bildschirm ausgegeben.

`Methode transponieren():`

Die Matrix wird transponiert. Das bedeutet, dass alle Matrixwerte aij ihre Indizes vertauschen (`aij = aji`).

Beispiel einer Transponierung:

$$\begin{bmatrix} 1 & 7 & 2 \\ 3 & 2 & 2 \\ 5 & 6 & 3 \end{bmatrix} \Rightarrow \begin{bmatrix} 1 & 3 & 5 \\ 7 & 2 & 6 \\ 2 & 2 & 3 \end{bmatrix}$$

`Statische Methode addieren ():`

Zwei übergebene Matrizen werden addiert und das Ergebnis wird zurückgegeben.

`Statische Methode multiplizieren ():`

Zwei übergebene Matrizen werden multipliziert und das Ergebnis wird zurückgegeben.

Erläuterungen zur Addition und Multiplikation:

Zwei Matrizen werden addiert, indem jedes Element der einen Matrix zu dem Element mit denselben Indizes der anderen Matrix addiert wird.

Beispiel:

$$\begin{bmatrix} 1 & 7 & 2 \\ 3 & 2 & 2 \\ 5 & 6 & 3 \end{bmatrix} + \begin{bmatrix} 2 & 6 & 5 \\ 7 & 1 & 6 \\ 2 & 2 & 7 \end{bmatrix} = \begin{bmatrix} 1+2 & 7+6 & 2+5 \\ 3+7 & 2+1 & 2+6 \\ 5+2 & 6+2 & 3+7 \end{bmatrix} = \begin{bmatrix} 3 & 13 & 7 \\ 10 & 3 & 8 \\ 7 & 8 & 10 \end{bmatrix}$$

Die Multiplikation ist etwas komplizierter:

Die erste Zeile der ersten Matrix wird mit der ersten Spalte der zweiten Matrix elementeweise multipliziert und anschließend werden die Produkte addiert. Das Endergebnis ist das erste Element der Multiplikationsmatrix.

Danach wird die erste Zeile der ersten Matrix mit der zweiten Spalte der zweiten Matrix elementeweise multipliziert und anschließend werden die Produkte addiert. Das Endergebnis ist das zweite Element der Multiplikationsmatrix usw.:

Beispiel:

$$\begin{bmatrix} 1 & 2 \\ 3 & 4 \end{bmatrix} \bullet \begin{bmatrix} 3 & 4 \\ 5 & 6 \end{bmatrix} = \begin{bmatrix} 1 \cdot 3 + 2 \cdot 5 & 1 \cdot 4 + 2 \cdot 6 \\ 3 \cdot 3 + 4 \cdot 5 & 3 \cdot 4 + 4 \cdot 6 \end{bmatrix} = \begin{bmatrix} 13 & 16 \\ 29 & 36 \end{bmatrix}$$

Das folgende Beispiel zeigt die Benutzung der Klasse Matrix in einem Hauptprogramm:

```java
public static void main(String[] args) {
    Matrix a = new Matrix();
    Matrix b = new Matrix();
    Matrix c = new Matrix();
    System.out.println("Klasse Matrix Version 1.0");
    System.out.println("Die erste Matrix eingeben:");
    a.eingabe();
    System.out.println("Die erste Matrix lautet:");
```

```
        a.ausgabe();
        a.transponieren();
        System.out.println("Die transponierte Matrix lautet:");
        a.ausgabe();
        System.out.println("Die zweite Matrix eingeben:");
        b.eingabe();
        System.out.println("Die zweite Matrix lautet:");
        b.ausgabe();
        c = Matrix.addieren(a, b);
        System.out.println("Die Summe lautet:");
        c.ausgabe();
        c = Matrix.multiplizieren(a, b);
        System.out.println("Das Produkt lautet:");
        c.ausgabe();
}
```

Nach dem Starten könnte es dann so aussehen:

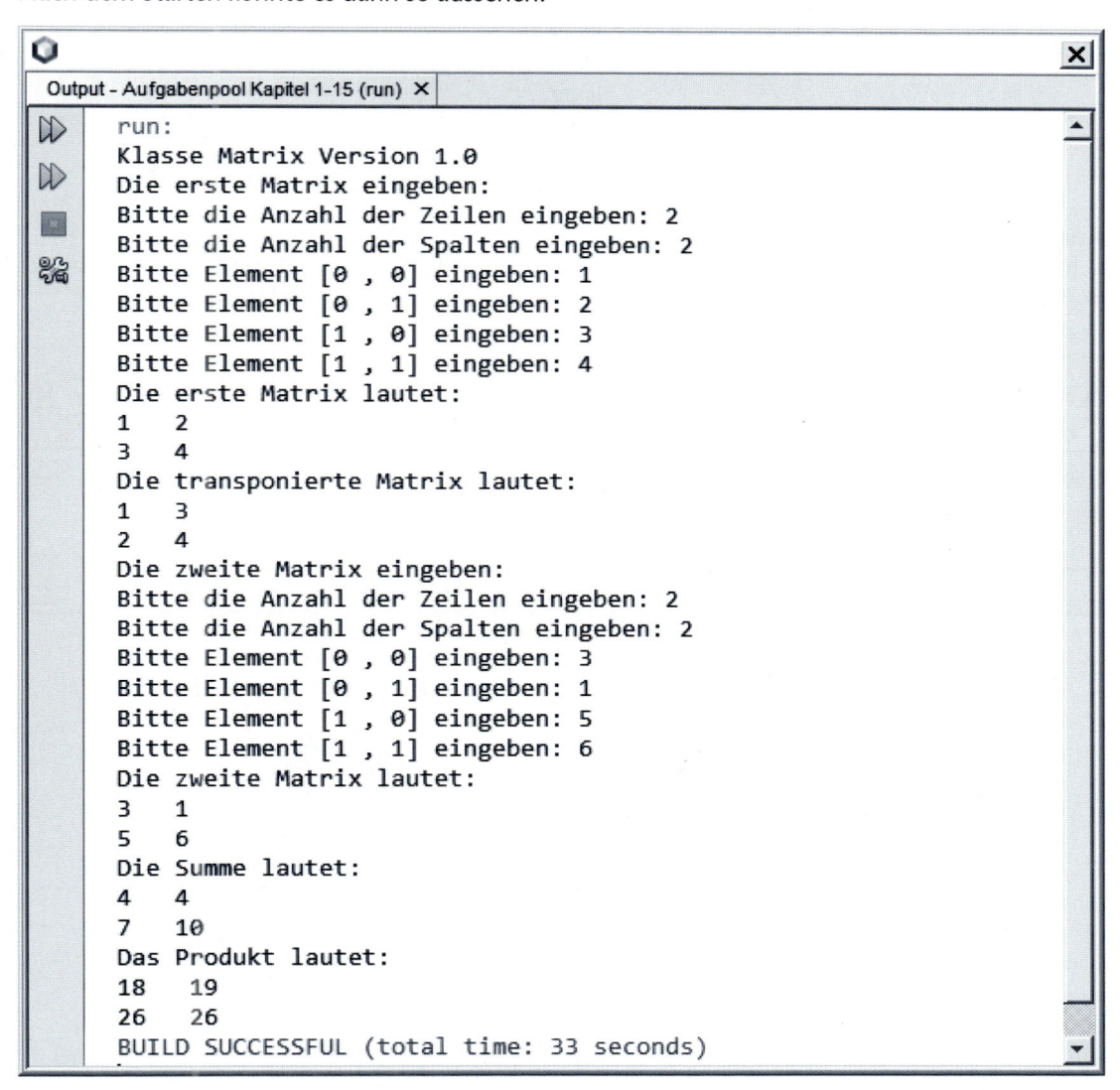

```
run:
Klasse Matrix Version 1.0
Die erste Matrix eingeben:
Bitte die Anzahl der Zeilen eingeben: 2
Bitte die Anzahl der Spalten eingeben: 2
Bitte Element [0 , 0] eingeben: 1
Bitte Element [0 , 1] eingeben: 2
Bitte Element [1 , 0] eingeben: 3
Bitte Element [1 , 1] eingeben: 4
Die erste Matrix lautet:
1    2
3    4
Die transponierte Matrix lautet:
1    3
2    4
Die zweite Matrix eingeben:
Bitte die Anzahl der Zeilen eingeben: 2
Bitte die Anzahl der Spalten eingeben: 2
Bitte Element [0 , 0] eingeben: 3
Bitte Element [0 , 1] eingeben: 1
Bitte Element [1 , 0] eingeben: 5
Bitte Element [1 , 1] eingeben: 6
Die zweite Matrix lautet:
3    1
5    6
Die Summe lautet:
4    4
7    10
Das Produkt lautet:
18   19
26   26
BUILD SUCCESSFUL (total time: 33 seconds)
```

9 Aufgaben zu Dateioperationen in Java

Aufgabe 9.1
Schreiben Sie ein Java-Programm, das eine Textdatei einliest und auf dem Bildschirm anzeigt. Dazu soll der Benutzer den Namen der Datei angeben und anschließend erfolgt die Ausgabe auf dem Bildschirm.

Aufgabenpool

Nach dem Starten könnte das Programm so aussehen:

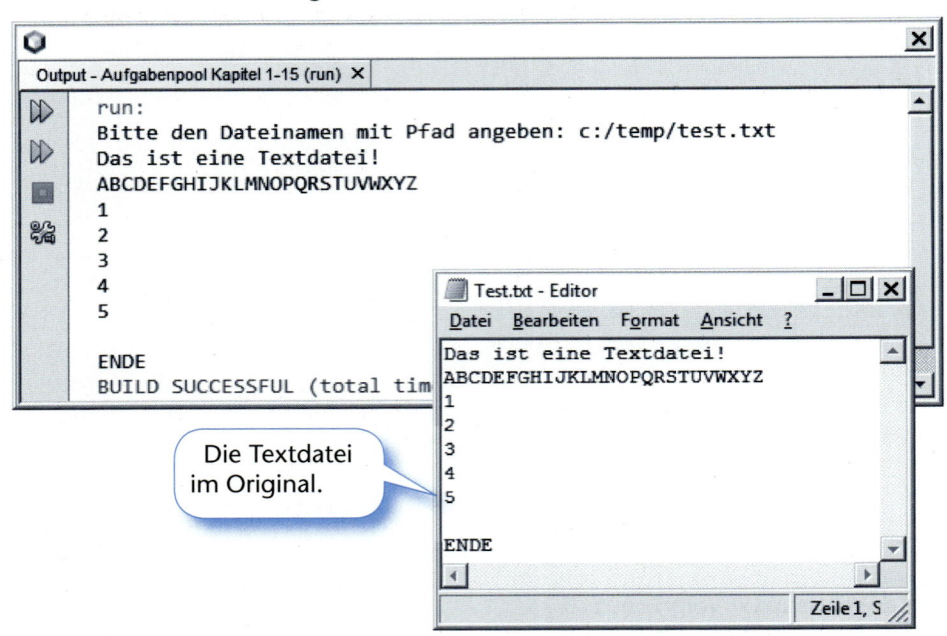

```
run:
Bitte den Dateinamen mit Pfad angeben: c:/temp/test.txt
Das ist eine Textdatei!
ABCDEFGHIJKLMNOPQRSTUVWXYZ
1
2
3
4
5

ENDE
BUILD SUCCESSFUL (total tim
```

Die Textdatei im Original.

```
Test.txt - Editor
Das ist eine Textdatei!
ABCDEFGHIJKLMNOPQRSTUVWXYZ
1
2
3
4
5

ENDE
```

Aufgabe 9.2

Schreiben Sie ein Java-Programm, welches eine Kopie einer beliebigen Datei anfertigt. Dazu soll der Benutzer den Namen der zu kopierenden Datei und den Namen der Kopie angeben.

Nach dem Starten könnte das Programm so aussehen:

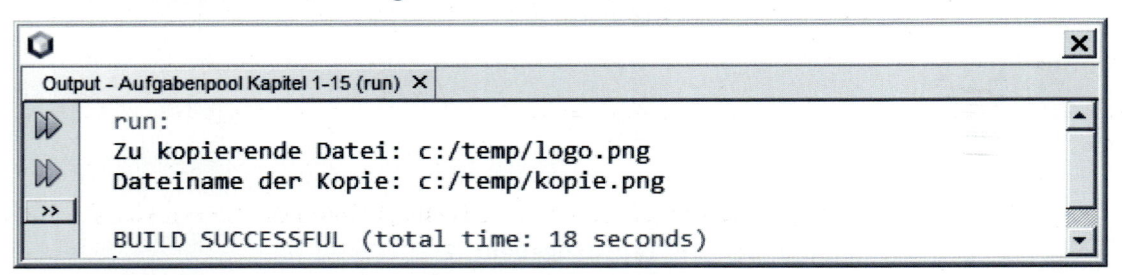

```
run:
Zu kopierende Datei: c:/temp/logo.png
Dateiname der Kopie: c:/temp/kopie.png

BUILD SUCCESSFUL (total time: 18 seconds)
```

Hinweis:

Das binäre Lesen und Schreiben kann mit den Klassen `FileInputStream` und `FileOutputStream` umgesetzt werden:

```java
FileInputStream ein = new FileInputStream("Quelldateiname");
FileOutputStream aus = new FileOutputStream("Zieldateiname");

byte [] b = new byte[1];

lesen.read(b);

schreiben.write(b);
```

Ein einelementiges Array zum binären Einlesen

Dateiname mit Pfadangabe

Aufgabe 9.3

Schreiben Sie ein Java-Programm, welches einen Pfad vom Benutzer einliest und anschließend alle Verzeichnisse und Unterverzeichnisse auflistet. Benutzen Sie dazu die Methode `listFiles` der Klasse `File`.

```
□ Testordner
    □ Ein Ordner
        □ Noch ein Ordner
            Java
            Test
    □ Weiterer Ordner
        Java Quellcodes
        Ordner
```

Zu Testzwecken wurden diese Verzeichnisse und Unterverzeichnisse angelegt.

Nach dem Starten könnte das Programm so aussehen:

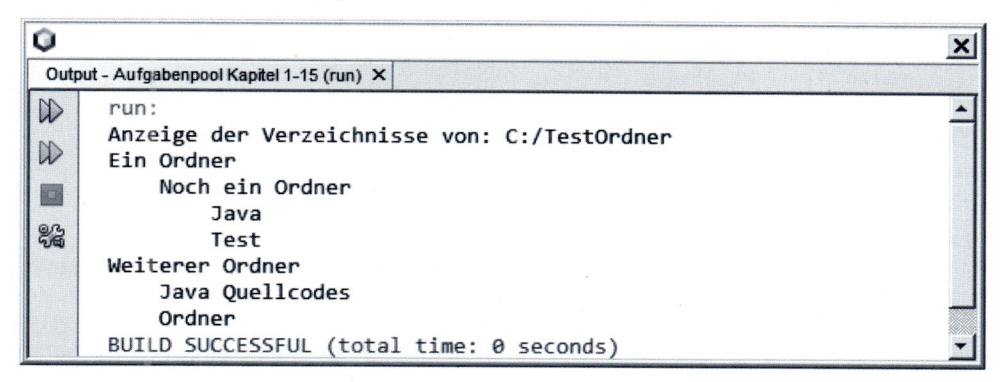

```
run:
Anzeige der Verzeichnisse von: C:/TestOrdner
Ein Ordner
    Noch ein Ordner
        Java
        Test
Weiterer Ordner
    Java Quellcodes
    Ordner
BUILD SUCCESSFUL (total time: 0 seconds)
```

Hinweis:

Für das Auslesen von Verzeichnissen bietet sich eine sogenannte **rekursive Methode** an. Eine solche Methode ruft sich selbst wieder auf, aber mit veränderten Parametern, sonst wäre es nur eine Art Endlosschleife. Der „Trick" der *Rekursion* ist also eine geeignete Wahl des Übergabeparameters, der dafür sorgt, dass die *Rekursion* kontrolliert (also mit einem Ende) abläuft.

Beispiel 1:

Eine Rekursion, die nicht kontrolliert abläuft:

```java
public static void ausgabe() {

    System.out.print("Hallo");
    ausgabe();
}
```

Rekursiver Aufruf

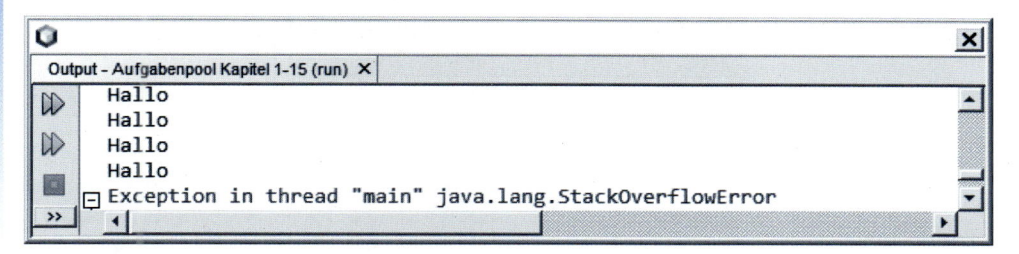

```
Hallo
Hallo
Hallo
Hallo
Exception in thread "main" java.lang.StackOverflowError
```

Die Methode ruft sich immer wieder auf (endlos). Dadurch kommt es irgendwann zum Abbruch des Programms durch einen Stapelüberlauf-Fehler (*StackOverflow*).

Beispiel 2:

Eine Rekursion, die kontrolliert abläuft:

```java
public static void ausgabe2(int zaehler) {

    if (zaehler < 5) {
        System.out.println("Hallo");
        ausgabe2(zaehler + 1);
    }
}
```

Steuerparameter — `int zaehler`

Aufruf mit verändertem Parameter — `ausgabe2(zaehler + 1);`

Nach dem Starten des Programms mit `ausgabe2(0)` (Startwert 0) läuft die **Rekursion** jetzt kontrolliert ab:

```
Output - Aufgabenpool Kapitel 1-15 (run)
run:
Hallo
Hallo
Hallo
Hallo
Hallo
BUILD SUCCESSFUL (total time: 0 seconds)
```

Aufgabe 9.4

Schreiben Sie ein Java-Programm, welches eine einfache Verschlüsselung von Zeichenketten und Textdateien vornehmen kann. Dazu wird der Benutzer gefragt, ob er den zu verschlüsselnden Text eingeben möchte oder ob dazu eine Textdatei eingelesen werden soll. Anschließend wird der Text verschlüsselt und in eine angegebene Datei geschrieben. Die Verschlüsselung ist relativ einfach: Nach jedem Zeichen des Textes werden immer erst zwei Zufallszeichen geschrieben. Damit gehört nur jedes dritte Zeichen der verschlüsselten Datei zum Originaltext. Neben der Verschlüsselung soll eine entsprechende Entschlüsselung angeboten werden.

Beispiel: Eine Datei verschlüsseln

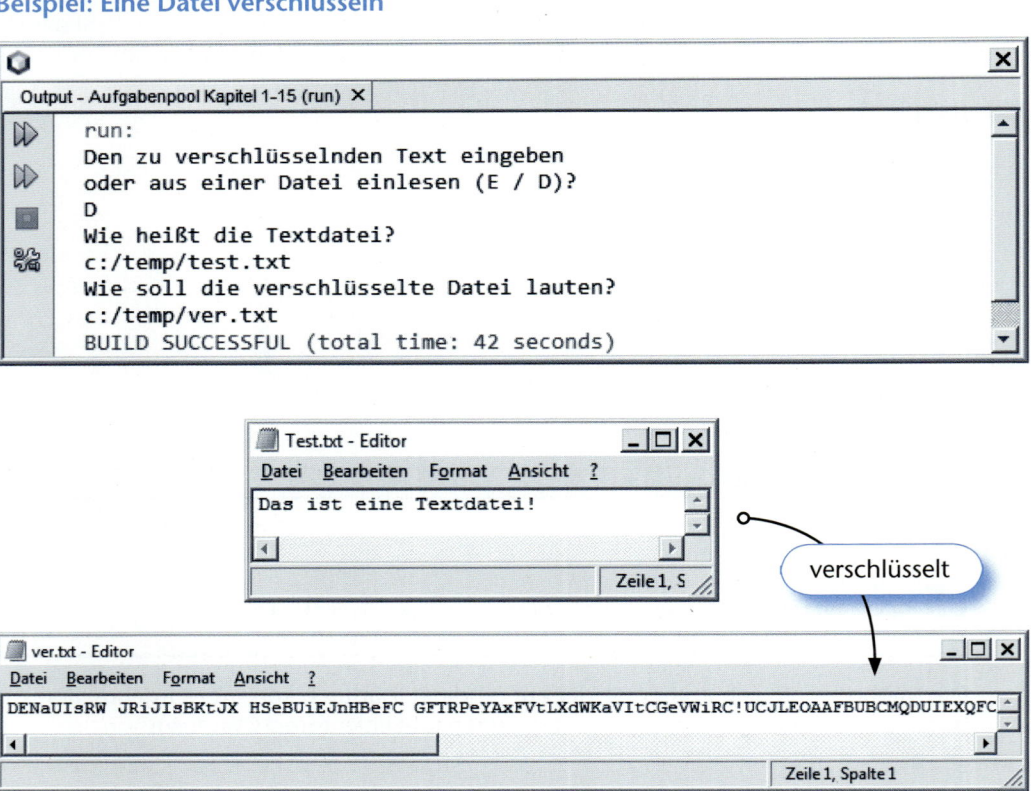

```
Output - Aufgabenpool Kapitel 1-15 (run)
run:
Den zu verschlüsselnden Text eingeben
oder aus einer Datei einlesen (E / D)?
D
Wie heißt die Textdatei?
c:/temp/test.txt
Wie soll die verschlüsselte Datei lauten?
c:/temp/ver.txt
BUILD SUCCESSFUL (total time: 42 seconds)
```

Test.txt - Editor
```
Das ist eine Textdatei!
```

verschlüsselt

ver.txt - Editor
```
DENaUIsRW JRiJIsBKtJX HSeBUiEJnHBeFC GFTRPeYAxFVtLXdWKaVItCGeVWiRC!UCJLEOAAFBUBCMQDUIEXQFC
```

Hinweis:

Mit der folgenden Programmzeile können zufällige Werte erzeugt werden.

```java
int zufallsZahl = (int) (Math.random() * 100);
```

Die Methode `random` liefert eine nichtnegative ganze Zufallszahl zwischen 0 (inkl.) und 1 (exkl.). Durch die Multiplikation mit 100 und die Konvertierung in eine Integerzahl liegt der Zufallswert zwischen 0 und 99.

Beispiel: Eine Datei entschlüsseln

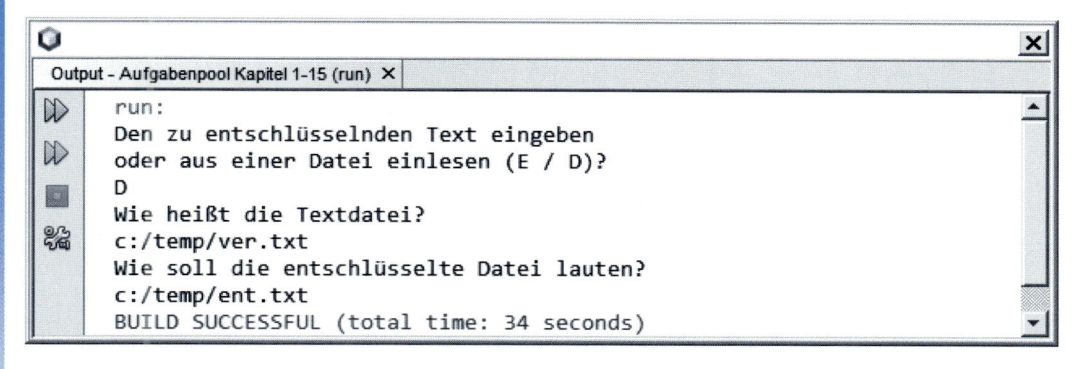

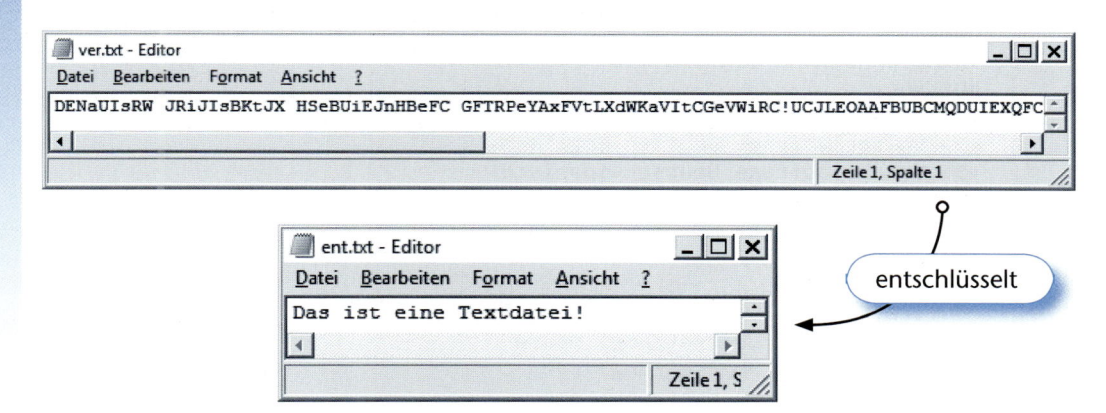

```
Output - Aufgabenpool Kapitel 1-15 (run)
run:
Den zu entschlüsselnden Text eingeben
oder aus einer Datei einlesen (E / D)?
D
Wie heißt die Textdatei?
c:/temp/ver.txt
Wie soll die entschlüsselte Datei lauten?
c:/temp/ent.txt
BUILD SUCCESSFUL (total time: 34 seconds)
```

ver.txt - Editor
```
DENaUIsRW JRiJIsBKtJX HSeBUiEJnHBeFC GFTRPeYAxFVtLXdWKaVItCGeVWiRC!UCJLEOAAFBUBCMQDUIEXQFC
```

ent.txt - Editor (entschlüsselt)
```
Das ist eine Textdatei!
```

Aufgabe 9.5

Entwerfen Sie eine Klasse `Vokabel` in Java, die Vokabelpaare (Deutsch – Englisch und Deutsch – Spanisch) darstellen und abfragen soll. Die Klasse soll die Vokabeln in zwei `Hashmaps` speichern. Die Vokabeln sollen im Konstruktor der Klasse aus der Datei „Vokabel.txt" eingelesen werden (siehe Hinweise).

Für die Behandlung von Vokabeln sollen folgende Methoden zur Verfügung stehen:

▶ **Ausgeben von Vokabeln**
`public void ausgeben()`
Die Methode zeigt alle Vokabeln formatiert auf dem Bildschirm an.

▶ **Abfragen von Vokabeln**
`public int abfragen (String sprache)`
Es wird eine Vokabelabfrage gestartet. Je nach Übergabeparameter wird eine Abfrage von Deutsch – Englisch oder Deutsch – Spanisch gestartet. Anschließend soll per Zufallsgenerator die Vokabelabfrage stattfinden. Hierbei werden die richtigen Antworten gezählt und zurückgegeben. Jede Vokabel darf nur einmal bzw. muss genau einmal abgefragt werden.

Schreiben Sie zusätzlich in der Hauptmethode ein Auswahlmenü. Der Benutzer soll auswählen können, ob die Vokabeln in Deutsch – Englisch oder Deutsch – Spanisch abgefragt werden.

Hinweise:

▶ Um Zufallswerte zu erzeugen, kann die Methode `random` der Klasse `Math` benutzt werden (siehe auch Aufgabe 9.4)

▶ Die Datei „Vokabel.txt" sieht so aus:

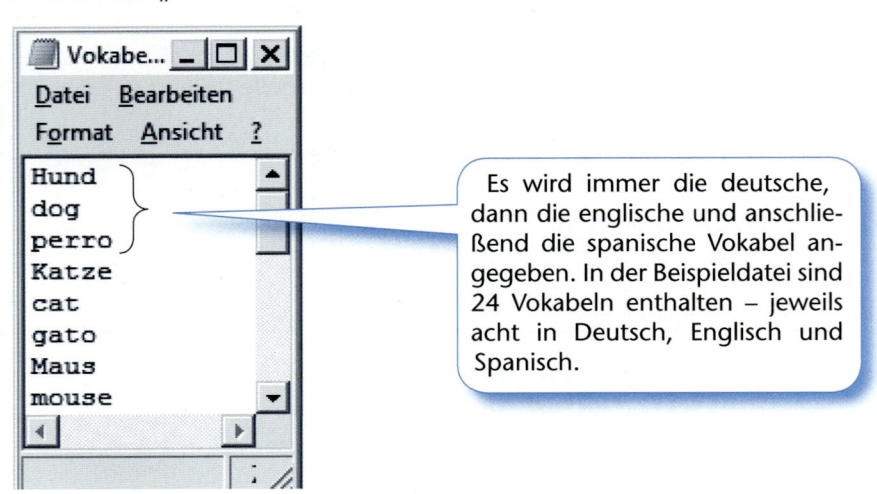

```
Hund
dog
perro
Katze
cat
gato
Maus
mouse
```

Es wird immer die deutsche, dann die englische und anschließend die spanische Vokabel angegeben. In der Beispieldatei sind 24 Vokabeln enthalten – jeweils acht in Deutsch, Englisch und Spanisch.

Nach dem Starten könnte eine Abfrage so aussehen:

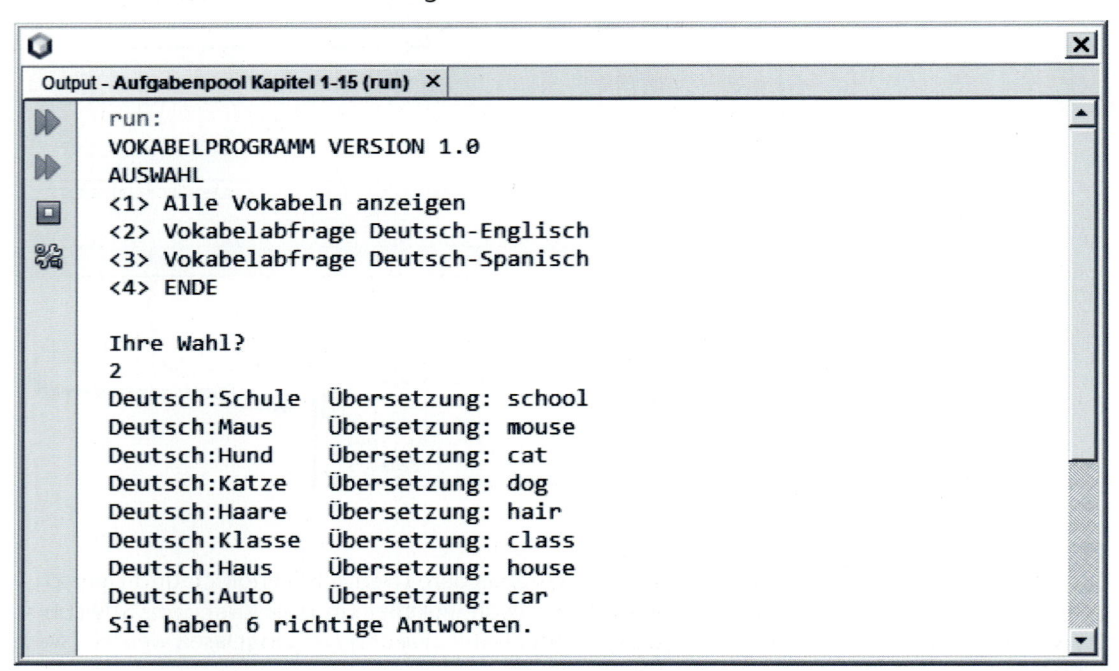

```
run:
VOKABELPROGRAMM VERSION 1.0
AUSWAHL
<1> Alle Vokabeln anzeigen
<2> Vokabelabfrage Deutsch-Englisch
<3> Vokabelabfrage Deutsch-Spanisch
<4> ENDE

Ihre Wahl?
2
Deutsch:Schule    Übersetzung: school
Deutsch:Maus      Übersetzung: mouse
Deutsch:Hund      Übersetzung: cat
Deutsch:Katze     Übersetzung: dog
Deutsch:Haare     Übersetzung: hair
Deutsch:Klasse    Übersetzung: class
Deutsch:Haus      Übersetzung: house
Deutsch:Auto      Übersetzung: car
Sie haben 6 richtige Antworten.
```

Aufgabe 9.6

Schreiben Sie eine Klasse `Versuchsreihe`, die beliebig viele ganzzahlige positive Messwerte in einer `ArrayList` aufnehmen kann. Implementieren Sie anschließend die Serialisierungsschnittstelle und testen Sie die erfolgreiche Serialisierung und Deserialisierung mit dem folgenden Quellcode-Ausschnitt:

```
:
Versuchsreihe versuch = new Versuchsreihe();
versuch.eingabe();
versuch.ausgabe();

System.out.println("Versuchsreihenobjekt wird serialisiert!");
ObjectOutputStream serialisieren =
        new ObjectOutputStream(
            new FileOutputStream("C:/temp/Messwerte.dat"));

serialisieren.writeObject(versuch);
serialisieren.close();

System.out.println("Deserialisierung in ein
        anderes Versuchsreihenobjekt!");

ObjectInputStream deserialisieren =
        new ObjectInputStream(
            new FileInputStream("C:/temp/Messwerte.dat"));

Versuchsreihe neuerVersuch;
neuerVersuch = (Versuchsreihe) deserialisieren.readObject();
neuerVersuch.ausgabe();

deserialisieren.close();
:
```

> **Hinweis:**
>
> Die Methode `eingabe` der Klasse Versuchsreihe liest beliebig viele Werte ein und fügt sie der `ArrayList` hinzu. Die Methode `ausgabe` schreibt die Werte auf den Bildschirm.

10 Aufgaben zu fortgeschrittenen Themen in Java

Aufgabe 10.1

Schreiben Sie ein Java-Programm, welches zwei Zahlen einliest und anschließend die Zahlen addiert, subtrahiert, multipliziert und dividiert. Dazu sollen entsprechende Methoden in einer Klasse geschrieben werden. Überlegen Sie, welche Fehlerarten (Berechnungsfehler, Eingabefehler, Overflow-Fehler ...) auftreten können, und schreiben Sie entsprechende `try-` und `catch`-Blöcke. Implementieren Sie das Exception Handling auf verschiedenen Ebenen (in der Methode selbst, beim Aufruf der Methode etc.) und analysieren Sie den Ablauf.

> **Zusatz:**
>
> Die eingegebenen Zahlen sollen zwischen –9999 und 9999 liegen. Implementieren Sie dazu eine eigene Exception-Klasse, die im Falle einer Fehleingabe für die Ausnahmebehandlung benutzt wird.

Nach dem Starten könnte die Bildschirmausgabe so aussehen:

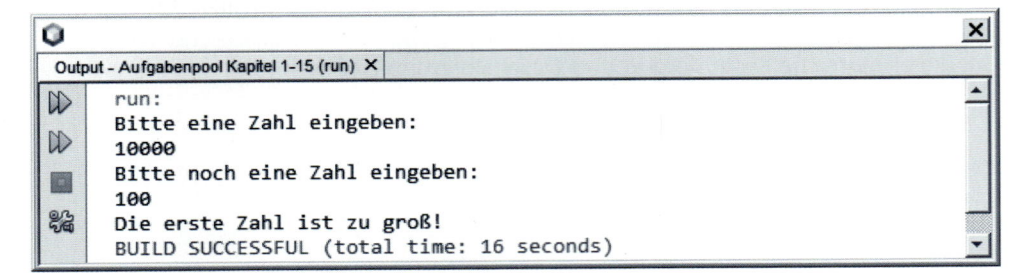

```
run:
Bitte eine Zahl eingeben:
10000
Bitte noch eine Zahl eingeben:
100
Die erste Zahl ist zu groß!
BUILD SUCCESSFUL (total time: 16 seconds)
```

Oder auch so:

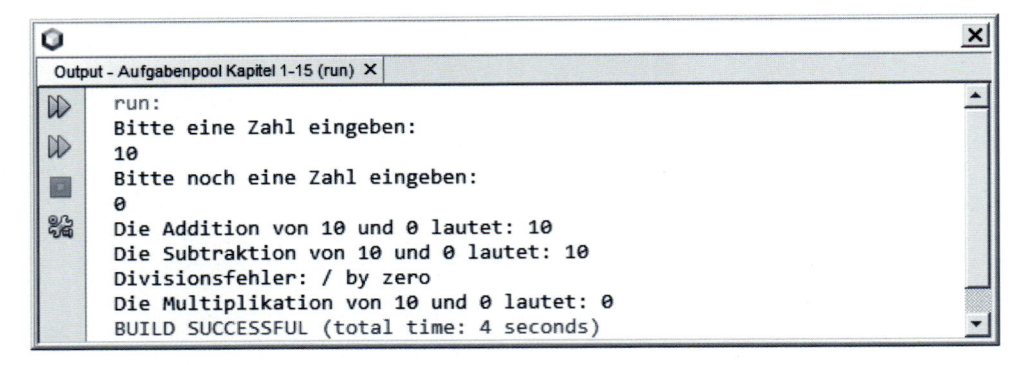

```
run:
Bitte eine Zahl eingeben:
10
Bitte noch eine Zahl eingeben:
0
Die Addition von 10 und 0 lautet: 10
Die Subtraktion von 10 und 0 lautet: 10
Divisionsfehler: / by zero
Die Multiplikation von 10 und 0 lautet: 0
BUILD SUCCESSFUL (total time: 4 seconds)
```

Aufgabe 10.2

Schreiben Sie eine generische Klasse `Liste`. Diese Klasse soll beliebig viele Werte vom Typ `T` speichern können. Neben einem Konstruktor sollen eine Einfügen-Methode, eine Löschen-Methode und eine Anzeigen-Methode angelegt werden. Zusätzlich soll ein Attribut `anzahl` angelegt werden. Mit einer entsprechenden `get`-Methode soll die aktuelle Anzahl der Elemente zurückgegeben werden.

In der `main`-Methode soll die Klasse dann wie folgt verwendet werden:

```java
public static void main(String[] args) {

    Liste<Integer> intListe = new Liste<Integer>();   // Eine Liste für Integer-
                                                      // werte instanziieren

    System.out.println("Eine Integerliste:");

    intListe.einfuegen(10);
    intListe.einfuegen(20);
    intListe.einfuegen(30);

    System.out.println("Anzahl Elemente: " + intListe.getAnzahl());

    intListe.anzeigen();
    System.out.println();
    System.out.println("Löschen von Element 2......");
    intListe.loeschen(1);

    System.out.println("Anzahl Elemente: " + intListe.getAnzahl());
    intListe.anzeigen();
    System.out.println();
}
```

> **Hinweis:**
>
> Das Anlegen eines generischen Arrays kann in Java nur mit einem *Trick* erfolgen. Es wird ein `Object`-Array angelegt und dann direkt in den generischen Typ T konvertiert:
>
> ```java
> T[] eineListe = (T[]) new Object[100];
> ```

Nach dem Starten sieht die Bildschirmausgabe so aus:

```
run:
Eine Integerliste:
Anzahl der Elemente: 3
10
20
30

Löschen von Element 2......
Anzahl der Elemente: 2
10
30

BUILD SUCCESSFUL (total time: 0 seconds)
```

Aufgabe 10.3

Für eine neue Tochterfirma der Bank42 soll eine Anwendung entwickelt werden, die neuen Kunden online einen komfortablen Zugriff auf ihre Konten ermöglicht. Dazu wurde in einer ersten Designphase ein einfaches Klassendiagramm entwickelt, das als Prototyp dienen soll.

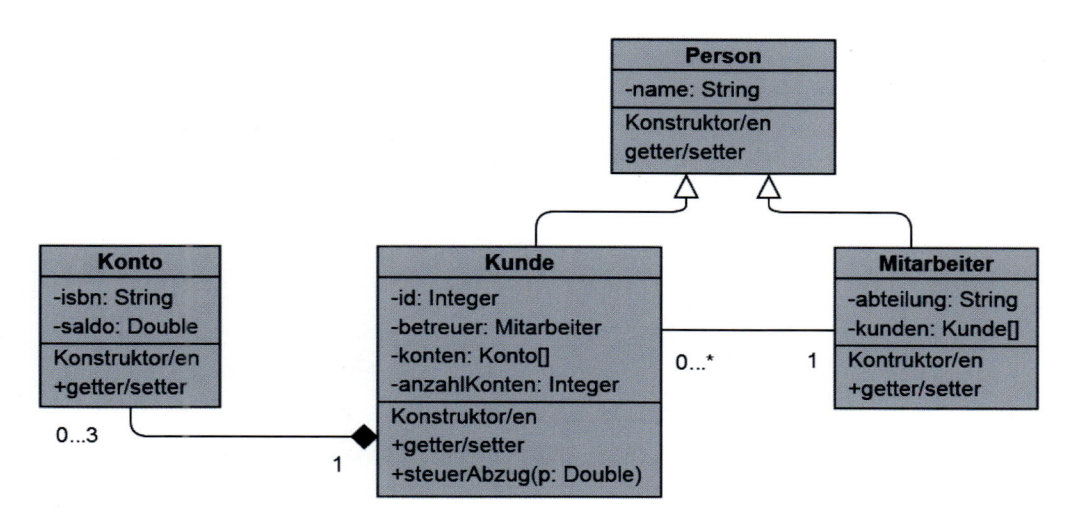

Person
- -name: String
- Konstruktor/en
- getter/setter

Konto
- -isbn: String
- -saldo: Double
- Konstruktor/en
- +getter/setter

0...3

Kunde
- -id: Integer
- -betreuer: Mitarbeiter
- -konten: Konto[]
- -anzahlKonten: Integer
- Konstruktor/en
- +getter/setter
- +steuerAbzug(p: Double)

0...* 1

Mitarbeiter
- -abteilung: String
- -kunden: Kunde[]
- Kontruktor/en
- +getter/setter

Implementieren Sie das Klassendiagramm in Java. Achten Sie dabei auf die Beziehungen zwischen den Klassen und deren entsprechende Umsetzung. Die Klasse Kunde hat eine Methode `steuerAbzug`, die eine Prozentzahl übernimmt und bei allen Konten des Kunden einen prozentualen Abzug des Saldos vornimmt. Nutzen Sie bei diesem Abzug die Möglichkeiten eines Lambda-Ausdrucks. Die Konten eines Kunden sollen dabei in einer `ArrayList` gespeichert werden.

Für den ersten Prototyp ist ein einfaches Hauptprogramm schon vorgegeben:

```java
public static void main(String args[]) {

    Mitarbeiter m1 = new Mitarbeiter();
    m1.setName("Maier");
    m1.setAbteilung("Finanzierung");

    Kunde k1  = new Kunde(m1);
    k1.setName("Hansen");
    k1.setId(111);
    k1.setKonto("DE1223456789",150.0);
    k1.setKonto("DE5345346789",2250.0);
```

> Durch die 0...*:1- Assoziation muss ein neuer Kunde zwingend einen Betreuer haben – realisiert durch den Konstruktor. Im Konstruktor wird dann der Kunde selbst (`this`-Verweis) direkt der Methode `setKunde` des Betreuer übergeben.

> Einen Kunden mit zwei Konten anlegen!

```java
        Kunde k2  = new Kunde(m1);
        k2.setName("Kaiser");
        k2.setId(222);
        k2.setKonto("DE4554546789",0.0);
        k2.setKonto("DE5345334344",1000.0);
        k2.setKonto("DE5345323334",280.0);
```
Einen Kunden mit drei Konten anlegen!

```java
        for(int i = 1; i <= 2; i++){
            System.out.println("Kunde: " + m1.getKunde(i).getName());
            for(int k=1; k <= m1.getKunde(i).getAnzahlKonten(); k++){
                System.out.println("Konto Nr: " + k);
                System.out.println("\t" + m1.getKunde(i).getKonto(k)
                    .getIsbn());
                System.out.println("\t" + m1.getKunde(i).getKonto(k)
                    .getSaldo());
            }
            System.out.println();
        }
```
Kundendaten ausgeben!

```java
        k1.steuerAbzug(5);
        k2.steuerAbzug(5);
```
Pauschaler Abzug von 5% für alle Konten der beiden Kunden!

```java
        System.out.println("Nach Steuerabzug:");
        for(int i = 1; i <= 2; i++){
            System.out.println("Kunde: " + m1.getKunde(i).getName());
            for(int k=1; k <= m1.getKunde(i).getAnzahlKonten(); k++){
                System.out.println("Konto Nr: " + k);
                System.out.println("\t" + m1.getKunde(i).getKonto(k)
                    .getIsbn());
                System.out.println("\t" + m1.getKunde(i).getKonto(k)
                    .getSaldo());
            }
            System.out.println();
        }
    }
```
Kundendaten erneut ausgeben!

Nach dem Starten erscheint folgende Bildschirmausgabe:

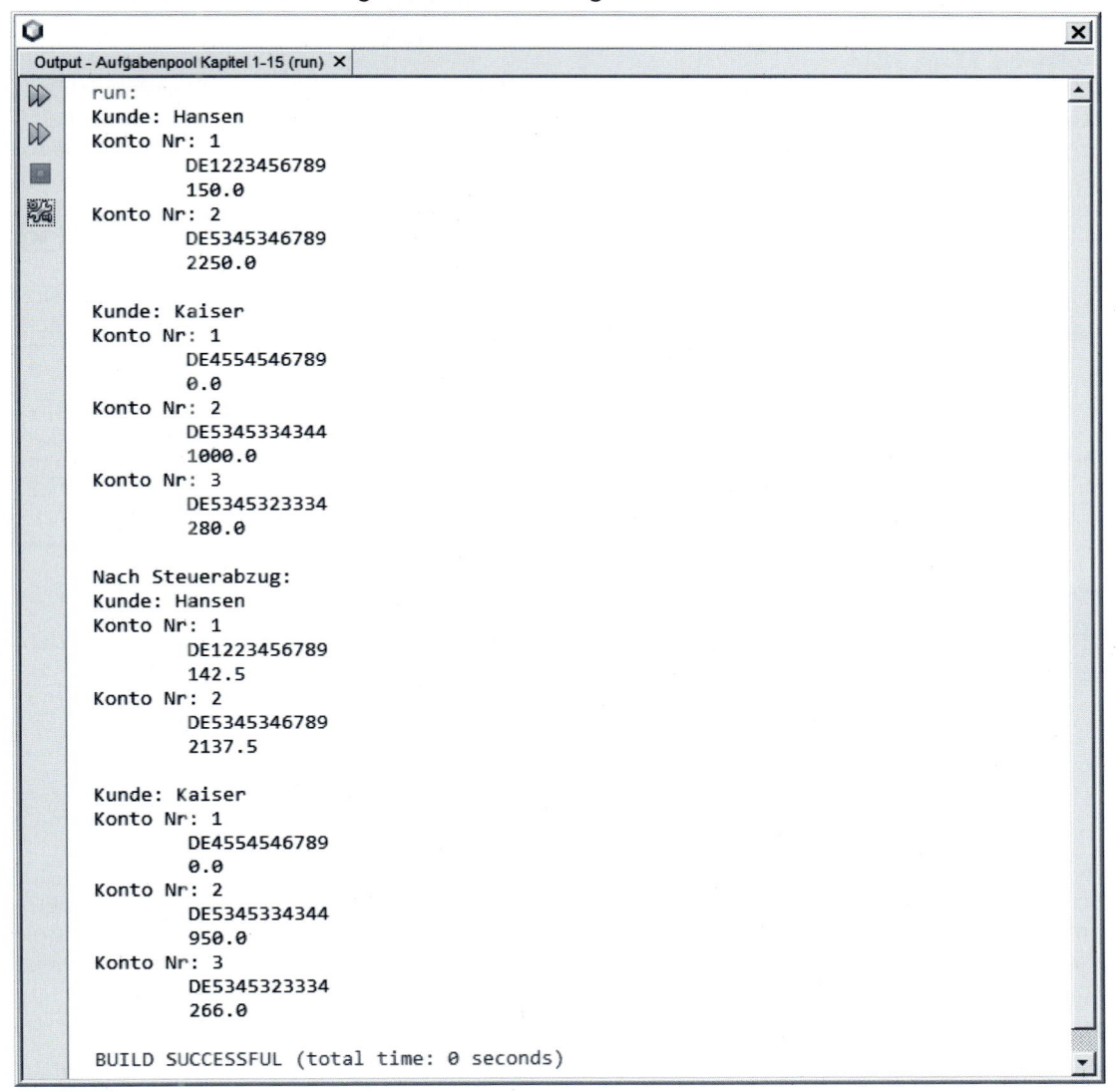

```
run:
Kunde: Hansen
Konto Nr: 1
        DE1223456789
        150.0
Konto Nr: 2
        DE5345346789
        2250.0

Kunde: Kaiser
Konto Nr: 1
        DE4554546789
        0.0
Konto Nr: 2
        DE5345334344
        1000.0
Konto Nr: 3
        DE5345323334
        280.0

Nach Steuerabzug:
Kunde: Hansen
Konto Nr: 1
        DE1223456789
        142.5
Konto Nr: 2
        DE5345346789
        2137.5

Kunde: Kaiser
Konto Nr: 1
        DE4554546789
        0.0
Konto Nr: 2
        DE5345334344
        950.0
Konto Nr: 3
        DE5345323334
        266.0

BUILD SUCCESSFUL (total time: 0 seconds)
```

> **Hinweis:**
>
> Mithilfe eines Lambda-Ausdrucks werden alle Kontensalden eines Kunden um die entsprechende Prozentzahl reduziert. Dabei kann die `forEach`-Methode der Liste verwendet werden, die einen Lambda-Ausdruck akzeptiert.

11 Aufgaben zur GUI-Programmierung mit dem AWT

Aufgabe 11.1
Vererben Sie die Klasse `Frame` an eine eigene Klasse, implementieren Sie einen Clientbereich und überschreiben Sie die `paint`-Methode. Legen Sie dann einen Zähler an, der die Anzahl der Paint-Ereignisse mitzählt. In dem Fenster soll dann die aktuelle Anzahl dieser angezeigt werden. Dabei soll der Text sowohl vertikal als auch horizontal zentriert werden, wie die Screenshots des Programms zeigen:

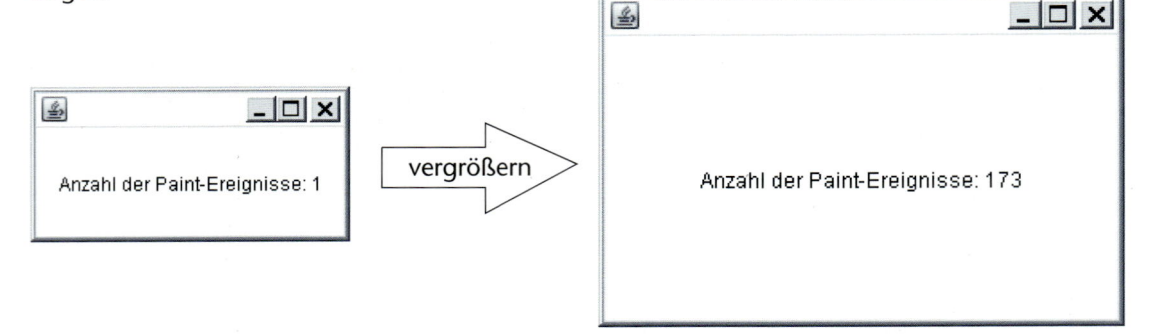

Hinweis zur Umsetzung:

Die Höhe und Breite einer Textzeile kann mit den folgenden Anweisungen ermittelt werden:

```java
int schrifthoehe = this.getFont().getSize();

FontMetrics fm = g.getFontMetrics(this.getFont());

int textbreite = fm.stringWidth("Ein Text");
```

Aufgabe 11.2
Schreiben Sie ein GUI-Programm, welches eine Textdatei einliest und anzeigt. Bei Starten des Programms soll zuerst die Eingabe des Dateinamens und einer gewünschten Schriftart über die Konsole stattfinden und anschließend soll das Fenster gestartet werden, welches die Textdatei zeilenweise anzeigt.

Nach dem Starten könnte das Programm so aussehen:

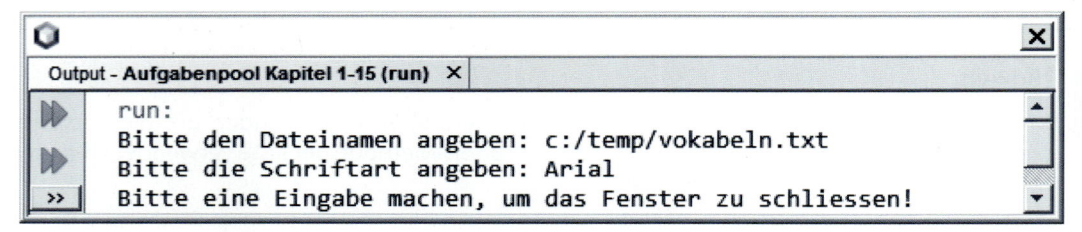

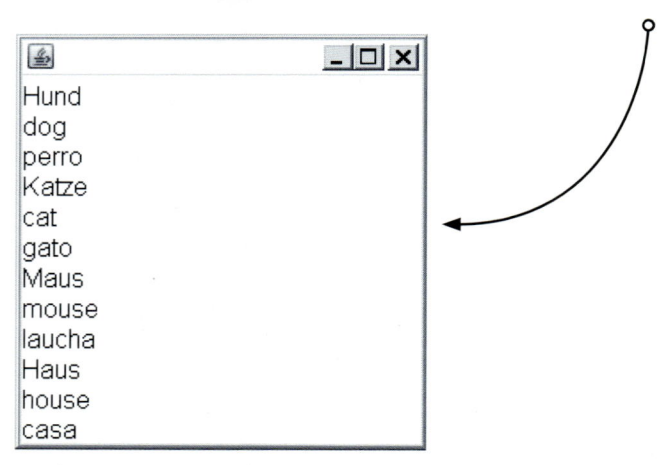

Aufgabe 11.3

In einer Textdatei (siehe Aufbau der Datei) sind geometrische Formen gespeichert. Diese Formen (Linie, Ellipse, Rechteck) sollen eingelesen und anschließend im Clientbereich eines Fensters gezeichnet werden.

Aufbau der Textdatei:

```
LINIE,10,10,100,50,SCHWARZ
RECHTECK,20,120,100,100,SCHWARZ,BLAU
ELLIPSE,30,50,20,30,BLAU,BLAU
LINIE,150,150,200,250,SCHWARZ
RECHTECK,300,300,60,90,BLAU
ELLIPSE,400,200,70,40,ROT,BLAU
```

Bei der Linie sind die Start- und Endpunkte angegeben. Bei dem Rechteck und der Ellipse sind Startpunkt sowie Breite und Höhe angegeben. Die erste Farbe ist die Linienfarbe, die zweite die Füllfarbe (optional).

Speichern Sie die oben angegebenen Zeilen in einer Textdatei auf der Festplatte. Beim Starten des Programms soll diese Datei dann ausgelesen und die entsprechenden grafischen Elemente angezeigt werden. Nach dem Starten könnte das Programm die oben angegebene Textdatei so anzeigen:

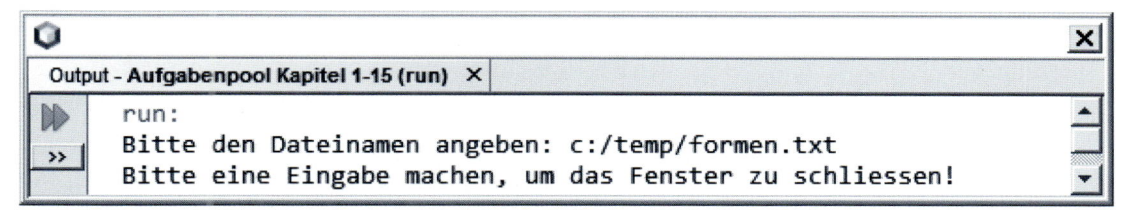

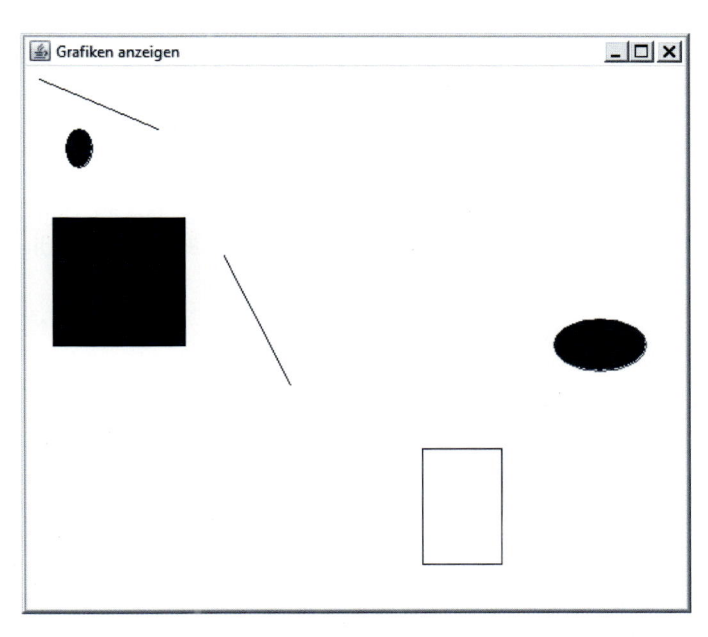

```
run:
Bitte den Dateinamen angeben: c:/temp/formen.txt
Bitte eine Eingabe machen, um das Fenster zu schliessen!
```

Tipp:
Nutzen Sie die Methode `split` der `String`-Klasse, um eine Textzeile in die Bestandteile zwischen den Kommata zu zerlegen.

Aufgabe 11.4

Entwerfen Sie ein GUI-Programm, welches das bekannte Spiel *Tic-Tac-Toe* umsetzt. Das Spiel soll in einer Variante für zwei Spieler konzipiert sein, die abwechselnd einen Zug machen. Der erste Spieler klickt dazu auf eines der neun Felder und setzt damit ein Kreuz in dieses Feld. Danach klickt der zweite Spieler in ein leeres Feld und setzt damit einen Kreis. Sobald drei Kreuze oder Kreise in einer Reihe, Spalte oder diagonal angeordnet sind, hat der entsprechende Spieler gewonnen. Das Programm zeigt durch einen Text an, wer am Zug ist, und prüft den Gewinner. Die folgenden Screenshots zeigen eine mögliche Umsetzung des Programms.

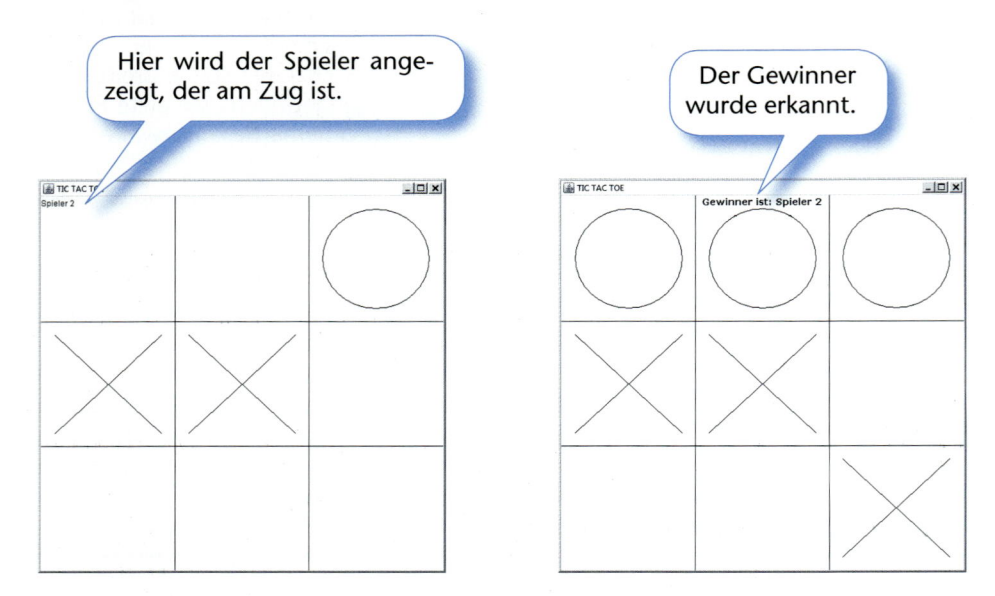

12 Aufgaben zu Steuerelementen mit dem AWT oder den Swing-Klassen

Aufgabe 12.1

Schreiben Sie ein Java-GUI-Programm, das einen einfachen Taschenrechner realisiert. Der Taschenrechner soll die Grundrechenarten anbieten und einen zusätzlichen Button („C"-Button), um die Anzeige zu löschen. Der Taschenrechner könnte so aussehen:

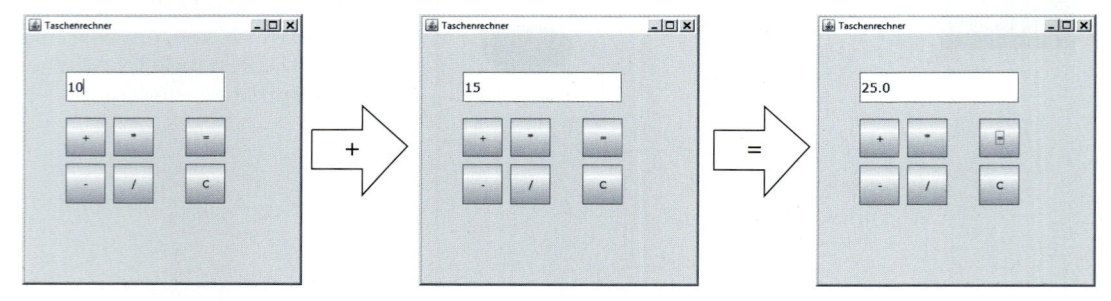

Die obigen Bilder zeigen die Benutzung des Taschenrechners: In die Textbox wird ein Wert eingetragen und anschließend ein Operation-Button gedrückt (in diesem Fall der „+"-Button). Nach dem Eintragen des zweiten Wertes wird das Ergebnis (10 + 20 = 30) durch einen Klick auf den „="-Button in die Textbox geschrieben.

> **Hinweis:**
>
> Die Werte müssen aus der Textbox durch eine Konvertierungsmethode in den gewünschten Datentyp (zum Beispiel `double`) umgewandelt werden.

Aufgabe 12.2

Schreiben Sie Ihren eigenen Datei-Explorer. Ähnlich wie im Windows Explorer oder einem anderen Datei-Explorer sollen in einer Baumansicht die Ordner angezeigt werden sowie in einem Textbereich die Dateien, die in dem selektierten Ordner der Baumansicht zu finden sind. Das Programm könnte so aussehen:

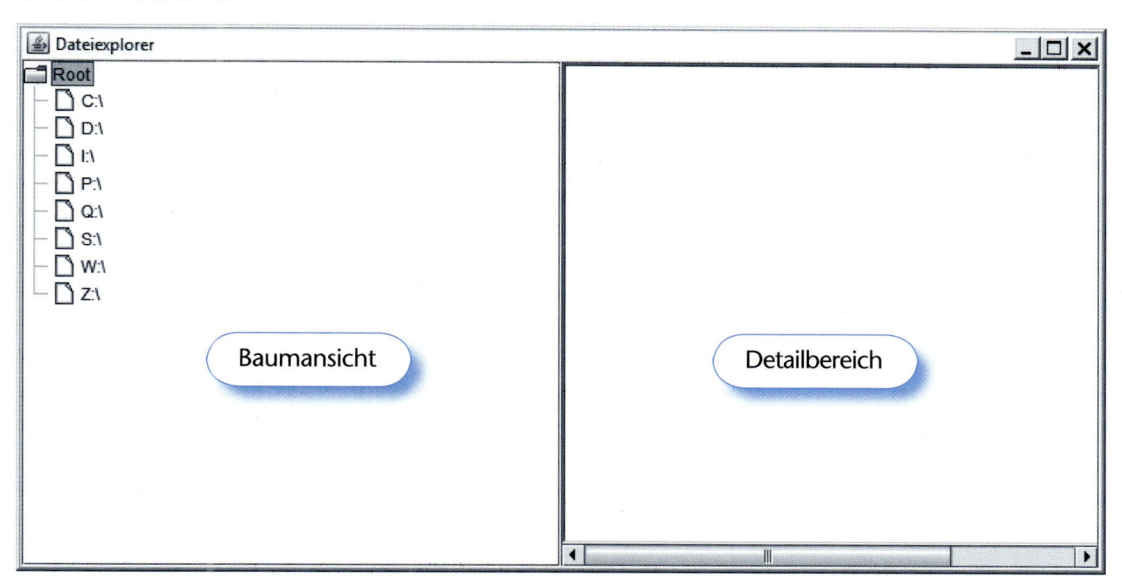

Nach dem Starten werden alle verfügbaren Laufwerke eingelesen und in der Baumansicht angezeigt. Neben der Baumansicht wurde ein zweites Steuerelement (`TextArea`) angelegt. Dieses Steuerelement dient zur Aufnahme von Detailinformationen zu den einzelnen Verzeichnissen. Beide Steuerelemente wurden mit Bildlaufleisten versehen.

Ein Klick auf ein Verzeichnis sorgt dafür, dass die Unterverzeichnisse angezeigt und parallel dazu alle Dateien und Verzeichnisse in dem Detailbereich aufgelistet werden:

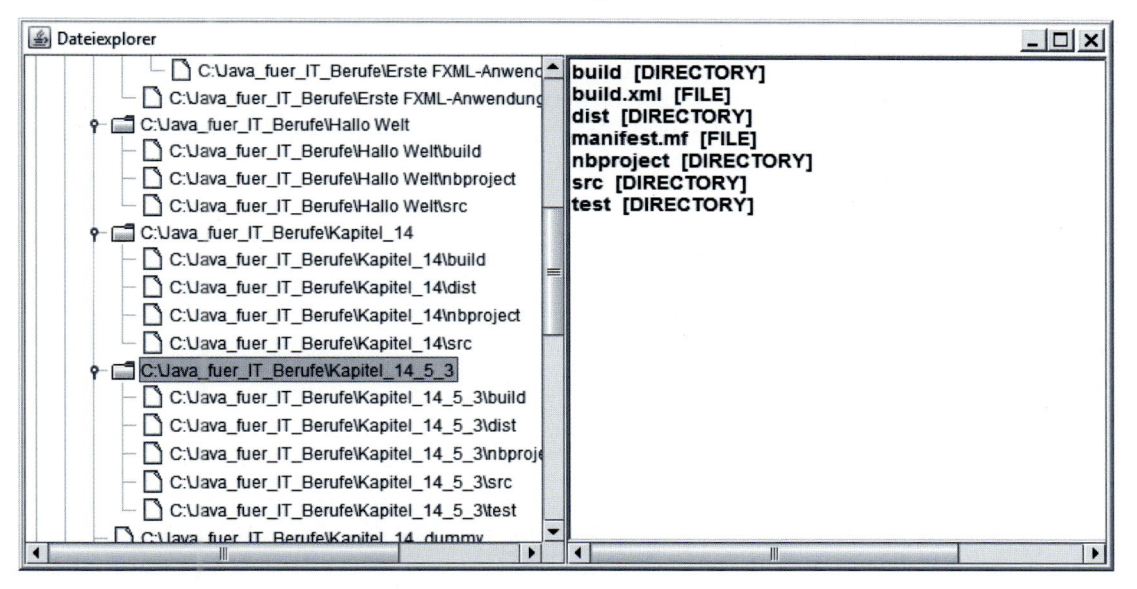

Hinweise:

▶ Die Baumansicht kann auf zwei Arten gefüllt werden:

Rekursion:

Das gesamte Verzeichnis (Laufwerk) wird rekursiv durchsucht und alle Knoten werden angelegt.

Nachteil: Bei großen Verzeichnissen (Laufwerken) sehr langsam und es besteht die Gefahr eines *StackOverflows*.

Füllen auf Anforderung:

Erst bei einem Ereignis (beispielsweise ein Klick auf einen Ordner) werden die Verzeichnisse des Ordners ausgelesen und in die Baumstruktur eingefügt. Das folgende Beispiel zeigt, wie ein solches Ereignis implementiert werden kann:

```java
baum.addTreeSelectionListener(
  new TreeSelectionListener(){
  @Override
  public void valueChanged(TreeSelectionEvent e) {

    DefaultMutableTreeNode knoten =
    (DefaultMutableTreeNode)baum.getLastSelectedPathComponent();
    //TODO: den Knoten füllen
    :
    baum.expandPath(e.getNewLeadSelectionPath());
  }
});
```

Den selektierten Knoten wählen

Den gefüllten Knoten expandieren

13 Aufgaben zu Menüs und Dialogen

Aufgabe

Schreiben Sie ein Java-GUI-Programm, welches eine einfache Editor-Anwendung umsetzt. Es soll möglich sein, Textdateien zu laden, zu editieren und zu speichern. Ein Menü soll die entsprechenden Funktionalitäten anbieten. Das Öffnen und Speichern soll mit einem entsprechenden Dialog (beispielsweise `JFileChooser`) umgesetzt werden.

Die Anwendung könnte so aussehen:

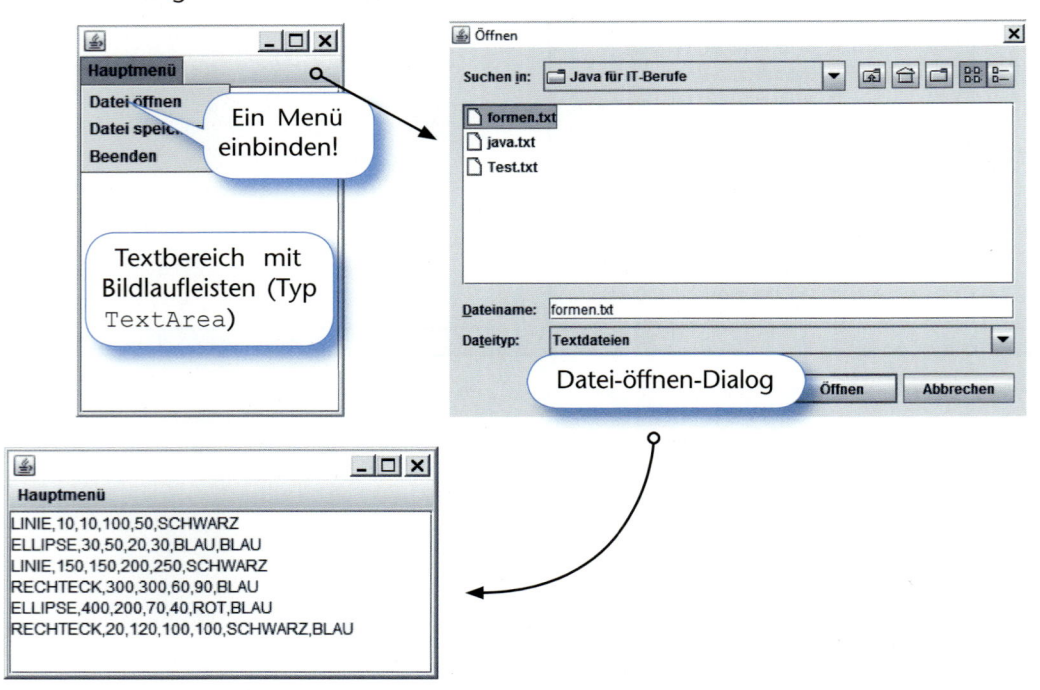

> **Hinweis:**
>
> Der Dateidialog wird mit der Klasse `JFileChooser` umgesetzt. Das folgende Beispiel zeigt, wie die selektierte Datei des Benutzers ausgelesen werden kann:
>
> ```java
> JFileChooser dateiDialog = new JFileChooser("*.txt");
> dateiDialog.setFileFilter(
>     new FileNameExtensionFilter("Textdateien","txt"));
>
> dateiDialog.showOpenDialog(this);
> ```
>
> *Einen Dateifilter setzen*
>
> ```java
> String datei = dateiDialog.getSelectedFile().getPath();
> ```
>
> *Die selektierte Datei wählen*

14 Aufgaben zu JavaFX-Anwendungen

Aufgabe 14.1
Schreiben Sie eine JavaFX-Anwendung, die das Spiel *Tic-Tac-Toe* aus Aufgabe 11.4 umsetzt. Legen Sie dazu neun Buttons in einem *Grid-Container* an und weisen Sie jedem Button einen Ereignisempfänger zu. Die Logik des Spiels kann prinzipiell aus der Aufgabe 11.4 übernommen werden. Die Kreise und Kreuze werden nun einfach mit einer entsprechend großen Schrift als Beschriftung des Buttons dargestellt („**X**" oder „**O**").

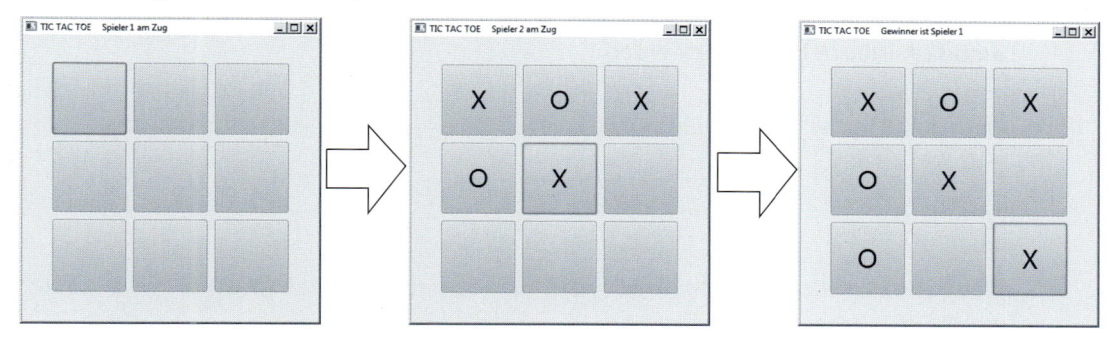

Aufgabe 14.2

Für die Kundenberater der *Bank 42* soll eine Anwendung entwickelt werden, mit der ein Ratenkredit einfach ausgerechnet werden kann. Mithilfe von Schiebereglern (Slider) sollen die Eckdaten des Kredites bestimmt werden. In dem unten angeordneten Textfeld (TextArea) werden diese Daten parallel angezeigt. Die monatliche Rate wird ebenfalls sofort angezeigt.

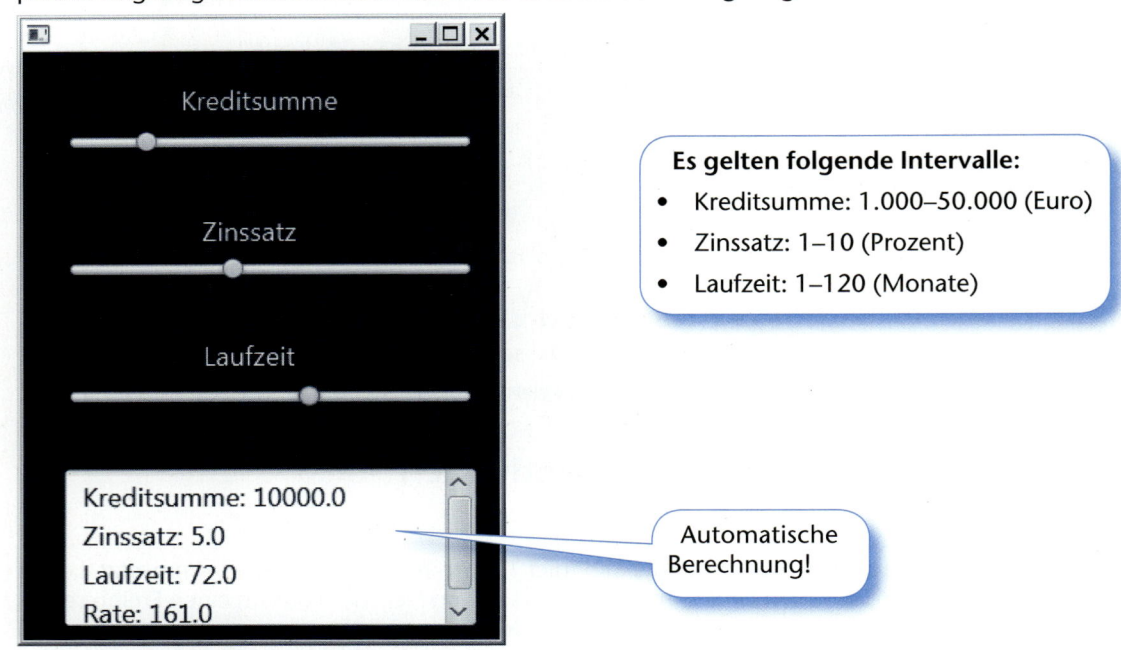

Es gelten folgende Intervalle:
- Kreditsumme: 1.000–50.000 (Euro)
- Zinssatz: 1–10 (Prozent)
- Laufzeit: 1–120 (Monate)

Hinweise:

▶ Die Veränderungen eines Schiebereglers können einfach über einen Eventhandling mit Lambda-Ausdruck bearbeitet werden:

```
@FXML
private Slider sliderBeispiel;

:

@Override
public void initialize(URL url, ResourceBundle rb) {
sliderBeispiel.valueProperty().addListener((observable, oldValue, newValue) -> {
                                                            //TODO
                              } );


}
```

▶ Die Formel zur Berechnung der monatlichen Rate sieht so aus:

$$\text{Rate} = \text{Kreditsumme} * \frac{\frac{Zinssatz}{1200} * \left(1 + \frac{Zinssatz}{1200}\right)^{Laufzeit}}{\left(1 + \frac{Zinssatz}{1200}\right)^{Laufzeit} - 1}$$

Die Formel entspricht der jährlichen Annuitätenformel auf Monate umgerechnet.

15 Aufgaben zur Datenbankanbindung

Aufgabe 15.1

In einer Firma werden die Provisionen der Vertriebsmitarbeiter in einer einfachen Textdatei gespeichert. Schreiben Sie eine einfache Konsolenanwendung, die die Textdatei einliest und in einer Datenbanktabelle speichert. Die Datenbanktabelle sollte vorher in einer geeigneten Datenbank (z.B. *SQLite*) mit den entsprechenden SQL-Befehlen angelegt worden sein. Anschließend sollen folgende statistische Kenndaten aus der Tabelle ausgelesen werden:

- Den Vertriebsmitarbeiter mit der höchsten Provision
- Den Vertriebsmitarbeiter mit der geringsten Provision
- Die Summe aller Provisionen
- Den Durchschnitt aller Provisionen

Die Textdatei sieht so aus:

```
Maier
1200      Name und Provision
Knudsen
800
Laufer
600
Kaufhold
1400
```

Hinweis:

- Die Berechnung der Kenndaten kann entweder mit den entsprechenden SQL-Funktionen (wie SUM, AVG, MIN und MAX) geschehen, oder direkt im Java-Programm umgesetzt werden.

Nach dem Starten könnte die Bildschirmausgabe so aussehen:

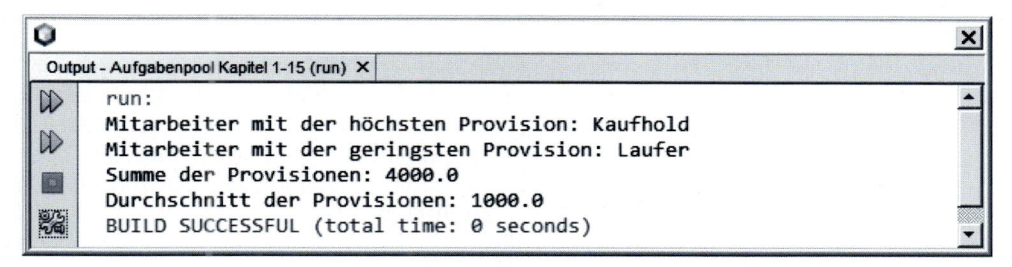

```
run:
Mitarbeiter mit der höchsten Provision: Kaufhold
Mitarbeiter mit der geringsten Provision: Laufer
Summe der Provisionen: 4000.0
Durchschnitt der Provisionen: 1000.0
BUILD SUCCESSFUL (total time: 0 seconds)
```

Aufgabe 15.2

Ausgangssituation:

In einer Firma sind die Bestelldaten der Kunden in zwei Datenbanktabellen (beispielsweise mit *SQLite*) abgelegt. Für die Mitarbeiter soll eine einfache Java-GUI-Anwendung geschrieben werden, mit der die Bestelldaten eines Kunden übersichtlich dargestellt werden können.

Die zugrunde liegenden Tabellen sehen so aus:

Kundentabelle:

ID	Name
Filtern	Filtern
1	Maier
3	Kaiser
4	Franzen
5	Knoblauch
6	Laufer
7	Koenig

Beziehung der Tabellen:

Kunden 1 ——— n Bestellungen

Bestellungen-Tabelle:

Kunden_ID	Bestellnummer	Datum	Infotext	Sachbearbeiter	Erledigt
Filtern	Filtern	Filtern	Filtern	Filtern	Filtern
1	10	10-05-2019	Eilbestellung	Kracher	true
3	11	10-06-2019	gefährliche Fr...	Klauber	true
4	12	10-07-2019	guter Kunde	Hütter	false

Die Bestellungen-Tabelle hat einen Fremdschüssel `Kunden_ID`, der die „1:n" – Beziehung der beiden Tabellen umsetzt.

Aufgabenstellung:

Legen Sie die beiden Tabellen in einer geeigneten Datenbank an (beispielsweise *SQLite*) und füllen Sie die Tabellen mit den entsprechenden Werten. Implementieren Sie dann eine Java-Anwendung, die auf die Datenbank zugreift und die Tabellen ausliest. Die Oberfläche der Anwendung sollte so aussehen:

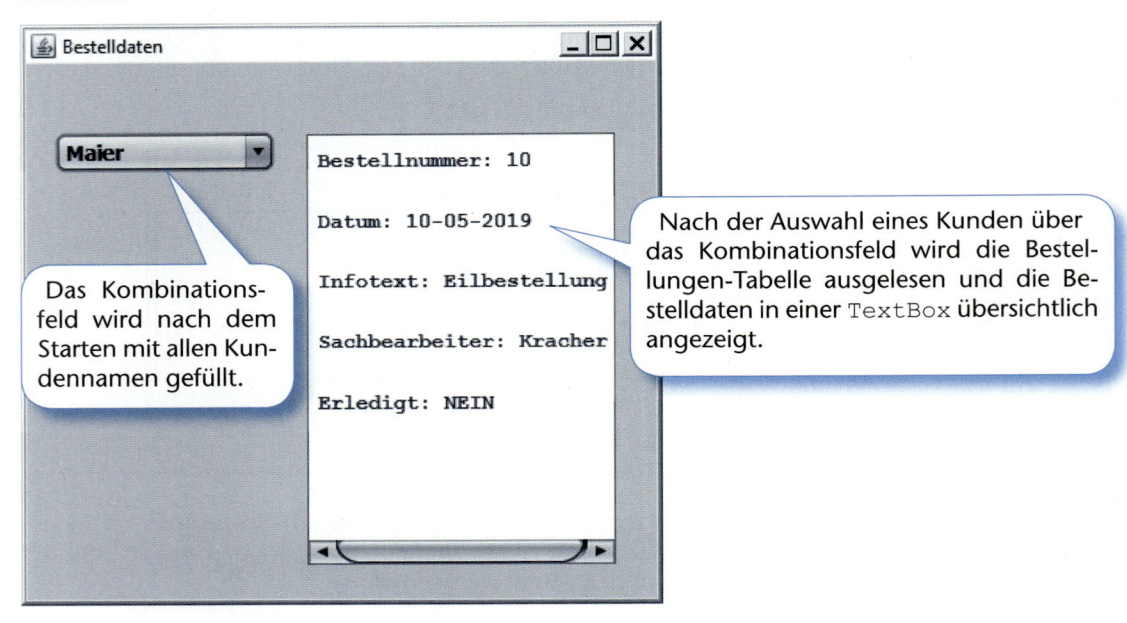

Das Kombinationsfeld wird nach dem Starten mit allen Kundennamen gefüllt.

Nach der Auswahl eines Kunden über das Kombinationsfeld wird die Bestellungen-Tabelle ausgelesen und die Bestelldaten in einer `TextBox` übersichtlich angezeigt.

Fenster „Bestelldaten":
- Auswahl: Maier
- Bestellnummer: 10
- Datum: 10-05-2019
- Infotext: Eilbestellung
- Sachbearbeiter: Kracher
- Erledigt: NEIN

Teil 3
Lernsituationen

Lernsituation 1:
Erstellen einer Präsentation mit Hintergrundinformationen zu der Sprache Java
(in Deutsch oder Englisch) 276

Lernsituation 2
Anfertigen einer Kundendokumentation für den Einsatz einer Entwicklungsumgebung
in Java (in Deutsch oder Englisch) 277

Lernsituation 3:
Entwicklung eines Verschlüsselungsverfahrens für ein internes Memo-System
der Support-Abteilung einer Netzwerk-Firma 279

Lernsituation 4:
Planung, Implementierung und Auswertung eines elektronischen Fragebogens 280

Lernsituation 5:
Entwicklung einer Software zur Darstellung von Wetterdaten mit dem
Model-View-Controller-Konzept 283

Lernsituation 6:
Entwicklung einer JavaFXML-Anwendung, um Sudokus zu lösen 286

Lernsituation 1:

Erstellen einer Präsentation mit Hintergrundinformationen zu der Sprache Java (in Deutsch oder Englisch)

Ausgangssituation:
Sie haben die Ausbildung zum Fachinformatiker bei der mittelständischen Softwareentwicklungsfirma **ProSource** begonnen. Unter anderem führt die Firma Inhouse-Schulungen in verschiedenen IT-Bereichen durch.

Es ist eine Schulung in der Programmiersprache Java geplant. Da die Java-Entwickler der Firma unter Zeitdruck stehen, ist die Vorbereitung der Schulung problematisch. Sie erhalten deshalb den Auftrag, den einführenden Informationsteil der Schulung zu gestalten. Dieser Teil soll ungefähr 15 Minuten in Anspruch nehmen. Neben historischen Daten sollen die interessanten Aspekte der Sprache ansprechend vorgestellt werden – beispielsweise die Einordnung der Sprache Java bezüglich strukturierter und objektorientierter Sprachen. Die Präsentation soll auch in den ausländischen Niederlassungen der Firma genutzt und deshalb auch parallel in englischer Sprache vorbereitet werden.

Arbeitsschritte in Einzel- oder Partnerarbeit:

Planung:

Legen Sie das Präsentationsmittel fest (PowerPoint-Präsentation, Handouts usw.).

Denken Sie über den Umfang der Präsentation nach (Zeitrahmen 15 Minuten).

Informieren Sie sich über die Hintergründe von Java mithilfe des Informationsteils dieses Buches und weiterer Quellen wie dem Internet.

Wenn es möglich ist, dann arbeiten Sie fächerübergreifend im Deutsch- und/oder Englischunterricht an der Präsentation weiter.

Durchführung:

Gestalten Sie die Folien ansprechend, ohne sie zu überfrachten. Formulieren Sie die Folientexte kurz und aussagekräftig. Halten Sie die Präsentation entweder in Deutsch oder in Englisch, wenn der fächerübergreifende Unterricht stattfinden konnte.

Kontrolle:

Führen Sie die Präsentation vor Ihrem Partner oder einer anderen Lerngruppe vor. Der Partner bzw. die Zuhörer beobachten die Präsentation unter Einbeziehung des unten angegebenen Kriterienkatalogs, der im Anschluss die Grundlage für die kritische Auseinandersetzung bietet.

Kriterienkatalog für die Beurteilung einer Präsentation

Fachliche Seite:
- ✓ Gliederung/Strukturierung des Vortrages
- ✓ Logischer Aufbau des Vortrages
- ✓ Angemessener Einsatz von Fachsprache
- ✓ Zusammenhänge deutlich machen
- ✓ Zusammenfassungen bieten (Resümee ziehen)
- ✓ Abschnitte in dem Vortrag deutlich machen

Persönliche Seite:
- ✓ Ruhige und präzise Sprache/Aussprache
- ✓ Pausen machen
- ✓ Dynamik und Gestik
- ✓ Blickkontakt zu den Zuhörern

Lernziele:

▶ Sie lernen wichtige Aspekte der Programmiersprache Java kennen.

▶ Sie sammeln Erfahrungen im Erarbeiten und Durchführen einer fachlichen Präsentation im Bereich IT.

▶ Sie verbessern Ihre Kenntnisse in der englischen Sprache und lernen grundlegende Fachbegriffe in Englisch kennen.

▶ Sie verbessern das gezielte Beobachten von anderen Vorträgen.

Lernsituation 2

Anfertigen einer Kundendokumentation für den Einsatz einer Entwicklungsumgebung in Java (in Deutsch oder Englisch)

Ausgangssituation:

Die Softwareentwicklungsfirma **ProSource** entwickelt Individualsoftware für Kunden. Für einige Kunden ist es wichtig, die Programme selbst weiterentwickeln oder an vorhandenen Schnittstellen eigene Veränderungen vornehmen zu können.

ProSource bietet ihren Kunden deshalb auch für jedes Produkt eine ausführliche Dokumentation an. Für einen Kunden (Bank45), der hauptsächlich Online-Banking anbietet, hat ProSource eine Schnittstelle zur Datenübertragung von Kontoumsätzen von einem Web-Server auf ein internes Verarbeitungssystem entwickelt.

Diese Schnittstelle ist in Java entwickelt worden. Damit die Bank45 mit eigenen Entwicklern die Schnittstelle modifizieren kann, möchte sie zu der Schnittstelle eine kostenfreie Entwicklungsumgebung haben. Als Auszubildender der Firma **ProSource** erhalten Sie nun den Auftrag, eine Kundendokumentation zu dieser Entwicklungsumgebung anzufertigen.

Das Ziel ist eine einführende Beschreibung der Entwicklungsumgebung und die Beschreibung, wie ein bestimmtes Projekt (die sogenannte Konsolenanwendung) angelegt werden kann. Zum besseren Verständnis soll ein kleines Programmierbeispiel vorgestellt werden. Der Umfang dieser Dokumentation sollte fünf Seiten nicht überschreiten. Die Dokumentation soll auch in den ausländischen Niederlassungen der Bank genutzt und deshalb auch parallel in englischer Sprache vorbereitet werden.

Arbeitsschritte in Einzel- oder Partnerarbeit:

Planung:

Überlegen Sie sich ein Konzept für diese Kundendokumentation. Orientieren Sie sich an den folgenden Fragen:

- ▶ Wie kann die Dokumentation gegliedert werden (allgemeine Beschreibung, Anlegen des Projektes, Programmierbeispiel)?
- ▶ Mit welchem Programm kann die Dokumentation adäquat umgesetzt werden (Editor, Word o. Ä.)?

Entscheiden Sie sich für eine Entwicklungsumgebung. Vorgeschlagen wird hier die kostenfreie Entwicklungsumgebung *Apache Netbeans*. Wenn Sie in Ihrem Lernumfeld mit einer anderen Umgebung arbeiten, so können Sie auch diese verwenden.

Wenn es möglich ist, dann arbeiten Sie fächerübergreifend im Deutsch- und/oder Englischunterricht an der Dokumentation weiter.

Für das Programmierbeispiel erhalten Sie folgende Vorgabe Ihrer Firma:

Es soll ein Java-Programm geschrieben werden, das eine Art Visitenkarte des Programmierers auf dem Bildschirm anzeigt.

Mögliche Bildschirmausgabe dieses Programms:

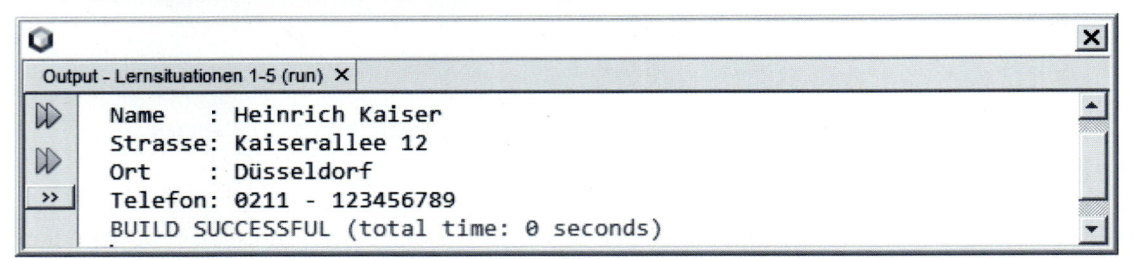

```
Output - Lernsituationen 1-5 (run)   X
     Name    : Heinrich Kaiser
     Strasse: Kaiserallee 12
     Ort     : Düsseldorf
     Telefon: 0211 - 123456789
     BUILD SUCCESSFUL (total time: 0 seconds)
```

Bei der Umsetzung dieser Problematik müssen Sie folgende Punkte beachten:

- ▶ Wie wird ein Java-Projekt in der Entwicklungsumgebung angelegt?
- ▶ Wie sieht das „Hauptprogramm" aus und mit welcher Anweisung wird eine Bildschirmausgabe erreicht?

Benutzen Sie den Informationsteil dieses Buches und weitere Quellen wie das Internet, um die nötigen Kenntnisse zu erarbeiten.

Durchführung:

Gestalten Sie die Kundendokumentation in einem ansprechenden Wechsel von Text und Grafik (Screenshots der Entwicklungsumgebung).

Formatieren Sie Quelltext mit einer anderen Schrift.

Kontrolle:

Nutzen Sie die Rechtschreibkontrolle Ihrer Textverarbeitung. Falls es möglich ist, lassen Sie Ihre Dokumentation von jemandem lesen, der die Entwicklungsumgebung nicht kennt – es wird sich dann zeigen, ob Ihre Erläuterungen zum Ziel führen.

Lernziele:

- ▶ Sie lernen die Entwicklungsumgebung *Apache NetBeans* kennen.
- ▶ Sie erarbeiten die Grundstruktur eines Java-Programms.
- ▶ Sie erkennen die Notwendigkeiten, um ein Java-Programm zu starten.
- ▶ Sie verbessern Ihre Kenntnisse in der englischen Sprache und lernen grundlegende Fachbegriffe in Englisch kennen.

Lernsituation 3:
Entwicklung eines Verschlüsselungsverfahrens für ein internes Memo-System der Support-Abteilung einer Netzwerk-Firma

Ausgangssituation:

Als Spezialist für Systemintegration bietet die Firma **NetSolution** ihren Kunden einen Komplett-Service. Dieser Service beinhaltet auch den kostenfreien Support aller Kunden für 8 Monate.

Alle Anfragen von Kunden (telefonisch oder per E-Mail) werden von den Support-Mitarbeitern als eine Notiz bzw. Memo abgespeichert. Dieses Memo-System ist ein einfaches webbasiertes Produkt der Firma **ProSource**, das allen Kunden von **ProSource** kostenfrei zu Verfügung gestellt wird. Eventuelle Erweiterungen des Systems können (natürlich kostenpflichtig) bei ProSource in Auftrag gegeben werden. **NetSolution** möchte nun eine solche Erweiterung in Auftrag geben. Das Speichern der Memos erfolgt standardmäßig in Klartext. Ein einfaches, aber relativ sicheres Verschlüsselungsverfahren soll nun in das Memo-System implementiert werden. Nach Abwägung von Sicherheitsbedürfnis und Kosten entschieden sich die Verantwortlichen für eine Verschlüsselung, die auf der Polybius*-Tafel mit zusätzlichem Codewort basiert. Als erfahrener Auszubildender der Firma **ProSource** erhalten Sie den Auftrag zur Umsetzung des Verschlüsselungsmoduls.

* Polybius war ein griechischer Schriftsteller und Historiker (200–120 vor Christus). Er befasste sich damals schon mit Verschlüsselungsverfahren.

Arbeitsschritte in Einzel- oder Partnerarbeit:

Planung:

Das zu implementierende Verschlüsselungsverfahren wird hier schematisch dargestellt.

1. Wahl eines Schlüsselwortes: z. B. PROGRAMMIEREN
2. Füllen der Verschlüsselungsmatrix: Alle Buchstaben des Schlüsselwortes werden in die Matrix eingetragen, allerdings ohne Wiederholungen. Danach werden die restlichen Buchstaben des Alphabetes aufgefüllt.

	1	2	3	4	5
1	P	R	O	G	A
2	M	I	E	N	B
3	C	D	F	H	J
4	K	L	Q	S	T
5	U	V	W	X	Y
6	Z	Leerzeichen			

3. Mithilfe dieser Matrix werden Zeichenketten verschlüsselt. Jeder Buchstabe erhält eine zweistellige Zahl (Zeile und Spalte). Diese Zahlen liefern dann die Verschlüsselung der Zeichenkette.

> **Beispiel: DAS IST EIN TEST**
>
> Verschlüsselung: **32 15 44 62 22 44 45 62 23 22 24 62 45 23 44 45**
>
> Die Realisierung der Verschlüsselung setzt eine eingehende Auseinandersetzung mit den ein- und mehrdimensionalen Arrays aus dem Informationsteil voraus.

Durchführung:

Implementieren Sie eine geeignete Klasse, die über Methoden verfügt, welche die Verschlüsselung durchführen können. Die verschlüsselten Zeichenketten sollen dabei in Arrays vom Datentyp `int` gespeichert werden. Die Klasse soll für beliebige Schlüsselwörter sowohl verschlüsseln als auch entschlüsseln.

Kontrolle:

Jedes Entwicklerteam stellt handschriftlich eine Verschlüsselungsmatrix mit einem selbst gewählten Schlüsselwort auf. Diese Matrizen dienen dann als Testgrundlage für die Kontrolle der korrekten Ver- und Entschlüsselung.

Testen Sie das Modul unter den Bedingungen des Auftrages. Verschlüsseln und Entschlüsseln Sie sehr lange Zeichenketten, die vom Umfang her einem Memotext entsprechen. Das könnten ca. 300 Wörter oder ca. 2000 Zeichen sein.

> **Lernziele:**
> - Sie lernen eine interessante Anwendung der Programmierung kennen – die Verschlüsselungstechnik.
> - Sie erarbeiten die nötigen Kenntnisse über ein- und mehrdimensionale Arrays in Java.
> - Sie erkennen die Besonderheiten der Zeichenkettenverarbeitung in Java.

Lernsituation 4:

Planung, Implementierung und Auswertung eines elektronischen Fragebogens

Ausgangssituation:

Die psychologische Fakultät einer großen deutschen Universität führt Untersuchungen auch mithilfe des Computers durch. Für eine spezielle Untersuchung, die kognitive Fähigkeiten unter Stress (Zeitdruck) misst, soll ein Teil dieser Untersuchung am Computer durchgeführt werden.

Die Firma **ProSource** erhält den Auftrag, ein Programm für diesen Teil der Untersuchung zu entwickeln.

In dem Programm sollen den Versuchspersonen fünf Fragen gestellt werden. Für jede Frage gibt es drei vordefinierte Antworten, von der eine gewählt werden muss. Neben der gegebenen Antwort soll das Programm auch die Antwortzeit (in Millisekunden) speichern. Die Gestaltung der Bildschirmausgabe soll bewusst sehr schlicht sein, um die Probanden nicht unnötig abzulenken. Aus diesem Grund entscheidet sich die Projektleitung von **ProSource** für eine Konsolenanwendung. Als Auszubildender der Firma **ProSource** haben Sie bereits einige Konsolenanwendungen entwickelt. Die Aufgabe wird deshalb an Sie delegiert.

Arbeitsschritte in Einzel- oder Partnerarbeit:

Planung:

Von der psychologischen Fakultät erhalten Sie den Fragenkatalog mit den vorgegebenen Antworten. Die korrekte Antwort ist fett gedruckt.

Frage 1: Thomas Mann schrieb welchen Roman?

- ▶ Antwort 1: Die Pest
- ▶ Antwort 2: **Der Zauberberg**
- ▶ Antwort 3: Der Untertan

Frage 2: Napoleon wurde endgültig besiegt in der Schlacht von?

- ▶ Antwort 1: **Waterloo**
- ▶ Antwort 2: Marengo
- ▶ Antwort 3: Austerlitz

Frage 3: Der Schall pflanzt sich in der Luft mit welcher Geschwindigkeit fort?

- ▶ Antwort 1: 33 km/h
- ▶ Antwort 2: **330 m/s**
- ▶ Antwort 3: 3300 m/s

Frage 4: Welche Erfindung machte Thomas Alva Edison nicht?

- ▶ Antwort 1: Die Glühlampe
- ▶ Antwort 2: Den Phonograph
- ▶ Antwort 3: **Die Enigma**

Frage 5: Welcher Architekt nannte sich Le Corbusier?

- ▶ Antwort 1: **Charles-Édouard Jeanneret-Gris**
- ▶ Antwort 2: Frank Wright
- ▶ Antwort 3: Mies van der Rohe

Das Programm soll über ein Auswahlmenü verfügen, mit dem der Versuchsleiter den Versuch steuert:

```
Psychologisches Institut II
Teiluntersuchung: 5 Fragen
<1>    Neuen Versuch starten
<2>    Auswertung der Versuche
<3>    Ende
Ihre Wahl: ?
```

Nach der Auswahl „Neuen Versuch starten" muss zuerst eine Probandennummer eingegeben werden. Danach kann dann der eigentliche Versuch gestartet werden.

Der Proband startet den Versuch selbst durch Drücken einer Taste. Von diesem Zeitpunkt an wird die Zeit gemessen, die der Proband für die Beantwortung der einzelnen Fragen braucht.

Dem Probanden werden dann die fünf Fragen hintereinander gestellt.

Nach der letzten Frage wird der Proband auf das Ende des Versuches hingewiesen.

Der Versuchsleiter übernimmt wieder die Bedienung des Programms und nach dem Drücken einer Taste erscheint das o. a. Auswahlmenü.

Die Auswertung der Versuche kann jederzeit durchgeführt werden und soll verschiedene statistische Daten anzeigen.

Lernsituationen

Mögliche Bildschirmausgabe:

```
                    Psychologisches Institut II
                    Teiluntersuchung: 5 Fragen
                    ******AUSWERTUNG**********

    Prozentualer Anteil der korrekten Antworten bei Frage 1:   40%
    Prozentualer Anteil der korrekten Antworten bei Frage 2:   20%
    Prozentualer Anteil der korrekten Antworten bei Frage 3:   50%
    Prozentualer Anteil der korrekten Antworten bei Frage 4:   60%
    Prozentualer Anteil der korrekten Antworten bei Frage 5:   30%
    Prozentualer Anteil der korrekten Antworten aller Fragen: 40%

    Durchschnittliche Antwortzeit bei Frage 1: 4500 Ms
    Durchschnittliche Antwortzeit bei Frage 2: 6200 Ms
    Durchschnittliche Antwortzeit bei Frage 3: 2600 Ms
    Durchschnittliche Antwortzeit bei Frage 4: 3700 Ms
    Durchschnittliche Antwortzeit bei Frage 5: 4900 Ms

    Minimale Antwortzeit bei Frage 1: 1500 Ms
    Minimale Antwortzeit bei Frage 2: 2100 Ms
    Minimale Antwortzeit bei Frage 3:  900 Ms
    Minimale Antwortzeit bei Frage 4: 1100 Ms
    Minimale Antwortzeit bei Frage 5: 1800 Ms

    Maximale Antwortzeit bei Frage 1: 9600 Ms
    Maximale Antwortzeit bei Frage 2: 6700 Ms
    Maximale Antwortzeit bei Frage 3: 4500 Ms
    Maximale Antwortzeit bei Frage 4: 6700 Ms
    Maximale Antwortzeit bei Frage 5: 8800 Ms

    Zurueck zum Auswahlmenue - Bitte eine Taste druecken. . . .
```

Durchführung:

Entwickeln Sie das Java-Programm für die o. a. Problemstellung.

Stellen Sie bei den Benutzereingaben absolut sicher, dass keine Fehleingaben möglich sind.

Entwickeln Sie eine Klasse, in der Sie die Daten eines Probanden speichern können. Da beliebig viele Versuche durchgeführt werden können, muss die Speicherung der Daten dynamisch geschehen.

Die Fragen und Antworten sollten im Programmcode leicht editierbar sein – also in geeigneter Form an einer zentralen Stelle gespeichert sein. Das Programm sollte so konzipiert sein, dass es für das Ergänzen von weiteren Fragen vorbereitet ist.

Hinweis:

Die Zeitmessung kann mithilfe der Methode `currentTimeMillis` durchgeführt werden. Diese Methode liefert die Millisekunden, die seit dem 1. Januar 1970 vergangen sind.

```
long startZeit = System.currentTimeMillis();
// Aktionen
long endZeit = System.currentTimeMillis();
```

Kontrolle:

Testen Sie das Programm mit dem *Black-Box*-Testverfahren. Die Testpersonen kennen den internen Aufbau des Programms nicht und testen nur die Funktionalität und das Ergebnis. Kontrollieren Sie die Zeitmessungen auch manuell und simulieren Sie die Eingaben von möglichst vielen Versuchspersonen.

> **Lernziele:**
> ▶ Sie lernen eine komplexere Aufgabenstellung zu planen und zu realisieren.
> ▶ Sie erarbeiten sich tiefer gehende Kenntnisse über das Klassenkonzept.
> ▶ Sie testen Ihr Programm mit einem allgemeinen Testverfahren, dem *Black-Box*-Test.

Lernsituation 5:
Entwicklung einer Software zur Darstellung von Wetterdaten mit dem Model-View-Controller-Konzept

Ausgangssituation:
Die Firma *WetterCom* liefert Messdaten von ihren Messstationen an ihre Kunden. Bislang wurden die Daten als Dateianhänge in Textformat versendet. Diese nicht zeitgemäße Versendung von Daten soll durch ein neues Softwaresystem abgelöst werden. Dieses System soll mit der **MVC**-Architektur realisiert werden (Model-View-Controller-Architektur).

In einem ersten Prototyp soll eine lokale Anwendung erstellt werden, die ein einfaches MVC-Modell umsetzt. Die Firma **ProSource** erhält den Auftrag, diese Prototyp-Anwendung in der Sprache Java als Konsolenanwendung zu entwickeln. Als Auszubildender der Firma **ProSource** haben Sie bereits einige Konsolenanwendungen entwickelt. Die Aufgabe wird deshalb an Sie delegiert.

Arbeitsschritte in Einzel- oder Partnerarbeit:

Planung:
Aus der objektorientierten Analyse liegt das folgende Klassendiagramm vor. Es beschreibt den Aufbau der Klassen und deren Beziehung untereinander.

Model

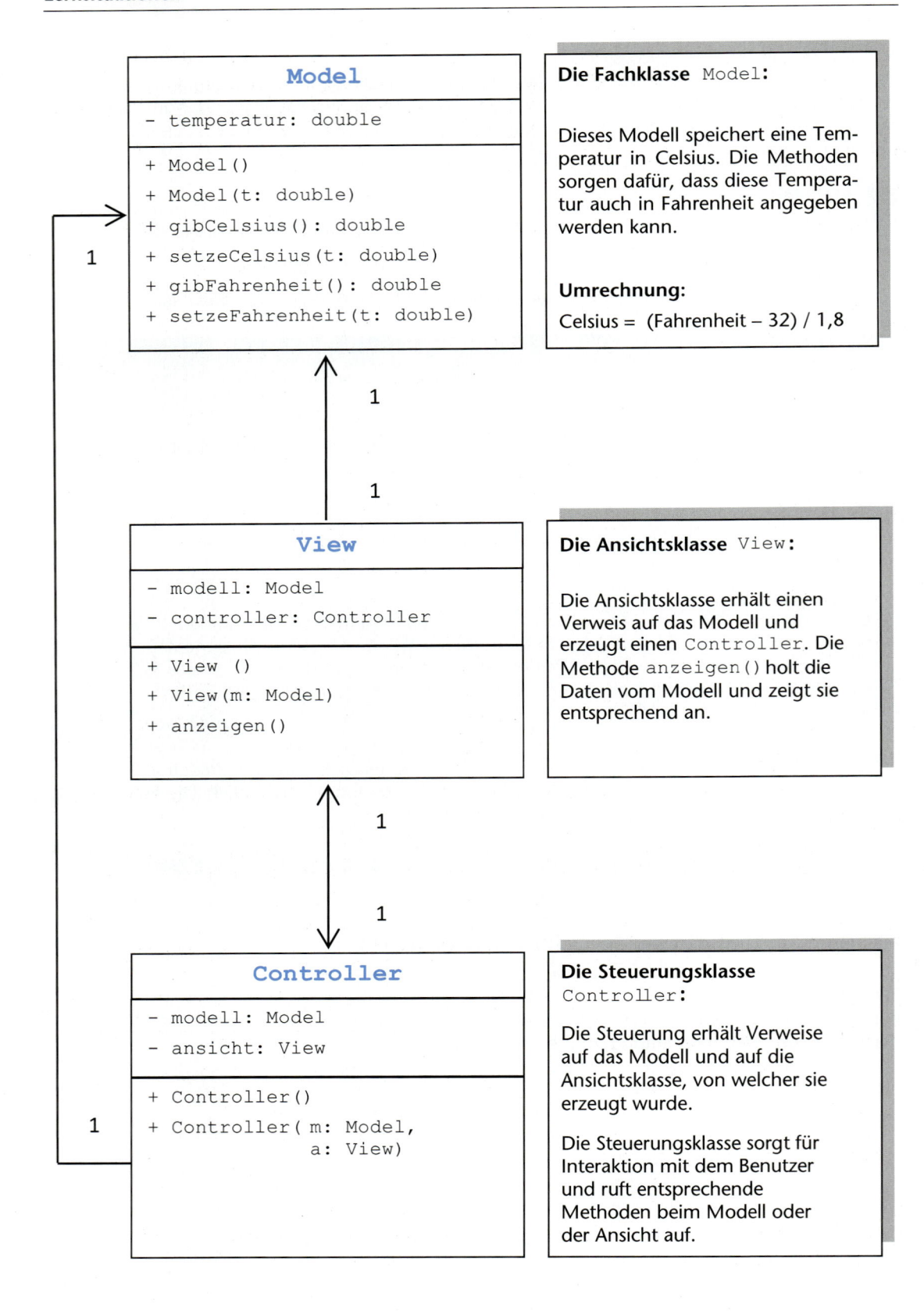

- temperatur: double

+ Model()
+ Model(t: double)
+ gibCelsius(): double
+ setzeCelsius(t: double)
+ gibFahrenheit(): double
+ setzeFahrenheit(t: double)

Die Fachklasse `Model`:

Dieses Modell speichert eine Temperatur in Celsius. Die Methoden sorgen dafür, dass diese Temperatur auch in Fahrenheit angegeben werden kann.

Umrechnung:

Celsius = (Fahrenheit − 32) / 1,8

View

- modell: Model
- controller: Controller

+ View ()
+ View(m: Model)
+ anzeigen()

Die Ansichtsklasse `View`:

Die Ansichtsklasse erhält einen Verweis auf das Modell und erzeugt einen `Controller`. Die Methode `anzeigen()` holt die Daten vom Modell und zeigt sie entsprechend an.

Controller

- modell: Model
- ansicht: View

+ Controller()
+ Controller(m: Model,
              a: View)

Die Steuerungsklasse `Controller`:

Die Steuerung erhält Verweise auf das Modell und auf die Ansichtsklasse, von welcher sie erzeugt wurde.

Die Steuerungsklasse sorgt für Interaktion mit dem Benutzer und ruft entsprechende Methoden beim Modell oder der Ansicht auf.

> **Hinweis:**
> Das obige Modell ist eine einfache Variante der *MVC-Architektur*, da nur ein Modell, eine Ansicht und eine Steuerung instanziiert werden sollen. In der Regel gibt es mehrere Ansichten oder auch Steuerungen, die auf das Modell zugreifen.

Eine Bildschirmausgabe der Konsolenanwendung könnte so aussehen:

```
Auswahl:
<1> Neue Temperatur in Celsius eingeben
<2> Neue Temperatur in Fahrenheit eingeben
<3> ENDE                                          } Controller
1
Bitte die Temperatur in Celsius: 10


T E M P E R A T U R - U M R E C H N U N G <Version 1.0>
Temperatur in Celsius:    10                      } View
Temperatur in Fahrenheit: 50

Auswahl:
<1> Neue Temperatur in Celsius eingeben
<2> Neue Temperatur in Fahrenheit eingeben
<3> ENDE                                          } Controller
1
Bitte die Temperatur in Celsius: 20


T E M P E R A T U R - U M R E C H N U N G <Version 1.0>
Temperatur in Celsius:    20                      } View
Temperatur in Fahrenheit: 68
```

Durchführung:

Recherchieren Sie vor der Umsetzung im Internet zum Thema *MVC*, um den Aufbau dieser Architektur grundsätzlich zu verstehen.

Implementieren Sie dann die drei Klassen entsprechend dem Klassendiagramm. Die Eingabelogik (Menü und Benutzereingabe) soll dabei als Methode der Steuerungsklasse umgesetzt werden.

Die Ausgabe auf dem Bildschirm wird als Methode der Ansichtsklasse umgesetzt, die von der Steuerungsklasse aufgerufen wird, sobald der Benutzer eine neue Wahl getroffen hat. Die Modell-Klasse wird sowohl von der Steuerungsklasse (zur Speicherung neuer Werte) als auch von der Ansichtsklasse genutzt, um die Daten für die Bildschirmausgabe zu erhalten.

Das „Hauptprogramm" in Java ist vorgegeben:

```java
public static void main(String[] args) throws IOException {
    Model modell = new Model(10);
    View ansicht = new View(modell);
}
```

Kontrolle:

Kontrollieren Sie die korrekte Programmausführung durch die Eingabe von einigen Werten, die umgerechnet und dargestellt werden sollen.

> **Lernziele:**
> - Sie lernen die Grundzüge einer wichtigen Architektur kennen – der **Model-View-Controller-Architektur**.
> - Sie erarbeiten sich Kenntnisse in der Umsetzung von **UML-Klassendiagrammen**.

Lernsituation 6:
Entwicklung einer JavaFXML-Anwendung, um Sudokus zu lösen

Ausgangssituation:
Ein bekannter Verlag für Rätselhefte möchte seine Produkte mit kostenfreien *JavaFXML*-Anwendungen aufwerten. Zu den verschiedenen Rätselheften (Kreuzworträtsel, Sudokus usw.) sollen kostenfreie Anwendungen über eine Plattform angeboten werden. Damit sollen die Kunden stärker an die Produkte gebunden werden. Die Firma **ProSource** erhält von dem Verlag den Auftrag eine Anwendung zu entwickeln, die Sudokus selbstständig lösen kann. In einer ersten Variante sollen 4x4-Sudokus gelöst werden. Als Auszubildender der Firma erhalten Sie nun den Auftrag diese Anwendung zu entwickeln.

Arbeitsschritte in Einzel- oder Partnerarbeit:

Planung:
Von dem Verlag wurde ein Layout entworfen, das als Grundlage für die Entwicklung dienen soll:

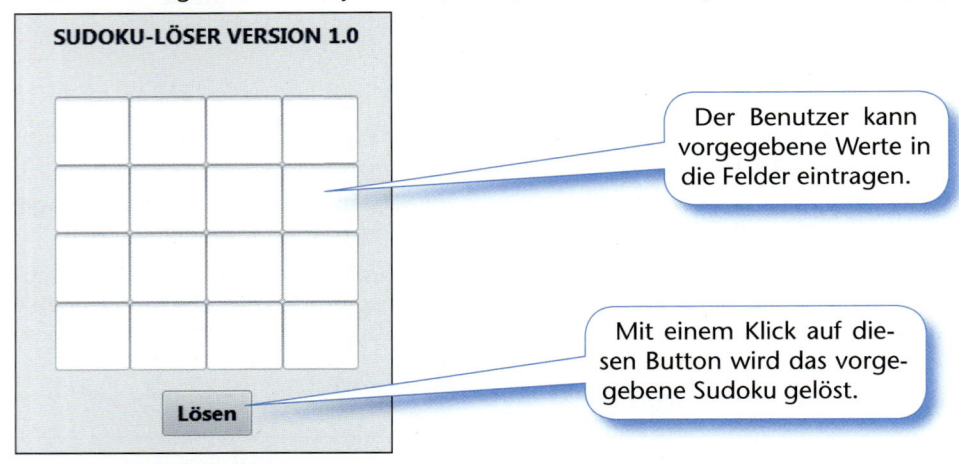

- Der Benutzer kann vorgegebene Werte in die Felder eintragen.
- Mit einem Klick auf diesen Button wird das vorgegebene Sudoku gelöst.

Beispiel einer Anwendung:

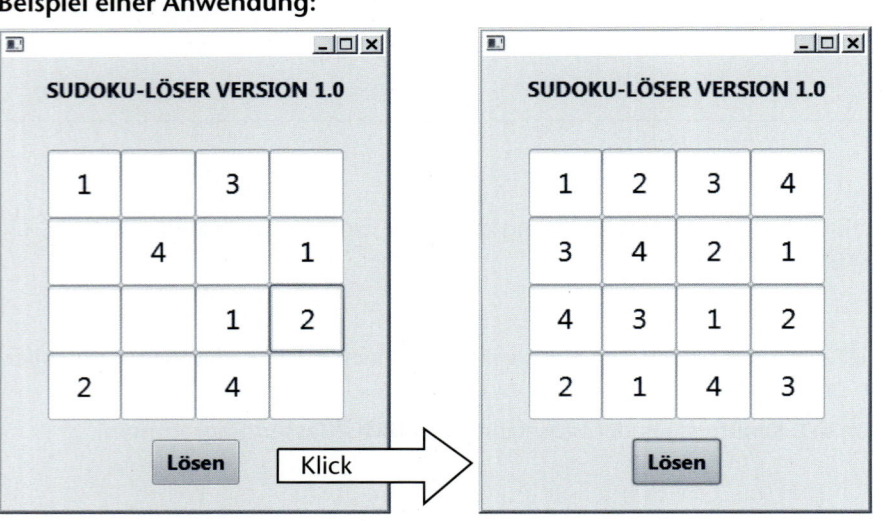

Durchführung

- Entwickeln Sie die Anwendung als *JavaFXML-Projekt*.
- Nutzen Sie ein `GridPane`, um die einzelnen Eingabefelder (`TextField`) einzuordnen.
- Informieren Sie sich über Algorithmen, mit denen solche Probleme (Spielprobleme) gelöst werden können.

    Beispiele für solche Algorithmen:
    - ✓ **Exhaustionsmethode:** systematisches Probieren aller Möglichkeiten
    - ✓ **Backtracking:** fehlerhafte Lösungen führen zu einem Rücksprung
    - ✓ **Menschliche Logik:** Nachprogrammierung der menschlichen Vorgehensweise

- Falls es zeitlich möglich ist, erweitern Sie die Anwendung um die Fähigkeit, 9x9-Sudokus zu lösen.

Kontrolle:

Führen Sie ausführliche Blackbox-Tests mit Mitschülerinnen und Mitschülern durch.

> **Lernziele:**
> ▶ Sie erarbeiten ein modernes Thema der Java-Programmierung – die *JavaFXML-Entwicklung*.
> ▶ Sie lernen verschiedene Algorithmen kennen, um komplexe Probleme zu lösen.

Index

A

abgeleitete Klasse 84
abstract 94
Abstract Window Toolkit 14, 160
abstrakte Basisklasse 94
ActionEvent 199
ActionListener 171
Adapterklassen 172
Algorithmus 48
Anonyme Klasse 174
Apple Macintosh 159
arithmetische Operatoren 31
ArrayList 114
– add 114
– remove 114
ArrayList<> 140
Arrays
– assoziativ 115
– Doppelindex 103
– dreidimensional 104
– drei Punkte-Variante 109
– eindimensional 98
– Initialisierung 100
– kopieren 105
– length 102
– mehrdimensional 102
– Typ Object 107
Assoziation 126
Attribute 61
Aufzählungen 81
Ausnahmen 131
Ausnahmen werfen 136

B

bag 145
Base Classes 14
Basisklasse 84
Basisklassenkonstruktor 87
Basisklassen-Parameterkonstruktor 87
Bezeichner 25
Bildschirmausgabe 24
Binäres Lesen und Schreiben 256
Bit-Schiebeoperatoren 44
Black-Box-Test 283
Black-Box-Testverfahren 283
Boolean.parseBoolean 37
Boxing 88
break 60
break-Anweisung 54
Bubblesort 250
BufferedReader 34
Bytecode 14

Byte.parseByte 37

C

call by reference 73
call by value 71, 73
Canvas 160, 165
catch-Block 133
Clientbereich 160
Comparable 110, 113
compareTo 113
const 16
continue 60

D

Datei 118
– Anhängen 120
– EOF-Zeichen 118
– Lesen 120, 121
– schreiben 119
Datentypen 29
DefaultMutableTreeNode 188
Deklaration 32
Deserialisierung 127
Destruktor 77
direkte Organisation 118
Doppelindex 103
Double.parseDouble 37
do-while-Schleife 55

E

Eigene Dialoge 206
Eigene Exception-Klassen 137
Eigene Frame-Klasse 162
Ein erstes einfaches Java-Programm 17
einfache Vererbung 84
Einlesen einzelner Zeichen 243
enum-Typ 82
equals 41
Ereignisempfänger 171
Ereignisgesteuerte Programmierung 170, 171
Error 133
Exception 133, 137
Exception-Klassen 133
Exceptions 131

F

Fakultät 246
File 128
– exists 128
– getName 128
– isFile 128
– length 128
– listFiles 129
– listRoots 129
FileDialog 203
– getDirectory 204
– getFile 204
FileReader 120, 124
– read 121
FileWriter 119
– write 119
final 33
Finalize-Methode 79
finally-Block 135
FocusAdapter 173
FocusListener 171
FontMetrics 168
– getHeight 169
– getLeading 169
for-Schleife 58
Frame 160
– dispose 162
– paint 163
– repaint 164
– setVisible 161
Fremdschüssel 274

G

garbage collector 14, 65
Gekoppelte Zuweisungen 46
Generalisierung 84
Generische Arrays 262
Generische Klassen 139
Generische Listenklassen 140
Generische Programmierung 138
getToolkit().getImage 167
Gnome 159
goto 16
Graphical User Interface 159
Graphics 160, 164
– drawArc 166
– drawLine 166
– drawOval 166
– drawRect 166
– drawString 164
– fillOval 166
– setColor 166
GUI-Programmierung 159

H

Hashmap 115
– put 115
HashMap
– keySet 115

Hauptmethode 22, 23
HEAP 65
HotJava 13

I

if-Anweisung 49
if-else-Anweisung 49
import 23
in 146
indexOf 246
Indexoperator 99
inout 146
Integer-Division 39
interface 95
Interfaces 95
Ist-Beziehung 84
Iterationen 55

J

Java Database Connectivity 14
javadoc-Kommentare 27
Java EE-Anwendungen 15
Java-Grundgerüst 22
java.io 118
java.lang 24
Java Software Development Kit 14
java.util.Arrays 105
java.util.Arrays.sort 112
JDialog 206
JFileChooser 204, 205
– Filter 271
JMenu 201
JMenuItem 201
JOptionPane 204
JPanel
JTable 192
JTree 187
Just-in-time-Compiler 14

K

Kamelnotation 25
Kapselung 62, 65
KeyAdapter 173
KeyListener 171
Klasse 17, 61
Klassendiagramm 248
Knoten 187
Kommentare 27
Konstante Klassenelemente 81
konstante Variablen 33
Konstruktoren 75
Kontextmenüs erstellen 200
Konvertierung 36

L

lineare Gleichungen 238
Links-Wert 45
Literale 31
Lochkarte 118
Lokale Variablen 68
Long.parseLong 37

M

Magnetband 118
Maschinencode 14
Math 245
– sqrt 245
Matrizen 253
Matrizen-Multiplikation 254
Median 253
Mehrfachselektion 52
Mehrfachvererbung 85
Menu 198
MenuBar 198
MenuItem 198
Menüs erstellen 198
Methode 65
– dispose 79
– finalize 77
– generisch 138
– return 68
– Rückgabedatentyp 67
– Rückgabewert 67
– toString 107
– Überladen 73
– void 66
Methoden 63
– Bezeichner 66
– Parameter 66, 69
– Rückgabe 66
– Rumpf 66
– statisch 80
– virtuell 91
Mittlere Abweichung 253
modaler Dialog 206
Model View Controller 15
Model-View-Controller-Konzept 283
Modifizierer
– private 63
– protected 63
– public 63
Modulo-Operator 40, 238
MouseAdapter 172
MouseEvent 171
MouseListener 171

N

Netscape Navigator 13
Network 14
Neue Schriftarten 169

nicht modaler Dialog 206
Nodes 187

O

OAK 13
Oberklasse 84
object 88
Objekt 61
objektbasierte Programmiersprache 88
OOP 62, 84
Operator
– arithmetische Operatoren 39
– Bitoperatoren 43
– cast-Operator 44
– Dekrement 40
– Inkrement 40
– logische Operatoren 42
– Modulo 40
– new 64
– Postfixnotation 40
– Präfixnotation 40
– Priorität 47
– Rang 46
– relationale Opratoren 41
– Zuweisungsoperator 45
ordered 145
out 146

P

paint-Ereignis 170
Paint-Ereignis 163
Pakete 22
PapDesigner 48
Parameterkonstruktor 75
Parametertypen 138
Plattformunabhängigkeit 14
Polybius 279
Polymorphismus 88, 93, 108
PopupMenu 200
– show 200
printf() 34
println() 34
PrintWriter 123
Programmablaufplan 48
Programmierung
– objektorientiert 16
– prozedural 16
– strukturiert 16
protected 87
Pseudocode 17

R

RandomAccessFile 121
– length 121
– read 121

Index

– seek 121
– write 121
– writeByte 121
readLine() 36
readonly 145
Rechts-Wert 46
Rekursion 257, 270
return 68

S

Scanner 123
Schaltjahr 240
Schleife
– Abbruch 60
– do-while 55
– endlos 59
– for 58
– foreach 100
– fußgesteuert 55
– kopfgesteuert 57
– Sprung 60
– while 57
– zählergesteuert 58
Schleifen 55
Schlüsselworte 16
Schnittstellen 95
Selektion 48
– einseitig 49
– zweiseitig 49
sequenzielle Organisation 118
Serialisierung 125
Serializable 125
Short.parseShort 37
Singleton-Entwurfsmusters 77
Smalltalk 15
Sortieren durch Auswahl 110
Spannweite 253
Spezialisierung 84

SQL
– AVG 273
– MAX 273
– MIN 273
– SUM 273
SQLite 273
SQLite Manager 228
STACK 65, 88
Standarddialoge 203
Standardkonstruktor 75
Statische Klassenelemente 80
statisches Klassenattribut 80
Steuerelement-Ereignisse 176
Stream-Objekte 118
Subnetting 238
substring 246
Suffix \"f\" 39
Sun Microsystems 13
Swing
– paintComponent
Swing-Dialog 208
Swing-Klassen 160
switch-Anweisung 52
System 24
System-Exceptions 133

T

Textdateien
– Lesen 124
– Schreiben 123
Textzeile
– Höhe und Breite 266
this-Verweis 79
three-tier-Anwendungen 15
throw 136
Throwable 133
Tic-Tac-Toe 268
ToString 93
toUpperCase 243

Transponieren 254
Trennzeichen 26
try-Block 131
Typparameter 139

U

Unboxing 90
Unterklasse 84

V

Variablen 29
Vererbung 84
Verweis 64
Verweistypen 30
Verweistyp-Parameter 71
virtuelle Maschine 14

W

Werttypen 30
while-Schleife 57
WindowAdapter 173
– windowClosed 173
WindowListener 171
Windows 95 159
Windows-Koordinatensystem 164
Windows NT-Linie 159
Wrapper-Klassen 37

Z

Zahlenrätsel 244
Zeichenkette 24
Zeitmessung 282
Zufallszahlen 253
Zweierkomplement 44